되새김 120일

쉬운 통독 ❷

되새김 120일 쉬운 통독 2

저자 이대희

초판 1쇄 발행 2022. 1. 24.

발행처 도서출판 브니엘
발행인 권혁선

등록번호 서울 제2006-50호
등록일자 2006. 9. 11.

서울특별시 송파구 백제고분로28길 25 B101호 (05590)
마케팅부 02)421-3436
편집부 02)421-3487
팩시밀리 02)421-3438

ISBN 979-11-90308-64-9 04230
        979-11-90308-61-8 (세트)

독자의견 02)421-3487
이메일 editorkhs@empal.com

북카페 주소 cafe.naver.com/penielpub.cafe
인스타그램 @peniel_books

도서출판 브니엘은 독자들의 원고를 설레는 마음으로 기다리고 있습니다.
위의 이메일로 간단한 기획 내용 및 원고, 연락처 등을 보내주십시오.

도서출판 브니엘은 갓구운 빵처럼 항상 신선한 책만을 고집합니다.

[드라마틱한 장면 중심의 스토리텔링식 성경 읽기]

되새김 120일
쉬운 통독 ②

이대희 | 지음

브니엘

그리스도인이 구원받은 이후에 제일 먼저 해야 할 일은 무엇일까? 그것은 성경을 읽는 일이다. 예수 그리스도를 영접한 후에는 나의 주님이자 내가 믿는 예수님이 누구인지 제대로 알아야 하고, 그 안에 뿌리를 내려야 한다. 그래야 믿음이 굳건해지며 감사가 넘치게 된다. "너희가 그리스도 예수를 주로 받았으니 그 안에서 행하되 그 안에 뿌리를 박으며 세움을 받아 교훈을 받은 대로 믿음에 굳게 서서 감사함을 넘치게 하라"(골 2:6-7).

성경은 예수님에 관한 책이다. 예수님을 알 수 있게 계시가 된 책이 성경이다. 그리스도인이 성경을 읽지 않는다면 예수 그리스도를 배울 수 없고 예수님의 마음을 알기 어렵다. 성경을 읽지 않으면 내 생각대로 신앙생활을 하게 된다. 그러면 자기중심적인 신앙이 되어 성장하지 못하고 교회 마당만 밟는 종교인으로 살게 된다. 성경을 읽지 않으면 예수님의 참모습이 내가 그린 잘못된 모습으로 변질될 수도 있다.

이것을 해결하기 위해서라도 하루도 거르지 않고 꼭 성경 통독을 해야 한다. 물론 나 중심에서 예수님 중심으로 바뀌는 것은 단시간에 이루어지는 일이 아니다. 지속해서 성경을 읽고 주님과의 교제가 끊이지 않을 때 이루어진다. 매일 밥을 먹듯이 성경 통독도 습관처럼 생활화되어야 한다. 그렇게 신앙생활을 하다 보면 어느 날 말씀 속에 흠뻑 빠지는 경험을 하게 되고, 나도 모르게 예수님을 닮아가는 삶을 살게 된다. 그렇기에 성경 읽기는 그리스도인이 쉬지 말고 해야 할 꼭 필요한 수행과제다. 이 일은 하늘나라에 가는 그날까지 평생 지속해야 할 축복된 일이다.

"이 예언의 말씀을 읽는 자와 듣는 자와 그 가운데에 기록한 것을 지키는 자는 복이 있나니 때가 가까움이라"(계 1:3).

성경 읽는 그 시간은 축복을 내려받는 시간이다. 정보나 지식을 쌓기 위해서가 아니라 말씀대로 살기 위해서 성경을 읽는다. 실천이 없는 성경 통독은 죽은 행위다. 성경은 다른 책과 구별된다. 성경은 사람을 구원하고, 혼과 골수를 쪼개며, 마음과 생각을 감찰하고, 사람을 온전하게 하는 생명의 책이다. 구약시대부터 내려오는 히브리인들이 사용한 성경의 이름은 '미크라'였다. '미크라'는 '읽는다' '선포한다'라는 히브리어다. 성경은 읽을 때 성경이 된다는 의미다. 눈으로 보는 것이 아닌 소리 내어 읽는 책이 성경이다. 읽는 순간 말씀이 선포되면서 듣는 자에게 치료와 창조의 역사가 일어난다.

성경 읽는 시간은 하나님이 직접 말씀하시는 것을 듣고 경청하는 시간이다. 일반 서적은 책을 읽는 것으로 끝나지만 성경은 하나님의 음성을 듣는 것이다. 우리가 성경을 겸허한 마음으로 읽고 듣고 지켜 행하고자 하는 마음을 가질 때 하나님의 뜻이 잘 보인다. 성경은 내가 읽고 싶다고 읽히는 책이 아니다. 하나님이 영으로 마음을 열어주실 때 말씀의 의미를 깨닫게 되고 하나님의 본래 의도를 되새기며 실천하게 된다. 성경을 읽으면서 우리는 말씀에 대한 순종을 배우게 된다.

이 책은 말씀 자체의 놀라운 힘을 경험하는 데 초점을 두고 집필되었다. 오직 성경을 위한 도구가 되길 바라는 마음으로 준비하였다. 성경 본래의 의미를 깨닫고 말씀을 되새기는 역사가 일어나면 좋겠다. 그동안 성경 통독이 지식을 얻는 것에만 그쳤다면 지금부터는 말씀 자체로 들어가 그 말씀이 나를 움직이게 하는 통독이 되었으면 한다. 말씀의 오묘함과 신비가 얼마나 놀라운지 말씀 자체가 가진 위대한 힘을 체험하는 통독이 되기를 바란다.

이 책은 성경을 더욱 정확히 이해하고 좀 더 쉽게 통독할 수 있게 기획된 가이드북이다. 오직 성경만을 드러내기 위한 지침서다. 아무쪼록 이 책을 통하여 그동안 멀리 느껴지고 어렵게 느껴졌던 성경이 친구처럼 가깝게 다가오는 생명의 책이 되길 소망한다. 성경 읽기를 통하여 예수님을 더 잘 알아가고 주님을 깊게 만나는 축복이 모두에게 임하길 기도한다. 이 책을 통해 말씀이 주시는 놀라운 축복을 경험하고, 다른 사람들에게 말씀을 흘려보내는 말씀의 사람이 되기를 바란다. 이 모든 영광을 하나님께 올려드린다.

글쓴이 이대희

PART 05

하나님 나라의 모형 실패
: 분열왕국시대, 포로시대, 포로귀환시대

「되새김 120일 쉬운 통독」은 전 3권으로 구성되었다. 엄밀히 보면 성경은 전체가 한 권으로 된 책이다. 구약과 신약은 모두 예수 그리스도에 대한 책이다. 성경은 예수 그리스도를 이야기하는 한 권의 통으로 된 하나님의 이야기다. 「되새김 120일 쉬운 통독」은 성경 전체를 한 권으로 보고 읽도록 구성되었다. 분량이 많아 불가피하게 세 권으로 나누었지만 한 권으로 된 성경 이야기다.

제2권은 인류의 원역사와 이스라엘이 멸망하는 시기까지의 내용을 다루고 있다. 수천 년 동안 흘러온 거대한 하나님 역사의 동선을 따라 역사를 살펴보고, 그 속에서 오늘날 우리 삶을 조명해보고자 한다. 예수 그리스도를 믿어 하나님의 자녀가 된 우리가 통독을 통해서 하나님 역사의 동선을 발견하는 것은 매우 유익한 시간이다. 일관되게 흐르는 언약의 물줄기를 따라 그것에 순종하면서 하나님과 동행하는 보이지 않는 믿음의 사람들을 조명하고 우리와 일치시킨다는 것은 행복한 일이다.

우리는 성경의 역사와 교훈을 통하여 오늘 우리의 모습을 진단하고 본보기를 삼아 앞으로 세상에서 어떻게 살아가야 하는지 점검할 수 있다. 거룩한 제사장 나라와 하나님의 백성으로 정체성을 다시 한번 정리하는 시간이 된다. 성경을 읽고 묵상하며 되새기는 과정을 통하여 하나님의 놀라운 섭리와 사랑과 공의를 배워나갈 수 있다. 아울러 오늘 우리 안에서 역사하시는 하나님의 손길을 성경을 읽는 가운데 경험하게 된다.

이제 1권에 이어 진행되는 2권을 통해 우리는 인간의 실체를 발견하고 회개하여 본질로 돌아서는 시간을 소망한다. 특히 어려운 시기일수록 더욱 그리스도의 복음에 거하고 믿음으로 든든히 세워지는 것이 필요하다. 수많은 사건과 인물과 하나님의 손길을 느끼면서 수천 년 전에 일어난 하나님의 이야기가 과거로 끝나는 것이 아닌 오늘의 역사 속에서 생생하게 재현되는 통독의 시간이 되길 기도한다. 특히 선지자들과 말씀을 실천하는 모델을 제시한 성문서를 통해 말씀을 읽고 듣는 데서 한 걸음 더 나아가 말씀을 지켜 행하는 데까지 나가는 통독이 되면 좋을 것이다.

하나님 나라를 위한 시작이 다윗을 통하여 약속되었고 다윗이 기틀을 만들었다. 하지만 솔로몬에게 주어진 부귀영화가 하나님 나라가 아닌 인간의 나라를 이루는 데 기여한다. 결국 솔로몬의 영광도 잠시뿐이었다. 아름다운 성전 건축의 감동도 얼마 가지 못했다. 그리고 통일왕국은 남북으로 갈라지는 불행을 맞이한다. 다시 세상 나라가 시작되는 순간이다. 이것은 하나님의 말씀을 떠난 결과였다. 다윗의 언약을 잃어버렸기 때문이었다.

이후로 이스라엘은 실패의 길로 들어섰다. 한때 강성했던 나라는 힘을 잃고 점차 타락의 길로 접어들었다. 먼저 북이스라엘 왕국이 앗수르에게 멸망하여 나라가 흡수되었다. 그리고 남유다 왕국도 얼마 가지 못해 바벨론의 침공을 받아 멸망하고 백성은 포로로 잡혀갔다. 그 후 70년의 포로생활을 하고 다시 귀환하여 나라를 재건하지만 얼마 가지 못해 다시 하나님의 언약을 어기는 삶을 반복하게 된다. 그리고 헬라와 로마의 식민지 지배를 받게 된다. 이후로 이스라엘의 실패 이야기는 계속되었다. 잠깐 이스라엘을 통한 하나님 나라의 건설이 이루어지는 것처럼 보였지만 결국 무참히 무너지는 이스라엘을 보게 된다.

하나님 나라

- 모형 실패 -

[하나님 나라의 모형 실패 : 분열왕국시대, 포로시대, 포로귀환시대]

해결책
예언서

[성경의 예언서를 읽기 전에]

모세오경(토라)은 원리에 해당하는 내용으로 우리 신앙의 기초를 세우는 역할을 한다. 역사서가 토라의 원리를 따르지 않는 이스라엘이 패망해가는 모습을 사실적으로 그렸다면 예언서는 이스라엘이 실패한 원인과 해결점을 제시하는 책이다. 역사서에서는 이스라엘이 어떻게 실패했는가를 기록하고 있는 반면에 예언서는 이스라엘이 왜 실패했는지를 그리고 있다. 즉 예언서는 실패의 역사 속에서 실패의 의미를 발견하고 미래를 바라보게 하는 데 목적이 있다.

예언서는 반성을 통하여 새로운 내일의 희망을 기다리게 하는 책이다. 이스라엘의 반복되는 죄악성에 비추어볼 때 도저히 해결의 기미가 없지만 앞으로 나타날 메시아의 때에는 이런 문제까지 해결하리라는 것을 예고한다. 예언서는 절망과 희망이 함께 묻어 있는 책이다. 우리는 예언서를 읽으면서 이스라엘 실패의 원인이 어디 있으며 그 해결점을 어떻게 찾아야 하는지 예언자의 메시지를 통해서 발견하게 된다.

예언서를 들어가기 전에 예언자의 의미에 대해서 살펴보자. 한국 문화 속에서 예언자는 자칫 점쟁이와 같은 모습으로 이해되는 경우가 많았다. 이런 이유에서 예언자에 대한 바른 이해가 중요하다. 구약성경이 말하는 예언자는 미래지향적인 예언자라기보다는 오늘을 향한 하나님의 뜻을 오랜 언약의 말씀에 따라 메시지를 선포하는 설교자적인 성격이 강하다. 그러므로 예언서를 제대로 읽기 위해서는 상황을 잘 이해하는 것이 중요하다. 당시 처한 시대적, 정치적 문화와 사회적 상황을 파악하면서 그들이 전하는 메시지를 이해하는 것이 관건이다.

그동안 이스라엘에 나타났던 예언자로는 사무엘, 나단, 갓, 아히야, 엘리야, 엘리사 등이었다. 이들은 개인적인 예언자의 역할을 했다. 그러나 이제 BC 8세기에 접어들면서 선지자는 국가적인 차원에서 죄를 지적하고 메시지를 선포해야 했다. 특히 예언서는 말뿐 아니라 글을 사용하여 예언자의 역할을 했다. 이런 이유로 구약성경의 중요한 부분인 예언서가 형성되었다.

성경 통독에서 읽기가 어려운 책을 들라면 그것은 레위기와 예언서이다. 특히 예언서는 일종의 설교문으로 구성되었고 때로는 시와 노래와 비유와 은유 등으로 구성되었다. 그렇기에 예언서 자체로만 읽게 되면 일방적 선포의 메시지로 들린다. 비슷한 내용이 반복되고 잘 모르는 인명과 지명이 함께 나오기에 이해하기가 어렵다. 특히 시대적 배경을 알지 못한 상태에서 예언서를 읽으면 내용 파악이 안 된다. 그러다 보면 지루하고 뜻을 이해하지 못한 상태에서 그냥 성경 한 번 통독한다는 마음으로 대충 읽게 된다.

성경의 예언서는 정보제공이 아닌 악에서 떠나 선으로 돌아오게 하는 목적을 가지고 기록되었다. 예언서는 성경이 가지는 독특한 문학 양식이다. 죄를 깨닫고 하나님에게로 돌아오게 하는 방식으로 선지자들은 시와 은유, 비유와 상징을 사용하여 메시지를 전한다. 예언자들이 사용하는 비유나 상징을 통한 간단한 시적 표현은 어떤 방식보다 더 강렬하고 효과가 있다. 셰익스피어가 "하늘이 내려주신 시의 힘은 참으로 강력하다"라고 말한 것처럼 시는 내면을 움직이는 강력한 힘이 있다. 예언서에 시적인 구조가 자주 등장하는 것은 이런 특징 때문이다. 예언서를 제대로 이해하기 위해서는 당시 상황 속에서 이해해야 한다. 단순히 글자의 해석만 두고 예언 문학을 이해하다 보면 본래 의미와 다른 해석을 할 수 있다. 예를 들면 에스겔서와 다니엘서를 읽을 때는 이스라엘의 바벨론 포로기 상황을 먼저 파악해야 한다. 예레미야서는 이스라엘 패망의 역사적 상황을 염두에 두고 읽는 것이 필요하다. 또한 신약의 요한계시록은 로마 식민지 속에서의 핍박 상황을 이해해야 한다.

▶ 예언서, 왜 흐름 도표에 따라 읽어야 하는가?

성경 읽기에서 난코스가 있다면 그것은 예언서다. 특히 이사야, 에스겔, 예레미야서가 어렵게 다가온다. 많은 사람이 예언서를 어려워하고 다 읽어도 무슨 말인지 잘 이해 못 한다. 예언서를 읽는 것은 절대 쉽지 않다. 그러다 보니 보통 예언서를 읽을 때 내용을 알지 못하고 무조건 읽는 경우가 대부분이다. 이것을 위해서 분열왕국의 역사를 미리 알고 읽어야 한다. 주변 나라와 시대적 상황과 배경을 알지 못하면 예언서의 메시지가 쉽게 정리가 안 된다. 이런 어려운 점을 해결하기 위해서 이 책에서 제시한 통독의 방법은 예언서의 전체 구도를 미리 그림 장면으로 정리한 도표를 통해서 큰 그림을 보고 간단한 해설을 읽고 성경을 읽는 것이다. 도표를 통해 내용의 전개 과정과 흐름을 파악하면서 예언서를 읽는다면 특징이 파악되고 메시지가 잘 정리된다. 어려운 지형을 걸어갈 때는 지도를 살펴보면서 길을 찾아가는 것처럼 예언서 통독은 다른 책과 다르게 한눈으로 보는 일종의 흐름 지도와 같은 도표를 제시하여서 읽도록 구성했다. 아무리 예언서를 잘 설명한다 해도 전체 내용을 이해하기는 어렵다. 이런 흐름표를 통해 조망하지 않으면 자칫 길을 잃게 된다. 지도와 같은 장면 도표를 따라 각 장면을 읽는다면 즐거운 성경 읽기가 될 수 있다.

특히 소예언서는 어느 정도 이해가 되지만 대예언서는 방대한 분량이기에 성경을 무조건 읽으면 내용을 파악하지 못하고 자칫 글자만 읽는 형식적인 읽기가 될 가능성이 크다. 이 책이 특별히 제시한 장면 흐름 도표를 따라 성경을 읽으면 줄기를 따라 읽기 때문에 예언서의 맛을 느끼며 읽을 수 있다. 이것은 다른 통독 책에서 볼 수 없는 「되새김 120일 쉬운 통독」만의 특징이다.

▶ 예언서를 잘 읽는 네 가지 방법

첫째, 문맥 가운데서 읽으라. 예언서는 다른 책에 비해 읽기 어렵다. 그러다 보니 한 구절만 떼어서 읽는 경우가 많은데 그것은 본래의 의미가 왜곡될 수 있다. 언제나 앞뒤 문맥 가운데서 읽어야 한다.

둘째, 전체 윤곽을 잡고 읽으라. 구절이 잘 이해가 안 되면 전체의 구조나 메시지를 이해하고 읽으면 해결된다. 예언서는 전체의 맥락 가운데서 그런 표현과 내용이 나온 경우가 많다. 이 책에 제시한 흐름 도표가 도움을 준다.

셋째, 역사적인 배경을 알고 읽으라. 예언서는 점쟁이처럼 상황과 상관없이 주관적인 느낌으로 미래의 예언을 말한 책이 아닌 역사적 정황 속에서 미래를 선포하는 책이다. 당시 왕들과 역사적, 영적 상황을 이해하지 못하면 예언서의 내용을 이해하기 어렵다.

넷째, 시적 이해를 하고 읽으라. 예언서는 시적 표현이 많이 나온다. 비유와 대구법 등이 사용되고 있다.

▶ 예언서를 잘 읽기 위한 지침

첫째, 분열왕국 역사의 배경 속에서 읽으라. 분열왕국 역사의 배경 속에서 읽으면 내용의 분위기를 알 수 있다. 예언서를 읽기 전에 분열왕국의 역사를 이해한 후에 같은 동선에서 읽으면 더 쉽다. 시대적 상황과 배경을 먼저 숙지하고 하나님의 마음을 갖고 읽어야 한다.

둘째, 이사야서의 맥을 따라 예언서를 읽으라. 예언서를 더욱 잘 이해하기 위해서는 가장 분량이 많은 이사야서를 예언서의 얼개로 보고 읽으면 쉽게 이해된다. 이사야서를 읽으면 전체 선지서가 정리된다. 예언서는 크게 세 개의 시대 구조 속에서 바라보면 이해가 쉽다. 이런 점에서 이사야서는 선지서를 통합하여 보게 하는 중요한 틀이 된다. 이사야서는 크게 세 부분으로 구성되어 있다. 시대적으로도 긴 역사를 갖고 있다. 과거와 현재와 미래의 역사를 함께 그리고 있다. 동선이 아주 길고 넓다. 이런 점에서 이사야서를 먼저 통독한 후에 예언서와 소예언서를 시대에 맞추어 읽어야 한다. 이사야서를 통해 예언서의 전체 구조를 알고 들어가면 유익하다.

셋째, 하나님의 마음을 품고 하나님의 시선으로 읽으라. 예언자는 하나님의 마음을 갖고 대신 전하는 메신저이다. 예언서에는 하나님의 사랑과 공의로운 성품이 담겨 있다. 우리는 예언서를 읽을 때 죄짓는 이스라엘에 대해 부모가 자녀를 바라보는 심정으로 읽어야 한다. 예언서의 유익한 점은 예언서를 읽으면서 우리가 점점 하나님의 마음을 이해하고 닮게 된다는 것이다. 계속 예언서에 몰입하다 보면 우리도 모르게 하나님의 관점과 시선을 체득하게 된다.

이사야서를 통한 예언서 전체 통독 구조 얼개 (시대에 대한 해설서)

기간	얼개 예언서 (이사야)	소예언서	대예언서	시기와 특징
BC 8세기	이사야 1 1-39장	아모스 (북)		이스라엘 죽음 선언 (바벨론 포로 전)
		호세아 (북)		
		미가 (남)		
			이사야 - 시온 관점	
BC 7-6세기	이사야 2 40-55장	스바냐 (유다)		이스라엘 죽음 확인 (바벨론 위협과 포로 중)
		하박국 (유다)		
			예레미야 - 언약 관점	
			에스겔 - 제사장 관점	
			다니엘 - 역사 관점	세계 제국과 시대 예언
		나훔 (앗수르)		이방 나라 심판과 구원
		오바댜 (에돔)		
		요나 (니느웨)		
BC 6-5세기	이사야 3 56-66장	학개 (남유다)		이스라엘 부활 소망 (바벨론 포로 후)
		스가랴 (남유다)		
		요엘 (남유다)		
		말라기 (남유다)		

▶ 예언서의 중요성

구약에는 17권의 예언서가 나오는데, 구약성경의 40%를, 성경 전체의 20%를 차지하는 성경에서 아주 중요한 부분이다. 그런데도 예언서는 많은 사람에게 외면당하고 있다. 예언서를 이해하기가 그리 쉽지 않기 때문이다. 역사적 배경을 설명하지 않고 일방적인 선포로 구성되었기에 성경의 배경을 잘 모르는 사람은 읽기 어렵다. 예언서는 하나님의 성품을 이해하고 약속에 대한 믿음을 주는 데 유익하다. 예언서를 읽으면 하나님의 마음을 잘 알 수 있다. 특히 악한 시대 속에서 하나님의 뜻을 찾는 데 중요한 통찰력을 준다.

물론 모든 예언서에는 그리스도에 대한 예언이 담겨 있다. 그래서 예언서를 알아야 신약성경을 잘 이해할 수 있다. 예언서를 읽기 위해서는 당시 이스라엘의 상황과 왕들의 통치 역사를 잘 알아야 한다. 이것은 열왕기와 역대기를 읽으면 이해할 수 있다. 예언서는 시대나 지역적인 배열이 아닌 분량에 의해 순서가 정해졌기에 시대와 역사적 배경을 모르면 통독이 어려운 책이다. 이것을 돕기 위해 이 책에서는 시대와 지역을 중심으로 읽기 쉽게 다시 순서를 정리했다.

분열왕국과 예언자들의 역할과 관련한 읽기 지침

이스라엘은 340여 년 동안 39명의 왕이 분열왕국을 통치했으나 대부분은 하나님을 저버리고 악한 일을 자행했다. 왕 한 사람의 현명하지 못한 모습 때문에 백성까지 죄악에 빠지는 결과를 가져왔다. 그때마다 죄의 대가로 하나님의 심판을 외친 사람들이 바로 선지자였다. 악한 일을 행하면서도 무감각한 그들을 향한 선지자의 외침은 날카로웠으나 사람들의 마음은 좀처럼 돌아서지 않았다. 오히려 예언자들을 핍박하고 외면했다. 하지만 선지자들의 끝없는 회개의 외침은 이스라엘 백성을 사랑하시는 하나님의 뜨거운 사랑의 표현이었다. 이스라엘 백성은 하나님과 맺은 언약을 어기고 이방 나라를 의지하며 바알을 섬겼다. 선지자들은 그것에 관한 회개를 촉구하고 하나님의 사랑을 끝까지 전했다.

열왕기의 시대 속에서 예언자들은 중요한 사명이 있었다. 예언자는 왕들이 하나님의 말씀을 순종하지 않고 다른 길을 갈 때 하나님의 입이 되어 경고하고 책망하는 역할을 했다. 그런 이유로 하나님을 떠난 왕들에게 예언자의 활동이 많았다. 예언자를 이해하기 위해서는 분열왕국의 역사와 왕들의 이야기를 같이 읽어야 한다. 예언서만 읽게 되면 배경이 없기에 메시지를 이해하기 힘들다. 시대를 이해하고 그때 사역했던 예언자들을 연결하여 성경을 읽으면 도움이 된다. 예언자는 크게 두 부류로 나눌 수 있다. 하나는 구술로 선지 사역을 한 사람들이다. 물론 모든 선지자가 구술로 했지만 나중에 문서로 기록된 예언서는 문서 선지자로 분류된다. 기록으로 남겨 후대에까지 교훈을 주기 위함이다.

1. 구술 예언자

대표적인 구술 예언자로 엘리야와 엘리사가 있다. 열왕기서에서 많은 분량을 차지하는 두 선지자가 바로 엘리야(왕상 17-20장)와 엘리사(왕하 2-8장)이다. 엘리야 선지자는 하나님을 대신하는 입이었다. 당시 바알 우상 숭배에 빠져있던 아합 왕에게 엘리야는 분명 걸림돌이었다. 그런 이유로 엘리야를 죽이려 했고 엘리야는 많은 고난을 겪어야 했다. 엘리야와 엘리사는 문서로 남기기보다는 직접 입으로 전하는 사역을 한 구술 선지자였다. 그들은 누구보다도 기적을 많이 베푼 예언자들이었다. 이는 인간이 행할 수 없는 기적을 통해 하나님의 살아계심과 하나님이 참 신임을 보여주려는 의도였다. 마치 예수님이 기적을 행한 것처럼 말이다(엘리야. 왕상 17:1-7, 18:46, 왕하 1:1-12, 2:11 / 엘리사. 왕하 2:14-24, 3:16-17, 4:1-44, 5:1-14, 6:8-23, 13:20-21).

2. 문서 예언자

문서 예언자는 문서를 통하여 하나님의 말씀을 전하며 후대에까지 남긴 하나님의 종들이다. 하나님은 시대를 움직이고 죄악을 심판하고 구원하실 때 언제나 하나님의 예언자들을 사용하셨다. 사사시대에는 사사를, 왕정시대에는 왕과 예언자들을 사용하셨다. 그들은 하나님의 입이 되어서 하나님의 말씀을 선포하고 회개를 촉구했다. 예언자들의 메시지를 들으면 당시 이스라엘의 상황이 어떠했는지 잘 알 수 있다. 그리고 그 속에 하나님의 마음 상태를 잘 드러내고 있다. 우리는 예언서를 읽으면서 이런 하나님의 마음과 뜻을 파악하는 것이 중요하다.

문서를 남긴 예언자를 문서 선지자라고 말한다. 북쪽에 관계된 선지자는 호세아와 아모스와 요나를 들 수 있다. 그리고 남쪽 유다에 관계된 선지자는 요엘, 이사야, 미가, 예레미야, 하박국 등이다. 이들은 어두운 시대 속에서 하나님의 뜻을 전하는 사람들로 모두 고난과 어려움을 당했다. 귀와 눈이 어두워져 하나님의 음성을 듣지 못하는 당시 사람들에게 하나님의 말씀을 전하는 일은 쉬운 일이 아니었다. 그런데도 선지자들은 소명감을 가지고 목숨을 내놓고 하나님의 말씀을 전했다. 이들은 사람들이 좋아하는 말을 전한 것이 아니라 진실된 하나님의 말씀을 전했다.

무엇보다도 당시 백성들과 왕들이 저지르는 죄악을 들추어내고 회개를 촉구하는 일은 어려운 일이다. 회개하지 않으면 하나님의 심판이 임한다는 메시지는 당시 왕들에게는 듣기 싫은 소리였다. 그러나 거기에 이스라엘의 죽고 사는 길이 있음을 그들은 몰랐다. 그리고 예언자들의 선언대로 이스라엘은 멸망했고 포로로 잡혀갔다. 하나님을 떠난 삶은 잠깐은 평안하고 좋지만 마지막은 비참하다. 죄의 값은 사망이다. 생명은 오직 하나님에게만 있음을 예언서를 읽을 때마다 새삼 느끼게 된다.

오늘날에도 이것은 그대로 적용된다. 우리 주변에는 하나님의 말씀을 거부하는 수많은 사람이 있다. 그리스도인은 생명을 전하는 사람이 되어야 한다. 잠깐 좋은 일에 시간을 보내는 것은 사탄의 계략이다. 하나님을 떠나면서도 잘되는 것은 저주다. 비록 고난을 겪어도 하나님을 잘 믿고 사는 것이 가장 성공적인 삶이다. 나중에는 그 사람이 성공하게 되고 행복한 삶을 누리게 된다. 이런 점에서 선지자의 메시지는 오늘날 우리에게도 유효하다. 오늘도 바알 신과 같은 물질과 세상을 하나님보다 중요하게 생각하고 그것에 빠져 사는 사람들이 얼마나 많은가? 하나님보다 세상을 사랑하도록 유혹하는 거짓 교사와 거짓 선지자들도 있다. 그들을 조심하고 하나님의 말씀에 순종하는 참된 삶을 살아야 할 것이다.

이사야서

■ 성경 각 권 소개

【 이사야서의 배경 】

이사야가 살았던 BC 8세기 후반, 팔레스타인 북쪽에서 세력을 확장해온 앗수르 때문에 정치적 군사적으로 유다는 계속된 위기 상황에 처해 있었다. 웃시야 왕 때에 잠시 주어진 안정은 오히려 지도자들의 타락을 가져왔고 이것은 유다의 심판 이유가 되었다. 결국 앗수르는 북이스라엘을 멸망시켰고(BC 722) 유다의 생존까지 위협했다. 히스기야 왕 때 유다 전역이 앗수르의 손에 넘어가고 예루살렘도 포위된 상황에서 하나님의 놀라운 구원이 임한다. 하지만 히스기야의 교만으로 말미암아 유다는 바벨론에 의해 망할 것으로 예언된다.

군사적, 경제적으로 평안했던 시기의 유다는 내적인 타락이 극에 달해 사람들은 우상을 숭배하고 지도자들은 가난한 사람을 착취했다. 이사야는 하나님의 언약을 어긴 유다에 반드시 하나님의 심판이 임할 것임을 선포한다. 하지만 나라가 망한 뒤에도 하나님은 자기 백성을 불쌍히 여기셔서 그들 중에 남은 자가 돌아와 회복하게 될 것을 예언한다. 이때 부름받은 이사야는 죄악에 빠져있는 유다 백성에게 하나님의 심판과 구원을 선포하기 위해 이사야서를 기록했다.

【 특징과 읽기 지침 】

이사야는 남왕국 출신으로 거룩성의 회복을 위한 메시지를 전했다. 이들의 공통적인 메시지는 하나님의 심판과 소망에 대한 것이었다. 이사야가 소명을 받은 때는 웃시야 왕이 죽던 때이고 이때부터 요담, 아하스, 히스기야시대에 이르러 사역했다. 이사야는 아하스가 앗수르와 연합할 때 꾸짖었고 히스기야를 충고하고 위로했다. 히스기야는 개혁한 일과 많은 관계가 있다. 이사야 선지자는 대부분의 기간 유다에게만 한결같이 관심을 집중했다. 아하스 때는 이웃 나라가 쳐들어와 수도 함락의 위기로 공포에 질려 있었다. 그때 하나님은 이사야를 보내 아하스에게 르신과 베가의 미래 심판을 보여줌으로 안심시켰다. 이사야가 확실한 증표를 하나님에게 구하라고 하자 아하스는 앗수르에게 원조를 청할 것을 결심하고 이것을 거절한다. 그래서 이사야가 한 여인이 임마누엘이라 이름하게 될 한 아들을 낳게 될 것이라고 예언하는 장면은 유명하다. 이것은 하나님의 은혜를 상징하는 나사렛 예수를 의미했다. 이사야는 당시에 이스라엘이 이웃 나라를 의지하려고 하는 연약한 상황에서 오직 하나님만을 의지하도록 하는 사역을 잘 수행했다. 이사야서는 심판과 아울러 그리스도 오심을 예언하면서 희망을 전한 것이 특징이다.

이사야서는 심판이 강조된 1~39장과 위로와 회복이 강조된 40~66

장으로 크게 구분된다. 1~39장은 사람들의 죄를 지적하며 유다와 열방이 당할 심판에 대해서 선포한다. 하지만 하나님의 무서운 심판이 내린 후에도 하나님의 긍휼로 남은 자가 회복될 것이 약속으로 주어진다. 40장부터 시작되는 후반부에서는 바벨론에 포로로 잡혀갈 유다 자손에 대한 구원과 위로의 메시지가 선포된다. 하나님은 완전히 망해버린 유다를 새롭게 창조하시고 새 하늘과 새 땅을 이룰 것을 말씀하신다. 유다의 회복뿐 아니라 열방까지도 하나님을 경배하게 될 것을 예언한다.

이사야서는 '거룩하신 자의 예언서'라고 불릴 정도로 하나님의 거룩하심과 주권을 잘 보여준다. 이사야의 소명을 기록한 6장에서 이사야는 거룩하신 하나님을 직접 경험했다. 하나님의 거룩하심과 대조되는 부패한 백성의 모습 때문에 이사야는 하나님의 위엄과 영광을 더욱 간절히 선포하고자 애썼던 것으로 보인다.

【 이사야서의 내용 구조 】

이사야서는 '축소된 성경전서'라고 불린다. 66장으로 된 이사야서의 장수는 성경 전체 권수와 똑같다. 심판을 강조하는 39장까지의 메시지는 구약 39권의 주제와 비슷하다. 또한 구원과 회복을 강조하는 후반부의 27장은 신약 27권의 주제와 비슷하다.

1) 1부 심판에 대한 예언 (사 1-35장)
- 사 1-6장   이사야의 소명
- 사 7-12장   남유다의 심판
- 사 13-23장   주변 국가에 대한 심판

- 사 24-35장　　　온 세상에 대한 심판

2) 2부 히스기야의 기록 (사 36-39장)
- 사 36-37장　　　히스기야와 앗수르
- 사 38-39장　　　히스기야와 바벨론

3) 3부 위로와 도전 (사 40-66장)
- 사 40-48장　　　남은 자들을 위한 위로
- 사 49-57장　　　하나님이 보내신 여호와의 종
- 사 58-66장　　　하나님의 구원 역사

* **이사야서 통독 포인트**

　이사야서는 제1부인 1~39장은 구약을 상징하고 이스라엘의 고난받는 것에 대한 기록이며, 제2부인 40~66장은 27장으로 신약을 상징하며 그리스도의 고난과 천년왕국을 기록하고 있다. 2부인 27장은 다시 9장씩 세 부분으로 나뉘고, 가운데가 53장으로 그리스도에 대한 예언이 기록되어 있다.

되새김 120일 쉬운 통독 타임라인			
하나님 나라	성경 구조	역사와 시대	성경 각 권 소개
모형 실패	예언서 - 통찰과 해결	분열왕국시대	이사야

>>> 이사야 1-12장

남유다 왕국의 심판

* 통독 포인트

예언서는 하나님의 심판 내용이 주를 이룬다. 이사야 1~12장은 유다의 죄악에 대한 하나님의 심판과 구원을 말하고 있다. 이것을 위해서 부름받은 예언자가 이사야이다. 후에 유다의 자손으로 태어날 한 아기 메시아가 올 때까지 유다는 하나님의 심판 속에서 지내게 됨을 말한다. 이사야서는 분량이 많아 읽기가 만만치 않다. 역사적 배경이 없으면 읽기 어렵다. 읽어도 흐름을 모르면 무슨 의미인지 파악이 잘 안 된다. 이런 점을 해결하는 방법으로 예언서 흐름을 알고 성경을 읽기 위한 전체 장면 흐름표를 제시했다. 큰 그림을 보고 세부적 제목을 염두에 두고 읽으면 이사야서 읽기가 수월하고 말씀을 장면으로 읽는 데 도움이 된다. 이사야서는 성경 전체를 이해하는 요약과 같다. 이사야서 성경 읽기를 위한 흐름표는 독자들에게 도움이 될 것이다.

[장면 1] 유다와 이스라엘의 죄악에 대한 심판 (사 1-5장)

이사야 1~5장은 이사야서 전체의 핵심을 소개하고 있다. 이사야는 남왕국 유다에서 BC 742년에 활동한 선지자로 유다에서 무려 40년간 활동했다. 이사야가 사역하던 때는 강력한 웃시야 왕이 죽던 때로 사회 전반에 걸쳐 불안과 붕괴가 시작되던 때였다. 앗수르의 침공으로 인하여 BC 722년에 북왕국 이스라엘이 앗수르에게 멸망하고, 10년 뒤 BC 712년에 유다는 위기를 느끼고 애굽과 손잡고 앗수르의 남침을 저지하려고 했지만 전쟁에서 패하고, 결국은 앗수르의 산헤립이 예루살렘을 제외한 유다의 모든 땅을 초토화하였다. 남왕국 유다에 최대의 위기가 닥쳤다.

사실 이때 유다는 충분히 앗수르에게 멸망할 수 있는 상황이었는데 신기하게도 예루살렘만 남겨두고 퇴각했다(BC 710년). 그 이유는 여러 가지로 들고 있다. 성경은 앗수르 군대에 전염병이 도는 바람에 어쩔 수 없이 퇴각하게 되었다고 말한다. 이것은 하나님의 능력이 임함으로 유다를 보호하신 것이다. 앗수르는 하나님의 사자로서 유다에게 경고하고 있던 것이었다. 유다의 부패가 극에 달하여 멸망이 가까움을 앗수르의 침공으로 예고한 것이다.

예루살렘은 하나님이 지켜주시는 성이다. 이것을 유다에서는 시온 전승이라고 말한다. 이런 사건을 유다 사람들은 하나님이 이스라엘을 지켜주시는 모습이라고 믿었다. 그런데도 유다는 부패하고 죄가 가득하여 시온 전승이 유다를 지켜주지 않음을 이사야는 고발하고 있다. 당시 유다가 어느 정도 부패했는지 이사야는 이렇게 말한다.

"주께서 말씀하신다. 백성을 탄압하기 위하여 흉악한 법률을 제정하

제1막 이사야 - 심판의 메시지 (1-39장)

요담, 아하스, 히스기야, 므낫세

1. 바벨론 포로 이전
2. 하나님의 정죄와 심판
3. 이스라엘의 고난
4. 이사야 자신이 직접 경험
5. 구약 39권에 대한 내용
6. 의의 왕
7. 자세한 역사적 사실이 기록됨
8. 이사야의 생애가 기록됨

죄 - 심판 - 구원

제1부 유다에 대한 하나님의 책망과 이사야의 소명 (1-6장)

죄 / 고발 (1장)	심판 / 평화 (2-3장)	소망 / 포도원 노래 (4-5장)
- 하나님께 반역	- 예루살렘에 닥칠 그날	- 남은 자에게 주신 축복
- 위선적인 예배	- 하나님의 심판	- 포도원의 심판
- 불의를 행함		- 하나님의 경고

이사야의 소명 (6장)
- 선지자의 소명
- 메시지의 내용

하나님이 미워하시는 여섯 가지 (5장)
"화 있을진저"
1. 탐욕 : 사람보다 재물을 더 사랑하는 것
2. 쾌락 : 하나님보다 쾌락을 추구하는 것
3. 반역 : 복종보다 조롱을 선택하는 것
4. 부도덕 : 선보다 악을 사랑하는 것
5. 교만 : 하나님보다 자신이 더 지혜롭다고 하는 것
6. 불의 : 사람들 권리를 무시하고 자신만 돌보는 것

는 자들과 그런 법에 따라 재판하여 빈민과 과부와 고아들이 살길을 찾지 못하게 만드는 불의한 재판관들아 저주를 받아 죽어라! 과부와 고아들의 재산이 얼마나 된다고 법이라는 이름으로 강탈해 가다니!" (사 10:1-2 참조)

사회적 불의가 중심 주제로 등장하고 있다. 이스라엘 백성의 계속되는 반역을 고발하고 있다. 이런 죄악은 결국 하나님의 심판을 가져왔다.

[장면 2] 이사야의 소명과 이스라엘의 위기 (사 6-12장)

이사야는 나라의 이런 부패 상황에서 부름을 받았다. 그리고 부정한 이사야를 깨끗게 하신 하나님은 이사야에게 하나님의 메시지를 선포하는 사역을 하게 하신다. 그런데 이사야의 사역은 힘들었다. 그것은 이사야가 하나님의 말씀을 전해도 백성은 듣지 못하고 깨닫지 못한다는 것이다. 그 이유는 하나님이 백성을 둔하게 만들어 보거나 듣지 못하게 한다는 것이다. 하나님에게로 돌아오지 못하게 하겠다는 하나님의 선언이다. 이사야가 아무리 전해도 회개하고 돌아오는 역사가 없다는 것이다(사 6:1-13).

이런 사역이 이사야의 입장에서는 얼마나 힘든 일이었을까? 결과만 바라보고 했다면 도저히 할 수 없는 그런 일들이다. '과연 언제까지 이런 사역을 계속해야 하는가?'라는 질문에 하나님은 예루살렘 도성이 완벽히 파괴되어 황무지로 변하여 모두 노예가 되고 포로로 끌려가는 상황에서도 이스라엘은 깨닫지 못할 것이라는 예언을 말씀하신다. 얼마나 악한 이스라엘이었으면 이렇게 강퍅하게 되었을까.

제2부 유다의 실패 - 아하스 왕 / "임마누엘의 책" (7-12장)

1. 임마누엘의 징표 : 동정녀의 탄생 예언 (7장)
   - 베가(이스라엘 왕)와 아람 왕이 앗수르 침공
   - 임마누엘 예언(아하스 심판의 징조이면서 그리스도 탄생 예언)
2. 이사야의 두 아들의 징조 : 이스라엘의 소망과 심판 (8장)
   - 태어난 아이가 말을 배우기도 전에 앗수르에게 사마리아가 멸망함.
   - 머지않아 유다도 멸망함. 이사야의 두 아들은 이스라엘의 징표
     (스알야숩(이스라엘의 소망), 마헬살랄하스바스(하나님의 심판))
3. 심판과 소망 (9-12장)
   - 아하스의 불신의 태도와 메시아(한 아이 출생) 예언 (9장)
   - 사마리아 멸망 예언(다메섹에 의존) (9장)
   - 이스라엘과 앗수르에 대한 하나님의 심판(* 남은 자) (10장)
   - 가지를 통한 영원한 약속(이새의 줄기의 한 싹 * 남은 자) (11장)
   - 유다의 구원받은 자의 노래(12장)

"임마누엘"에 대한 예언

7:14	처녀가 잉태하여 아들을 낳는다. - 임마누엘
9:6-7	태어나는 아이 이름은 기묘자, 모사, 전능하신 하나님, 영존하시는 아버지, 평강의 왕이다. 다윗의 보좌에서 영원히 다스림.
11:1-12	이새의 줄기에서 나온 한 싹과 한 가지가 나라를 다스림.

하나님은 지금 예루살렘성을 청소하시는 것이다. 부정한 예루살렘성을 도저히 보고 있을 수 없는 상황이다. 그런데 거짓 선지자와 악한 왕들은 예루살렘이 멸망하는 순간까지 시온은 무너지지 않는다는 환상을 가지고 끝까지 버렸다. 지금 하나님의 마음보다는 그들의 전통을 더 우선시했고 그것을 더 신뢰했다. 그러나 이사야에게 주신 하나님의 마음은 단호하고 분명했다.

"그들의 도성이 모조리 파괴되고 집에는 한 사람도 남아 있지 않고 토지는 완전히 황무지로 변하고 그들은 모두 노예가 되어 먼 다른 나라로 끌려가 결국 이스라엘 온 나라가 허허벌판으로 바뀔 때까지는 그들이 내 말을 들으려고 작정도 하지 않을 것이다. 그 주민 가운데 10분의 1이 살아남는다 하더라도 그들마저 타버리고 말 것이다"(사 6:11-12 참조).

그러나 하나님은 이스라엘을 완전히 멸망시키지 않으셨다. 거룩한 언약을 신뢰하고 인내하며 살아가는 남은 자를 통하여 다시 이스라엘을 살리실 것을 말하고 있다. 비록 소수지만 그들이 이스라엘의 희망이 될 것이다. 하나님 나라는 타락한 많은 수로 이루어지는 것이 아니다. 거룩한 작은 수인 남은 자가 이스라엘을 재건할 것이라는 하나님의 계획을 이사야는 깨닫는다.

"하지만 참나무와 상수리나무를 베어 넘어뜨려도 그 그루터기는 남아 있는 것같이 비록 이스라엘이 거듭거듭 침략을 당해 멸망하여도 그 뿌리는 살아남는 나무와 같을 것이다. 그 나무의 그루터기는 항상 다시 살아서 자라날 것이다. 그 그루터기는 거룩한 씨인 까닭이다"(사 6:13 참조).

하나님의 역사는 하나님을 거부하는 다수의 역사가 아닌 언제나 하나님만 신뢰하는 소수의 역사이다. 남은 자와 같은 거룩한 그루터기가 다시 나무를 소생하게 한다. 오늘 우리도 거룩한 소수가 되어야 한다. 세상이 보는 가치관과 다르다. 하나님을 신뢰하고 의지하는 작은 한 사람을 통하여 위대한 역사는 움직인다. 하나님을 의뢰하지 못한 아하스의 태도는 장차 올 메시아에 대한 선언으로 연결되고 있다. 이것은 이스라엘의 진정한 왕은 예수 그리스도이심을 보여주는 복선이다. 11장 1절의 '이새의 뿌리에서 나오는 가지'는 다윗 계열의 왕을 말하고 있다. 12장은 1~11장의 주제를 다루는 찬송이다.

되새김 120일 쉬운 통독 타임라인			
하나님 나라	성경 구조	역사와 시대	성경 각 권 소개
모형 실패	예언서 - 통찰과 해결	분열왕국시대	이사야

>>> 이사야 13-23장

주변 국가들에 대한 하나님의 심판

✳ 통독 포인트

이스라엘을 힘들게 했던 이방 나라들은 그들이 선해서 강성한 것이 아니다. 그들은 이스라엘을 훈련시키기 위해 준비된 도구다. 일종의 채찍과 같다. 매는 사용하면 버린다. 하나님은 이스라엘이 언약 백성이기에 먼저 치시고 고난받게 하셨다. 심판의 도구로 악한 사람을 사용하신다. 그런 점에서 바벨론은 가장 강력한 심판의 도구였다. 이스라엘을 위한 하나님의 목적을 마치면 바벨론은 역사에서 사라진다. 이런 관점을 가지고 통독하면 내용이 쉽게 이해된다.

이사야는 이스라엘의 심판을 예언하지만 이스라엘을 괴롭히는 주변 나라에 대한 하나님의 심판도 함께 말한다. 하나님이 당신의 백성도 심판하시는데 더 큰 악을 행하는 이방 사람들을 심판하시는 것은 당연하다. 이방 나라도 하나님의 소관이다. 실제는 하나님의 통치를 받고 있지만 그들은 그것을 알지 못한다. 이렇게 그들을 심판하시는 것은 하나님이 만왕의 왕이심을 전하고자 함이다.

심판 메시지 중에 9개의 나라가 소개되는데 그중에서 시작과 마지막이 중요하다. 13~23장의 내용을 읽을 때는 반복해서 나오는 나라(바벨론)와 내용이 많은 나라에 주목하여 읽도록 한다. 그것은 강조의 의미가 있기 때문이다. 바벨론 45절, 모압 23절, 구스와 애굽 38절, 예루살렘 25절이다.

[장면 1] 지명수배자 : 바벨론 - 앗수르 - 블레셋 (사 13-14장)

하나님의 심판에서 지명 수배 1위는 바벨론이다. 성경에 나오는 '여호와의 날'은 하나님의 심판을 말한다. 하나님은 바벨론을 심판하기 위해서 주변의 여러 나라를 모으신다. 이것은 서로 죽고 죽이는 세상의 싸움을 보여주고 있다. 하나님의 심판은 자만하고 하나님을 거역하는 나라

한눈으로 보는 장면 도표 #이사야 3

제3부 주변 국가들에 대한 하나님의 심판 (13-23장)

범인들의 사진첩
1. **바벨론** 에 대한 하나님의 심판 (13장) - 지명 수배 1호
2. 앗수르 (14장) - 지명 수배 2호
3. 블레셋, 모압, 다메섹, 사마리아 심판 : 앗수르에게 멸망 (15-17장)
4. 구스, 애굽, **바벨론** (일시 동안), 에돔, 아라비아의 심판 : 앗수르에게 멸망 (18-21장)
4. 예루살렘의 심판 : 바벨론에게 멸망 (22장)
5. 두로의 심판 : 앗수르와 바벨론에게 멸망 (23장) - 지명수배 3호

에 임한다. 하나님의 초자연적인 징조를 통하여 심판이 이루어지고 많은 사람이 죽는다. 소돔과 고모라처럼 멸망하게 된다. 멸망한 나라는 폐허가 되고 부정한 동물들의 처소가 되었다. 바벨론의 심판은 이스라엘 백성에게는 구원의 날이 된다. 자신이 새벽별이라고 생각하는 교만한 바벨론의 심판은 세상 나라의 멸망을 미리 보여준다.

바벨론이 제1순위라면 그다음은 앗수르다. 이것은 실제 역사 속에서 이루어졌는데 BC 715년 하나님의 천사가 예루살렘을 포위하고 있던 18만 5천 명의 앗수르 군대를 진멸한 사건이다(사 37:36-37 참조). 그다음 하나님께서 호출한 지명 수배자는 블레셋이다. 블레셋은 앗수르에 의해 무너진다(사 20:1). 하나님을 대적하는 세력은 결국은 하나님이 심판하신다.

[장면 2] 모압과 다메섹과 사마리아 심판 (사 15-17장)

모압은 이스라엘을 괴롭혔던 민족이다. 모압의 교만은 하나님의 심판을 불러왔고 이사야는 3년 이내에 이루어질 것을 예언했는데 결국 앗수르에 의해 멸망했다. 다메섹과 사마리아는 유다를 공격하기 위해 동맹을 맺은 나라들이었다. 이런 행동은 하나님이 보시기에 악한 행동이다. 이스라엘을 침략한 주변 나라들이 많았다. 물이 밀려오는 것처럼 유다를 치려고 했지만 하나님이 그들을 치신다. 이것은 악에 대한 심판을 인간이 나서서 하기보다는 하나님에게 맡기는 것이 삶의 지혜임을 보여준다.

[장면 3] 구스와 애굽과 에돔과 바벨론과 아라비아 심판 (사 18-21장)

유다는 하나님을 의지하기보다는 앗수르와 동맹을 맺은 애굽을 의지했다. 하나님은 그런 애굽과 구스를 심판하신다. 애굽은 나일강의 풍요로움으로 주변 나라들로부터 부러움을 샀다. 하지만 그런 구스와 애굽은 앗수르 군대에 의해 심판당하게 될 것을 이사야가 선포한다. 이사야는 바벨론 성의 멸망을 예언하면서 엘람과 메대에 대해서 말한다. 실제로 바벨론은 BC 686년에 앗수르 군대에게 일시적으로 멸망했다. 그때 큰 성 바벨론은 우상들과 같이 무너졌다. 그 외에 주변 나라인 에돔과 아라비아 역시 하나님의 심판이 임한다. 아무리 외적으로 세력이 크고 대단하다 하더라도 그것은 잠시다. 멸망할 때는 순식간에 무너지는 것이 세상의 영광이다. 헛되고 헛된 바람처럼 사라지는 영광에 더 이상 매여 살면 안 된다.

[장면 4] 예루살렘과 두로 심판 (사 22-23장)

앗수르가 하나님의 심판 도구로 예루살렘을 침략한다. 하지만 영적으로 어두워진 예루살렘은 무기와 성벽과 물을 저장하는 등의 준비는 했지만 하나님을 신뢰하지 않았다. 오히려 적군이 다가오자 먹고 마시고 즐거워하자면서 실제는 하나님을 인정하지 않는다. 이런 상황에서 유다의 지도자들은 무기력했다. 교만한 나라의 모델인 두로는 항구도시로 재물이 풍부했다. 하지만 두로는 결국 그 재물로 인하여 하나님의 심판을 당하게 된다.

주변 나라	성경 (이사야)	절 수
바벨론	13:1-14:23	45
앗수르	14:24-27	4
블레셋	14:28-32	5
모압	15-16장	23
다메섹과 사마리아	17장	14
구스와 애굽	18-20장	36
바벨론	21:1-10	10
에돔	21:11-12	2
아라비아	21:13-17	5
예루살렘	22장	25
두로	23장	18

하나님은 하나님을 신뢰하기보다는 자기를 의지하거나 재물을 따르는 사람을 싫어하신다. 그리고 그런 자들을 심판하신다. 하지만 인간은 어리석어 하나님을 거부하고 반역하면서 스스로 심판을 자초한다.

이런 사건을 통해 우리가 진정 의지하고 피난처로 삼아야 할 존재가 누구인지를 알아야 한다. 허망한 것을 의지할 때 마지막 모습이 어떤 것인지 역사를 통해 영적 교훈을 배운다. 인간은 스스로 지혜롭다고 하나 가장 어리석을 때가 많다. 당장 눈앞의 이익만 좇는 사람들이 우리 주위에 얼마나 많은지 모른다. 뻔히 망하는 길임에도 사람들은 그 길을 향해 달려간다. 역사적 교훈을 깨닫지 못하고 귀를 닫아버린다. 성경을 읽는 이유는 역사적 교훈을 얻기 위해서다. 성경에 나오는 애굽, 앗수르, 바벨론과 바사의 나라는 모두 하나님을 거역하는 악한 나라였다. 역사적으로 보면 이런 길을 택한 세상의 나라는 모두 사라졌다. 그런데도 여전히 그 길을 가고 있는 세상 사람들의 모습을 본다. 이것은 인간이 얼마나 악한지 보여주는 대목이다.

인간은 영이 죽으면 육신이 된다. 영으로 판단하기보다는 육으로 판단하고 그것으로 모든 것의 기준으로 삼는다. 하나님 없는 성공은 성공이 아님에도 사람들은 하나님 없는 성공을 추구한다. 알맹이 없는 껍데기 같은 인생을 사는 사람이 많다. 때가 되면 모두 불살라 아무것도 남지 않게 된다. 영이 죽으면 보이지 않는 것보다 보이는 것을, 영원한 것보다 일시적인 것을 의지하게 된다. 하지만 영이 살아나면 하나님을 의지하게 된다.

>>> 이사야 24-39장

온 세상에 대한 하나님의 심판

＊ **통독 포인트**

세상을 주관하는 분은 하나님이시다. 이것을 믿지 못하고 주변 강대국을 의지하는 이스라엘을 향해 하나님의 화와 저주가 선포되지만 이스라엘은 듣지 않았다. 왜냐하면 그들은 눈과 귀가 어두워졌기 때문이다. 유다가 하나님을 신뢰하지 못한 가장 큰 증거는 우상 숭배, 도움을 구하러 하나님을 버리고 애굽을 의지한 점이다. 하나님의 심판 때 악인은 멸망하고 하나님의 백성만이 살아나는 역사를 성경은 반복적으로 교훈하고 있다.

[장면 1] 민족의 고통과
하나님을 위한 찬양 (사 24-27장)

이사야 24~27장은 묵시 문학에서 볼 수 있는 내용이다. 예를 들면

제4부 온 세상에 대한 하나님의 심판(24-35장) - 화 있을진저

1. 하나님의 우주적인 심판 (24장)
  땅이 황폐하게 됨 - **남은 자**들 - 그날에 하나님의 진노 임함 - 하나님이 통치 (천년왕국)
2. 탄압하는 자들을 심판하시는 하나님에 대한 이스라엘의 찬양 (25장)
3. 하나님 나라를 세우시는 그날에 대한 기다림의 찬양 (26장)
4. 하나님 나라의 수립 - '그날' (27장)
  - 리워야단(바다의 괴물)의 전복, 포도원을 지키시며 백성을 다시 모으시는 하나님
5. 하나님의 다섯 가지 재앙 (28-33장)
  - 교만에 찬 냉소의 경고(사마리아와 유다 지도자) - 농부 비유 : 하나님의 자비 (28장)
  - 종교적 가식과 속임수의 경고 (예루살렘을 아리엘, '하나님의 사자'로 표현) (29장)
  - 외국을 의지하고 하나님의 거역하는 고집에 대한 경고 (애굽과 동맹)
    : 하나님의 자비 - 농사 비유 (30장)
  - 군사력을 의지하고 하나님을 의지하지 않는 것에 대한 경고 (애굽 의지)
    : 앗수르 심판 후에 이스라엘 축복 (31-32장)
  - 하나님의 계획에 도전하는 앗수르에 대한 경고 - 영광의 날의 노래 (33장)
6. 열방에 대한 하나님의 심판(에돔) (34장)
7. 이스라엘에게 내리시는 축복(택하신 백성을 시온으로 다시 돌아오게 함) (35장)

적대 세력에 대한 하나님의 승리를 말하고 있다. 이런 이유로 '소묵시록'이라고 말한다.

본문은 온 세상에 미칠 하나님의 심판을 말하고 있다. 당장 일어날 일로부터 먼 훗날에 일어날 일까지 포함하고 있다. 세상 마지막 종말까지를 말하고 있는데 이것은 온 세상의 구원이 하나님에게 있음을 보여주는 것이다. 특히 24장에는 우주적인 심판의 내용이 그려진다. 이 땅을 황무하게 하시고 남은 자들과 반대로 이 땅의 백성에게 임하는 공포와 하나님의 진노를 말한다. 결국은 하나님의 통치가 이루어질 것이다. 아울러

하나님을 향한 이스라엘의 찬양과 축복의 내용이 나온다. 25장에 그 찬양이 기록되었다. 하나님만을 찬양하는 내용이다. 하나님의 승리에 대한 찬양이다.

[장면 2] 유다의 죄악으로 인해 나타날 재앙 (사 28-35장)

본문에는 하나님의 심판에 관한 내용 다섯 가지가 언급된다. 어리석은 사람은 하나님이 없다고 말한다. 28장에는 이스라엘의 교만과 죄를 정죄하는 내용이 나오고, 30~31장은 애굽을 신뢰하는 어리석음을 경고하고 있다. 이스라엘을 구원하시는 하나님을 잠잠히 참고 기다리면서 말씀에 순종할 것을 강조한다.

특히 28~33장(32장 제외)은 "화 있을진저"로 시작되는 말씀이 나오고, 단락 끝에는 구원의 말씀이 나온다. 그들은 당시 이스라엘 지도자에게 있는 잘못된 시온 신앙으로 안전할 것이라고 착각했다. 하지만 하나님은 애굽과 이방 나라를 의지하는 인본주의가 결국은 무너진다는 뜻으로 화를 선포하신다. 하나님만이 피난처가 되심을 이사야는 말하고 있다.

32~33장은 심판과 구원이 함께 나온다. 하나님은 앗수르를 심판의 도구로 사용하시고 당시 시온 신앙의 잘못된 점을 말씀하신다. 34장은 에돔 심판의 내용이 나오는데 이것은 열방의 심판을 대표하고 있다. 35장은 이사야 전체의 중요한 중심부이다. 최종적인 하나님의 구원에 대한 시로 구성되었다. 이스라엘의 광야생활을 회고하고 피조물의 회복과 시온으로의 귀환을 말하면서 큰 구원을 암시하고 있다.

[장면 3] 히스기야 왕 때 일어난
역사적 상황 (사 36-39장)

이사야는 앗수르시대에 사역했다. 앗수르의 패배와 바벨론 포로기에
대한 내용을 말하고 있다. 두 나라는 하나님의 공의와 사랑을 나타낸다.
이사야의 중추역할을 하는 부분이다. 심판과 구원의 이중성이 돋보이게

한눈으로 보는 장면 도표 #이사야 5

제5부 과거와 미래의 이스라엘 - 1막과 2막의 연결 고리 (36-39장)

과거 (36-37장)	미래 (38-39장)
1. 앗수르 중심	1. 바벨론 중심
2. 성취된 유다의 구원	2. 선포된 유다의 멸망
3. 1-35장을 돌아보면서 역사 회고	3. 40-66장을 내다보면서 미래 전망
4. 앗수르보다는 하나님을 신뢰 (긍정)	4. 바벨론에게 보화 보이면서 하나님 불신 (부정)

왕하 18-20장, 대하 32장에 반복

1. **과거를 돌아 봄 : 히스기야와 앗수르 (36-37장) - 신뢰**
   히스기야 종교 개혁과 우상 타파 - 앗수르의 산헤립 왕 침공 위협 - 앗수르 왕의 편지
   를 들고 성전에서 기도 - 하나님의 응답 - 18만 5천 명의 앗수르 군대를 하룻밤에 몰살
   - 산헤립 두 아들 살해로 하나님의 약속 성취

2. **미래를 내다 봄 : 히스기야와 바벨론 (38-39장) - 불신**
   히스기야의 죽을 병 - 15년 연장 응답 - 하나님께 감사기도와 찬양 - 히스기야의 교만
   (바벨론 사신에게 국고를 다 보여줌, 바벨론의 위험을 자각하지 못함) - 이사야 예언(바
   벨론에게 국고를 빼앗기게 될 것이다. 히스기야 자손이 바벨론에게 끌려간다)

된다. 38장은 히스기야의 질병이 고침을 받은 이야기와 연관된다. 히스기야의 수명 연장은 유다의 생명 연장을 상징적으로 보여준다. 이스라엘이 다시 죄를 짓는 일과 히스기야의 죽을병은 긴밀하게 연결된다. 하나님은 히스기야의 기도가 진심 어린 기도였음을 알고 그의 기도를 응답해주실 뿐 아니라 앗수르에게서 구원해주신다는 약속의 말씀도 같이 준다. 실제로 앗수르는 BC 701년에 유다를 침공했다. 그것에 대한 왕으로서의 준비를 말씀해주신다. 하나님은 우리가 구한 것 이상으로 더 좋은 것으로 주시는 분이다.

히스기야의 기도를 들어주신 것은 그가 행한 공적이 아닌 그의 간절함과 통곡하며 겸손한 모습을 보인 것 때문이다. 병원에서 죽는다는 사형선고를 받아도 하나님이 움직이면 불가능한 일이 없다. 우리 몸을 만드신 하나님은 못 고칠 병이 없다. 해시계의 그림자가 십도 뒤로 물러갔다는 것은 하나님께서 응답하시면 어떤 일이든지 가능하다는 것을 보여주는 대목이다. 상황이 중요한 것이 아니라 정말 하나님을 신뢰하고 하나님을 의지하면서 기도하는 것이 더 중요하다. 그때 기적은 일어난다.

※ 기도는 하나님을 움직이는 힘이다. 우리가 기도한다는 것은 우리의 겸손함을 드러내는 것이다. 인간이 할 수 없다고 생각할 때 기도하게 된다. 기도는 하나님을 전적으로 의지하는 행동이다. 그런 이유로 기도하는 사람을 하나님은 좋아하신다. 교만한 사람은 기도가 힘들다. 자기 힘으로 할 수 있다고 생각하는 순간 인간은 하나님을 의지하지 않게 된다.

D·a·y

039

장면통독 가이드

>>> 이사야 40-48장

남은 자들을 향한 위로

✱ 통독 포인트

이사야 40장부터의 메시지는 앞으로 포로로 잡혀갈 사람들을 대상으로 쓴 것이다. 앞부분과 단절되는 느낌을 받을 정도로 전환이 극적이다. 그래서 후반부는 다른 저자가 썼을 것이라고 주장하기도 한다. 하지만이 부분에서 하나님이 이사야에게 앞으로 일어날 일을 미리 말씀하시는 것으로 보면 오히려 이것이 자연스럽다. 이사야가 쓴 것이 아닌 하나님이 배후에서 쓰셨다고 보면 받아들이는 데 큰 문제가 없다. 여기서부터 전체적인 분위기는 이스라엘을 위로하기 위한 내용으로 전개된다.

[장면 1] 종들의 노래 (사 40-43장)

하나님이 계획한 이스라엘의 바벨론 포로시대는 이제 거의 차 가고 있었다. 당시 바사(페르시아)는 메대를 정복하고 거대해진 세력으로 바벨론제국까지 정복했다. 바사의 고레스 왕은 538년에 공식적으로 칙령을 내려 사로잡힌 민족들이 바벨론제국으로부터 모두 자기 나라로 돌아갈 수 있게 했다. 이제 이스라엘은 극적으로 해방을 맞이하게 되었다. 이런 사건 속에서 이사야(익명의 예언자)는 바사제국의 출현을 하나님 나라가 회복되는 사건으로 이해하면서 하나님이 바사의 고레스 왕을 사용하여 바벨론을 패망시키고 새로운 이스라엘을 창조하신다고 말한다.

우리는 이사야의 메시지를 통하여 바벨론에서 포로가 된 사건에 대한 새로운 해석을 발견할 수 있다. 단순한 정치적인 해방을 넘어 영적인 의미의 해방으로 새롭게 해석하고 있다는 점에서 중요한 의미가 있다(사 40:1-4).

이사야 40장은 하나님의 위로가 중심 주제다. 이스라엘이 하나님을 거역하는 죄로 나라가 무너지고 백성이 흩어졌지만 하나님의 말씀은 영원하다(사 40:8). 하나님이 이스라엘 백성을 징계하셨다 해도 이스라엘을 향한 언약은 폐하지 않는다. 지금은 포로생활하고 있는 이스라엘이지만 하나님의 능력을 의지하면 다시 돌아오게 하실 것이라는 위로의 말씀이 핵심 주제다.

하나님은 누구와 비교해도 전능하신 하나님이 분명하다. 역사를 주관하시는 분은 오직 하나님 한 분이시다. 다른 나라들은 자신이 승리하기 위해서 우상을 만들어내지만, 그것들은 거짓된 신이다. 선택된 이스라엘은 하나님의 종으로서 사명이 있다. 하나님을 믿고 순종하는 종은 최종적으로 승리한다. 이스라엘을 압제한 나라들을 타작하듯이 까부른다. 42장에도 하나님의 종이 소개된다. 이스라엘이 하나님의 종으로 부름을 받았지만 이스라엘은 종으로서 부응하지 못했다. 그러면서 자연스럽게 모든 사람을 대신하여 죽게 되는 이상적인 종을 앞으로 올 하나님의 종으로서 소개한다. 하나님께서 이스라엘을 선택한 것은 열방 속에서 공의와 세상에서 빛의 역할을 감당하라는 소명이 있었지만 종 이스라엘은 그것을 거부하고 실패하게 되었다. 이스라엘은 영적인 무감각으로 하나님의 종을 포기했다. 결국 인류를 구원하는 하나님의 종이 필요한데 그것이 43장에서 구체적으로 소개된다. 그는 바로 하나님이시다. 오직 하나님만이 이스라엘의 구원자이시다(사 43장).

※ 하나님은 원수들을 멸망시키심으로 성도의 구원을 완성하신다. 하지만 하나님의 원수들은 여전히 강한 힘을 가지고 있는 것처럼 보인다. 원수들에 대한 심판이 단번에 임하지 않는 이유는 성도들이 이들과 깊이 연합되어 있기 때문이다. 우리는 세상에서 정욕을 자극하는 마귀의 유혹에 자주 넘어진다. 지금 당장 원수들이 모조리 심판당한다면 성도 역시 멸망에 이르게 될 것이다. 따라서 하나님은 원수들에 대한 완전한 심판을 역사의 끝으로 미루어두셨다. 역사의 끝에는 마귀(계 20:10), 세상(계 18:2), 죄악(계 21:8), 사망(계 20:14)이 전부 완벽히 멸망하게 된다.

지금은 성도 안에 존재하는 원수의 영향이 제거되는 때이다. 성도 안에 존재하는 하나님을 대적하는 세력이 제거되는 과정을 성경은 '심판'이라고 부른다(고전 11:32). 심판(judgment)은 '판단하여 불필요한 것을 제거한다' 라는 의미이다. 성도는 이 땅에서 잠시 심판받아야 영원한 멸망에 이르는 정죄(condemnation)를 받지 않게 된다. 원수들이 강한 것처럼 보이는 이유는 그들의 때가 얼마 남지 않아서 크게 화가 나서 날뛰고 있기 때문이다(계 12:12). 이런 때일수록 믿음의 눈으로 하나님의 강력하신 구원의 능력을 바라볼 수 있어야 한다.

제2막 이사야 - 위로의 메시지 (40-66장)

1. 바벨론 포로 이후
2. 구원과 위로와 평강
3. 메시아 고난
4. 이사야 자신이 예언받은 내용
5. 신약 27권에 대한 내용
6. 광야에 외치는 자
7. 이사야 생애 기록이 없음
8. 자세한 역사적 사실 기록이 없음

* **핵심구절 / 사 40:2**
1. 유다의 포로가 끝남 : 하나님의 구원 (40-48장)
2. 유다의 죄가 사해짐 : 구원자 보냄 (49-57장)
3. 배나 축복을 받음 : 구원받은 사람들 (58-66장)

제1부 하나님의 위로와 구원 (40-48장)

1. 하나님을 의지하는 자에게 새 힘을 주신다 (40장).
2. 역사를 주관하시는 하나님의 증거 : 이스라엘은 하나님의 종
   (바사왕 고레스 : 최종적 승리) (41장)
3. 하나님의 종 소개 : **이상적인 종을 소개 '종의 노래'**
   　　　　　　- 종 이스라엘은 실패 (42장)
4. 하나님의 백성 보호 약속 : 하나님만이 구원자 (43장)
5. 우상보다 뛰어난 하나님(이스라엘 회복 계획 : 고레스) (44장)
6. 고레스 선택하여 사용하시는 하나님 '기름 부음 받은 고레스' (45장)
7. **바벨론** 을 심판하시는 하나님 : 사람이 들고 다니는 신 (46-47장)
8. 완고한 이스라엘을 위한 구원(포로 귀환) (48장)

[장면 2] 하나님의 종으로 사용된 고레스 (사 44-48장)

하나님은 이스라엘을 구원할 하나님의 종으로 고레스를 말씀하신다. 고레스는 하나님의 기름 부음을 받은 자로서 묘사되고 있다. 고레스가 태어나기 전에 하나님이 그의 이름을 지명하고 그를 높은 자리에 앉게 하셨다. 고레스는 하나님의 백성을 위한 과업을 위해 하나님께 기름 부음을 받았다. 그런 점에서 그 당시에는 고레스가 메시아 역할을 했다. 하지만 그는 궁극적인 메시아를 기대하게 하는 그림자 역할을 한 것이다.

하나님은 이스라엘 백성에게 이렇게 전하라고 말한다. "이제는 때가 되었다. 죗값을 치렀기에 해방될 것이다. 하나님에게 순종하지 않았으나 이제는 벌을 모두 받았고 청산되었다. 이제 고국에 돌아갈 때가 되었다. 하나님이 가실 길을 닦아 놓으라"고 말한다. 고레스 왕을 통하여 하나님의 일을 대신하게 될 것인데 그 일이 이스라엘을 포로에서 해방시키는 일이다. 이스라엘이 포로에서 귀환하는 것은 제2의 출애굽사건과 같다. 그렇다고 과거의 출애굽과 같은 의미는 아니다. 바벨론에서 해방되는 제2의 출애굽사건은 이스라엘만을 위한 것이 아닌 모든 인류를 향한 메시지이다. 즉 하나님만이 참된 신이자 유일한 구원자임을 제2의 출애굽사건을 통하여 만방에 선포하는 의미가 있다.

이사야 43장 14~23절에서는 이스라엘이 단순한 제사장의 나라(출 19:5-6)가 아닌 만국의 빛으로서 새로운 사명이 주어진다. 이것은 이사야 42장 6~7절의 말씀에서 더욱 분명해진다. 이스라엘을 선택하고 다시 구원하여 새로운 나라를 일으키는 것은 모든 나라를 정복하고 승리를 이루어 모든 명예와 부귀를 누리라는 것이 아니라 고난과 인내와 겸손의 모습으로 부름을 받은 것이다. 이스라엘은 복의 근원으로서 제사장 나라로서 이스라엘을 넘어 이제는 고난을 감당하면서 하나님의 가르침을 만방에 선포해야 한다. 이웃의 고통을 짊어지는 이스라엘을 통하여 모든 민족이 하나님에게로 돌아오게 하는 사명을 지니고 있다. 힘으로 세상을 돌아오게 하는 것이 아닌 고난을 감당하며 희생하는 거룩한 사명이 이스라엘에 있다. 이것을 알지 못하고 열국을 위한 하나님의 종으로서의 사명을 저버리고 순종하지 않는 이스라엘을 책망하신다. 그리고 선택한 고레스를 통해 이스라엘의 구속을 이루신다.

마지막에는 바벨론을 멸망하시겠다는 말씀을 통해 바벨론도 하나님의 도구임을 선언하신다. 바벨론 항복은 궁극적으로 이스라엘이 다시 고향으로 돌아오는 서막임을 말하고 있다. 하지만 이스라엘은 그것을 알지 못했다. 바사의 고레스 왕은 이방인이지만 하나님의 종으로 사용되어 이스라엘을 고국에 돌아가게 하는 구원의 도구로 사용된다. 그를 통하여 이스라엘은 70년의 포로생활을 청산하고 고국으로 돌아온다. 이 세상 모든 것은 하나님의 것이다. 하나님이 함께하시면 세상에 불가능은 없다.

※ 이 세상을 누가 통치하는가? 흔히 사람들은 눈에 보이는 왕이나 지도자가 통치한다고 생각한다. 아니면 힘, 돈, 명예, 권력, 군대가 세상을 지배한다고 여길 수 있다. 그래서 그런 사람을 좇는다. 그러나 그렇지 않다. 이 세상을 통치하는 것은 사람이나 물질이 아닌 세상을 만든 하나님이시다. 비록 눈에 보이지 않지만 역사를 섭리하고 인도하시는 분은 하나님이시다. 이것을 믿고 그분에게 의지하는 것이 지혜로운 모습이다. 그런 사람이 마지막에 승리한다. 승리자는 내가 아닌 하나님이다. 그러므로 진정한 승리자는 하나님을 믿는 자이다.

D·a·y

040

장면통독 가이드

>>> 이사야 49-57장

하나님의 은혜

＊ 통독 포인트

죄악으로 도저히 가망 없는 이스라엘 백성에게 하나님이 원하는 것은 재앙이 아닌 평안이다. 왜 악을 행하는 이스라엘을 바로 심판하지 않으실까? 그것은 어려서부터 악한 인간을 구원할 수 있는 길은 오직 하나님의 은혜밖에 다른 길이 없기 때문이다. 그래서 이 부분에서는 하나님의 구원 이야기가 중심을 이루고 있다. 특히 여호와의 종과 앞으로 종으로 오실 그리스도에 대한 예언이 중심의 핵심 부분을 차지하고 있다. 백성을 대신하여 죽으시는 여호와의 종을 그리면서 성경을 통독하면 쉽게 읽을 수 있다.

[장면 1]　여호와의 종의 사명 (사 49-51장)

사람이 너무 힘든 상황에 부닥치다 보면 하나님을 원망하게 된다. 이

제2부 미래에 준비된 종 "장차 오실 하나님의 종"(49-57장)

1. 임명받은 여호와의 종 : "너는 나의 종… 이방의 빛을 삼아"(49장)
2. 불순종한 이스라엘과 비교되는 여호와의 종
   : 이스라엘은 불순종 / 여호와의 종은 전적인 순종 (50장)
3. 예루살렘을 위한 하나님의 격려 : "언약을 들으라. 깨어 있으라"(51장)
4. **고난받는 여호와의 종의 노래 (52-53장)**
   - 종의 승리 - 거절당한 종 - 고난당하는 종 - 죽임 당하는 종 - 승리하는 종
5. 영광을 회복하는 이스라엘의 모습 (54장)
6. 회개하는 이스라엘을 초청하며 복주시는 하나님 (55장)
   "돈 없이 값없이 마셔라." "말씀은 분명히 이루어진다."
7. 열방을 초청하는 하나님의 구원 : 이방인에게도 복이 임함 (56장)
8. 악인에 대한 하나님의 징계 (57장)
   "악인은 심판 / 통회하는 자에게는 구원"

것이 인간의 연약함이다. 인간은 당장 눈앞의 고난만 생각한다. 좀 더 멀리 바라보고 하나님이 하신 일을 생각한다면 불평하지 않게 된다. 하지만 이것을 잊어버리면 그 순간 불평과 원망을 하게 된다. 하나님을 보는 영안이 닫히면 눈에 보이는 세상만 의지하게 된다. 부르짖는 이스라엘에게 하나님은 어떤 대답을 하시는가? 하나님은 여자가 자기가 낳은 아이를 잊지 않으며, 자기가 낳은 아이를 불쌍히 여기는 것처럼 이스라엘을 사랑하신다는 것을 말씀하신다. 또한 이름을 손바닥에 적어놓은 것처럼, 성벽을 마음에 두는 것처럼 이스라엘을 잊지 않으신다.

하나님은 한 번 선택한 백성은 절대로 저버리지 않으시는 분이다. 신실하신 하나님의 사랑은 변하지 않는다. 우리의 행동과 상관없이 신실하시다. 하지만 이런 하나님을 잘 알지 못하는 이스라엘은 원망하며 낙심

하게 된다. 하나님을 아는 지식이 우리를 힘이 나게 한다. 그러나 하나님에 대한 잘못된 지식은 우리를 패망하게 한다.

하나님의 구원은 일명 수난의 종의 노래라고 불리는 이사야서(42:1-4, 49:1-6, 50:4-11, 52:13-53:12)에서 더욱 분명히 나타난다. 그렇다면 누가 여호와의 종인가? 종은 하나님이 부르시고 자신에게 주신 사명을 아는 자를 말한다. '나의 종 이스라엘'이라는 호칭은 선택된 아브라함의 자손으로 이스라엘이 자기 사명을 감당하지 못한 것을 수행하는 사람이다. 흩어진 이스라엘을 모으고 이방의 빛의 역할을 하는 사람이다. 포로가 된 이스라엘을 돌아오게 하는 사람으로 하나님의 약속을 실현하는, 하나님의 백성을 위로하는 사명을 가진 사람이다.

이사야 51장에서는 세 번에 걸친 하나님의 부르심이 나온다. 첫째, 과거에 하나님이 하신 일을 기억하라. 이것은 하나님이 행하신 능력을 의지하라는 것이다. 둘째, 하나님이 어떤 분이신 것을 기억하라. 하나님의 목적에 초점을 맞추라는 것이다. 셋째, 하나님의 약속을 기억하라. 이것은 하나님이 주신 평안을 얻으라는 것이다. 이것을 통해 지금 이스라엘의 사명을 노래하고 있다. 이것은 후에 나타날 그리스도의 모형이기도 하다. 그리스도를 통하여 열방이 구원에 이르듯이 이스라엘을 통하여 세상의 구원을 이룬다는 사명이 제시되고 있다. 이것은 오늘날 그리스도인과 교회의 사명과도 같다.

※ 여호와의 종의 임무는 인류를 위해 제물이 되는 것이다. 죄를 지은 인간은 누구나 심판받아야 한다. 그런데 하나님의 심판을 인간에게 담당시키지 않고 하나님의 아들이신 예수님이 담당하게 했다. 예수님의 위대함은 이런 일을 친히 순종하셨다는 것이다. 그런 주님을 가장 위대하게

하셨다. 자기를 기꺼이 버린 위대한 희생이 인간을 구원한 것이다.

나를 구원해주신 주님의 십자가 은혜를 생각하면 나의 모든 것을 다 드려도 아깝지 않다. 나를 살려주신 은혜는 전적으로 주님의 은혜이다. 또한 지금 이렇게 살아가는 것도 전적으로 주님의 은혜이다. 그 은혜가 아니면 오늘 우리가 존재할 수 없다. 이런 감격이 날마다 우리 안에 차고 넘쳐서 그 힘으로 헌신하고 봉사해야 한다. 내 힘으로 사는 것이 아니라 주님께 받은 그 은혜로 사는 것이다. 그러면 서로 섬기며 산다는 것은 그 자체로 즐겁다.

[장면 2] 고난받는 여호와의 종 (사 52-57장)

이것은 이사야 52장 13~15절, 53장 1~12절에서 정점을 이룬다. 이스라엘의 고난은 열방의 죄에 대한 징벌을 대신하여 받는 의미가 있고 그것을 선포하고 있다. 이스라엘을 통한 이방의 구원을 하나님은 생각하고 있다. 역시 앞으로 오실 그리스도는 우리의 잘못으로 인해 징계받고 고난을 겪으셨다. 이런 의미에서 이사야 53장은 종의 노래로 앞으로 오실 그리스도를 예언하고 있다. 이사야 52장과 53장에 나오는 고난받는 종의 모습은 궁극적인 승리를 약속하면서 종의 노래가 시작된다. 그리고 사람들에게 거절당하는 종의 모습에 초점을 두고 있다. 그는 연한 순 같아서 사람들에게 관심을 받을 만한 특별한 요소가 없다. 그리고 그가 고난을 겪을 때 자기 잘못 때문에 심판을 당한다고 사람들은 생각한다.

그러나 그는 사람들의 죄를 대속하는 사명을 위해 고난을 당하셨다. 그리고 종은 죽음을 맞이했다. 죄의 값은 사망이라는 말씀에 따라 죽음으로 다른 사람의 죄를 담당했다. 그리고 종의 죽음은 부활로 다시 태어남으로 승리의 삶을 보여주었다.

이제 고난받는 종의 노래를 통해 가깝게는 이스라엘의 바벨론 해방을 이루어 세상을 향한 하나님의 구원 계획이 알려졌다. 그것은 결국 그리스도의 모습에서 구원의 성취가 이루어진다.

이스라엘은 이제 선민의 우월감과 축복에서 벗어나 세상을 향한 중보자의 의미로서 섬기고 고난을 자처하는 사명을 감당해야 한다. 마치 그리스도인이 세상과 하나님과 사이를 화목하게 하는 직책으로 부름받은 것과 같다. 이스라엘이 바벨론에 사로잡혔다가 해방되어 고국으로 돌아온 것에는 이런 사명이 숨겨져 있었다. 5만 명에 가까운 사람이 고국으로 돌아온 것에는 이런 열방을 향한 역사적 소명이 담겼다.

여호와의 종은 메시아이신 주님을 말한다. 주님이 당하신 고난을 보면 어린 양이 죽임을 당하는 모습이다. 아무 반항도 하지 않고 묵묵히 순종하시는 연약한 모습을 보고 누구도 그가 하나님의 아들이라고 생각하지 않았다. 그것은 어떤 사람도 하나님이 직접 이 땅에 오셔서 인간의 죄악을 대신 담당하기 위하여 죽임을 당할 것으로 생각할 수 없기 때문이다. 예수님이 십자가에 죽으신 죽음은 여호와의 종이 고난을 겪는 모습을 그대로 실현하는 것이다. 구약의 당시에도 여호와의 종의 고난의 노래를 이해하지 못한 것처럼 지금도 예수님의 십자가 죽음을 이해 못 하는 사람이 많다. 많은 사람이 이해하지 못하는 것은 하나님이 어떻게 저런 고난을 겪으셔야 했는지 그것이 믿어지지 않기 때문이다.

※ 하나님이 하시는 일은 우리가 측량할 수 없다. 우리가 하나님에 대해 믿음을 갖기 어려운 점은 우리 생각으로 하나님을 믿으려 하기 때문이다. 우리 생각과 하나님의 생각은 근본적으로 다르다. 인간을 구원하시는 방법이 예수님의 십자가 죽음을 통해서 이루어지리고 누가 상상할

수 있는가? 그런 구원의 방법은 지금까지도 사람의 생각으로는 이해하지 못하는 사람이 많다. 어떻게 하나님이 죽으면서 인간을 구원하는지, 이 것은 인간의 힘으로 이해가 안 되는 사건이다. 하지만 이것을 믿을 수 있다면 그것은 놀라운 축복임이 틀림없다.

>>> 이사야 58-66장

위로와 희망의 예언

✳ 통독 포인트

이제 이사야는 58~66장에서 이스라엘 공동체가 해야 할 일은 모든 민족을 사랑하고 바른 삶을 살아가는 본을 보임으로 세상을 구원하는 것이라 말하고 있다. 실제로 학개 이후에 예루살렘 성전이 재건되었지만 유대교는 세계적 사명을 감당하기보다는 자기만의 공동체로 머물고 말았다. 분명히 성전이 재건되었으면 이제 무엇인가 나타나야 하는데 실제로는 그러지 못하고 오히려 이스라엘은 부패하기 시작했다. 시온성에 임하는 하나님의 임재를 자기들만의 것으로 생각하고 하나님의 우주적 통치에 부합하는 사명을 깨닫지 못하고 잊어버린 것에 문제가 있었다. 이런 상황을 해결하는 유일한 방법은 열방을 구원하는 메시아의 오심이다. 이사야는 메시아를 기다리는 것으로 마무리한다.

제3부 배나 주목받는 의로운 남은 자들 (58-66장)

1. 가식적인 이스라엘 예배(금식, 안식일) (58장)
2. 이스라엘의 고백과 용서 (59장)
   "우리의 죄악이 가리어 하나님이 듣지 않으신다."
3. 시온에 나타날 하나님의 영광 (60장)
4. "여호와의 기름 부음 받은 자" : 메시아 오심 / 기쁜 소식 (61장)
5. 예루살렘의 회복과 영광
   : 헵시바(내 즐거움이 그 안에 있다)와 뿔라(결혼하였다) (62장)
   "사람들이 너를 일컬어 거룩한 백성이라 여호와께서 구속하신 자라 하겠
   고 또 너를 일컬어 찾은 바 된 자요 버림받지 아니한 성읍이라 하리라"
   (62:12).
6. 에돔(악인)에 대한 하나님의 심판과 이스라엘의 기도 (63-64장)
   "우리는 진흙이요 주는 토기장이시니 우리는 다 주의 손으로 지으신 것이
   니이다" (64:8).
7. 하나님의 구원과 심판 : "새 하늘과 새 땅" (65장)
   - 의로운 남은 자들은 구원하시고 악인은 저주하신다.
8. 열방으로 확장되는 하나님의 영광과 축복, 선인과 악인의 운명 (66장)
   : 악한 사람의 실패와 의로운 남은 자들 축복
   "새 하늘과 새 땅이 내 앞에 항상 있는 것같이 너희 자손과 너희 이름이 항
   상 있으리라" (66:22).

* 하나님이 예루살렘을 위하여 하신 새로운 4가지 일
1. 눈물과 통곡을 대신하여 - 기쁨이 주어진다 (65:18-19)
2. 슬픔과 죽음을 대신하여 - 장수가 된다 (65:20-23)
3. 침묵하신 하나님이 - 기도에 응답하신다 (65:24)
4. 폭력을 대신하여 - 우주적인 평화가 주어진다 (65:25)

[장면 1] 지도자들의 책망과 열방을 향한 하나님의 구원 계획 (사 58-61장)

이사야가 지적한 이스라엘의 삶은 거짓과 죄악으로 가득하였다. 그중에서 제사장과 지도자들이 진리를 상실하고 말았다. 재건된 성전이 오히려 그들의 이익 도구로 전락하고 말았다. 여기서 이사야는 이전의 내용을 반복한다. 그것은 하나님의 언약을 떠난 이스라엘의 죄악이다. 구체적으로 이스라엘과 맺은 언약과 안식일 준수의 내용이다. 또한 우상 숭배와 정의가 사라진 종교 등을 지적한다. 이런 죄악은 하나님과의 관계가 단절되게 한다.

진리를 판결하는 재판관이 없으며 바른 증언을 하는 사람도 없다. 죄 없는 자를 핍박하고 제사장과 지도자는 타락하였다. 이것은 이사야 59장 1~2절에 잘 나타나 있다. 외형적으로는 모든 것이 회복된 듯 보여도 실제 내적인 부분은 여전히 죄악에 사로잡혀 있고 자신들의 안락에 취했다. 지금이라도 하나님께 회개하고 죄악에서 돌아서면 하나님은 용서하고 구원하실 것이다. 이것을 위해 중재자를 보내주실 것이다. 이 중재자는 백성을 핍박하는 자는 심판하시고 회개한 자에게는 구원을 베푸실 것이다. 이때가 하나님께서 이스라엘을 위하여 영광을 베푸시는 순간이다. 이런 역사를 선포하는 것이 이사야 60장에 나온다.

"일어나 빛을 발하라." 하나님이 빛이 되어 우리를 비추어주신다는 것이다. 이 사명을 감당하는 자가 여호와의 종이다. 그는 장래에 '열방이 네 빛으로 나아오게 하는' 사명을 감당할 것이다. 이런 하나님의 약속은 궁극적으로 그리스도를 통해 성취된다. 이런 메시아의 도래를 이사야 61장 1~9절에 일인칭 대명사를 사용하면서 (주 여호와의 신이 내게 임하셨다) 한 분 예수 그리스도를 묘사하고 있음을 보여준다. 이 내용은 예수님께서 나사렛 회당에서 말씀하실 때 인용하셨다(눅 4:21).

　※ 하나님이 이스라엘을 선택한 것은 왕 같은 제사장 나라를 세우기 위해서다. 하지만 이스라엘은 이런 사명을 감당하지 못했다. 하나님은 이스라엘을 이어 제사장 나라의 사명을 감당하게 하려고 교회를 세우셨다. 교회는 세상에서 빛이다. 교회는 어둠을 밝히는 빛의 사명을 갖고 태동하였다. 이것은 인간의 힘으로는 안 되고 하나님의 영광이 교회 위에 임해야 가능하다. 성령의 임재가 있을 때 세상에 빛을 발하는 교회가 될 수 있다. 그동안 압제를 받았던 예루살렘에게 하나님의 영광이 임하면 이제 예루살렘은 모든 민족을 세우는 복의 근원이 된다. 이것은 하나님이 시온 예루살렘을 우뚝 서게 하는 모습이다. 하나님은 주변의 민족들과 왕들이 예루살렘을 섬기고 예루살렘을 높일 것을 예언하고 있다. 이것은 오늘날 하나님을 믿는 그리스도인과 교회의 모습을 상징하고 있다.

[장면 2] 과거에 지은 죄의 회개와 시온 영광의 미래 (사 62-66장)

　시온의 영광스러운 미래를 선포한다. 구원자의 종말론적인 심판을 통하여 그리스도의 오심을 예언하고 있다. 이스라엘은 하나님의 의도를 알지 못하고 자기중심에서 모든 것을 바라보는 잘못된 신앙이 가장 큰 문제였다. 특히 성전을 자기의 유익을 위해 도구화하면서 하나님을 성전에 가두어버림으로 결과적으로 하나님을 이용하는 상황이 되고 말았다. 이런 측면에서 회개기도를 통하여 하나님의 영광이 다시 한번 임하기를 소망하고 있다. 그러면서 유다가 이 부분에 대해서 회개의 기도를 연결한다. 이것에 대해 하나님은 이렇게 말씀하신다.

"여호와께서 이와 같이 말씀하시되 하늘은 나의 보좌요 땅은 나의 발
판이니 너희가 나를 위하여 무슨 집을 지으랴. 내가 안식할 처소가 어
디랴. 나 여호와가 말하노라. 내 손이 이 모든 것을 지었으므로 그들
이 생겼느니라. 무릇 마음이 가난하고 심령에 통회하며 내 말을 듣고
떠는 자 그 사람은 내가 돌보려니와"(사 66:1-2).

이런 이사야의 선언은 당시 전통적인 성전 중심의 신앙을 가졌던 백
성에게는 충격적인 것이다. 하나님은 성전에 거하시지만 성전 자체가 곧
하나님의 집일 수 없다. 이것은 다윗이 성전을 건축하고자 할 때 이미 하
나님이 하신 말씀이다. 성전을 통하여 이스라엘이 선민의식에 사로잡혀
우월감을 느끼는 것은 잘못된 것이다.

이사야의 희망 메시지는 분명하다. 나라의 멸망으로 흩어졌던 유다인
들이 예루살렘에 모이게 될 것이다. 시온의 영광이 회복되어 온 세상 사
람들이 모여드는 것을 본 사람들은 놀랄 수밖에 없다. 이것은 신약시대
초대 교회 때 사도들의 설교와 성령의 역사로 수천 명이 한 번에 구원받
게 된 역사적 사건으로 예언이 성취된다. 재물이 같이 온다는 것은 역사
적으로는 포로에서 돌아올 때 고레스 왕이 성전 재건의 비용과 성전 기
물을 돌려준 것을 의미한다. 예루살렘은 어떻게 영광을 받게 되는가? 하
나님이 예루살렘을 축복함으로 이방 나라들이 이스라엘을 섬길 것이다.
성문이 항상 열려 있다는 것은 예루살렘을 대적할 사람이 아무도 없음을
말한다. 이것은 세상의 왕들이 후에 오시는 예수 그리스도의 통치 아래
복종하게 될 것을 의미한다.

※ 새 예루살렘은 즐거움과 기쁨이 가득한 성이다. 거기 사는 백성은 모두가 즐거움이 가득하다. 천국은 기쁨이 넘치는 곳이다. 마음에 걱정과 슬픔이 있다는 것은 아직 죄가 나를 지배한다는 것을 의미한다. 마음에 진정한 천국이 있다면 그곳엔 기쁨이 넘친다. 하나님의 새 창조가 일어나는 곳은 더 이상 슬픔이 지배하지 않는다. 새 예루살렘에서는 부르짖는 고통 소리가 없으며 죽은 아이나 노인이 없다. 새 예루살렘은 죽음에서 해방되는 곳이다. 메시아가 오시는 하나님 나라에는 사망이 없다.

이제 이스라엘만이 아닌 어느 민족이든지 하나님의 왕국을 실천하는 데 이바지해야 한다. 이제 하나님의 영역은 해 뜨는 곳에서 해 지는 곳까지(말 1:5,11) 확장된다. 심판은 이스라엘만이 아닌 온 세상의 심판까지 나아간다. 하나님을 거역하는 모든 백성을 심판의 대상으로 삼고 심판주가 오심을 말라기 선지자는 예언한다. 물론 심판 날이 이르기 전에 엘리야를 보내어 회개를 선포함으로 구원할 자를 찾으신다고 말한다. 이것은 400년 후에 신약에서 이루어진다.

이사야 63장 7절에서 64장 12절에 나오는 여호와의 백성이 드리는 기도는 하나님의 백성을 향한 미래의 모습을 기도로 오늘 현실 속에 초대한다. 이것은 이스라엘의 회복을 구하는 기도이다. 이사야서 전체의 메시지는 하나님의 구원이 이스라엘을 통한 열국의 구원을 포함하는 새로운 시온 신앙을 말하고 있다. 그것은 앞으로 오실 그리스도를 통하여 이루실 것이다. 이사야서는 구약 전체를 요약하며 신약을 이어주는 역할을 하는 성경의 중심부에 있는 책이다.

우리가 소망하는 메시아가 통치하는 새로운 나라는 우리가 지금 고통을 당하는 죽음과 수고와 땀이 없는 세상을 말하고 있다. 이 세상에서의 기도는 고통 가운데 부르짖고 오래 인내해야 응답이 오지만 새 예루살렘에서는 하나님의 친밀함으로 필요한 것이 먼저 주어진다. 여기서는 하나님이 약속하신 모든 게 응답된다. 새 예루살렘의 평화로운 모습은 이리와 어린 양이 함께 먹으며, 사자가 소처럼 마른풀을 먹고 뱀이 흙을 먹고 살며 해치지 않는다. 거룩한 산에서는 서로 해하거나 상하게 하지 않는 완전한 평화의 모습이다. 죄악이 가득한 세상에서는 이리와 어린 양이 함께 먹지 못한다. 그러나 새 예루살렘에서는 그들이 함께 먹는다. 죄를 지은 타락한 세상에서는 사자가 육식하지만 그곳에서는 소처럼 초식한다. 이것은 해함이나 상함이 없는 평화로운 세계를 뜻한다. 죄 많은 세상의 모습은 경쟁하며 서로 시기하고 죽이며 해하는 일이 다반사다. 하지만 메시아가 통치하는 하나님의 거룩한 산에서는 모두가 평화로운 관계가 된다.

※ 그리스도를 영접하면 하나님의 나라가 임한다. 하나님의 나라는 사랑과 희락과 화평의 나라다. 세상의 나라가 지배하는 사람은 슬픔과 걱정과 시기와 싸움으로 가득 차지만 하나님의 나라가 임한 그리스도인의 삶은 평화와 사랑과 희락이 지배한다. 죄인 된 인간인지라 때때로 죄악 가운데서 살게 되지만 그때마다 성령께 순종하는 것이 필요하다. 내 힘으로 평화의 나라가 임하기는 어렵다. 오직 성령이 나를 지배할 때만이 이런 삶이 가능하다. 주님이 재림하실 때 완전한 하나님의 나라가 이루어진다. 그날을 기다리면서 매 순간 성령을 좇는 삶을 살아야 한다.

미가서

【 미가서의 배경 】

미가서 1장 1절을 보면 왕들의 이름이 언급되는데 이사야와 같은 시기에 말씀을 전한 사람으로 이해된다. 미가는 이사야와 함께 사역한 선지자로서 하나님의 심판과 희망의 메시지를 전했다. 요담, 아하스, 히스기야 때 재임한 미가 선지자는 미래의 희망으로 다윗의 자손에게서 그리스도가 나타나심과 베들레헴이라는 정확한 장소를 예언한 것으로 유명하다. 백성의 죄악상과 사회 부조리와 하나님에 대한 불충성에 따른 하나님의 심판을 전했다.

유다에 대한 사역을 한 미가는 호세아와 아모스보다 한 세대 이후 사람이면서 이사야와는 동시대 선지자이다. 당시 사회는 우상 숭배와 사회적인 불의가 점점 심화되는 상황이었다. 이때 미가는 하나님의 심판과 구원을 외쳤다.

【 특징과 읽기 지침 】

　미가서에는 이스라엘이 하나님과 맺은 언약을 파기한 것에 대한 신적인 심판과 하나님의 백성을 끝까지 사랑하시는 하나님의 성품이 잘 나타나 있다. 특히 그리스도에 대한 예언이 나온다. 장차 올 메시아인 그리스도의 태어날 장소까지 구체적으로 예언되어 있다. 하나님의 심판 속에 담긴 메시아 소망은 이스라엘이 품어야 할 비전이었다. 물론 이것은 신약에서 그대로 이루어졌다. 이것은 하나님의 선택하심에는 후회가 없음을 잘 보여준다. 미가서 7장 1~7절은 미가의 애곡으로 예루살렘의 멸망을 예고하지만, 결국은 소망으로 마무리된다(미 5:2, 7:1-7,18-20). 미가서의 핵심 메시지는 오직 하나님만 신뢰하라는 것이다.

【 미가서의 내용 구조 】

- 미 1-2장　　　　사마리아와 유다 심판의 공평한 증거
- 미 3-5장　　　　시온의 정죄와 구속
- 미 6-7장　　　　예루살렘의 하나님의 소송과 애곡과 소망

되새김 120일 쉬운 통독 타임라인			
하나님 나라	성경 구조	역사와 시대	성경 각 권 소개
모형 실패	예언서 - 통찰과 해결	분열왕국시대	미가서

>>> 미가서 1-7장

남유다 왕국의
심판과 축복

＊ **통독 포인트**

　이사야가 귀족 출신이라면 미가는 농촌 출신이다. 그는 주로 농촌 마을을 배경으로 도시 지배계층의 잘못된 점을 신랄하게 전했다. 미가는 도시 지도자들의 잘못을 지적하고 하나님의 심판과 바른길을 제시하고 있다. 미가서는 하나님의 새로운 메시아가 도래할 것을 예언하면서 그때 하나님의 나라가 이루어질 것을 말한다.

[장면 1] 사마리아와 유다 심판의
공평한 증거 (미 1-2장)

　사마리아의 죄악은 우상 숭배에 있다. 본문은 그것에 대한 하나님의 심판을 말한다. 아울러 예루살렘의 잘못된 신학을 책망하신다. 이제 이런 이스라엘의 모습으로는 하나님 나라 건설이 힘든 것을 말하면서 자연스럽게 앞으로 오실 그리스도에 대해 예언한다. 미가는 하나님의 심판 이유에 대해서 주로 가난한 사람을 향한 압제를 말한다. 권세자들은 아합이 나봇의 포도원을 빼앗듯 힘없는 백성의 산업을 강탈했다. 미가는 이런 악함에 대한 심판을 전하고 있다.

[장면 2] 시온의 정죄와 구속 (미 3-5장)

시온 예루살렘에 대한 하나님의 심판을 말하고 있다. 이방 민족을 심판하는 것으로 알고 있던 이스라엘 백성에게 시온 자체를 심판한다는 것은 당시 그들의 신앙으로는 이해가 안 되는 충격적인 내용이다. 왜냐하면 하나님은 예루살렘성에 계시면서 자기 백성을 버리지 않으실 것이라고 믿었기 때문이다. 4장 이후에는 다시 이스라엘의 회복을 말하고 있다. 포로생활이 끝나면 귀환하고 남은 자들을 통하여 하나님이 유다를 정결하게 하심을 말한다.

[장면 3] 예루살렘의 하나님의 소송과 애곡과 소망 (미 6-7장)

하나님은 이스라엘을 법정에 기소한다. 하나님은 원고이면서 재판장이시기도 하다. 산들이 배심원이다. 진정한 신앙은 종교적인 행위가 아닌 겸손히 행하는 것이다. 공의와 인자를 행하는 것이야말로 진정한 신앙임을 말하고 있다. 이것을 위해서 하나님에 대한 지식이 필요하다. 미가는 마지막으로 구원을 전환한다. 미가서는 하나님을 찬양함으로 마무리한다. 이것은 "주와 같으신 이가 어디 있을까?"라는 질문에 함축되어 있다. 긍휼하심으로 이스라엘을 회복시키는 하나님을 찬양하고 기도함으로 마무리한다. 이스라엘의 온전한 회복은 메시아를 통해 이루어짐을 약속하고 있다. 이런 점에서 미가서는 호세아서의 내용과 비슷하다고 할 수 있다(호 11:8-11).

※ 하나님의 구원 계획은 절대로 취소되지 않는다. 우리는 하나님을 절대적으로 신뢰하고 그분이 이루실 나라를 사모해야 한다. 구약의 모든 메시지는 예수를 통해 이루어진다. 그리스도인은 세상에서 공의와 인자를 사랑하며 그것을 이루는 사명이 있다. 하나님은 이스라엘의 죄를 심판하시지만 최종 목적은 평화의 날이다. 나라와 교회는 지도자에 의해서 미래가 결정된다. 하나님의 공의와 사랑을 실천하는 지도자가 필요하다. 특히 어려운 사람과 가난한 사람을 보호하고 하나님의 공의를 실현하는 것이 중요하다. 왜냐하면 이것을 통해 하나님의 사랑과 공의가 드러나기 때문이다. 하나님이 지도자로 세우신 것은 이것을 실행하기 위함이다.

■ 성경 각 권 소개

호세아서

【 호세아서의 배경 】

▶ 호세아의 부름과 사명

호세아는 아모스와 동시대 인물로 여겨진다. 호세아는 여로보암 2세
가 40년 동안 통치한 마지막 부분에서 이스라엘이 앗수르에게 멸망하는
마지막 시기인 BC 722년까지 사역했다. 여로보암 2세 후에 30년 동안에
는 6명의 왕이 이스라엘을 통치했는데 그중에 4명(스가랴, 살룸, 브가야,
베가)은 암살당했다. 여로보암 2세가 죽으면서 나라는 정치적 혼란을 겪
었고 급격히 패망의 길로 가게 되었다. 이것은 이미 아모스가 사역한 여
로보암 2세의 부패로부터 시작되었다. 호세아가 사역할 당시 이스라엘
의 지도자인 제사장들은 레위 지파만 있는 것이 아니라 여로보암 2세가
지명한 제사상들도 있었다(왕상 12:31). 그러다 보니 제사장으로서 할 수
없는 강탈과 살인과 간음에 이르는 갖은 악행을 저질렀다. 외부적으로는

시리아가 앗수르에게 점령당하면서 이스라엘이 앗수르에게 직접 압박당하는 상황이 되었다. 앗수르에게 바치는 조공으로 인하여 약탈과 착취가 심했다. 그들에게 가장 문제가 되는 것은 하나님을 알지 못하는 것이었다. 하나님에 대한 지식이 부재함으로 가나안의 바알 신에 전염되어 종교 혼합주의가 만연하였다. 이스라엘은 한편으로는 하나님을 경배하면서 바알 신앙과 타협하여 혼합된 종교생활을 했다.

▶ 역사적 배경

이스라엘은 주변 나라에 의하여 발전과 쇠퇴를 거듭했다. 앗수르의 상황은 곧 이스라엘의 상황과 그대로 연결되었다. 호세아 선지자가 활동하던 시기에 앗수르는 자국의 변방 지역에서 일어난 전쟁에 휘말리면서 이스라엘에 직접적인 위협을 가할 수 없었다. 이런 주변의 상황에서 이스라엘은 안정 상태를 유지하면서 무역로를 장악하고 지배하면서 경제적인 부유를 누리고 있었다. 특히 북쪽의 여로보암 2세는 유다와 수리아와 에돔과 블레셋을 다스리는 실적인 지배자로 부상하였다. 그런 이유로 여로보암 2세 때는 북쪽에서 가장 번성한 시기가 되었다. 다윗과 솔로몬의 영토와 맞먹을 정도로 넓은 지역을 얻었다. 유다도 동시에 부유한 시기였다. 그러나 후에 앗수르가 부강한 나라가 되면서 이스라엘은 점차 쇠퇴하여 결국은 앗수르에게 멸망하고 말았다(BC 722년). 이스라엘의 마지막 통치자 6명은 기간이 길지 않았다. 네 명의 왕은 살해되었고 마지막 다섯 번째 왕은 앗수르에게 포로로 잡혀갔다. 이런 시기에 호세아는 임박한 하나님의 심판을 예언했지만 이스라엘은 듣지 않았고, 결국 우상 숭배의 타락에서 벗어나지 못했다(역사적인 배경을 위해서 열왕기하 15-17장을 참조).

▶ 종교적 배경

호세아는 한 세기 전에 나타난 선지자 엘리야와 엘리사의 정신을 계승하여 바알 숭배에 대한 문제를 통렬히 지적하면서 바알과 하나님 혼합주의를 경고하고 있다. 하나님이 주신 것을 잊어버리고 오히려 가나안의 신인 바알이 풍요를 준다고 믿었다. 거짓과 속임수가 가득 찬 바알의 신처럼 이스라엘의 상황은 점점 타락해갔다. 이것을 호세아와 고멜의 결혼 이야기를 통하여 영적 간음으로 이야기하고 있다. 이렇게 이스라엘 백성이 타락한 이유는 하나님을 아는 지식에서 멀어진 것이 가장 큰 이유였다(호 4:1,6,14, 6:3, 8:2-3). 하나님을 가나안 종교적으로 이해하는 데 큰 문제가 있었다. 물질적인 풍요를 믿음으로 종교가 타락했고 하나님의 방법이 아닌 가나안 신의 방법으로 부흥을 꿈꾸었다. 결국 하나님에 대한 지식이 없어짐으로 자신에게 닥쳐올 하나님의 심판도 무서워하지 않았다. 하나님께서는 예후 왕조(예후에서 여로보암 2세의 아들 스가랴까지)를 심판하실 것을 말씀하셨다(호 1:4).

호세아서에서 반복되는 다섯 가지 심판과 구원

심판	구원
첫 번째 심판 / 1:2-9	1:10-2:1
두 번째 심판 / 2:2-13	2:14-3:5
세 번째 심판 / 4:1-5:14	5:15-6:3
네 번째 심판 / 6:4-11:7	11:8-11
다섯 번째 심판 / 11:12-13:16	14장

【 핵심과 읽기 지침 】

▶ 핵심 주제

호세아서의 중요 주제는 세 가지다. '죄-심판-구원'이다. 이것은 성경 전체에 나타나는 기독교 세계관을 만드는 성경의 핵심 내용과도 일치한다. 회개하지 않은 이스라엘은 결국 하나님의 심판을 면하지 못하고 멸망한다. 그러나 하나님의 구원 메시지를 통하여 다시 회복의 소망을 갖게 된다. 호세아서는 마지막이 회복된다는 소망을 갖게 하면서 긍정으로 마무리된다. 방종한 부인과 화해하려는 호세아의 노력은 이스라엘과 화해하려는 하나님의 신실한 사랑의 마음을 그리고 있다.

▶ 난해한 부분을 위한 지침

호세아서 읽기가 생각처럼 쉽지 않다. 그것은 후반부에 나오는(4-14장) 구조 때문이다. 문장의 일반적인 구조 형식을 따르지 않고 있기에 심판의 선언과 이유가 확실하지 않다. 너무 솔직하게 자기감정을 공개하고 있기에 상식적으로 이해하기가 쉽지 않은 면이 있다. 특히 반어법이 반복하여 등장하고 같은 문장이 뒤섞여 있다. 그런 이유로 호세아서는 위대한 문학 작품으로 평가되고 있다. 은유와 비유가 우리를 어렵게 하지만 그것이 하나님의 마음을 가장 잘 표현하는 것이라는 측면에서 깊이 연구하기만 하면 놀라운 은혜를 경험할 수 있다. 생생하고 솔직하고 가감 없는 표현을 통하여 우리는 성경에 깊이 들어갈 수 있다.

▶ 호세아서를 이해하는 키워드

호세아서를 읽으면서 염두에 두어야 할 것은 하나님과 이스라엘 백성 간에 나타난 하나님은 언약관계의 하나님이라는 것이다. 죄는 언약을 파괴하는 것이다. 언약을 파괴하는 이스라엘과 다시 언약을 세우는 하나님의 사상으로 전체 이야기가 진행되고 있다. 이것은 결혼관계와 같은 의미를 지니고 있다. 결혼은 언약으로 이루어지듯이 하나님과 우리 신앙은 언약관계이다. 하나님에 대한 믿음은 곧 언약에 대한 순종을 의미한다. 우리의 신앙이 언약 없는 믿음이 된다면 형식적이고 종교적인 자기 신앙에 불과할 수 있다. 자기중심적인 이기적인 신앙으로 치달을 수 있다. 호세아서는 오늘 우리의 신앙에 새로운 도전을 주고 바른 신앙으로의 전환을 촉구하고 있다. 하나님은 자기가 세운 언약에 대해서 신실하게 지키신다. 이것을 믿고 다시 하나님께 돌아가는 우리의 신앙이 되어야 한다. 부흥의 본질은 하나님께로 돌아가는 것이다. 그것을 통해 외적인 부흥이 자연스럽게 이루어진다.

【 호세아서의 내용 구조 】

부정한 아내와 신실한 남편 이야기	부정한 이스라엘과 신실하신 하나님
호세아의 실제적인 경험 - 사건	호세아의 메시지 - 해석
개인적	민족적
1-3장	4-14장
이스라엘 죄를 들추어 냄	하나님의 심판과 회복
호세아의 아내로부터 얻은 교훈	하나님의 이스라엘을 향한 송사와 권고

되새김 120일 쉬운 통독 타임라인			
하나님 나라	성경 구조	역사와 시대	성경 각 권 소개
모형 실패	예언서 - 통찰과 해결	분열왕국시대	호세아

>>> 호세아 1-14장

여호와를 알고 돌아오라

✻ 통독 포인트

호세아서는 소예언서 중에서 가장 길다. 호세아서를 읽을 때 핵심은 죄의 심판과 회복의 순환주기를 보면서 읽는 것이다. 1장에서 4장으로 연결하는 과정이 순환주기를 따라 진행된다. 호세아서는 호세아의 결혼 이야기를 통해 이스라엘이 범한 종교적인 죄의 회개를 촉구하고 있다. 이것은 이스라엘과 하나님의 관계를 부부관계로 묘사하면서 내용을 그리고 있다. 여기서 고멜이란 여자는 이방신을 숭배하면서 영적 간음하는 이스라엘을 상징한다. 반면에 호세아는 하나님을 상징하며 어떻게 이스라엘 백성과 하나님이 다시 화목한 관계를 갖는지를 보여주며 극적인 효과를 주는 퍼포먼스와 같은 책이다.

[장면 1] 결혼 비유를 통한
방탕한 이스라엘 이야기(호 1-3장)

호세아서는 1~3장에서 하나님과 이스라엘 관계를 호세아와 그의 아내의 관계로 비유하고 있다. 호세아의 아내 고멜은 이스라엘의 모습을 보여준다. 고멜의 간음은 이스라엘의 우상 숭배 모습과 비교된다. 특히 1장의 호세아 가정의 모습, 2장의 이혼 과정, 3장의 다시 회복하고 화해하는 이야기는 순환적으로 진행된다.

호세아의 아이들 이름은 이스라엘에 대한 하나님의 심판을 상징하고 있다. 하나님의 심판 중에도 회복을 바라보게 하는 이중적인 의미가 있다. 호세아는 신실하지 못한 고멜에게 다시 돌아오라고 말한다. 하나님의 사랑을 보여주기 위해서 호세아는 하나님께서 이스라엘을 사랑하시는 것처럼 그녀를 사랑하라는 요구를 받는다. 호세아의 이런 행동은 이스라엘을 향한 하나님의 모습과 일치한다. 잠시는 여호와를 떠나지만 마지막 날에 이스라엘은 돌아오게 되고 하나님을 구하게 될 것이다.

이스라엘의 혼합된 타락한 신앙에 대해서 호세아는 두 가지 비유로 이스라엘의 죄를 책망한다. 하나는 결혼의 비유를 통하여 바알과 혼합된 신앙을 지적한다. 거듭되는 간음과 배신에도 하나님이 끝까지 사랑을 베푸시는 모습이 소개된다. 두 번째는 하나님과 이스라엘을 부모와 자식의 비유로 말한다. 애굽에서 해방시키셨고 광야에서 구름 기둥과 불기둥으로 인도하시고 만나와 메추라기로 먹이셨다. 목마를 때 바위에서 물이 나오게 함으로 목을 축이게 하셨다. 수없는 반역과 불평에도 참고 기다리셨다. 배은망덕한 이스라엘에게 하나님은 아버지의 심정으로 주변국을 들어서 매를 대셨다. 애굽을 통하여 치시고 앗수르를 통하여 죄지은 이스라엘 백성이 멸망할 것을 경고했지만 이스라엘은 듣지 않았다. 계속 설득하시는 하나님과 그것을 거부하는 아들의 관계를 호세아는 묘사하고 있다.

결국 하나님의 인내와 사랑도 한계에 다다르게 되었다. 그러나 이방인에게 넘겨준다고 할지라도 하나님은 이스라엘을 절대 포기하지 않고 사랑하신다. 부모가 자식을 버릴 수 없듯이 하나님은 이스라엘을 끝까지 사랑하신다. 집을 나간 아들을 기다리는 것처럼 하나님은 이스라엘이 지금이라도 돌아오기를 기다리고 계신다. 호세아는 이런 하나님을 알고 그 뜻에 순종하자고 설파한다. 하지만 이스라엘은 하나님을 바르게 아는 데 실패했다. 그러다 보니 하나님의 길을 잊고 점점 자기 길과 세상 길로 가면서 패망하게 되었다.

[장면 2] 패역한 나라에 대한 호세아의 메시지 (호 4-13장)

호세아 4~13장은 하나님의 백성을 고발하는 하나님 앞에서 행해진 법정 소송의 내용을 그리고 있다. 세 번에 걸친 법정 고발의 내용이 핵심이다. 재판의 판단 기준은 십계명이다. 십계명 중에서 5개의 계명을 언급하면서 그들이 행한 다음의 죄목을 열거한다.

1) 하나님을 알려고 하지 않는다(호 4장)

하나님을 배우거나 하나님에 대한 지식이 없다 보니 자기 방식대로 행동하는 방향으로 나타난다. 자기중심적인 인간의 죄악이 그대로 드러난다.

2) 하나님을 인정하지 않으려 한다(호 5장)

가장 큰 문제는 하나님을 인정하지 않고 자기 생각을 중심으로 행동하는 모습이다. 그러다 보니 하나님에 대해 불순종하게 되고 자기 고집대로 하는 죄악이 나타나고 있다.

3) 하나님을 향한 충성된 사랑이 없다(호 6-11장)

이스라엘의 신실성이 모자라고 이웃에 대한 사랑도 신뢰도 못 하는 모습을 보인다. 하나님을 전적으로 믿는 신뢰성의 부족은 이웃 사랑의 결여로 나타난다.

4) 하나님께 신실하지 못한 행동(호 12-13장)

모든 죄악은 하나님에 대한 불신에서 시작된다. 이것은 하나님의 약속을 신뢰하지 못하는 불신에서 비롯된다. 인간이 언약을 파기하는 이스라엘의 죄악을 지적한다.

[장면 3] 말씀을 가지고 돌아오라 (호 14장)

심판의 주체가 하나님이라면 그것을 해결하는 분도 하나님이시다. 주위의 열강들을 의지하는 것은 하나님에 대한 불신에서 비롯된 것이다. 하나님 없이도 가능하다고 생각하는 것이 가장 위험한 우상적인 요소이다. 하나님의 돌보심을 잊어버리고 정해진 구조 속에서 살아가면 우리도 모르게 부패하게 된다. 우리 안에 하나님이 사라지게 되고 결국은 입으로만 신앙이 된다. 예를 들면 충분한 물질이 있으면 간절히 하나님께 기도하기 어려워진다. 그것을 가난한 사람에게 나누어 줄 때 하나님을 의지하게 된다. 내가 하나님보다 더 의존하는 것을 깊게 살펴보아야 한다.

세상의 모든 죄악은 하나님의 말씀을 떠나는 데서 시작한다. 하나님의 말씀이 사라지는 순간 자신이 그곳에 자리 잡게 된다. 우리가 하나님의 언약에 충실해야 하는 것은 하나님이 우리의 중심이 되게 하기 위해서다. 말씀이 없는 곳에는 하나님도 없다. 말씀 없이 하나님이 있다고 주장하는 유혹을 조심해야 한다. 우리가 믿는 하나님은 말씀하시는 하나님이시다. 이스라엘이 죄악에 빠진 것은 하나님을 아는 지식에 게을렀기 때문이다. 하나님을 힘써 아는 일을 통해 우리는 하나님께 돌아간다.

※ 죄를 범한 이스라엘에게 하나님은 호세아를 통하여 사랑을 전한다. 호세아는 결혼 이야기를 통하여 조건 없는 하나님의 사랑을 이야기하고 있다. 여기서 하나님의 사랑은 한마디로 표현하기 어려운 깊은 의미가 있다. 용서와 자비, 충성과 우애 등을 포함한 완전한 사랑이다

호세아서 사랑의 이야기는 고린도전서 13장의 사랑장을 연상하게 한다. 충성된 하나님의 사랑을 배신한 이스라엘을 끝까지 사랑하시는 이야기가 호세아 결혼 이야기 속에 고스란히 들어 있다. 하나님의 목적은 심판이 아니다. 하나님의 심판에는 다시 돌아오게 하기 위한 깊은 사랑이 들어 있다. 이스라엘이 고난을 겪고 죽음과 절망을 경험한 이유는 주님을 사랑하지 못한 데서 온 것이었다.

하나님을 사랑하는 것은 감정이나 느낌이 아니다. 주님을 아는 만큼 주님을 사랑하고 순종한다. 이렇게 보면 주님을 더 알려고 하고 순종의 믿음으로 변화되면 그것은 신앙 성장의 최고의 방법이다. 내가 주님을 사랑하는 것이 아닌 주님 속에 들어가면서 주님을 따라가게 되고 십자가를 지게 된다. 억지가 아닌 즐거운 마음으로….

Bible

아모스서

【 아모스서의 배경 】

▶ 아모스와 호세아는 동시대 예언자

드고아의 목자였던 아모스는 여로보암시대에 하나님이 경고를 위해 북쪽 이스라엘로 보내신 예언자이다. 아모스는 웃시야 왕 때 활동한 데 비해 호세아는 웃시야, 요담, 아하스, 히스기야 때 활동한 예언자이다. 그때 당시 백성의 상태는 향락과 나태와 죄악으로 가득 차 있었고 예언 자들은 이에 대한 회개를 촉구했다. 특히 호세아서의 많은 부분은 방탕 한 자기 부인으로 인한 슬픈 경험을 통하여 이스라엘에게 메시지를 전한 것이 특이한 부분이라 할 수 있다.

▶ 아모스시대의 역사적 배경

BC 8세기 중엽 국제 정세는 강대국 앗수르가 다마스커스 시리아를 침공했던 시기였다. 북이스라엘 왕국은 시리아로 인하여 당장은 앗수르의 위협을 느끼지 못했다. 북이스라엘은 당시 안정된 사회적 상황이었다. 여로보암 2세가 40년간 통치하면서 정치적인 안정을 이루었고 남유다 왕국의 웃시야 왕 역시 41년간 통치하고 있었다. 정치와 경제적인 측면에서 볼 때 당시 이스라엘은 남북 모두가 안정적인 상태를 유지했고 풍요를 누리는 부흥의 시대였다. 남과 북이 평화로운 관계를 유지하면서 이스라엘은 분열왕국시대 이후 가장 좋은 시대였다. 권세자와 부자들은 상아침대에서 향락을 누렸다.

하지만 이런 부는 대다수의 힘없는 백성을 압박하여 얻어낸 것이었다. 그들은 수단과 방법을 가리지 않고 부를 축적하는 잘못을 했다. 아모스는 법대로 하지 않는 그들의 잘못을 질타하면서 하나님의 심판이 임했다고 말한다. 당시 북이스라엘의 상황은 외적으로는 부를 이루고 안정한 듯 보였지만 내적으로는 빈부 격차가 컸고 소수의 권력자와 부자들이 모든 것을 주도하면서 자기의 유익을 구했다. 생계를 이어가기 위하여 몸을 파는 가난한 계층이 생기고 노예가 속출했다. 가난한 사람의 것을 약탈하면서 부를 축적하는 악한 행동을 더 두고 볼 수 없었다.

【 핵심과 읽기 지침 】

이야기의 핵심은 이스라엘이 현재 실행하고 있는 종교적, 사회 경제적 행위들을 거부하며 북이스라엘 왕국을 앗수르에게 멸망시키고 이방의 포로로 넘기겠다는 하나님의 말씀이다. 북이스라엘의 문제는 종교적 혼합주의와 언약 불이행과 사회적 불의, 특별히 지도자들과 그들의 아내들이 자행하는 불의가 주된 내용이다. 썩은 과일을 담은 바구니와 같이 영적인 것에 대한 무관심과 위선으로 인해 점점 심판의 때가 무르익었다. 지도자들은 종교를 이용해 자기들의 배만 불리면서 하나님의 언약에 관해서 관심이 없었다. 이것을 향해 아모스는 회개를 촉구했다. 아모스는 북이스라엘 왕국과 아울러 남유다 왕국에도 메시지를 전했다. 그는 예루살렘에서 자족하고 있는 사람들을 향해 경고의 메시지를 전했다. 마지막 부분에서는 하나님이 언젠가는 '다윗의 무너진 장막을 다시 세우실' 것을 선포하며 희망의 메시지를 선포한다.

▶ 핵심 주제

아모스서의 핵심 주제는 "오직 정의를 물같이, 공의를 마르지 않는 강같이 흐르게 할지어다"(암 5:24)라는 말씀으로 하나님께서는 하나님과의 관계인 공의와 다른 사람과의 관계인 공평을 찾으신다는 내용이다. 즉 진정한 신앙과 종교는 하나님에게 향한 사랑과 아울러 사회적 정의를 반드시 동반해야 한다는 것을 말하고 있다. 또한 하나님은 자비로우며 인내하는 분이지만 또한 공의의 하나님이시기에 언제까지나 죄를 방치하지 않고 심판하신다.

【 아모스서의 내용 구조 】

1) 암 1-2장 / 열방과 이스라엘에 대한 여덟 가지 심판에 대한 예언
- 다메섹에 대한 심판
- 블레셋에 대한 심판
- 두로에 대한 심판
- 에돔에 대한 심판

- 암몬에 대한 심판
- 모압에 대한 심판
- 유다에 대한 심판
- 이스라엘에 대한 심판

2) 암 3-6장 / 세 개의 심판 메시지 ('들으라'로 시작되고 있다)
- 해명의 메시지 : 언약을 지키지 못한 이스라엘의 멸망
- 고발의 메시지 : 하나님의 경고를 거부하고 부패함
  (여자들의 타락, 남자들의 타락, 심판하시는 하나님)
- 애곡의 메시지 : 이스라엘의 멸망에 대한 애가와 배교와 안일함에
                 대한 경고

3) 암 7-9장 / 이스라엘의 심판과 회복을 보여주는 다섯 개의 환상
- 메뚜기 이상
- 타는 불꽃 이상
- 다림줄 이상
- 익은 과일 바구니 이상
- 제단에서 본 이스라엘의 심판과 회복에 대한 이상

되새김 120일 쉬운 통독 타임라인			
하나님 나라	성경 구조	역사와 시대	성경 각 권 소개
모형 실패	예언서 - 통찰과 해결	분열왕국시대	아모스

〉〉〉 아모스 1-9장

정의를 하수같이

* 통독 포인트

아모스서의 기본 메시지는 지금 이스라엘의 죄악 된 상황을 거부하고 심판하신다는 것이다. 그중에서 말씀을 어기고 혼합화시키는 잘못을 지적한다. 특히 종교적, 정치적 지도자들에게 경고하며 회개할 것을 촉구한다. 아모스서에 나오는 환상은 이스라엘의 총체적인 파국을 선언한다. 위로보다 하나님의 진노를 전하며 북이스라엘과 아울러 남유다의 멸망까지 바라보고 예언이 전개되고 있다.

[장면 1] 열방과 이스라엘의 심판 (암 1-2장)

● 열방의 심판 모습 (암 1장)

이방 나라에 대한 하나님의 심판을 이방에게 말하기보다는 이스라엘에게 말한 것은 이런 하나님의 심판을 통하여 이스라엘이 하나님에게 돌아오라는 의미와 이방을 더 이상 의지하지 말라는 뜻을 담고 있다. 하나님을 버리고 이방인에게 도움을 구하는 것은 어리석은 일이며, 결국 그들도 하나님의 심판을 받게 될 것을 미리 말하면서 하나님에게로 돌아서도록 촉구하는 의미가 있다. 이런 의도에서 이스라엘 주변 여러 이방 나라에 대한 심판을 먼저 말하고 있다.

이방의 죄악들은 우리가 일상적으로 가지고 있는 악한 모습들이다. 이들의 죄를 시계 반대 방향으로 원을 그리듯이 설명하고 있는데 시리아(다메섹)는 잔인성, 블레셋은 노예제도, 베니게(두로)는 언약을 깨뜨린죄, 에돔은 보복심, 암몬은 잔인성, 모압은 불의에 대한 것을 열거하고 있다

● 이스라엘의 심판 모습 (암 2장)

이스라엘은 하나님과 언약을 맺은 백성이다. 이것이 이방 민족과 다른 점이다. 그런 면에서 심판도 역시 언약을 이행하지 않는 것에 대한 책망으로 이어지고 있다. 하나님의 약속을 파기하는 것은 하나님의 심판을 앞당기게 하는 일이다. 하나님의 약속을 지킨다는 것은 곧 하나님을 신뢰한다는 것이다. 하나님의 언약을 매 순간 상기하는 것이야말로 죄악을 이기는 유일한 길이다. 나의 힘으로는 안 되지만 그 약속을 상기할 때 우리는 하나님의 사랑을 다시 회복할 수 있다.

[장면 2] 이스라엘 죄의 모습들 (암 3-6장)

● 첫째 메시지 : 심판의 이유 (암 3장)

아모스 3~6장의 메시지는 하나님의 심판에 대한 메시지이다. 3장은

왜 하나님이 이스라엘을 심판하는지 그 당위성에 관해서 설명하고 심판의 특징을 이야기하고 있다. 남은 자를 구원하고 모두 멸망시키시는 하나님의 모습을 본다. 이것은 하나님의 심판이 파멸을 위한 것이 아닌 구원이라는 것을 전제하고 있다. 지금 이스라엘이 하나님의 심판을 듣는 상황은 평화와 번영을 누리는 종교적인 부흥과 성장의 시기였다. 사람들은 종교적인 의식에 참석하고 있었으며 많은 헌금을 드렸다. 외적인 면에서는 그럴듯했지만 마음은 하나님을 떠났다. 이런 상황에서 아모스의 세 가지 설교는 "이 말씀을 들으라"(암 3:1, 4:1, 5:1)는 메시지로 시작하고 있다. 당시 이스라엘의 착취와 타락의 모습을 아모스는 이렇게 그리고 있다.

"너희 사마리아에 사는 여인들아 이 말씀을 들으라. 너희는 바산의 암소들처럼 살이 쪘다. 너희는 보잘것없는 사람들을 소처럼 무겁게 밟아 누르고 가난한 사람들을 으깨어 놓으며 남편을 시켜서 훔치고 빼앗아 오고 아무리 술을 마셔도 만족할 줄을 모른다"(암 4:1 참조).

아모스의 이러한 외침에도 지도자와 부유층들은 회개하기는커녕 그럴싸한 종교예식으로 위장했고, 설마 하나님이 절기와 의식을 잘 지키고 전통을 보존하는 자기들을 심판할 것인가 하면서 종교적 위선을 계속했다. 말과 의식으로는 믿음이었지만 그들의 생활에서는 믿음의 모습이 전혀 보이지 않았다. 가식과 위선으로 가득한 종교행사에 하나님은 속지 않으신다. 믿음이 생활에서 나타나지 않은 것은 죽은 것이다. 이런 위선을 아모스는 적나라하게 파헤치면서 회개의 촉구와 하나님의 심판을 말한다.

● 둘째 메시지 : 이스라엘의 죄 고발 (암 4장)

두 번째 심판의 메시지는 이스라엘의 구체적인 죄악상에 대해서 풍자적으로 고발하고 있다. 이스라엘 백성은 현재 자기들의 죄를 깨닫지 못하고 있다. 그들의 종교적인 행위가 하나님을 위해서 한다지만 실상은 자기만족을 위한 종교적 의식이자 제사였다. 죄악이 계속되면 하나님은 더 이상 재앙도 내리지 않고 직접 심판하신다. 바로에게 10가지 재앙을 내리면서 하나님을 인정하게 하는 것과 같은 이치이다. 죄의 값은 사망이다. 사망이 오기 전에 다가오는 고난의 징표를 잘 이해하면서 하나님께 돌아서야 한다.

● 셋째 메시지 : 죄의 심판과 예언 (암 5장)

죄를 회개하지 않은 이스라엘에 대한 슬픈 애가로 5장을 시작한다. 이것은 예레미야가 예루살렘성이 파괴됨을 보고 애가를 지은 것과 같다. 다만 아모스의 애가는 멸망의 모습을 미리 상상하여 슬퍼하는 것이고, 예레미야애가는 심판당한 모습을 보면서 애가를 지은 것이다. 일천 명의 전사가 단 일백 명의 패잔병으로 남은 이스라엘의 비참한 상태를 그리고 있다. 회개하지 않는 이스라엘에게 하나님의 심판은 너무나 당연한 일이었다. 아모스는 이것을 알기에 죽은 사람을 애도하는 애가를 부른다. 이스라엘 민족의 죽음을 예언하며 미리 애가를 부르는 모습은 이스라엘의 멸망과 심판의 슬픔이 어느 정도인지를 말하고 있다. 이스라엘이 사는 유일한 길은 지금이라도 뇌물을 받거나 가난한 자를 억압하는 일을 그치고 하나님께로 돌아와 하나님의 법을 따르는 것이다(암 5:15,24).

● 넷째 메시지 : 안일한 죄의 회개와 심판 (암 6장)

이스라엘의 지도자는 이방의 포로가 되어 끌려갈 첫 번째 대상이다.

아모스는 시온(유다)에서 안일함에 빠진 유다 민족과 사마리아성에서 마음 든든하게 여기며 살아가는 북이스라엘의 모습을 보면서 경고의 메시지를 전한다. 이들의 문제는 하나님이 심판하시는 다른 성읍을 보면서 회개함이나 교훈을 얻지 못했다는 데 있다. 오히려 상아 침대에 누우며 부유함과 쾌락을 취하며 살아갔다. 엄청난 부와 사치를 누리는 지도자들은 가난한 사람의 고통은 돌아보지 않았다. 오직 자기만족만을 위해서 사치와 향락에 빠진 이스라엘에 대해 아모스는 하나님의 다가올 심판을 말하면서 회개를 강력하게 촉구하고 있다.

[장면 3]   심판에 대한 환상
: 메뚜기, 타는 불꽃, 다림줄 (암 7-9장)

마지막 부분인 아모스 7~9장은 여섯 개의 생생한 환상의 내용을 그리고 있다. 하나님이 어떻게 이스라엘을 심판하시는지 그 모습에 대한 환상을 소개하고 있는데 모두가 "주 여호와께서 내게 보이셨다" "내가 보았다"로 시작하고 있다. 7장에는 메뚜기(황충), 타는 불꽃, 다림줄에 대한 환상이 나온다. 세 가지 환상은 하나님의 마지막 심판을 의미한다. 파멸은 불가피하고 이스라엘의 미래는 신음으로 가득 차게 될 것이다.

왜 이렇게 이스라엘이 부패하고 타락하였는가? 하나님의 말씀을 듣지 않아서다. 하나님의 말씀을 거부하는 이스라엘에게 말씀을 듣지 못하는 기근이 있을 것을 예고한다. 말씀이 임하지 않는 것이 최대의 재앙이다. 구원은 언제나 말씀을 통해서 일어난다. 그런데 이런 말씀이 임하지 않는다는 것은 곧 이스라엘에 심판이 다가옴을 의미한다.

"주 여호와의 말씀이니라. 보라 날이 이를지라. 내가 기근을 땅에 보내리니 양식이 없어 주림이 아니며 물이 없어 갈함이 아니요 여호와의 말씀을 듣지 못한 기갈이라"(암 8:11).

※ 하나님이 우리에게 주신 사명은 무엇일까? 그것은 하나님 앞에서 정직하고 정의롭게 사는 것이다. 아울러 이웃과 사회에서도 정의를 이루어야 한다.

아모스서는 이것을 균형 있게 전하고 있다. 우리는 교회에서 하나님을 예배할 뿐 아니라 일터와 가정과 사회 속에서도 예배자로 살아야 한다. 우리가 있는 현장은 예언자로서 부름의 장소다. 하나님의 공의와 정의를 실현하는 것이 그리스도인의 사명이다. 아모스서는 개인적인 면에서만 하나님과의 관계를 생각하는 것을 넘어 이웃과 사회와 고아와 과부와 소외된 약한 자들에게 하나님 앞에서 책임감을 느끼고 그들을 보살펴야 함을 강조한다.

종교적 규율만 관심을 두는 것은 진정한 신앙이 아니다. 그것은 이웃 속에 나타나야 한다. 하나님은 전우주적인 분이시다. 그를 믿는 자녀들 역시 주님의 마음을 닮아 세상 속에서 공의를 전하며 하나님의 나라를 건설해야 한다. 신앙의 목표 지점은 높은 곳이 아닌 낮은 곳이다. 왜냐하면 우리는 이미 가장 높은 지위를 가진 자이기 때문이다. 더 얻을 것이 없는 모든 것을 가진 자다. 우리가 하나님의 자녀임을 증거하는 가장 확실한 방법은 낮고 힘없는 그들과 같이하며 그들에게 하나님의 사랑을 전하고 실천하는 것이다.

요나서

【 요나서의 배경 】

요나는 이방인을 향한 하나님의 사랑을 말한다. 요나가 회개를 선포하자 니느웨가 회개하는 역사가 일어난다. 이것을 통해 하나님은 이스라엘의 사명이 이방인에게 하나님의 축복을 전달하는 데 있음을 보여주고자 했다. 당시 북이스라엘은 다메섹을 속국으로 삼아 황금기를 누리고 있었고, 반면에 앗수르는 북방 아라랏과의 전쟁으로 세력이 약화된 상태에 있었다. 요나는 북이스라엘 출신이었고 니느웨는 앗수르의 수도였는데, 니느웨는 예루살렘으로부터 약 800km 떨어져 있었으며 이스라엘과 적대관계에 있었다. 니느웨의 왕은 아슈르단 3세로 당시 니느웨는 염병으로 국가적으로 어려움에 처해 있었다. 앗수르인은 원수들을 산 채로 묻거나 가죽을 벗기거나 날카로운 장대에 꽂아 뜨거운 태양 아래 두는 것을 아무렇지도 않게 생각하는 냉혹한 사람들이었다.

이 이야기는 요나의 이야기라기보다는 하나님의 이야기다. 요나서 전체의 주인공은 요나가 아닌 하나님이시다. 요나서 전체를 흐르는 물줄기는 아브라함의 언약(창 12:3)을 성취하시는 하나님의 모습이다. 하나님은 자신이 창조하신 모든 만물에 대한 자비와 사랑이 풍성하신 분이며 모든 사람을 구원하기 원하신다는 핵심 내용이 전체에 흐르고 있다. 고대 세계에 앗수르는 가장 잔인한 민족이지만 그들에게도 회개의 기회를 주신다는 것을 통해 하나님의 무한한 사랑을 보여주고 있다. 반면에 요나는 하나님의 불공평에 대해서 계속 질문하면서 그것에 거부를 드러낸다. 하나님의 긍휼을 인정하지 않으려는 이스라엘을 요나로 대표하여 말하고 있다.

요나서의 특징은 하나님은 이스라엘뿐 아니라 모든 민족의 하나님이며 먼저 택함을 받은 사람에게는 믿지 않는 사람에게 구원의 소식을 전해야 할 사명이 있음을 깨닫게 하는 데 있다. 이스라엘의 잘못된 종교적, 도덕적 우월감을 지적하면서 구원의 보편성에 대해 말하고 있다.

※ 핵심 성경 구절

"하나님이 뜻을 돌이키사… 재앙을 내리지 아니하시니라"(욘 3:10).

【 요나서의 내용 구조 】

1) 도입 / 1장 : 하나님을 떠나는 요나(사임)
- 원인 : 하나님에 대한 그릇된 태도

- 과정 : 반대 방향 아래로 내려감

    (욥바로, 배 아래로, 바다 아래로, 물고기 속으로)

- 결과 : 기도하지 않고 잠을 잠. 하나님의 음성을 잃음.

    하나님의 징계를 받음(바다에 던져짐)

2) 전개 / 2장 : 하나님께 돌아오는 요나(회개)

- 요나의 3일 기도학교

- 죄를 고백하고 기도하면서 하나님의 용서를 체험함

3) 절정 / 3장 : 하나님의 사명을 회복하는 요나(부흥)

- 큰 도시에서 큰 부흥을 체험함

- 니느웨에 큰 회개의 역사가 일어남

- 요나 자신은 외치기만 했는데 회개의 부흥이 놀랍게 일어남

4) 대단원 / 4장 : 하나님의 교훈을 깨닫는 요나(교훈)

- 하나님의 역사하심에 화를 내는 요나

- 박넝쿨의 교훈

■ 성경 각 권 소개

오바댜서

【 오바댜서의 배경 】

　　오바댜는 에돔의 멸망과 여호와 날에 있을 남유다 왕국의 회복과 구원을 선포한다. 여기서 에돔은 넓은 의미로 하나님의 뜻을 거역하고 도전하며 하나님의 백성을 핍박하는 주변의 모든 나라를 상징한다.

　　오바댜서는 구약에서 가장 짧은 책이다. 오바댜가 메시지를 전하는 대상은 에돔이다. 에돔은 에서의 후예로 이스라엘의 형제 나라이다. 이스라엘은 야곱이고 에돔은 에서라는 점에서 이들의 관계는 긴 역사를 갖고 있다. 역사상 두 민족은 많은 갈등을 지니고 살았다. 둘은 숙적관계이다. 에돔은 예루살렘을 공격하는 적들과 함께 약탈했다. 에돔은 이스라엘의 곤경에 대해서 즐거워했다. 이스라엘이 심판당하는 것은 하나님이 하시는 일인데 그것에 대해서 조롱했다는 것은 하나님을 모욕한 일이 된다. 하나님의 백성을 비난하는 것에 대해 하나님이 심판을 내리고 있다.

오바댜는 이런 하나님의 메시지를 전하고 있다. 핵심 내용은 에돔에게 임할 하나님의 심판에 대한 메시지이다. 야곱은 기업을 누릴 것이지만 에서 족속인 에돔은 남은 자가 없을 것이다(옵 1:17-19).

【 특징과 읽기 지침 】

오바댜서는 남왕국 유다가 바벨론에게 멸망한 후에 실의에 빠진 유다 백성을 위로하기 위해 기록된 책이다. 오바댜는 에돔 사람에 대한 하나님의 심판을 전하고 있다. 에돔을 심판하는 이유는 유다의 불행한 일을 이용하여 재물을 약탈하고 남은 자들을 바벨론에게 넘겨주었기 때문이다. 오바댜는 에돔에 대한 심판을 통하여 여호와의 날이 다가올 것을 선포하고 이스라엘이 결국은 승리할 것을 말하고 있다. 이방인의 악함을 하나님은 그대로 보고 계시지 않고 결국은 심판하신다는 내용을 선포하고 있다. 주변의 악한 일을 그대로 두시는 하나님의 모습에 분노하지 말아야 한다. 원수 갚는 일은 하나님이 행하신다. 가장 공의롭게 실행하신다. 그리고 의인은 구원하신다.

【 오바댜서의 내용 구조 】

• 옵 1장   에돔의 멸망과 여호와의 날

■ 성경 각 권 소개

나훔서

【 나훔서의 배경 】

　　나훔의 배경은 633년의 앗수르의 앗수르다니발 왕이 애굽의 테베스를 공격하여 그곳 사람들을 포로 잡아간 사실을 배경으로 하고 있다. 하지만 니느웨는 앞으로 멸망할 것을 예언한다.

　　니느웨는 앗수르의 수도이다. 앗수르는 잔인한 민족이다. 피를 많이 흘렸고 그것은 하나님이 가장 싫어하시는 악한 행동이다. 이런 점에서 하나님의 심판은 당연한 일이다. 악한 독재자는 반드시 멸망한다는 것이 나훔의 메시지이다. 역사적으로 앗수르는 BC 612년에 멸망한 후에 다시는 일어서지 못하고 완전히 멸망했다. 하나님이 나훔을 통해 "네 이름이 다시는 전파되지 않을 것이라"고 하신 말씀이 이루어졌다.

【 특징과 읽기 지침 】

보통 선지자들은 이스라엘 백성의 죄를 지적하고 하나님의 심판을 전하지만 나훔은 앗수르의 수도인 니느웨의 멸망과 심판을 전한다. 요나는 니느웨의 구원을 전하지만 나훔은 니느웨의 멸망을 전하고 있다. 나훔 1장 15절은 남왕국 유다에게 닥칠 기쁜 소식을 전한다. 하나님은 이스라엘뿐 아니라 열국에 대한 죄악도 심판하시는 것을 선포함으로 하나님이 우주적인 통치자임을 전하고 있다. 모두 하나님의 주권 속에 있다는 것을 말한다.

【 나훔서의 내용 구조 】

- 나 1장   니느웨 멸망의 선포
- 나 2장   니느웨의 멸망에 대한 묘사
- 나 3장   니느웨의 멸망의 이유

D·a·y
045
장면통독 가이드

>>> 요나, 오바댜, 나훔
# 이방인을 향한 선지자

☀ 통독 포인트

여기에 소개되는 소예언서들은 모두 이방인을 위한 선포라는 공통점이 있다. 하지만 엄밀히 보면 이방인의 모습을 전해주면서 결국은 이스라엘에게 경고하는 데 목적이 있다. 사실 이방인은 이 선지자의 말씀을 듣지 않을 것이다. 이방인을 향한 메시지이지만 이스라엘에게 고난을 준 이방인의 미래 모습을 통해 하나님이 역사를 주관하신다는 것을 보여주는 의도가 있다. 자칫 이스라엘의 하나님으로만 생각하고 이방인에게는 제외된 것처럼 하나님을 오해하기 쉽기에 이방인도 하나님의 손안에서 움직이는 도구라는 사실을 보여줌으로 역사를 통전적으로 보게 하는 데 목적이 있다. 죄를 범한 이방인의 종말을 보면서 이스라엘 백성이 같은 죄를 범할 때는 이방인처럼 심판하신다는 뜻이 담겨 있다. 우리는 역사서를 읽을 때 오늘 우리에게도 같이 적용되는 메시지로 받고 읽어야 한다.

[장면 1] 요나서 : 니느웨를 향한 하나님의 사랑 (욘 1-4장)

● 하나님을 떠나는 요나 (욘 1장)

요나가 소명으로 받은 선교지는 다른 선지자들과 달리 이스라엘의 적대국인 앗수르제국의 수도 니느웨였다. 그런 이유로 요나는 소명을 거부하고 하나님을 피해 도망한다. 요나는 하나님의 보편적인 구원 계획을 깨닫지 못하고 자기 사명을 저버리게 된다. 하나님은 민족주의 배타성의 가치를 강하게 가졌던 요나를 통하여 배타성에 강한 이스라엘 백성에게 하나님 복음의 의미를 전하려고 한 것이었음을 알 수 있다. 하나님의 사랑은 민족주의를 초월해 원수까지 사랑하는 그런 사랑임을 본문은 알려 주고 있다.

하나님은 우리가 잘못했을 때 그 잘못을 깨우치게 하려고 다양한 방법을 사용하신다. 때로는 자연 재앙으로, 이웃과 전쟁으로, 질병과 고난을 통해 하나님을 신뢰하게 하신다(시 105:19, 119:71). 요나는 자기 때문에 어려움이 닥친 것을 깨닫고 자기를 제물로 삼으라고 말한다. 한 사람의 변화는 풍랑을 잔잔하게 한다(벧전 2:8). "이 풍랑이 나의 죄로 인한 것이다"라고 고백하는 우리가 되어야 한다.

● 하나님께 돌아오는 요나 (욘 2장)

본문은 요나가 물고기 배 속에서 고난을 겪는 중에 기도한 내용을 그리고 있다. 이런 면에서 볼 때 물고기 배 속은 육체적으로는 고난의 현장이지만 영적으로는 요나에게 놀라운 은혜의 자리였다. 요나의 회개기도 내용은 철저한 자기 회개와 소명의 결단을 하고 구원은 오직 하나님에게서 나는 것임을 고백한다. 기도를 통해 요나는 온전히 하나님에게만 자기를 의뢰하게 된다. 이런 요나의 고기 배 속 자리는 광야의 자리요 연단의 자리이지만 알고 보면 성숙한 신앙으로 회복되는 자리이다. 특히 요나가 고기 배 속에서 갇혀 있다가 극적으로 구출되는 사건은 인류를 위하여 육신을 입고 오신 그리스도가 죽으셨다가 3일 만에 부활하는 것을 예표하고 있다(마 12:40). 한 번 선택받은 그리스도인은 하나님을 떠날수 없다. 그리스도인에게 일어나는 모든 일은 하나님께서 주도하시는 일이다. 그리스도인은 자신에게 일어나는 모든 일을 하나님의 관점에서 바라보는 것이 중요하다(욥기 1:21-22 참조)

● 하나님의 사명을 회복하는 요나 (욘 3장)

요나가 자기 죄를 철저하게 회개하며 새로운 결단을 하자 극적으로 구출되었고 다시 소명이 주어진다. 요나의 니느웨를 향한 외침은 온 성을 회개로 가득하게 하고 큰 복음의 역사를 일으킨다. 하나님은 이스라엘만의 하나님이 아닌 모든 인간을 구원하시는 하나님이다. 이것은 복음의 우주성, 복음의 보편성을 새롭게 보여주는 장면이라 할 수 있다.

두 번째 말씀을 받은 요나는 하나님의 뜻에 순종한다. 다시스(스페인)는 바다 건너 약 3,200km의 거리였지만, 니느웨는 예루살렘 동쪽으로 약 800km였으며 약 100만 명의 인구가 살고 있었다. 회개는 명사가 아닌 동사다. 자기 뜻을 버리고 하나님의 뜻에 자신을 순종하면 인생이 바뀐다. 모든 것을 하나님에게 맡기고 말씀에 순종하며 나갈 때 하나님은 나를 통해 일하신다.

● 하나님의 교훈을 깨닫는 요나 (욘 4장)

요나의 회개 선포는 결국 니느웨를 회개하게 하고 하나님의 심판은 유보된다. 그러나 요나는 이런 하나님의 모습에 불평한다. 이것은 아직 요나가 하나님의 초월적인 사랑의 마음을 이해하지 못한 결과라 할 수 있다. 이런 요나에게 하나님은 박넝쿨을 사용하여 모든 인류를 향한 하나님의 구원 계획을 교훈하신다. 자기중심적인 요나를 꾸짖으시며 하나님의 사랑에 순종하는 자세를 촉구하고 있다. 요나는 여전히 하나님의 깊은 뜻을 이해하지 못하고 하나님께 문제가 있는 것처럼 생각했다. 오늘 우리도 세상에서 여러 가지 이해하지 못하는 일을 어떻게 바라보아야 하는지 요나를 통해서 발견하게 된다.

그리스도인은 자신의 시야가 아닌 하나님의 시선을 따라가는 사람이다. 하나님의 뜻은 날마다 주님의 말씀에 따라 사는 삶을 지속할 때 발견하게 된다. 하나님의 뜻은 보인다. 다만 내가 그 뜻을 발견하지 못한 것뿐이다. 하나님의 뜻은 나를 죽이고 자신을 포기할 때 주어진다. 죽는 만큼 뜻이 보인다(고전 2:10-14, 벧후 3:9, 딤전 2:4, 엡 3:16-19 참조).

※ 요나서는 악을 행하는 적대 세력에 어떻게 대하는가에 관한 내용이다. 요나는 당시 이스라엘 백성들의 대적인 앗수르제국의 수도인 니느웨에게 전하라고 명령받는다. 그런데 요나는 그 명령을 거부하고 정반대인 다시스로 가다가 물고기 배에 들어가는 고난을 겪는다. 이것은 오늘날에게도 같이 적용된다. 나에게 악을 행하는 원수에게 사랑을 베푸는 것은 쉽지 않다. 하지만 성경은 원수를 사랑하라고 말한다. 하나님의 구원을 이루는 방식은 인간의 판단을 넘어서는 신비함이 있다. 우리가 보기에는 악한 자라도 전하면 구원받을 수 있다. 왜냐하면 하나님은 우주의 주인이기 때문이다. 하나님의 구원은 시대와 상식과 시대를 초월한다.

우리가 믿는 하나님은 나만의 하나님이 아닌 모두를 위한 하나님이다. 하나님은 선인과 악인 모두를 사랑하시는 분이다. 하나님은 만유의 주님이시기에 모두에게 아버지가 된다. 그 하나님이 악한 사람들에게도 복음을 전하라고 요나에게 명령한다. 그런데 요나는 하나님의 명령을 거부한다. 왜 그렇게 되었을까? 그것은 자기중심으로 하나님을 이해했기 때문이다. 하나님을 만유의 주인으로 이해하지 못했다. 이것은 당시 이스라엘의 모습을 그대로 보여준다. 우리는 요나처럼 되지 않으려면 하나님의 관점에서 바라보는 시선을 일상에서 가져야 한다. 이것을 위해서 꾸준히 주님의 마음을 헤아리는 자세가 필요하다. 한 번에 하나님을 우리가 알 수 없다. 측량할 수 없는 하나님 생각과 마음을 알아가는 것이 신앙이다.

[장면 2] 오바댜 : 이방인을 향한 선지자

● 에돔의 멸망과 여호와의 날 (옵 1장)

에돔은 이스라엘을 괴롭힌 민족이다. 이스라엘은 패망하는 시점에서 그들에 대해서 어떻게 하지 못한다. 하지만 하나님은 이스라엘을 대신하여 원수를 갚아준다. 그것이 에돔 심판의 내용이다. 에돔은 스스로 무적의 나라로 생각하며 자만하게 살았다. 그러나 하나님의 심판은 그들의 모든 것을 허무하게 만들었다. 유다의 불행을 고소하게 생각했던 그들을 하나님은 심판의 날에 처리하신다. 이런 에돔의 심판은 이제 만국으로 확장되면서 이방 나라의 운명을 결정하는 의미로 여호와의 날을 선포한다. 아울러 하나님이 선택하신 이스라엘은 다시 회복하게 할 것이며 다시 거룩한 산에 이르게 될 것이다.

[장면 3] 나훔 : 니느웨를 멸망시키는 하나님 (나 1-3장)

"나 여호와가 네게 대하여 명령하였나니 네 이름이 다시는 전파되지 않을 것이라. 내가 네 신들의 집에서 새긴 우상과 부은 우상을 멸절하며 네 무덤을 준비하리니 이는 네가 쓸모없게 되었음이라. 볼지어다. 아름다운 소식을 알리고 화평을 전하는 자의 발이 산 위에 있도다. 유다야 네 절기를 지키고 네 서원을 갚을지어다. 악인이 진멸되었으니 그가 다시는 네 가운데로 통행하지 아니하리로다 하시니라" (나 1:14-15).

나훔은 니느웨를 멸망시키는 하나님의 메시지를 전한다. 요나서에는 니느웨가 회개한 것으로 나오지만 얼마 가지 못해서 악한 행동을 다시 자행한다. 그 결과 하나님의 심판을 당하게 된다. 니느웨의 멸망은 남유다 왕국에게 많은 위로가 되었을 것이다.

● 니느웨 멸망의 선포 (나 1장)

니느웨는 왜 멸망하는가? 그것은 하나님의 성품 때문이다. 하나님은 공의로운 선하신 분이다. 그런 성품에 거역하는 행위를 하는 니느웨를 하나님은 당연히 심판하신다. 이것은 유다 민족을 억압한 죄에 대한 징계이다. 이런 면에서 나훔의 메시지는 유다에게 위로를 준다.

● 니느웨의 멸망에 대한 묘사 (나 2장)

니느웨가 어떻게 멸망하는가? 2장에서는 그 사건을 이야기한다. 바벨론의 공격으로 니느웨는 무너지게 된다. 바벨론 군대의 전쟁을 치르는 다양한 모습을 통하여 어떻게 니느웨 도성이 멸망하는지를 생생하게 그려준다. 니느웨가 다시는 일어서지 못하고 완벽히 멸망한다.

● 니느웨의 멸망의 이유 (나 3장)

죄를 지은 니느웨에 대한 하나님의 심판은 너무나 당연한 일이다. 그들은 물질적인 죄악과 음행을 범했고 다른 나라를 무자비하게 파괴하는 잔인한 민족이었다. 이런 죄악에 대한 하나님의 징계는 당연하다. 이것을 통해 하나님을 거역하는 사람들의 마지막을 보게 한다.

※ 나훔서는 성경의 이야기의 핵심인 하나님의 속성을 전하고 있다. 하나님의 속성은 공의와 구원의 하나님이시다. 심판과 사랑의 내용이 성경의 일관된 내용이다. 나훔의 메시지는 열방들의 악함과 교만함을 무너뜨리고 하나님의 왕 되심을 선포하고 있다. 우리는 믿는 자의 하나님만 생각한다. 그렇지 않다. 하나님은 모든 사람의 하나님이시다. 그들이 믿든지 안 믿든지 하나님은 여전히 존재하시고 그들의 행위를 공의롭게 심판하신다. 하나님의 정의를 무시하는 나라는 결국 멸망하고 만다는 것을 나훔서를 통해서 새롭게 발견하게 된다. 우리가 이것을 믿는다면 어떤 경우에도 하나님을 불신하지 않고 신실하게 우리 길을 갈 수 있다. 대적들에 대해서 무서워하거나 분을 내지 않게 된다. 그리스도인에게는 하나님을 거시적인 관점에서 바라보고 이웃과 원수까지 사랑으로 바라보고 그들을 구원하심을 소망하고 복음을 전하는 사명이 있다.

■ 성경 각 권 소개

요엘서

【 요엘서의 배경 】

요엘은 아버지 브두엘의 이름을 제외하고는 저작의 시기를 알 수 있는 정보도 없다. 그래서 학자마다 의견이 다양하다. 내용을 중심으로 연대를 추정해 본다면 포로 전으로 보는 것이 적절하다. 이렇게 보면 요엘의 사건은 요아스의 통치 초기일 가능성이 크다. 아마 아달랴의 우상 숭배가 최고로 달했던 과정에서 아달랴가 죽고 대제사장 여호야다의 지도를 받았던 요아스가 통치하는 역사적 배경으로 메시지를 전하고 있다고 본다. 요엘서는 주로 늙은 자들과 거민들과 농부들과 제사장들이 주된 수신자이다.

【 특징과 읽기 지침 】

요엘은 주의 날에 초점을 맞추고 있다. 특히 당시에 심각했던 메뚜기 재앙은 하나님의 날에 비교하면 아무것도 아니다. 임박한 여호와의 날을 바라보면서 지금이라도 회개할 것을 촉구하고 있다. 메뚜기 재앙은 앞으로 닥칠 하나님의 심판을 보여주는 사건이다.

요엘은 정확한 연대가 나오지 않지만 보통 BC 9세기 정도로 본다. 요엘은 '심판 선언 – 회개 요청 – 구원의 약속'의 패턴을 따라 기록되었다. 이것을 통해 요엘은 하나님만이 참 신임을 강조하고 있다. 요엘 선지자는 '여호와의 날'(욜 1:15, 2:1,11, 3:14)을 반복하여 전하고 있다. 여호와의 날은 하나님의 전쟁을 의미하는 것으로 최종적인 승리의 날을 말하고 있다. 여호와의 날은 심판을 의미한다. 메뚜기 재앙은 열방에 대한 심판을 극적으로 묘사하고 있다. 그것은 전적으로 회개를 위한 하나님 사랑의 표시다. 그리고 회개하는 자에게 구원과 자비와 여호와의 영을 부어주시는 내용을 담고 있다. 언약을 어기고 자기 길로 가는 이스라엘 백성에게 회개의 촉구 의미로 무서운 메뚜기 재앙을 내리신다. 여기에는 모든 나라가 해당된다.

【 요엘서의 내용 구조 】

요엘서는 그림 언어로 읽는 것이 필요하다. 이런 점에서 장면으로 내용이 구성되었다.

1) 욜 1장

- 장면 1. 메뚜기 재앙
- 장면 2. 회개 촉구

2) 욜 2장
- 장면 3. 하나님의 군대
- 장면 4. 회개 촉구
- 장면 5. 풍년 약속
- 장면 6. 성령의 약속

3) 욜 3장
- 장면 7. 하나님의 열방에 대한 심판
- 장면 8. 하나님의 백성에 대한 미래의 약속

■ 성경 각 권 소개

스바냐서

【 스바냐서의 배경 】

스바냐는 다윗 왕가에 속한 사람으로 그가 예언할 당시는 BC 612년
으로 니느웨가 무너지기 전에 기록된 것으로 추정된다. 스바냐가 사역할
당시 국가적 상황은 복잡한 다변화 사회였던 요시야시대다(습 1:1). 스바
냐는 히스기야 왕의 4대손이다. 스바냐는 요시아 통치기간에 사역했을
가능성이 크다.

앗수르의 니느웨성이 무너지면서 국제 정세는 바벨론이 대신하는 상
황이 되었다. 당시 앗수르는 애굽과 바벨론의 가교역할을 했는데 앗수르
가 멸망한 것이다. 이런 상황에서 유다는 안정을 누리는 듯했지만 영적
으로 쇠퇴기에 접어들었다. 히스기야가 몰아냈던 우상을 므낫세가 왕이
되고 다시 들여오면서 더 악해졌다. 그후에 요시야가 등장하여 개혁을
이루었지만 전사하면서 유다는 다시 악해지고 결국 하나님의 심판을 당

하는 처지가 되었다. 개혁은 이어지지 않으면 일시적인 현상이다.

【 특징과 읽기 지침 】

스바냐서는 '여호와의 날'이 핵심 주제다. 여기서 '여호와의 날'은 하나님을 버리고 우상 숭배 한 것에 대한 하나님의 심판을 의미한다. 이것은 단순히 심판의 의미라기보다는 이스라엘에 대한 회개의 촉구와 악을 행한 이방 나라들에 대한 심판도 포함되어 있다.

물론 끝까지 믿음을 지키고 남은 자들에 대한 하나님의 구원과 희망도 함께 선포된다. 이스라엘을 향한 하나님의 심판을 가져온 가장 큰 원인은 우상 숭배와 혼합주의다. 하나님의 뜻을 어기고 종교의식만 남은 신앙과 이웃을 돌아보지 않는 이기적인 모습을 지적하고 있다. 스바냐서는 유다의 멸망이 곧 임하게 될 것을 선포하고 있다. 그날이 여호와의 날이다. 남유다에 대한 하나님의 심판은 유다뿐 아니라 그동안 이스라엘을 대적한 이방나라에게도 확대하여 임할 것을 선포하고 있다. 아울러 이스라엘과 이방인의 구원과 희망도 함께 말하고 있다.

【 스바냐서의 내용 구조 】

- 습 1-2장   여호와의 날에 임할 심판
- 습 3장   여호와의 날에 이루어질 구원

■ 성경 각 권 소개

하박국서

【 하박국의 배경 】

　　하박국서의 성경적 배경은 열왕기하 22~23장과 역대하 34장 1절에서 36장 4절의 내용을 읽으면 도움이 된다. 하박국은 연대가 나오지 않는다. 추정하면 BC 605년 바벨론 포로 직전에 쓴 것으로 보인다. 하나님은 유다를 심판하시기 위해 바벨론을 들어 사용하신다. 당시 개혁을 일으켰던 요시야가 죽은 이후에 유다는 쇠락해갔다. 하박국은 이런 모습을 보면서 당시 백성들이 궁금해하는 것을 물으면서 하나님의 대답을 전하고 있다. 요시야는 유다의 마지막 선한 왕이었다. 그가 성전을 보수하다가 우연히 율법책을 발견하면서 하나님 말씀의 회복이 일시나마 일어났다. 구약에 나타난 종교개혁으로 종교개혁의 모델을 보여준다.

【 특징과 읽기 지침 】

하박국서는 하나님이 행하시는 일에 대해 인간적으로 이해하지 못하는 내용을 하나님께 질문하는 대화방식으로 구성되었다. 당시 유다의 상황은 요시야 개혁이 잠깐 이루어졌지만 그 시기는 오래가지 못하고 말씀을 거부하는 악한 상황이 다시 시작되었다. 유다 스스로 멸망을 자초했다. 지금 그들의 상황은 하나님의 심판 계획이 사라진 것이 아니라 잠시 기다리는 중이었다. 개혁과 회개의 기회를 요시야를 통해 주셨다. 그런데 유다는 이것을 알지 못하고 여전히 과거의 방식대로 살아감으로 인해 누군가 그 길을 바르게 인도할 필요가 있었는데 이 역할을 하박국 선지자가 감당했다.

하박국은 이스라엘 백성을 대신하여 백성이 궁금한 것을 질문하며 하나님의 뜻을 구하고 있다. 하박국은 어려운 때일수록 하나님을 절대적으로 믿는 신실한 믿음이 필요함을 말하고 있다. 하박국서에서 의인은 믿음으로 산다는 내용은 로마서 1장 17절에서 바울이 인용한 구절로 종교개혁의 대표적인 말씀이다.

[하박국서의 내용 구조]

1) 합 1-2장 : 하박국과 하나님과의 대화
- 악을 허락하시는 이유는 무엇인가?
- 택한 백성을 심판하시는 도구로 악한 나라를 사용하시는 이유는 무엇인가?

2) 합 3장 : 하나님의 대답에 대한 하박국의 반응

– 하박국의 기도

– 하나님을 믿는 의인의 믿음

되새김 120일 쉬운 통독 타임라인			
하나님 나라	**성경 구조**	**역사와 시대**	**성경 각 권 소개**
모형 실패	예언서 - 통찰과 해결	분열왕국시대	요엘, 스바냐, 하박국

>>> 요엘, 스바냐, 하박국

주의 날과 믿음

✻ 통독 포인트

여기에 소개되는 소예언서 세 개의 공통점은 주의 날을 선포하는 메시지의 특징을 갖고 있다는 것이다. 비록 지금은 이스라엘이 고난 속에서 암담한 상황에 부닥쳤지만, 그 속에서 약속을 믿고 기다리는 자에게 하나님의 날이 임하고 성령의 임재가 나타날 것이다. 절망적인 구약의 바벨론 포로의 상황에서 희망을 선포하는 주의 날에 대한 메시지는 오늘날 고난 속에 살아가고 있는 우리에게도 같이 적용되는 희망의 이야기다.

[장면 1] 요엘서 : 여호와의 날

요엘서는 연대와 날짜와 역사적 내용의 언급이 없는 이유로 다른 성경보다 이해가 어렵다. 북편의 군대가 어떤 군대인지 언급이 없지만 메뚜기 떼일 가능성이 크다. 하지만 자세한 것은 알 수 없다. 요엘서를 읽을 때 염두에 둘 내용은 '주의 날'이다. 그리고 하나님과의 언약적 관계에 충성하도록 권면하는 내용이다. 요엘서는 장면으로 구성되었다. 이렇게 읽으면 어려운 요엘서를 더욱 쉽게 읽을 수 있다.

● 메뚜기 재앙 (욜 1장)

요엘은 한 번 재앙이 임하면 전 지역이 초토화되는 당시의 모습을 은유로 하나님의 심각한 심판을 이야기하고 있다. 메뚜기 떼가 임하여 유다 땅을 휩쓸고 온 지역을 쓰나미처럼 뒤덮는 것처럼 다가올 하나님 심판의 심각성을 말한다. 유다에 있는 무화과나무와 밀과 포도와 감람나무들을 모두 먹어 버리는 재앙으로 하나님께 드릴 제물조차 없을 정도가 되었다. 1장 4절은 메뚜기 떼의 순서를 말하고 있다.

● 심판과 회개와 약속 (욜 2장)

요엘서에서는 하나님의 백성을 심판하는 일을 이방의 열강을 사용하시는 것이 아닌 하나님 자신이 직접 하나님의 군대로 개입하셔서 심판을 주도하신다. 우리는 하나님을 구원의 모습으로 생각하지만 여기서는 날개 달린 파멸의 모습으로 찾아오신다. 그러나 심판이 아닌 회복, 궁극적으로는 구원과 약속을 회복하고자 하는 하나님의 모습을 발견한다.

- 하나님의 군대 : 메뚜기 재앙을 하나님이 이끄시는 거대한 군대로 말한다.
- 회개 촉구 : 말씀을 어긴 것에 대한 마음을 찢는 진실한 회개
- 풍년 약속 : 회개와 부흥의 모습을 그리고 있다. 곡식의 풍성함이 다시 회복된다.
- 성령의 약속 : 성령의 임하심에 대한 약속과 하나님의 이름을

부르는 모든 자에게 구원이 임한다(욜 2:28-32).

자연의 역사를 통해서 하나님의 심판이 임하는데 특히 '메뚜기'에 의한 파괴를 은유로 사용하고 있다. 요엘은 하나님의 '영'을 마지막 날에 부어줄 것을 선포한다. 이것은 앞으로 모든 사람에게 나타날 성령의 강림을 예언하고 있다는 점에서 중요한 의미가 있다.

> "내가 전에 너희에게 보낸 큰 군대 곧 메뚜기와 느치와 황충과 팥중이가 먹은 햇수대로 너희에게 갚아주리니"(욜 2:25).

> "그 후에 내가 내 영을 만민에게 부어주리니 너희 자녀들이 장래 일을 말할 것이며 너희 늙은이는 꿈을 꾸며 너희 젊은이는 이상을 볼 것이며 그때에 내가 또 내 영을 남종과 여종에게 부어줄 것이며"(욜 2:28-29).

요엘은 하나님 심판을 큰 추수에 비유하고 있다. 그때는 악을 행하는 사람에 대한 심판이지만 하나님의 자녀에게는 구원의 날이다. 하나님을 믿고 신뢰하는 자에게 용서와 구원을 통하여 성령의 임재가 주어질 것이다. 이것은 약속하신 성령을 기다리는 사도행전의 오순절 성령강림 사건과 연결이 된다.

● 열방의 심판과 하나님의 언약 백성 회복 (욜 3장)
하나님의 심판과 이유에 대해서도 같이 언급하고 있다. 특히 이것은 종말론적인 심판을 의미한다. 이것은 단순히 하나님을 대적하는 것이 아닌 그동안 이스라엘을 괴롭힌 사람들을 심판하고 있다. 반면에 믿음을 지킨 하나님의 백성은 하나님을 통하여 구원을 얻게 하실 것이다. 하나님이 임하는 구원의 날에는 모든 산과 시내들에 풍성한 복을 허락하실 것이다. 요엘은 이스라엘에게 임박한 구원을 확신하며 어두운 시대를 살아가는 하나님의 백성들에게 위로와 희망을 얻어야 함을 말한다.

- 하나님의 열방에 대한 심판 : 거룩한 전쟁으로 대적에 대한 심판이 임한다.
- 하나님의 백성에 대한 미래의 약속 : 원수들의 영원한 멸망과 함께 종말론적인 회복

[장면 2] 스바냐서 : 주의 날에 이루어질 구원 (습 1-3장)

스바냐서를 읽는 것이 쉽지는 않다. 왜냐하면 내용 구조가 동심원적인 구조와 교차 대구법으로 이루어진 일종의 신학 모음과도 같기 때문이다. 전반부는 유다에 대한 하나님의 심판을 말하며, 그것에 대한 애곡이 나온다. 그리고 중심에 열방에 대한 하나님의 심판이 들어 있다. 후반부는 믿음을 지킨 남은 자에 대한 구원과 기쁨의 노래로 구성되었다. 스바냐서를 읽을 때는 이미지 표현이 강하게 그려지고 있기에 자칫 오해가 생길 수 있다. 노아 홍수의 심판의 이미지를 그리고 있다 해서 노아 홍수처럼 종말이 오는 것처럼 읽는 것은 조심해야 한다. 마치 모든 나라가 심판받을 것처럼 오해하기 쉽다. 이것은 강조법으로 심판의 심각성을 드러내려는 저자의 의도를 파악하고 무리하게 전체적인 심판으로 해석하는 것은 조심해야 한다.

● 다가올 주의 날에 대한 심판 이야기 (습 1장)

스바냐는 예루살렘을 위한 주의 날을 선포한다. 스바냐는 남유다왕조가 끝나갈 무렵 남유다와 예루살렘 백성을 대상으로 기록한 것으로, 므낫세의 악한 통치로 인해 남유다 왕국의 멸망이 확실해졌음을 선포한다. 남유다 왕국에 여호와의 날인 하나님의 심판이 다가옴을 전한다. 여호와를 거역하고 우상을 섬긴 나라는 분명히 하나님의 심판을 받게 된다. 그날이 여호와의 날이다. 심판이 임하는 그날을 피하기 위해서는 회개하고 여호와께 돌아와야 한다.

이 부분은 3가지 내용으로 구성되었다. 첫째 우상 숭배의 죄, 둘째 여호와의 날과 심판, 셋째 패망에 대한 애곡의 내용이다.

● 열방에 대한 심판 (습 2장)

하나님이 선택하신 유다의 심판은 곧 세상의 심판을 동시에 알려준다. 스바냐서는 이스라엘 선택과 세상에서 하나님의 왕권에 대한 메시지를 담고 있다. 이스라엘을 선택하신 것은 이방에게 복 주기 위함이다. 세상의 운명은 이스라엘의 역사와 긴밀하게 연관이 있다. 이것은 하나님이 만유의 주이심을 드러내고 있다. 북이스라엘이 멸망하고 이제 남유다 왕국도 멸망한 상황에서 이스라엘에 어떻게 구원이 이루어질 것인가에 대한 관심이 쏠린다.

● 남은 자들의 회복 (습 3장)

이것에 대한 스바냐의 메시지는 '남은 자'와 '여호와의 날'을 강조한다. 이것은 하나님의 심판의 날이면서 구원의 날이다. 남은 자란 잠잠히 하나님을 사랑하며 구원을 베푸실 '전능자'이신 하나님을 기뻐하는 자이다.

"너의 하나님 여호와가 너의 가운데에 계시니 그는 구원을 베푸실 전능자이시라. 그가 너로 말미암아 기쁨을 이기지 못하시며 너를 잠잠히 사랑하시며 너로 말미암아 즐거이 부르며 기뻐하시리라 하리라"(습 3:17).

하나님이 모든 것을 이루신다. 그것을 바라보고 믿음으로 사는 것이 우리의 모습이다. 비록 주변 환경과 세상은 악하고 힘들지라도 하나님의 공의와 사랑에 초점을 맞추고 여호와의 날을 고대하면서 살아가야 한다.

[장면 3] 하박국서 : 고난 속에서 믿음생활 (합 1-3장)

하박국서는 이 세상에 나타나는 불의한 일에 하나님은 왜 침묵하시는가에 관한 질문과 그에 대한 하나님의 답을 정리한 책이다. 하박국서는 고통과 애통의 시와 같이 전개된다. 하박국은 이스라엘 백성에 대한 심판을 이야기하는 것이 아니라 하나님이 행하시는 일을 보고 이해가 안 되는 것에 질문을 던진다. 일종의 하나님이 하시는 일을 이해하지 못한다는 것이다. 이런 질문과 대화 구조를 갖고 읽어 나가면 쉽게 읽어질 것이다.

● 하박국과 하나님의 대화 (합 1-2장)

하박국서는 죄를 계속 허용하시는 이유가 어디에 있는가에 관한 질문의 책이다. 이방 나라가 더 죄악이 심한데 왜 유다만 심판하시는가? 왜 죄를 간과하시는가에 관한 질문이다.

하박국서는 하나님에 대한 불평과 하나님의 반응이 두 번에 걸쳐 이루어지고 바벨론을 향한 다섯 가지 화를 선포하는 내용을 담고 있다. 하박국은 압제자들이 기세가 등등한 것에 대한 문제 제기와 하나님의 구원을 바라는 것으로 마무리한다. 의로우신 하나님이 어떻게 해서 악을 묵인할 수 있는가, 하는 것이 하박국의 메시지이다.

그것에 대해 하나님은 더욱 큰 목적을 이루기 위해 종종 악인들을 사용하신다는 것이다. 잠시 그들을 사용하시지만 나중에는 그들의 죄를 묻고 그런 악한 행동에 책임을 물으신다. 이런 하나님의 신실하심에 대한 믿음을 갖고 사는 것이 신앙이다.

하박국이 제기한 문제에 대한 답변은 "의인은 그의 '믿음'으로 인하여 살리라"는 말씀이다. 우리가 구원받는 것은 하나님의 신실하심 때문이다. 이것은 인간이 하나님을 믿는 믿음의 모습을 말하기도 한다. 믿음은 하나님과 인간에게 모두 해당되는 이중성을 담고 있다.

그리스도인의 믿음은 하나님의 신실하심에 대한 믿음이다. 하박국 2장 4절은 신약의 로마서 1장 17절의 인용 구절로 알려진 유명한 내용이다. 이런 믿음을 가진 사람은 어떤 상황에서도 하나님을 신뢰하며 즐거워하게 된다. 이런 믿음을 가지고 있었기에 하박국이 '포도나무'에 열매가 없고, '감람나무'에 소출이 없고, '밭'에 먹을 것이 없으며, '우리'에 양이 없고 '외양간'에 소가 없을지라도 하나님으로 인하여 기뻐한다고 고백한 것은 믿음으로 사는 의인이 어떤 모습인지 잘 알려주고 있다.

하박국은 고난 속에서의 믿음의 삶을 말하고 있다. 어려운 때일수록 의인은 믿음으로 인하여 산다. 이 내용은 로마서에서 의인은 믿음으로 사는 인용 구절로 사용되고 있다(합 2:4, 롬 1:18).

"보라. 그의 마음은 교만하며 그 속에서 정직하지 못하나 의인은 그의 믿음으로 말미암아 살리라"(합 2:4).

● 하나님의 대답에 대한 하박국의 반응 (합 3장)

하박국은 하나님의 대답에 대해 하나님의 긍휼을 구하는 기도로 응답한다. 당장 이해가 안 되어도 참고 기다리면서 하나님의 행하심을 바라본다는 믿음을 갖게 된다. 상황에 이끌리지 말고 오직 하나님으로 인하여 기뻐하는 삶을 사는 것이 신앙의 핵심인 것을 말하고 있다.

"비록 무화과나무가 무성하지 못하며 포도나무에 열매가 없으며 감람나무에 소출이 없으며 밭에 먹을 것이 없으며 우리에 양이 없으며 외양간에 소가 없을지라도 나는 여호와로 말미암아 즐거워하며 나의 구원의 하나님으로 말미암아 기뻐하리로다"(합 3:17-18).

※ 요엘서와 스바냐서와 하박국서는 모두 하나님의 심판을 의미하는 '여호와의 날'에 대한 기록이다. 시대가 악할수록 하나님의 음성을 듣는 일이 필요하다. 우리가 아무리 어려운 일을 당해도 하나님의 능력과 구원과 사랑에 초점을 맞춘다면 우리는 어떤 어려움 속에서도 희망을 품으며 어려움을 이길 수 있다. 우리가 어려운 이유는 닥친 상황이 아니다. 하나님에 대한 믿음의 신실함에 대한 문제가 더 크다. 문제 해결은 보이지 않는 하나님을 얼마나 인격적으로 만나느냐에 달려 있다.

하나님은 공의로운 분이시다. 악한 세상 사람을 들어서 택한 백성을 심판하는 도구로 사용하시는 일은 쉽게 이해가 안 될 수 있다. 하지만 하나님은 더욱더 큰 목적을 이루기 위해 악한 자들을 사용하신다. 그것은 의인들에게 구원을 베풀고자 하는 하나님의 사랑이 담겨 있다. 악한 자들을 심판의 도구로 사용하지만 그것은 일시적으로 유효하다. 그들 역시 하나님의 때에 악함으로 순식간에 멸망하게 된다.

우리에게 닥친 문제를 우리가 이해 못 할 때가 잦다. 나름대로 성실하게 믿음생활을 했는데 어느 날 이해 못 하는 어려움을 당하면서 실의에 빠진 사람들이 주변에 많다. 그때마다 하나님을 사랑하는 자는 결국에는 선한 일이 이루어진다는 것을 믿으면 힘을 얻을 수 있다.

포로시대 1

▶ 3차에 걸친 바벨론 포로의 역사

이스라엘의 죄악에 대해 오랫동안 회개를 촉구했지만 이스라엘은 듣지 않았다. 결국은 하나님이 이스라엘을 이방 민족에게 팔아넘기는 마음으로 이 일을 시작한다. 슬픈 일이지만 어쩔 수 없다. 그것이 이스라엘이 다시 사는 길이다. 하나님께 죄를 범한 이스라엘 백성이 결국은 죄의 대가와 심판을 받는 것은 당연하다. 그것은 하나님의 심판의 도구인 바벨론에 포로로 잡혀가는 것이었다. 그런데 여기서 우리가 알아야 할 것은 바벨론이 강해서 이스라엘이 포로로 잡혀간 것이 아니라는 사실이다. 그것은 하나님이 바벨론을 심판의 도구로 사용하셨기 때문이다. 하나님의 도구로 사용된 바벨론도 나중에 멸망한다.

바벨론 포로는 세 차례에 걸쳐서 이루어졌다. 1차는 다니엘과 그의 세 친구와 귀족 출신의 몇몇 사람들이었고(BC 605년, 단 1:3-4), 2차는 여호야긴 왕과 에스겔 선지자 등 많은 사람이었다(BC 597년, 왕하 24:10-

16). 3차는 나머지 백성과 시드기야 왕이 잡혀가고 예루살렘 성벽이 무너지면서 성전과 성읍이 불탔다(왕하 25:1-7). 이것은 하나님의 말씀을 어긴 결과가 얼마나 비참한지를 잘 보여준다.

하나님은 죄를 그대로 두지 않고 심판하셨다. 그 결과 이스라엘은 바벨론에 포로로 잡혀가 70년간 나라 없는 생활을 했다. 그러나 하나님은 이스라엘을 버리지 않으셨다. 하나님은 한 번 선택한 백성은 끝까지 책임지고 돌보신다. 남유다의 이스라엘 백성은 바벨론 포로생활을 하는 비운을 맞이했지만, 그들의 생활은 생각보다 그렇게 힘들지 않았다. 학대당하거나 핍박받는 그런 심한 고통은 없었다. 그들은 하나님이 일찍이 주신 약속의 땅을 생각하며 그 땅이 회복되기를 고대하고 있었다. 지금은 비록 바벨론의 포로생활을 하고 있지만, 70년 후에는 다시 고향으로 돌아갈 것이라는 하나님의 약속을 믿고 기다렸다(렘 25:11-12).

▶ 바벨론에 포로가 되기 전에 해당하는 내용 : 예레미야애가

예레미야는 이스라엘의 패망한 모습을 기록으로 남겨 역사적인 교훈으로 삼으려고 애가를 기록했는데, 그것이 예레미야애가다. 두 번 다시 실패를 반복하지 않기 위함이었다. 5편으로 구성된 예레미야애가서는 모든 내용이 바벨론에게 예루살렘이 멸망하는 모습을 비통해하는 것이다. 문장 형태는 기억하기 좋게 알파벳 순서로 되어 있다. "슬프다. 이 성이여"로 시작하는 예레미야애가는 눈물과 슬픔으로 가득 차 있지만 다시 회복할 희망을 내포하고 있다(애 1:1, 2:1, 4:1).

▶ 바벨론 포로의 위기 속에서 준비된 지도자

- 예레미야

가장 나이 많은 예레미야는 남겨둔 이스라엘 사람들과 함께했다. 예레미야는 이것이 끝이 아니라 70년 후에는 하나님이 회복하실 것을 예언하고 믿었다. 예레미야는 눈물의 선지자였다. 그는 패망한 본토 이스라엘을 끝까지 지키면서 민족과 함께 죽어갔다. 본토에 남겨둔 사람들은 힘없는 사람들이었다. 그는 황폐한 이스라엘에 남아 희망을 선포하면서 하나님의 뜻을 전했다. 그러면서 포로로 잡혀간 사람들에게도 희망을 선포하면서 그날을 기다리라고 말했다. 회복되는 그날을 바라보면서 하나님을 끝까지 의지하며 살라고 부탁했다. 마지막에는 애굽으로 도망간 백성과 함께하면서 거기서 죽음을 맞았다. 예레미야는 끝까지 고난받는 백성과 함께한 참 지도자였다(렘 29:1-14).

- 다니엘과 세 친구

예루살렘이 처음 포위되었을 때 1차 포로로 잡혀간 소년들이 있었다. 다니엘과 그의 세 친구다. 비록 포로생활이지만 신앙을 타협하지 않고 끝까지 하나님과의 신의를 저버리지 않았다. 그들의 신앙은 고난 속에서 더욱 빛났다. 이방의 바벨론 문화와 타협하지 않고 신앙의 순수성을 지켰다. 그런 그들을 하나님은 풀무불에서, 사자굴에서 구해내어 하나님의 도구로 사용하셨다. 특히 다니엘서에는 이방 민족의 미래에 대한 예언이 기록되어 있는데, 바벨론, 바사, 헬라, 로마의 고대국가들이다. 결국 다니엘서의 예언대로 4개의 민족은 모두 멸망하고 만다. 반면 식민지였던 이스라엘은 지금까지 살아남는다. 다니엘과 세 친구의 이야기는 사회생활을 하면서 쉽게 타협하고, 작은 손해와 어려움에도 두려워하여 하나님을 쉽게 저버리는 우리와 비교할 때 큰 도전을 준다(단 1:8-20, 3:13-23, 6:10,16-23).

- 에스겔

에스겔은 포로로 잡혀간 백성들과 함께하면서 지도자 역할을 했다. 하나님이 주신 미래의 환상을 통하여 이스라엘을 격려하고 위로하면서 포로생활을 잘 감당하도록 도와주었다. 민족과 함께 고난을 겪으면서 하나님의 사명을 감당한 에스겔은 하나님의 영광을 강조하면서 하나님의 공의와 사랑을 전했다. 에스겔서에는 마른 뼈가 다시 소생하는 이스라엘의 미래 환상과 분열되었던 남과 북이 하나 되는 이야기 등이 나온다. 마지막은 파괴된 성전에 비교하여 미래에 나타날 성전의 영광을 말하고 있다(겔 14:1-5, 37:15-17, 39:21-22).

예레미야서

【 예레미야서의 배경 】

예언자 예레미야는 BC 7세기에 베냐민 땅 아나돗의 제사장 가정에서 태어났다. 본래 그는 겁 많고 조용한 사람이었으나 하나님이 그를 불러 용감하게 만들었다. 하나님의 말씀이 그를 불붙는 것 같아 견딜 수 없는 말씀의 종으로 만들어갔다. 예레미야는 하나님의 소명으로 인하여 수많은 고난과 죽을 위협을 맞았다. 거짓 선지자 하나냐의 괴롭힘으로 어려움을 당하지만 예레미야의 예언으로 1년 안에 하나냐는 죽는다.

예레미야가 사역하는 당시에는 친애굽파와 친바벨론파가 존재했다. 왕을 비롯한 대부분 사람들은 친애굽파였다. 그런 이유로 예레미야의 바벨론 항복은 그들에게 가시가 되었고 예레미야는 걸림돌이었다. 예레미야는 왕과 선지자, 제사장, 백성들과 다른 입장에 서야 하는 사명을 지니고 있었다. 다수의 처지가 아닌 소수의 입장을 지지해야 하는 상황의 어려움을 이해하면 된다.

【 특징과 읽기 지침 】

예레미야는 초기에 포로된 사람들에게 편지를 써서 그들에게 바벨론에 정착하면서 70년 이내에 있게 될 귀환을 기다리라고 예언한다. 예레미야는 자기 나라가 바벨론에게 멸망한다고 선언하면서 매국노와 같은 어려움과 비난을 당했다. 그러나 그것이 하나님의 뜻이라고 말하면서 사람의 이익보다는 하나님의 섭리를 전파한 사람이었다. 하나님이 주신 계시에 충실한 예레미야는 유다가 바벨론에게 항복하는 것이 유다에게 유익함을 전했다. 그것은 더 큰 불행으로부터 유다를 구하기 위한 하나님의 뜻이었다.

예레미야서는 호세아서와 신명기의 영향을 많이 받았다. 이스라엘이 창녀로 전락한 상황을 묘사하고 있으며 이런 하나님의 언약을 어긴 이스라엘은 불순종의 저주로 이어짐을 말한다. 예레미야가 가장 큰 문제로 지적한 것은 단순한 우상 숭배가 아닌 혼합주의였다.

예레미야서를 읽을 때 당시 상황을 이해하고 읽으면 흥미가 있다. 당시 사람들이 왜 바벨론에게 항복하지 않았을까? 그들에게는 두 가지 잘못된 확신이 있었다. 하나는 예루살렘은 다윗의 언약과 여호와의 성전이 있으므로 안전하다는 것이고(렘 7:4-11), 포로로 잡혀간 여호야긴은 조만간 끝나게 된다(렘 28:1-4)는 것이다. 그러나 예레미야는 "바벨론에게 항복하라. 그리하면 살 것이다. 그러나 저항하면 반드시 죽게 된다"라고 전했다. 그리고 예레미야서는 많은 신탁을 모은 것이다. 신탁 대부분은 시 형태를 띠고 있다. 내용은 이스라엘과 유다에게 경고한 내용이다. 내용의 구성이 하나님과 예언자의 대화 형식을 띠고 있다. 때로는 연대기적 순서를 따르지 않기에 성경을 읽는 데 약간의 혼란이 있을 수 있다(이스라엘의 소망을 담은 메시지 / 26-36장).

【 예레미야서의 내용 구조 】

1) 서론 : 1장

2) 제1부
- 렘 2-25장   예루살렘에 대한 심판의 예언
- 렘 26-36장   미래에 대한 소망을 제시하는 내러티브
                 (소망에 대한 핵심 메시지 : 렘 30-33장)
- 렘 37-45장   예루살렘의 함락에 대한 연대기적 내러티브

3) 제2부
- 렘 46-51장   열국에 대한 심판의 예언

4) 결론 : 52장

Bible

■ 성경 각 권 소개

예레미야애가서

【 예레미야애가서의 배경 】

예레미야애가서는 열왕기하 25장에 나오는 예루살렘 멸망에 대한 역사적 사건을 배경으로 한다. 예루살렘이 바벨론에게 2년 동안 포위되었다. 갇혀 있는 이스라엘은 하나님이 전적으로 개입하셔서 기적을 이루시기를 기대하고 있었다. 그러나 하나님의 뜻은 바벨론 군대가 성안으로 쳐들어와 수많은 예루살렘 사람들이 학살당하는 일이었다. 예레미야가 이런 상황을 보면서 차라리 죽는 편이 더 나은 것이라는 의문을 제기한다. 당시에 일어났던 기아, 갈증, 식인 행위, 성폭행, 학살 등의 이야기가 애가에 그대로 담겼다. 죄로 인하여 닥친 비참함을 애가로 표현하고 있다. 이것은 하나님 앞에 죄악이 얼마나 무서운지를 보여주는 교훈을 담고 있다.

【 특징과 읽기 지침 】

예레미야애가서는 예루살렘의 멸망을 슬퍼하는 애가 다섯 편으로 구성되어 있다. 이스라엘이 바벨론에게 포로로 잡혀가고 예루살렘이 황폐해진 후에 예레미야가 울면서 앉아 애가를 부르며 슬퍼한 노래다. 이 애가는 예루살렘이 멸망한 후까지 살아남은 유다인에게 메시지를 전하고 있다. 바벨론으로 끌려간 사람들과 유다에 남아 있는 사람, 그리고 애굽으로 도망간 사람들 모두가 포함된다. 예레미야애가에 나오는 예루살렘 멸망은 900여 년 전에 이미 예언되었다. 레위기 26장과 신명기 28장에 하나님의 명령을 어겼을 때 받게 될 무서운 심판을 경고했다. 이스라엘은 하나님의 언약을 어김으로 하나님의 심판을 받았지만, 회개를 통해 다시 회복하게 하는 희망의 메시지를 마지막에 담고 있다. 예레미야가 애가를 지은 것은 이것을 읽는 유대인들이 회개하고 하나님에게 돌아오게 하기 위한 목적이었다.

1. BC 586년 예루살렘 함락을 경험하고 쓴 애가 다섯 편으로 형식과 내용 면에서 시편 74편과 79편이 흡사하다(삼하 1:17-27).
2. 각 줄이나 문장의 첫 글자가 히브리 알파벳 순서를 따르는 구조를 취하고 있다. 이것을 히브리어 알파벳(22개)의 아크로스틱(acrostic) 형식이라 말한다.
3. 구조가 히브리 문학의 특징인 평행 대구법을 따르고 있다. 1장과 5장이 대구를 이루면서 내용은 사람에게 초점을 맞추고 있다. 2장과 4장이 서로 대구를 이루면서 하나님에게 초점을 맞추고 있다. 그리고 3장은 가운데 중심축을 이루면서 예레미야의 개인적인 반응을 보여주고 있다.

【 예레미야애가서 내용 구조 】

교차 대구적인 방식을 취하고 있다

- 애 1장   첫 번째 애가 : 예루살렘성의 멸망의 모습과 기도
- 애 2장   두 번째 애가 : 예루살렘의 죄에 대한 진노
- 애 3장   세 번째 애가 : 예레미야의 반응 – 중심 장
- 애 4장   네 번째 애가 : 하나님의 진노와 예루살렘 황폐함
- 애 5장   다섯 번째 애가 : 남은 자들의 기도

D·a·y
047
장면통독 가이드

되새김 120일 쉬운 통독 타임라인			
하나님 나라	성경 구조	역사와 시대	성경 각 권 소개
모형 실패	예언서 - 통찰과 해결	포로시대	예레미야

>>> 예레미야 1-10장

예루살렘에 대한 심판의 예언 1

✳ 통독 포인트

예언서는 성경 읽기가 만만치 않다. 성경을 읽어도 무슨 의미인지 모르고 형식적으로 읽는 경우가 대부분이다. 이것을 돕기 위해서 도표로 정리한 예레미야서 흐름을 이해하는 장면 도표를 제시했다. 이것을 토대로 성경을 읽으면 전체적인 내용이 잘 들어오고 성경 읽기가 수월하다. 방대한 분량의 예레미야서가 눈에 들어오기 위해서는 전체의 조감도를 알고 가면 부분을 읽을 때 내용이 잘 들어온다. 이런 점에서 이사야와 예레미야와 에스겔서를 한눈으로 보는 장면 도표를 삽입했다.

[장면 1] 예레미야에 대한 소개 (렘 1장)
- 서론 이야기

예레미야 1장은 예언자에 대한 배경과 소명을 그리고 있다. 예레미야

예레미야서

서론 예레미야 선지자의 소명 (1장) "나는 아이라"

요시야 18년 - 여호야김 - 시드기야 11년

제1막 예루살렘 멸망 전 심판 이야기 (2-39장)

제1부 유다에 대한 하나님의 심판 (2-25장)

* **요시야 재위기간의 예언**

1. 예루살렘의 불신앙의 모습 (2:1-3:5)
   - 하나님을 찾기보다는 애굽과 앗수르를 의지함.
2. 다가오는 심판과 회개 촉구 (3:6-6장)
   - 유다를 바벨론이 침공
3. 거짓 종교와 그 징벌 (7-10장)
   - 성전 설교 (7장) : 성전 입구에서 사람들에게 선포하나 거부함.
   - 예레미야의 탄식하는 애곡의 내용 (9장)
   - 바벨론 포로생활 선포 (10장)
4. 깨어진 언약 (11-12장)
   - 요시야 왕이 죽으면서 백성들 우상 숭배 빠짐. 예레미야를 제거하려는 음모
     예레미야가 불평함.

* **여호야김 재위기간의 예언**

1. 베 띠와 가죽부대 (13장) - 상징행위 : 썩어 못쓰게 된 허리띠
   - 가죽부대와 술통이 술로 채워지는 것처럼 하나님의 심판이 임함 / 백성들 거부함.
2. 가뭄과 기도 (14-15장)
   - 가뭄은 언약을 어기는 이스라엘을 이방 나라에 넘기겠다는 저주를 의미
3. 유다의 죄악으로 인해 예레미야에게 가해진 제한된 삶 (16장) - 상징행위
   1) 예레미야 결혼 금지   2) 상가에 들어가서 애곡하거나 통곡하는 것 금지
   3) 잔치하는 집에 들어가는 것 금지
4. 유다의 심각한 죄악 (17장)
   - 생수의 근원인 하나님을 저버리는 자는 심판을 받음. 안식일을 지키지 않음.
5. 토기장이의 옹기를 깨뜨림 (18-19장) - 상징행위
   - 힌놈 골짜기에서 항아리를 하나 사서 장로들 앞에서 항아리를 깬다(심판 상징).
6. 바스훌의 반대와 예레미야의 탄식 (20장)
   - 대제사장으로 있던 바스훌이 예레미야를 잡아 차꼬 채움.
   - 핍박하면 할수록 예레미야는 마음속에 말씀이 불타올라 견딜 수 없게 됨(20:9).
   - 친구들조차 반대하여 그를 거짓 선지자로 몰아붙이려 하자 자기 생일을 저주하며 탄식함.

는 어머니의 태에서 지어지기도 전에 하나님께서 선지자로 선택했다. 하나님은 그를 유다와 열방의 선지자로 임명하셨다. 하지만 예레미야 자신은 말을 할 줄 모르는 아이라고 말한다. 그것에 대해 하나님은 단지 말씀의 내용을 신실히 전하기만 하면 된다고 했다. 인간의 경험보다 하나님께 순종하는 것이 더 중요하다고 말씀한다. 하나님은 평범한 사람을 사용하신다. 경험과 지식과 힘이 없지만 하나님의 말씀을 그대로 전하는 사역자가 필요하다.

[장면 2] 예루살렘 멸망 전 유다 이야기 (렘 2-10장)

● 유다에 대한 하나님의 심판 (렘 2-25장)
　: 요시야 재위기간의 예언

- 첫 번째 메시지 : 예루살렘의 불신앙의 모습 (렘 2장-3:5)
　과거에 하나님은 유다에게 복을 주셨다. 그것은 하나님을 사랑하고 주님을 의지하며 광야생활을 하였기 때문이다. 하나님은 거룩한 백성을 지켜주셨다. 이방 나라가 공격하려 할 때는 징벌을 내리셨다. 하나님을 사랑하는 자는 하나님이 보호하신다.
　그러나 유다는 그런 하나님의 사랑을 저버리고 우상을 섬기면서 하나님께 등을 돌렸다. 백성을 이끌어야 할 제사장, 백성 지도자, 선지자들마저도 타락했다. 이스라엘의 가장 큰 잘못은 하나님을 버리고 우상을 하나님으로 대신했다는 점이다. 동맹국을 얻기 위해 이스라엘은 계속 하나님을 저버렸다. 자신들의 안전을 위해서 하나님을 찾기보다는 애굽과 앗수르를 찾아다녔다. 그런 유다의 행동은 영적 간음과 같은 것이었다. 이런 영적으로 무책임한 유다를 향해 하나님은 심판의 칼을 드셨다. 그러자 유다는 이런 하나님의 심판을 전하는 선지자들과 사자를 죽였다. 이렇게 이스라엘은 점점 더 악해져갔다. 이스라엘의 모습은 마치 생수가 더러운 웅덩이 물이 되는 것과 같은 모습이었다.

- 두 번째 메시지 : 다가오는 심판과 회개 촉구 (렘 3:6-6장)

남유다 왕국은 북이스라엘 왕국의 멸망을 보고서도 깨닫지 못했다. 하나님께 돌아오기를 거부하는 이스라엘에게 이혼 증서를 써주었다. 그런데도 그들은 여전히 영적 간음을 하고 말았다. 지금이라도 회개하고 하나님께 돌아오면 하나님은 심판을 멈추실 것이라는 메시지를 예레미야는 계속 전하였다. 순전한 회개를 하지 않고 계속하여 하나님을 거부하면 하나님은 진노의 불길을 발하여 그들을 사르게 할 것이라고 예레미야는 전했다.

바벨론 군대가 회오리바람처럼 유다를 휩쓸고 지나갈 것이다. 하지만 지금이라도 회개하면 하나님은 재난으로부터 구원해주실 것이다. 왜 하나님은 사랑하는 이스라엘 백성들을 심판하시려고 하는가? 그것은 그들 중에 공의를 행하며 진리를 구하는 사람이 없어서였다. 하나님은 예레미야를 보내 예루살렘을 샅샅이 뒤져 그런 사람을 찾으라고 하신다. 마치 아브라함이 소돔에서 열 명의 의인을 찾으려 했던 것처럼. 그러나 유다는 하나님이 예루살렘을 멸망시킨다는 생각을 믿지 않았다. 이런 상황에서 예레미야는 6장에서 심판의 확실성을 말한다. 예레미야는 바벨론의 침공을 선포한다. 하나님의 거듭되는 회개 요청을 거부한 이스라엘에게 하나님의 심판은 불가피했다.

거듭하여 회개를 촉구하는 하나님의 메시지가 전해짐에도 전혀 듣지 않고 죄를 범하는 오늘의 상황과 같다. 사람들은 종종 하나님과 인격적인 교제와 만남, 그 말씀을 순종하는 것보다 의식이나 제사 등 종교적인 행위나 구제, 봉사, 프로그램 등으로 하나님을 기쁘게 하려고 한다. 거기에서 신앙의 균형이 깨진다.

- 세 번째 메시지 : 거짓 종교와 그 징벌 (렘 7-10장)

이 내용은 예레미야의 성전 설교로 알려진 부분이다. 이스라엘 백성들은 외적인 종교생활에 만족하면서 하나님이 예루살렘이나 자신들을 멸망시키지 않을 것이라는 잘못된 확신을 하고 있었다. 그러나 예레미야는 백성들의 우상 숭배를 지적하고 하나님의 심판이 임할 것을 예언했다. 7장은 성전 설교의 내용을 담고 있다. 예레미야는 성전 입구에 가서 예배하러 오는 사람들에게 메시지를 선포했다. 성전은 부적과 같은 존재가 아니다.

예레미야는 하나님이 건물이 아닌 순종하는 자와 함께하심을 강조한다. 실로에서 행하셨던 것처럼 하나님은 성전을 파괴하실 것이라고 예언한다. 백성들은 성전 안에 우상을 세웠고 성 밖에서는 자녀를 제물로 바치던 힌놈의 아들 골짜기에 도벳 사당을 건축했다(렘 7:31). 하나님은 그 자리가 결국은 살육의 골짜기가 될 것이라고 말씀하셨다. 유다 백성은 율법이 있기에 그것이 자기를 지킨다고 생각했다. 그러나 그 율법은 거짓된 인간의 마음으로 다시 뽑아낸 거짓된 율법이 되었다.

예레미야는 살육당할 백성을 생각하면 고통스러워하며 눈물이 났다. 그런 동정심 때문에 '눈물의 선지자'(렘 13:17, 14:17)라는 별명을 얻었다. 9장에는 이런 예레미야의 탄식하는 애곡의 내용이 소개되고 있다. 앞으로 닥칠 곡하는 부녀들, 바벨론의 대량 학살 등의 내용을 묘사하고 있다.

10장에서는 이스라엘이 우상 숭배로 인하여 결국은 바벨론의 포로가 될 것을 선포했다. 우상은 조각해서 만든 것으로 하나님만이 유일한 신이며 살아계신 참된 신이다. 예루살렘이 포로로 잡혀갈 상황을 생각하면 예레미야는 매우 고통스러웠다. 그는 자신을 의지하지 말고 오직 하나님만 의뢰하는 것이 살길임을 강조한다.

되새김 120일 쉬운 통독 타임라인			
하나님 나라	성경 구조	역사와 시대	성경 각 권 소개
모형 실패	예언서 - 통찰과 해결	포로시대	예레미야

>>> 예레미야 11-20장

예루살렘에 대한 심판의 예언 2

* **통독 포인트**

예레미야는 유다에게 임하는 하나님의 심판이 무엇인지 그 내용을 기록했다. 하나님의 언약을 파기한 유다의 심판이 주된 내용이다. 이 메시지가 주어졌을 때는 BC 621년 즈음이다. 이 시기는 요시야 왕의 개혁으로 성전이 수리되고, 그 과정에서 율법책이 발견되면서 히스기야가 성전 개혁을 이루던 시기였다. 예레미야는 요시야 왕이 백성들에게 읽어준 율법대로 지켜 행할 것을 강조하며 9가지 메시지를 통해 하나님의 마음을 전하고 있다. 특히 20장은 예레미야서의 중심 내용으로 유의할 내용이다.

[**장면 1**] **네 번째 메시지 : 깨어진 언약 (렘 11-12장)**

예레미야는 요시야를 통해 발견된 율법을 잘 지키면서 언약 백성의 의무를 다하라고 촉구했다. 하지만 백성들은 듣기를 거부했다. 요시야가 재임할 동안에는 하나님을 섬기는 듯했다. 그러나 요시야가 죽은 후에 백성들은 다시 우상을 섬기는 길로 돌아섰다. 그 결과 스스로 하나님의 재앙을 초래했다. 예레미야의 책망을 들은 백성들은 그것에 순종하기보다는 예레미야를 제거하려는 음모를 꾸몄다. 12장에서는 예레미야가 자신의 생명을 해치려는 자들에 대해서 불평한다. 예레미야가 불의한 자를 심판해주시기를 기도하자 하나님은 오히려 더 어려워질 것이라고 말씀하신다.

예레미야는 심판의 메시지를 다시 전한다. 하나님의 언약을 파기한 결과를 포도원에 들어가 황무하게 하는 양 떼에 비교하면서 이 백성을 적국의 손에 넘기실 것이라고 말씀하신다. 그러나 나중에는 악한 이방들이 심판받고(렘 12:7-9) 흩어졌던 유다 백성이 다시 돌아와 땅을 재건할 것이라고 하신다. 이것은 미래에 그리스도를 통하여 이루어진다.

[장면 2] 여호야김 재임 동안의 예언 (렘 13-20장)

* **여호야김 재위기간의 예언 (13-20장, 25-26장, 35-36장)**

● 베 띠와 가죽부대 (렘 13장)

아무리 외쳐도 반응이 없는 백성을 자극하기 위해 하나님은 예레미야에게 한동안 베 띠를 띠고 다닌 후에 베라스(유브라데)에 가서 바위틈에 감추게 하셨다. 얼마 후에 예레미야가 파보자 띠가 썩어 있었다. 이 띠는 이스라엘과 유다를 상징한다고 말씀하셨다. 모든 가죽부대가 술로 채워질 것과 하나님의 심판을 말하지만 백성은 여전히 듣지 않는다. 앞으로 닥칠 심판을 미리 알려주지만 백성들은 거부한다.

● 가뭄과 기도 (렘 14-15장)

가뭄을 준 것은 언약을 어기는 이스라엘을 이방 나라에 넘기겠다는 저주를 의미한다. 비축한 물이 말라버리자 잠깐 죄를 인정하면서 하나님께 비를 내려주시라고 기도한다. 자신이 섬기는 우상이 가뭄을 해결해 줄 수 없음을 고백한다. 그러나 너무나 죄가 깊어서 그들의 기도가 하나님의 심판을 멈추게 할 수 없었다. 이미 넘지 말아야 할 선을 넘은 것이다. 예레미야는 모든 백성이 대적하는 것을 보면서 자기 삶을 한탄한다. 예레미야는 하나님이 자신을 실망하게 하지 않을 것임을 알면서도 의심하기 시작했다. 그러나 하나님은 그의 의심을 책망하시면서 끝까지 흔들리지 말고 견고하게 자기 사명을 감당하라고 말씀하신다. 비록 반대하는 자들이 있을지라도 하나님이 그를 지켜주실 것임을 약속한다(렘 15:21). 하나님은 우리에게 기본적인 약속을 주셨다는 것을 알려주기 위하여 고난을 주시면서 본래의 자리로 데려가서 그 약속을 확인하게 하신다.

● 유다의 죄악으로 인해 예레미야에게 가해진 제한된 행동 (렘 16장)

말로 해도 듣지 않는 유다의 죄악은 예레미야를 통하여 극적인 행동을 요구하게 된다. 하나님은 예레미야를 통하여 생생한 시각 자료를 만드셨는데도 그들은 마음속 깊은 죄를 좀처럼 회개하려 하지 않았다.

1) 예레미야의 결혼 금지 : 선지자에게 결혼하지 말라고 한 이유는 다가오는 재난으로 정상적인 관계가 제한되기 때문이다.
2) 상가에 들어가서 애곡하거나 통곡하는 것 금지 : 죽은 자를 위해서 위로할 사람이 아무도 없다는 것을 보여주기 위해서다.
3) 잔치하는 집에 들어가는 것 금지 : 잔치와 기쁨이 사라지게 될 때가 임박했다는 것을 보여주기 위해서다.

예레미야는 그의 힘이자 반석이며 피난처이신 하나님께 자신의 신뢰를 말했다. 나중에는 하나님에게로 돌아오는 정반대의 일이 일어날 것을 소망하고 있다(렘 16:12-21).

● 유다의 심각한 죄악 (렘 17장)

예레미야는 시편 1편에 나오는 말씀을 대조하면서(렘 17:5-8) 하나님의 메시지를 전한다. 하나님을 의지하지 않고 다른 것을 의지하면 하나님은 저주를 내리신다. 그러나 하나님을 신뢰하는 자에게는 축복을 내리신다. 사람의 마음은 부패하고 악해서 누구도 그 마음을 이해할 수 없다. 사람의 마음을 판단하시는 분은 오직 하나님이시기에 각 사람을 공정하게 판단하시는 하나님에게 돌아와야 한다. 생수의 근원인 하나님을 저버리는 자는 심판을 받을 것이다. 유다가 얼마나 하나님의 율법을 어겼는지 안식일을 지키지 않았다. 안식일을 지키지 않을 때 하나님은 심판을 내리신다.

● 토기장이와 깨어진 항아리 비유 (렘 18-19장)

하나님의 심판을 보여주기 위하여 예레미야는 토기장이 비유와 깨어진 항아리 비유를 말한다. 유다 백성은 하나님의 손에 있는 진흙과 같았다. 흠을 발견할 때는 항아리를 다시 만든다. 예레미야는 힌놈 골짜기에서 항아리를 하나 사서 장로들 앞에서 항아리를 깬다. 나중에 있을 하나님의 심판 모습을 극적으로 표현하고 있다.

● 바스훌의 반대와 예레미야의 탄식 (렘 20장)

성전의 대제사장으로 있던 바스훌이 예레미야를 잡아서 때리고 고랑을 채운다. 그러나 예레미야는 끝까지 자기의 메시지를 바꾸지 않는다.

오히려 핍박하면 할수록 예레미야는 마음속에 말씀이 불타올라 견딜 수 없게 된다(렘 20:9). 예레미야의 친구들조차 그를 반대하여 거짓 선지자로 몰아붙이려 했다. 예레미야는 하나님을 신뢰하며 자기 원수를 갚아주시기를 간구했다. 그러다가 갑자기 감정의 변화를 보이며 확신에서 절망으로 떨어진다(렘 20:11-18). 그것은 자기의 정당성이 조국의 패망을 의미했기 때문이다. 그는 너무 힘든 나머지 결국 자기가 태어나지 않았으면 좋았다고까지 토로한다.

되새김 120일 쉬운 통독 타임라인			
하나님 나라	성경 구조	역사와 시대	성경 각 권 소개
모형 실패	예언서 - 통찰과 해결	포로시대	예레미야

〉〉〉 예레미야 21-33장

왕들과 거짓 선지자 심판

✳ **통독 포인트**

　예레미야가 왕들에게 전한 메시지를 다루고 있다. 예를 들면 시드기야와 여호야김과 여호야긴이다. 또한 거짓 선지자들에 대한 책망을 전한다. 하지만 거짓 선지자들은 예레미야와 다르게 평화를 전했다. 하나님의 뜻보다는 인간의 마음에 초점을 두고 인기를 얻으려는 욕망이 담긴 내용이었다. 이것은 자신들이 지어낸 거짓된 내용이다. 이러한 반대에 부딪힌 예레미야는 그들과 투쟁한다. 그러나 예레미야는 유다의 장래가 하나님의 구원에 있음을 전하며 위로하고 있다.

[장면 1] 시드기야 재위기간의 예언
(렘 21-24장, 27-34장, 37-39장)

● 왕들과 거짓 선지자들에 대한 심판 (렘 21-23장)

예레미야는 유다의 죄악을 지적하면서 첫 번째 그룹인 유다의 목자로 임명한 왕들을 책망한다. 시드기야, 여호아하스(살룸), 여호야김, 여호야긴(고니야)이다. 이 왕들이 다윗 계열에서 난 의로운 한 가지로 교체될 것을 말한다(렘 23:1-8). 하나님을 거부하는 왕들에 대해서 예레미야는 예언의 메시지를 전한다. 시드기야에게는 예루살렘에 남아 있는 자는 죽게 될 것이며 항복하는 사람들은 살아남게 된다고 말한다. 시드기야도 멸망하게 되고 왕궁은 폐허가 될 것이다. 살룸은 3개월 만에 애굽으로 잡혀가 죽게 될 것이라고 예언한다. 바로에 의해 임명된 여호야김은 나중에 나귀같이 매장당할 것이다. 여호야긴은 바벨론에게 넘겨질 것이며 그와 모친은 바벨론에서 죽게 될 것이다.

신약 요셉의 족보는 여호야긴의 아들 스알디엘을 통해 계승된다. 그리스도는 다윗의 아들 나단을 통해 마리아에게로 이어진다. 그리스도는 저주받은 여호야긴의 아들에서 요셉으로 이어지는 족보가 아닌 다른 계보를 따랐다. 이런 과정에서 하나님은 의로운 남은 자들을 통하여 이스라엘 회복의 비전을 이루신다. 이것은 다윗 계열의 다른 왕을 세우심을 예언한다.

이어서 예레미야는 두 번째 그룹인 거짓 선지자들에 대해서 공격을 퍼붓는다. 거짓 선지자들은 예레미야와 반대로 평화를 약속하며 하나님의 뜻을 저버렸다. 그들의 예언은 스스로 지어낸 것이며(렘 23:16) 백성을 미혹하고 타락하고 오염시킨다. 결국 거짓 선지자들의 사악한 말로 인하여 이스라엘은 수치와 멸망을 당하게 될 것이다. 예레미야가 선지자 그룹에게 소외당하는 외로운 모습을 보게 된다.

● 두 개의 무화과 광주리 비유 (렘 24장)
여호야긴과 다른 지도자들이 바벨론 군대에게 잡혀간 후에 두 광주리

* 시드기야 재위기간의 예언

1. 왕들과 거짓 선지자들에 대한 심판 (21-23장)
   - 왕 : 시드기야, 여호아하스(살룸), 여호야김, 여호야긴(고니야) - 거짓 선지자
2. 두 개의 무화과 광주리 비유 (24장)
   - 좋지 않은 무화과 열매 : 시드기야, 이스라엘에 남아 있는 사람들, 애굽으로 도망간 사람
   - 좋은 무화과 열매 : 바벨론으로 잡혀간 유다 백성을 대표

* 70년의 포로생활 / 1부의 결론 - 2부의 서론 (25장)

   - 유다 멸망의 내용과 이방 민족의 심판
   - 70년 포로는 안식년을 어긴 것에 대한 정당한 대가. 그러나 예레미야를 죽이려 함.

제2부 사람들의 반대에 부딪힌 예레미야 (26-29장)

1. 백성들의 반발 (26장)
   - 방백에게 끌고 가자 선지자 미가의 예언을 근거로(26:18-19,24, 미 3:12) 예레미야를 처형하는 것은 부당하다고 말함, 예레미야는 겨우 위기를 넘김.
2. 유다에 있는 거짓 선지자들의 반발 (27-28장)
   - 거짓 선지자인 하나냐는 자기 말을 믿게 하기 위해서 예레미야의 목에 걸려 있는 멍에를 부러뜨림, 예레미야 예언대로 결국 2개월 후에 하나냐는 죽음.
3. 포로로 끌려간 거짓 선지자들의 반발 : 예레미야의 두 번의 편지 (29장)
   - 예레미야는 70년 후에 돌아온다고 말함. 그러나 거짓 선지자들은 빨리 돌아간다고 말함.

제3부 이스라엘과 유다의 미래를 위한 위로 (30-33장) - 위로의 작은 책

- **새언약**은 돌판이 아닌 백성의 마음과 가슴에 새길 언약이다(렘 31:33).
  이 언약의 궁극적인 성취는 그리스도의 재림을 통해서 이루어진다.
- 다시 돌아올 것을 상징하는 믿음으로 아나돗의 밭을 사서 매매증서를 토기장이에 보관
- 상징행위 4 (32장)
- 하나님이 이스라엘과 맺으시는 **영원한 언약**(렘 32:36-44) "한 의로운 가지"
- 이스라엘과 유다의 **회복에 대한 언약**(다윗 언약을 지키시는 하나님) (33장)
  "너는 내게 부르짖으라. 내가 네게 응답하겠고 네가 알지 못하는 크고 은밀한 일을 네게 보이리라" (렘 33:3).

에 대한 이상을 본다. 이것은 바벨론으로 잡혀간 사람과 유다에 남아 있는 사람 두 그룹을 의미한다. 바구니에 담긴 예물 중에 첫 번째는 익은 무화과 열매로 하나님께 바쳐지는 것이고 나머지는 좋지 않은 무화과 열매로 하나님이 받지 못하는 것을 의미했다

좋지 않은 무화과 열매는 시드기야와 이스라엘에 남아 있는 사람들과 애굽으로 도망간 사람들을 의미하고 좋은 무화과 열매는 바벨론으로 잡혀간 유다 백성을 대표하는 것이다. 유다에 남아 있는 사람들은 바벨론에게 잡혀간 사람들을 하나님이 저버린 사람이라고 생각했다. 그러나 잡혀간 사람들을 하나님이 돌보시어 나중에 다시 돌아오게 될 것을 약속했다. 온전한 축복은 주님이 다시 오실 때 주어진다(마 24:29-31). 남아 있는 사람들은 저주받으며 하나님의 심판을 받게 될 것을 예언한다.

외적인 것으로만 사람의 영적 상태를 판단하는 것은 아주 위험하다. 외적으로는 실패하고 망하는 것 같지만 그것이 하나님의 축복일 수 있다. 나타난 결과로만 하나님의 역사와 뜻을 분별하려는 위험을 조심해야 한다.

● 70년의 포로생활 : 1부의 결론, 2부의 서론 (렘 25장)

예레미야의 계속되는 심판의 메시지는 연대순이 아니라 주제별로 배열되었다. 25장은 지금까지 메시지의 절정이다. 25장은 크게 두 부분으로 나누어 볼 수 있다. 전반부인 25장 1~14절은 유다 멸망의 내용을 그리고 있고, 후반부인 25장 15~38절은 이방 민족의 심판을 말하고 있다. 유다를 멸망시킨 이방 역시 유다에 이어서 하나님의 심판을 받게 된다는 내용이다. 후반부인 25장 15~38절의 이방을 예언한 내용은 46~51장의 이방 민족에 대한 예언을 말하는데 이것의 서론 역할을 하고 있다. 25장 15~38절과 46~51장은 서로 하나의 이야기로 보면 좋다. 특히 서론 역

할을 하는 25장 15~38절은 이방 민족에 대한 환희의 축배를 드는 내용으로 이방 민족에 대한 심판을 말하고 있다.

> "이스라엘의 하나님 여호와께서 이같이 내게 이르시되 너는 내 손에서 이 진노의 술잔을 받아가지고 내가 너를 보내는 바 그 모든 나라로 하여금 마시게 하라. 그들이 마시고 비틀거리며 미친 듯이 행동하리니 이는 내가 그들 중에 칼을 보냈기 때문이니라 하시기로"(렘 25:15-16).

예레미야는 하나님의 언약을 파기한 사람들에게 포로로 끌려가게 되는 하나님의 심판이 임할 것이라고 말한다. 예레미야는 23년간 예언 활동을 했는데 세 번의 걸친 왕위 계승이 있었다. 그럼에도 사람들은 그의 말에 귀 기울이지 않았다. 결국 그 죄의 대가로 하나님은 이방 바벨론제국을 불러들여 이스라엘을 멸망시키는 도구로 사용한다. 이런 면에서 바벨론은 '하나님의 종'이다 바벨론은 70년간 이스라엘을 잡아 둘 것이고(렘 25:11) 70년이 지난 후에 유다를 괴롭힌 바벨론은 그들의 죄 때문에 심판받게 될 것이다. 유다뿐 아니라 마지막으로 열방에 대한 하나님의 심판을 그리고 있다. 이것은 세상의 모든 역사는 하나님이 진행하고 있음을 알려주는 대목이다.

큰 그림 속에서 하나님의 역사를 보아야 한다. 근시안적인 생각이 아닌 하나님의 넓은 섭리와 계획 속에서 모든 것을 해석해야 한다. 이것이 예레미야가 우리에게 전하고자 하는 중심 메시지이다. 유다가 바벨론의 70년 포로생활을 한 것은 7년마다 땅을 쉬게 해야 하는데 그것을 어겼기 때문이다. 안식년 규정을 어긴 것을 근거로 바벨론 포로 70년을 살게 하셨다(대하 36:20-21, 참조 레 26:33-35). 단순한 70년이 아닌 안식년을 어긴 것에 대한 정당한 대가이다.

불순종하는 유다 백성을 향한 예레미야의 메시지는 하나님 성전을 황폐하게 할 것이라는 것이다. 그러나 이것을 듣는 사람들의 반응은 냉담했고 오히려 예레미야를 죽이려 했다.

[장면 2] 사람들의 반대에 부딪힌 예레미야 (렘 26-29장)

예레미야가 1~25장까지의 메시지를 전하자 그것에 대해서 사람들은 어떻게 반응하는가? 이것을 26~29장에 소개하고 있다. 그의 메시지는 유다에 남아 있던 사람이나 바벨론에 잡혀간 사람 모두에게 거부당했다.

● 백성의 반발 (렘 26장)

예레미야를 죽이기 위해 방백 앞으로 끌고 갔다. 그러나 사건의 전모를 들은 방백들은 제사장과 거짓 예언자 앞에서 예레미야를 옹호했다. 예언자 미가의 예언을 근거로(렘 26:18-19,24, 미 3:12) 예레미야를 처형하는 것은 부당하다고 말했다. 그 결과 예레미야는 겨우 위기를 넘겼다.

● 유다에 있는 거짓 선지들의 반발 (렘 27-28장)

예레미야는 외로운 투쟁을 해야 했다. 그가 힘든 것은 예레미야의 예언에 대해 반대의견을 내고 있는 거짓 선지자들과의 싸움이다. 예레미야는 바벨론 사신들에게 말씀을 전했다. 바벨론을 섬기게 될 것이며 그 사신들에게 반역하지 말라고 충고한다. 오히려 바벨론의 멍에를 거부하면 전쟁과 기근과 염병으로 큰 벌을 받게 될 것이라고 말했다. 또 시드기야 왕에게도 동일한 메시지를 전했다. 백성들에게는 바벨론에 포로로 잡혀가 2년 안에 돌아오게 될 것이라는 거짓 선지자들의 말을 믿지 말라고 한다.

그러나 거짓 선지자인 하나냐는 자기 말을 믿게 하려고 예레미야의 목에 걸려 있는 멍에를 부러뜨렸다. 이것은 하나님이 느브갓네살의 멍에를 부러뜨린다는 것을 보여주기 위해서였다. 하나님은 예레미야에게 나무 멍에를 부러뜨린 하나냐가 쇠 멍에를 대신 지게 될 것이며 그가 죽게 될 것이라고 예언했고, 결국은 2개월 후에 하나냐는 죽었다.

● 포로로 끌려간 거짓 선지자들의 반발
  : 예레미야의 두 번의 편지 (렘 29장)

예레미야는 바벨론 포로생활을 하고 있는 사람들에게 바벨론에 오래 머물러 있을 것을 예상하고 준비하라는 편지를 보냈다. 하나님은 이스라엘 백성이 70년을 채운 후에 돌아오게 된다는 말씀을 전한다. 그러나 거짓 선지자들이 빨리 돌아갈 것이라고 말했기에 예레미야의 말을 믿지 못했다. 이들을 선동한 거짓 선지자의 대표적인 지도자 골라야의 아들 아합과 마아세야의 아들 시드기야를 지적하며 불에 태워 죽이는 바벨론 형벌을 당하게 될 것을 말했다. 바벨론에 있던 스마야 선지자가 예레미야를 처벌할 것을 촉구하는 편지를 예루살렘의 지도자에게 보낸다. 그러나 그 편지를 예레미야가 읽고 스마야와 그의 자손을 하나님이 벌하실 것이라는 편지를 보낸다.

[장면 3] 이스라엘과 유다의
미래를 위한 위로 (렘 30-33장)

유다는 이런 예레미야의 반복된 외침을 듣지 않았다. 이제 점차 하나님의 심판의 막이 올라가고 있는 상황이 벌어진다. 임박한 유다의 멸망을 바라보면서 예레미야가 위로의 책을 삽입한다. 그것은 후에 다시 유다와 이스라엘이 고향으로 돌아와 회복될 것이라는 내용이다. 이때 반복하여 나오는 단어가 있다. 즉 '날이 이르리니'(렘 30:3, 31:27,31,38), '끝날에'(렘 30:24), '그때에'(렘 31:1,29)라는 표현이다. 하나님의 때가 이르면 이스라엘은 다시 돌아오게 되며 이스라엘을 삼킨 자들은 하나님이 심판하실 것이다. 그리고 회복된 예루살렘은 영원히 멸망하지 않는 시온의 성지가 될 것이다.

그러므로 이스라엘에게 닥쳐진 일은 하나님이 하시는 일이기에 멀리 바라보고 참고 인내하며 죄의 대가를 받아야 한다. 새날이 이르면 하나님이 그의 백성과 새로운 언약을 수립하실 것이다. 새언약은 이전 출애굽 때 맺었던 시내산 언약과 다르다. 그 언약은 이미 이스라엘 백성에 의해 파기되었다. 이제 새롭게 맺을 언약은 돌판이 아닌 백성의 마음과 가슴에 새길 언약이다(렘 31:33). 이 언약의 궁극적인 성취는 그리스도의 재림을 통해서 이루어진다.

예레미야는 그가 전한 예언 때문에 시드기야에 의해 시위대 뜰에 갇혔다. 그때 그의 사촌 하나멜이 찾아와 아나돗의 밭을 사라고 한다. 예레미야 고향인 아나돗은 이미 바벨론의 지배 아래에 있기에 그 땅을 사는 것은 어리석은 일이다. 그러나 예레미야는 그 땅을 두 장의 매매증서를 작성하여 산다. 두 장의 증서를 바룩에게 주어서 토기에 담아 보관하라고 지시한다. 그것은 오랫동안 보관해야 하기 때문이다. 이렇게 한 것은 이스라엘 백성이 포로 후에 다시 돌아와 이곳에 거하게 될 것이라는 약속을 믿었고 그것을 보여주기 위해서였다. 하나님은 능치 못할 일이 없다. 그러기에 그 말씀을 신뢰하는 것이 중요하다. 구체적인 내용은 알 수 없어도 하나님이 하신 말씀대로 이루어진다는 확신을 두고 아나돗의 땅을 샀다는 것은 약속을 바라보는 믿음을 보여주는 예이다.

멸망해가는 나라를 보면서 이미 적군의 손에 들어간 땅을 돈을 주고 산다는 것은 이해할 수 없는 바보스러운 일이다. 그런데도 약속을 믿고 행동하는 예레미야의 모습은 우리에게 믿음이 무엇인지를 알려준다. 바랄 수 없는 가운데 약속을 믿고 도전하는 행동이 우리가 꿈꾸는 믿음이다.

예레미야 32장 36~44절에서 하나님이 이스라엘과 맺으시는 영원한 언약의 내용은 감동적이다. 하나님을 경외하는 것을 그들의 마음에 두어 영원히 그들은 나의 백성이 되고 나는 그들의 하나님이 되겠다는 하나님의 선언은 멸망해가는 가운데서도 포기하지 말고 바라보아야 할 놀라운 회복과 소망의 메시지이다.

그러나 예레미야 역시 하나님께서 멸망의 위기에 처한 이스라엘을 다시 회복하실지 이해할 수 없었다(렘 32:24-25). 갇혀 있는 예레미야에게 하나님이 나타나셔서 그것을 이해하기 위해서는 하나님께 부르짖으라고 말한다. 그러면 크고 비밀스러운 일을 보여주실 것이라고 말한다(렘 33:3). 왜냐하면 하나님만이 미래의 비밀을 알 수 있기 때문이다. 그 비밀은 다른 것이 아닌 아무리 이스라엘이 바벨론을 막아보려고 노력해도 허사라는 것이다. 그러나 하나님의 때가 이르면 하나님이 백성과 성을 치료하며 고쳐주실 것이다. 또 다윗의 계보를 통해서 나올 '한 의로운 가지'가 왕으로서 통치할 것이다. 이것은 다윗의 자손에서 나올 영원한 왕이신 그리스도를 의미한다. "이스라엘 집의 왕위에 앉을 사람이 다윗에게 영원히 끊어지지 아니할 것이며"(렘 33:17). 지금으로 보면 이스라엘은 망하는 것 같지만 하나님의 언약은 파기되지 않으며 다윗의 자손은 끊어지지 않게 하실 것이라는 의미이다.

D·a·y 050

장면통독 가이드

〉〉〉 예레미야 34-45장

남유다 왕국의 현재 재난

✳ 통독 포인트

앞에서 언급했듯이 이스라엘의 미래는 희망이 있지만 그렇다고 해도 지금 죄를 저지른 유다에 대한 하나님의 심판은 취소되지 않고 계속될 것이다. 구체적으로 예루살렘이 어떻게 바벨론에게 심판당할지 역사적으로 기록하고 있다. 이런 메시지를 전한 예레미야는 옥에 갇힌다.

결국 예레미야 39장에 예루살렘의 멸망을 기록한다. 살아남은 자는 포로로 잡아가고 가난한 사람들은 예루살렘에 남겨두고 남은 유다인은 애굽으로 피신한다. 그때 예레미야도 같이 간다.

[장면 1] 유다에 임한 현재의 재난 (렘 34-39장)

이스라엘의 미래는 소망이 마련되어 있지만 현재는 여전히 하나님의

제4부 유다에 임한 현재의 재난 (34-39장)

1. 시드기야와 백성을 향한 경고 (34장)
- 시드기야 바벨론에게 잡히게 됨.

2. 레갑 족속의 신실성 (35장)
- 레갑 족속은 레갑의 아들 요나답의 후손으로 술을 금했고 집을 짓거나 파종도 하지 않았다. 이전에 요나답은 예후를 도와 이스라엘 백성들의 바알 숭배를 저지했던 신실한 사람.

3. 두루마리를 태운 여호야김 (36장)
- 여호야김이 두루마리를 칼로 오려서 화로에 던져 태워버림.

4. 옥에 갇힌 예레미야 (37-38장)
- 예레미야의 메시지 "예루살렘은 무너지고 바벨론 왕의 손에 넘어가게 된다."
- 예레미야는 느브갓네살이 예루살렘을 정복하게 될 때까지 시위대 뜰에 갇힘.

5. 예루살렘이 바벨론에게 멸망 (39장)
- **시드기야 11년**에 예루살렘은 바벨론에게 BC 588년 1월부터 586년 7월까지 30개월 이상 포위당함.
- 시드기야는 두 눈이 뽑히는 수모를 당하고 그의 아들은 죽임을 당한다.
- 느브갓네살 왕에 의해 선대를 받아 시위대 뜰에서 예레미야가 풀려난다.

제2막 예루살렘 멸망 후의 유다와 열방 이야기 (40-51장)

제1부 유다에 대한 심판 이야기 (40-45장)

1. 남은 유다인들을 위한 예레미야의 사역 (40-42장)
- 그다랴 총독이 이스마엘에 의해 암살 : 애굽으로 도망함.

2. 애굽으로 간 백성들을 위한 예레미야의 사역 (43-45장)
- 백성들이 자기를 도와줄 곳은 애굽이라고 믿고 애굽으로 도망(예레미야와 바룩도 함께 데리고 감). 결국 바벨론에게 멸망함.

심판이 임박해 있는 상황이다. 34~39장은 바벨론에 의해 심판당하기 직전의 이스라엘 멸망의 사건을 연대순으로 기록하고 있는 것이 특징이다.

● 시드기야와 백성을 향한 경고 (렘 34장)

시드기야의 바벨론 반역은 성공하지 못한다. 항복하지 않으면 바벨론은 예루살렘성을 불태울 것이다. 시드기야는 도망할 수 없고 잡힐 것이다. 바벨론이 예루살렘에서 물러갔지만 그들이 다시 돌아오게 될 것이라고 백성에게 말한다.

● 레갑 족속의 신실성 (렘 35장)

백성들의 타락한 모습과 달리 레갑 족속은 술을 금했고 집을 짓거나 파종도 하지 않았다. 레갑 족속은 레갑의 아들 요나답의 후손이다. 이전에 요나답은 예후를 도와 이스라엘 백성의 바알 숭배를 저지했던 신실한 사람이다(왕하 10:15-17). 신실하게 하나님의 명령을 지키는 레갑 족속이 보여준 본보기는 언약을 어기는 유다 백성과 대조를 보인다.

● 두루마리를 태운 여호야김 (렘 36장)

예레미야는 바룩에게 예언의 말씀을 두루마리에 기록하여 이스라엘 백성에게 크게 읽어주라고 했다. 그 말씀을 듣는 백성이 회개하면 하나님이 그들의 죄를 용서하실 것이기 때문이다. 바룩은 성전 뜰에 모인 사람들에게 두루마리를 읽어주었다. 방백들은 왕에게 보고했고 바룩이 준 두루마리를 여후디가 여호야김 앞에서 읽자 여호야김은 두루마리를 칼로 베어서 화로에 던지면서 태워버렸다. 그리고 바룩과 예레미야를 체포하라고 명했으나 하나님이 그들을 숨겨주었다.

● 옥에 갇힌 예레미야 (렘 37-38장)

시드기야는 예레미야에게 애굽 군대를 도와 바벨론 군대를 몰아낼 수 있게 기도해달라고 요청했다. 그러나 예레미야는 시드기야의 요구와는 반대로 애굽은 무너지고 바벨론이 다시 예루살렘을 공격할 것이라고 말한다. 예레미야는 모함받고 시위대장은 그를 다시 옥에 가둔다. 바벨론이 예레미야의 예언대로 예루살렘으로 다시 돌아와 성을 포위했다. 시드기야는 예레미야를 불러 하나님의 메시지가 무엇이냐고 물었다. 예레미야는 같게 하나님의 메시지를 전한다. "예루살렘은 무너지고 바벨론 왕의 손에 넘어가게 된다." 시드기야는 예레미야를 토굴에서 시위대 뜰로 옮긴다. 그리고 굶주리지 않게 매일 떡 한 개씩 주었다. 이 당시 예루살렘성은 바벨론에게 포위되어 성안에 있는 사람들은 굶주림에 시달려야 했다. 그러나 예레미야의 떡은 '성중에 떡이 떨어질 때'까지 계속되었다 (렘 52:6).

예레미야를 시기하는 사람들은 시위대 뜰 안에 있는 그를 가만히 두지 않았다. 고위 관리들은 시드기야에게 예레미야를 죽여야 한다고 주장했다. 시드기야 왕은 그들의 말을 듣고 예레미야를 넘겨주었다. 그들은 예레미야를 진흙 구덩이에 던진다. 그러나 예레미야를 진흙 구덩이에 던져 넣은 악한 일을 왕궁의 환관인 구스 사람 에벳멜렉이 시드기야에게 고하자 시드기야는 예레미야를 구하도록 명한다. 시드기야가 다시 예레미야를 불러 하나님의 뜻을 묻자 예레미야는 흔들림 없이 같은 메시지를 전한다. 예레미야가 목숨을 구하고 가족의 안전을 구하며 도시가 불타지 않는 길은 바벨론에게 항복하는 것이라고 거듭 강조하지만 시드기야는 바벨론의 보복을 두려워하며 계속 거부한다. 예레미야는 느부갓네살이 예루살렘을 정복하게 될 때까지 시위대 뜰에 갇혀 지낸다.

● 예루살렘이 바벨론에게 멸망 (렘 39장)

예레미야를 통한 하나님의 경고를 무시한 유다는 결국 바벨론에게 패망한다. 예루살렘성은 바벨론에게 BC 588년 1월부터 586년 7월까지 30개월 이상 포위당했다. 그리고 성이 무너지자 바벨론이 성안으로 들어와 도시를 불태우고 사람들을 죽였다. 시드기야 군인들은 밤에 급히 성을 빠져 도망하였다. 그러나 요단강을 건너기 전에 추격해온 바벨론 군대에 잡혔다. 시드기야는 두 눈이 뽑히는 수모를 당하고 그의 아들은 죽임을 당한다. 예레미야가 예언한 대로 이루어졌다. 살아남은 사람들은 포로로 잡아가고 가난한 사람은 예루살렘에 그대로 남겨두었다. 예레미야는 어떻게 되었을까? 느브갓네살 왕에 의해 선대 받아 시위대 뜰에서 풀려난다.

[장면 2] 유다에 대한 심판 이야기 (렘 40-45장)

● 남은 유다인을 위한 예레미야 사역 (렘 40-42장)

바벨론의 느브갓네살은 본토에 남은 사람을 통치할 사람으로 그다랴를 임명한다. 예레미야는 바벨론의 포로와 같이 가지 않고 본토에 남아 그다랴 총독과 함께 거하기로 한다. 그러나 이스마엘이 주도한 암살단에 의하여 그다랴는 죽게 된다. 바벨론의 보복인 두려운 이스마엘과 백성들이 애굽으로 도망하려고 하자 예레미야는 애굽으로 가지 말라는 하나님의 명령을 전한다. 만약 불순종하면 마지막에는 칼과 기근과 재앙으로 죽게 될 것이라고 말한다. 그들은 하나님을 믿기보다는 애굽을 더 의지했다.

● 애굽으로 간 백성들을 위한 예레미야 사역 (렘 43-45장)

예레미야 선지자는 개인적인 이익을 따르지 않고 늘 백성과 함께한 하나님의 종이었다. 자기들의 도움은 애굽이라고 믿고 애굽으로 도망가면서 예레미야와 바룩도 함께 데리고 갔다. 예레미야는 바벨론이 애굽으로 도망한 이스라엘을 파멸시킬 것이라고 말한다. 느브갓네살 왕은 BC 571~567년 사이에 애굽에 쳐들어왔다. 애굽에 간 이스라엘 백성은 애굽의 신들에게 분향했다. 하나님은 애굽에서 죄지은 그들에게 재앙을 내리신다. 결국 소수의 사람만이 유다에 돌아가고 나머지는 애굽 왕 바로 호브라가 바벨론에게 멸망하면서 함께 죽게 된다. 무엇이든지 하나님이 도와주셔야 한다. 그래야 인간은 구원받는다. 끝까지 인간을 의지하는 악한 이스라엘 백성의 결과는 결국 패망이다. 인간의 눈으로 보면 살 것 같지만 그것이 죽는 길이고, 인간의 눈으로 보면 죽을 것 같지만 그것이 사는 길이 될 수 있다.

되새김 120일 쉬운 통독 타임라인			
하나님 나라	성경 구조	역사와 시대	성경 각 권 소개
모형 실패	예언서 - 통찰과 해결	포로시대	예레미야, 애가

>>> 예레미야 46-52장, 예레미야애가 1-5장

열방의 심판과 결론, 거룩한 사람

✽ 통독 포인트

예레미야의 예언은 유다에 대한 부분이다. 그것은 언약 백성이기 때문이다. 하지만 마지막으로 "유다를 괴롭히고 심판한 다른 나라들은 어떻게 될 것인가?"의 질문에 대한 하나님의 답을 예레미야는 제시한다. 하나님은 만왕의 왕이시기에 그들에 대한 처리는 역사를 섭리하시는 하나님에 대한 신앙을 갖는 데 의미가 있다.

[장면 1] 열방에 대한 심판 이야기 (렘 46-51장)

예레미야는 유다에 대한 예언과 동시에 열방에 대해서도 메시지를 전했다. 하나님의 언약 백성을 심판한 이방인들에 대해서 하나님은 어떻게 하시는가? 이스라엘은 하나님의 언약을 어긴 것에 대한 징벌이지만 이방 나라는 더 심한 죄를 가지고 있었다. 그런 그들이 죄에서 자유로울 수 없

제2부 열방에 대한 심판 이야기 (46-51장)

1. 애굽에 대한 예언 (46장)
   - 바로느고의 군대가 갈그미스에서 바벨론에게 패배, 도망가는 애굽의 군대를 바벨론 군대가 따라가서 죽였다. 애굽은 바벨론의 포로가 된다.
2. 블레셋에 대한 예언 (47장)
   - 블레셋은 바벨론과 애굽의 전쟁에 휘말려 망하게 된다.
3. 모압에 대한 예언 (48장)
   - 하나님은 교만한 모압이 섬기는 그모스 신들과 우상 등을 파괴함.
4. 다른 나라들에 대한 예언 (49장)
   - 암몬 / 에돔 / 다메섹 / 게달 / 엘람
5. 바벨론에 대한 예언 (50-51장) - **스라야에게 시킨 상징 행위**
   - 바벨론은 철저히 이스라엘을 치는 하나님의 도구, 도구로 사용된 후에 바벨론은 버려진다. 바벨론은 완전히 무너져 성이 영원히 황무지가 됨. 예레미야의 메시지를 유다의 관리였던 스라야에게 두루마리에 기록하여 바벨론으로 가져가서 큰 소리로 읽으라고 지시한다. 스라야는 바벨론에게 가서 이 사실을 분명히 알린 후에 두루마리에 돌을 달아서 유브라데강에 던진다. 돌에 달린 두루마리가 물속에 잠기는 동안 스라야는 바벨론이 이처럼 더 이상 회복할 수 없음을 외침.

결론 예레미야서의 결론 (52장) - 마지막 이야기

- 바벨론에게 포로되었긴 여호야긴 왕은 포로된 지 37년째 해에 옥에서 풀려난다. 왕 앞에서 음식을 먹게 되는 자유를 누리는데 이것은 앞으로 이스라엘 백성이 포로에서 풀려날 것이라는 예고이다. 하나님은 약속대로 이스라엘을 회복시키신다.

으며 결국은 하나님이 그들도 심판하실 것을 예레미야를 통하여 예언한다. 그들이 잘나서 잠깐 승리하게 하신 게 아니다. 그들은 하나님의 도구인 막대기에 불과하다. 도구로 사용하다가 목적이 끝나면 버리는 막대기와 같은 존재이다. 하나님은 이스라엘과 열방을 포함한 모두의 하나님이

시다. 46~51장을 통해 우리는 이방 나라도 결국 하나님의 손에서 움직임을 알 수 있다. 주변 이방 민족의 멸망과 파멸 이야기는 굉장한 드라마다. 하나님이 모든 역사의 주인이라는 것을 다시 한번 말해주는 부분이다.

● 애굽에 대한 예언 (렘 46장)

애굽은 유다가 바벨론에 저항하여 반역을 일으키도록 부추겼다. 그러나 막상 유다를 도와주어야 할 때가 되어서는 비겁하게 아무것도 하지 않았다. 바로느고의 군대가 갈그미스에서 바벨론에게 패배했다. 애굽 군대가 도망갔지만 바벨론 군대는 따라가서 그들을 죽였다. 애굽은 바벨론의 포로가 된다. 그러나 애굽이 영원히 멸망하지는 않는다.

이스라엘은 평안과 안전한 날을 기대하게 되는데 하나님은 남은 자들을 통하여 이스라엘을 다시 회복시키신다.

● 블레셋에 대한 예언 (렘 47장)

이스라엘 전 역사를 통하여 괴롭힌 세력은 블레셋이다. 다섯 도시 중에 가사는 애굽의 공격을 받고 아스글론은 바벨론의 느브갓네살에 의해 멸망한다. 결국 블레셋은 바벨론과 애굽의 전쟁에 휘말려 망하게 된다.

● 모압에 대한 예언 (렘 48장)

사해 동쪽에 있는 모압은 업적과 보물을 의지했기에 포로로 잡혀가 심판받을 것이라고 하나님이 말씀하셨다. 모압이 멸망한 가장 큰 원인은 그들이 누리는 안전과 평화가 가져다준 교만 때문이었다. 특히 그들이 섬기던 그모스 신과 우상을 파괴할 것이라고 말씀한다. 모압은 하나님을 무시했다. 그것이 하나님의 심판을 가져왔다. 그러나 마지막에 모압을 회복하실 것이라고 말씀한다.

● 다른 나라에 대한 예언 (렘 49장)

하나님은 이스라엘만의 하나님이 아니다. 열방을 통치하는 만왕의 왕이다. 다만 이방인들은 그것을 알지 못했을 뿐이다. 그것을 알게 하시기 위하여 이방을 심판하고 예언을 통하여 하나님이 참 신임을 알려주고 있다. 이런 면에서 이방인들에 대한 예언은 되새겨야 할 영적 의미가 있다.

- 암몬에 대한 예언

암몬은 유다의 포로기 때 왕 그다랴 암살을 선동한 사람들이다. 교만에 사로잡힌 암몬을 하나님은 심판하시는데 수도인 랍바를 바벨론이 공격하여 그들의 신 몰렉의 제사장과 고관들이 잡혀가게 된다.

- 에돔에 대한 예언

역사적으로 에돔은 유다를 해치려는 이방 나라의 상징이 되었다. 에돔은 유다와 친척관계라는 이유로 하나님께 더 큰 심판을 받았다. 에돔은 유다를 많이 괴롭혔다. 애굽, 암몬, 모압과 달리 에돔은 회복 메시지가 없다. 나중에 유다에게 정복되어 유대교를 받아들인다.

- 다메섹에 대한 예언

다메섹은 느부갓네살의 공격받아 멸절되고 벤하닷(다메섹을 다스린 왕조)의 궁전은 불에 탈 것이다.

- 게달과 하솔에 대한 예언

게달과 하솔은 사막지역에 사는 부족이다. 이들은 느브갓네살의 공격에 모두 흩어지고 만다.

- 엘람에 대한 예언

바벨론 동쪽에 있는 엘람은 느브갓네살에 의해 정복당하지만 하나님이 그들을 완전히 멸망시키지는 않는다.

● 바벨론에 대한 예언 (렘 50-51장)

2장에 걸친 긴 내용으로 바벨론의 멸망에 관해 이야기한다. BC 539년에 바벨론은 수리아에게 멸망하게 된다. 하나님은 이스라엘을 멸망시킨 바벨론을 심판하신다. 반면에 이스라엘은 회복하게 된다. 하나님은 바벨론에 사는 외국인들에게 "그들의 땅으로 돌아가라"고 경고하신다. 바벨론에는 시체가 곡식의 무더기같이 쌓이게 되며 소돔과 고모라처럼 완전히 멸망할 것이며 황폐해질 것이다. 바벨론은 철저히 이스라엘을 치는 하나님의 도구였다. 도구로 사용된 후에 바벨론은 버려진다. 바벨론은 완전히 무너지게 되어 성이 영원히 황무지로 남게 된다. 하나님의 심판을 막아보려는 어떤 시도도 효력이 없다(렘 50:15,30).

지금까지 말한 바벨론을 향한 예레미야의 메시지를 유다 왕의 관리였던 스라야에게 두루마리에 기록하여 바벨론으로 가져가서 큰 소리로 읽으라고 지시한다. 스라야는 바벨론에게 가서 이 사실을 분명히 알린 후에 두루마리에 돌을 달아 유브라데강에 던진다. 돌에 달린 두루마리가 물속에 잠기는 동안 스라야는 바벨론이 이처럼 더 이상 회복할 수 없음을 외쳤다.

[장면 2] **예레미야서의 결론 (렘 52장)**
: 마지막 이야기

예레미야 52장은 열왕기하 24장 18절에서 25장 30절의 내용과 같다.

예레미야가 BC 561년 여호야긴 왕이 바벨론의 감옥에서 풀려난 후에 기록한 것으로 예레미야 39장의 내용과 비슷하다. 이것은 하나님의 예언이 성취되었음을 말한다. 유다의 마지막 왕인 시드기야는 눈이 뽑힌 채 바벨론으로 끌려가고 그곳에서 죽을 때까지 갇혀 있다. 예레미야의 예언대로 이루어진 것이다. 아울러 왕자들은 죽임을 당하면서 시드기야는 몰락한다. 예루살렘성과 성전도 BC 586년 8월 17일에 불타고 바벨론에 함락된다. 성전에 남아 있는 성전 물건들은 바벨론으로 옮겨진다.

성전에 남아 있던 사람들 역시 바벨론에게 잡혀 죽게 된다. 바벨론에게 사로잡혔던 여호야긴 왕은 포로가 된 지 37년째 되던 해에 옥에서 풀려난다. 왕 앞에서 음식을 먹게 되는 자유를 누리는데 이것은 앞으로 이스라엘 백성이 포로에서 풀려날 것이라는 예고이다. 하나님은 약속대로 이스라엘을 회복시키신다. 문제는 그 약속을 믿고 기다리는가이다.

하나님의 언약을 이행하지 않은 죄의 대가로 70년의 바벨론 포로생활을 하지만 새로운 언약을 주시면서 다시 회복된다는 희망의 메시지를 담고 있다. 특히 다윗의 의로운 가지인(렘 23:5) 예수 그리스도를 통해서 이루어짐을 말하고 있다. 하나님은 자신이 하신 약속을 정확하게 이루신다. 시간이 더딜지라도 그 약속을 충실히 이행하신다. 우리는 그 약속을 믿고 인내하고 기다리며 살아가는 믿음을 소유해야 한다. 약속의 성취를 믿고 오늘도 하루의 삶에서 하나님만 바라보면서 충실해야 한다.

※ 예레미야서의 핵심 메시지는 특별하게 받은 하나님의 사랑을 저버리고 정절을 지키지 않은 이스라엘을 책망하는 내용이다. 신부로서 정절을 지키지 않고 배신한 이스라엘의 죄악을 집중적으로 지적하고 있다. 이것은 신명기가 강조한 말씀에 불순종하면 재앙이 임하는 토라의 원리를 그대로 반영하고 있다. 가나안 땅에서 하나님만을 섬기는 선택에 이

스라엘의 축복이 결정된다. 그들이 하나님의 말씀에 불순종한 것은 우상 숭배에 그치지 않은 혼합주의 신앙이 심각한 죄였다. 예레미야서는 이 부분에 대해 신랄한 어조로 선포하고 있다. 이것은 신앙의 위기가 외적 인 상황이 아닌 내부적인 타락에서 온다는 것을 보여준다. 우리는 위기 를 외적인 상황에 핑계를 댄다. 하지만 성경에서 말하는 하나님의 심판 은 내적인 신앙에 근거한다. 그것은 말씀을 그대로 믿고 따르기보다는 자기 방식대로 혼합화하는 것이 가장 큰 죄악임을 강조한다. 위기일수록 본질로 돌아가야 하는 변하지 않는 원리를 예레미야는 그대로 선포하고 있다. 멀리 갈 것이 아니라 가까운 나부터 진리와 정의를 구하는 한 사람 (렘 5:1)으로서 신앙을 지켜나가야 할 것이다. 하나님의 거룩성을 상실할 때부터 교회는 힘을 잃게 된다.

[장면 3] 예레미야애가 (죄에 대한 탄식)

＊ 통독 포인트
예레미야애가는 예루살렘이 멸망한 후에도 계속 살아남은 유다인들 에게 전하는 메시지다. 물론 여기에는 포로로 잡혀간 사람들과 유다 땅 에 남아 있는 사람들, 또 애굽으로 도망간 사람들까지 모두 포함된다. 이 들에게 필요한 것은 재앙을 통해 심판의 이유를 깨닫고 그 안에서 희망 의 메시지를 발견하는 데 있다. 이것이 애가를 기록한 이유다. 이런 마음 으로 통독하면 유익하다.

● 장면 1. 첫 번째 애가 (1장) : 예루살렘성 멸망의 모습과 기도
당시의 예루살렘의 상황을 묘사하는데 인구는 감소했고 도시는 폐허

가 되었다. 경제적으로는 과부 같은 상태가 되었다. 이것은 하나님을 섬기지 않고 우상 숭배하는 죄로 인하여 나타난 불행한 결과였다. 하나님을 의지하지 않고 도울 힘이 없는 이방인들을 의지한 결과가 얼마나 비참한지를 보여주고 있다. 예레미야가 이방인들에 의해서 더럽혀진 성전을 보면서 마지막 부분에 자신들의 곤경을 위해 하나님께 탄식하는 자비의 기도가 나온다.

● 장면 2. 두 번째 애가 (2장) : 예루살렘의 죄에 대한 진노

예루살렘은 일시적이고 인간적 즐거움을 누리다가 파멸과 죽음의 길로 가게 되었다. 죄에 대한 하나님의 징벌이 얼마나 무서운지를 그리고 있다. 하나님의 진노에 대해서 예레미야의 슬퍼하는 기도가 나온다. 지금 당하는 이 고통을 돌보시기를 원하는 예레미야의 간절한 기도가 나온다. 얼마나 심각한 상태였는지 기아에 허덕여 마침내 자기 자녀를 먹는 부모까지 생겨났다. 나이와 상관없이 살육이 자행되고 제사장과 선지자들은 성전 구역 내에서 죽임을 당했다. 젊은이와 늙은 자들의 시체가 거리에 흩어졌다. 예레미야는 이런 것들을 보면서 영적 교훈을 깨닫고 하나님께 기도하고 부르짖으라고 요구하고 있다.

● 장면 3. 세 번째 애가 (3장) : 예레미야의 반응 - 중심 장

예레미야는 예루살렘의 슬픈 상황을 자신의 것으로 삼고 자기의 절망은 곧 예루살렘의 절망이라고 말한다. 3장은 히브리어 알파벳의 형태를 지닌 22절로 구성되어 총 66절이다. 히브리어 알파벳 하나가 세 구절을 이루고 있다. 예루살렘의 멸망에 대한 자신의 고통을 묘사하고 그 가운데서도 하나님의 뜻을 이해하고 절망이 아닌 희망을 품으며 구원의 회복을 위해 하나님께 기도할 것을 말하고 있다.

하나님은 유다의 죄로 인하여 징벌하셨지만 언약 백성으로서의 유다를 버리신 것이 아니었다. "주님의 자비와 긍휼은 아침마다 새롭고 주의 성실은 크도다"라고 찬양하면서 하나님의 사랑은 변함없음을 말하고 있다. 이런 심판은 하나님의 신실하심에서 온 것이라는 것을 다시 상기시키고 있다. 그리스도인에게 닥치는 고난은 하나님께 돌아가게 하기 위한 하나님의 선한 방법이다. 3장은 애가의 중심을 이루는 핵심장이다.

● 장면 4. 네 번째 애가 (4장) : 하나님의 진노와 예루살렘 황폐함

4장의 하나님의 심판과 진노는 2장에서 논의된 것을 다시 말하면서 대조를 이루고 있다. 특히 포위 이전의 상황과 포위 이후의 상황을 묘사하면서 보배로운 정금과 같았던 것이 지금은 질항아리와 같이 되었다. 들짐승은 새끼를 먹이는데 부모는 아이의 울음을 달랠 수 없는 당시 예루살렘의 비참한 상황을 소개하고 있다. 예루살렘이 이렇게 된 이유는 선지자와 제사장, 지도자들의 죄 때문이다. 하나님의 언약을 강조하는 대신 사람들을 죽였고 하나님에게 도움을 구하기보다는 이방인과 동맹을 맺으면서 도움을 구했다. 시드기야 왕 같은 지도자의 타락이 결정적인 역할을 했다. 그러나 똑같은 심판에도 이스라엘과 에돔은 달랐다. 이스라엘은 회복되지만 에돔은 심판만 있다는 것을 말하면서 슬픔 가운데서도 회복과 구원을 노래하고 있다.

● 장면 5. 다섯 번째 애가 (5장) : 남은 자들의 기도

5장은 히브리 알파벳 순서를 따르지 않고 있다. 애가라기보다는 기도의 특징을 더 갖고 있다. 4장의 내용을 이어서 5장은 기도로 마무리하고 있다. 그렇게 번성했던 예루살렘이 황폐하게 무너지는 것을 보면서 이것으로 끝내지 말고 다시 구원의 회복을 이루어달라는 기도로 마무리한다.

하나님의 영원한 통치를 강조하면서 하나님의 언약을 회복할 때 하나님은 다시 구원하신다는 것을 말한다.

예레미야애가는 시작은 절망이지만 마지막은 희망으로 끝난다. 죄의 고통에도 하나님의 신실하심을 믿으면서 소망을 바라보는, 즉 눈물 속에서 기쁨을 바라보는 감동적이며 아름다운 노래이다.

※ 예레미야애가를 통해서 우리가 받는 교훈은 우리가 사는 세상은 비록 죄로 인한 수고와 슬픔이 있는 고난의 삶이지만 끝까지 하늘의 소망을 믿고 약속을 신뢰하면서 나가면 우리의 마지막은 희망임을 발견하게 된다. 그리스도인은 어떤 절망 가운데서도 포기하지 말고 약속을 믿고 남은 자로서 사명을 다해야 한다. 우리는 하나님의 약속을 어기지만 하나님은 우리와 맺은 약속을 잊어버리거나 파기하지 않는다. 우리가 언약을 파기했지 하나님이 언약을 파기한 것이 아니다. 지금이라도 언약을 회복하면 하나님의 구원은 우리에게 임한다.

■ 역사와 시대 / 바벨론 포로 공동체 시기

포로시대 2

▶ 바벨론의 정치 상황

유다인들이 바벨론에게 포로로 잡혀갔을 때 당시 국제상황은 바벨론이 전성기에 달하는 신바벨론제국 시대였다. 시기적으로는 BC 605~539년 바사의 고레스에게 패할 때까지이다. 당시 바벨론의 통치자는 느브갓네살로 43년을 다스렸으며 당대 최고의 국가를 이루었다. 느브갓네살의 후계자들은 느브갓네살의 치적을 따라갈 수 없었다. 그가 죽음으로써 바벨론의 영광도 점차 사라지기 시작했다. 그의 아들 아멜 마르둑(에윌므로닥)은 2년간 다스리면서 여호야긴을 풀어주고 바벨론 왕궁에 거하게 해주었다(왕하 25:27-30). 그의 매부 네리글리사로스가 아멜 마르둑을 살해하고 통치하다가 아들 라바시 마르둑이 계승했지만 몇 개월 후에 나보니두스에 의해 암살되고 나보니두스가 왕권을 잡았다. 나보니두스는 느브갓네살 이후에 가장 강력한 통치자였다. 그러나 바벨론의 마르둑 신과 그가 섬기는 하란의 신과 마찰이 일어나면서 종교적으로 문제를 일으킨다. 그는 자기 아들 벨사살에게 나라를 맡기고 테마(에돔의 남동쪽)에 10년간 거한다. 결국 바벨론은 내부적인 반란으로 인하여 벨사살을 끝으로 바사의 고레스에게 539년에 멸망한다.

▶ 바벨론에서 유다의 포로생활

유다에서 바벨론으로 포로로 끌려간 숫자는 정확하지 않지만 포로생활에서 돌아온 숫자가 42,360명 정도가 된다고 볼 때 수만 명이 될 것으로 추정된다. 바벨론 포로생활은 애굽과는 대조적으로 비교적 안락한 생활을 한 것으로 여겨진다. 몇 가지 증거로 그들 안에는 조직이 존재했다. 백성을 대표하는 사람들이 에스겔에게 조언을 구하러 온 것에서 찾을 수 있다. 선지자와 제사장 조직도 있었는데 예레미야가 편지를 쓸 때 장로, 선지자, 제사장, 일반 백성들에게 쓴 것에서 드러났다(렘 29:1).

또 하나는 이주의 자유가 있었다. 에스겔은 집을 소유했으며(겔 8:1) 장로들은 에스겔을 자유롭게 방문했다. 여호야긴 왕은 나중에 풀려나 왕궁에서 지위를 받았고 통치의 권한까지 허락되었다(왕하 25:28). 서신 왕래의 자유도 있었다. 유다에 있는 친구들에게 편지할 수 있었다. 예레미야가 포로 중에 있는 사람들에게 편지를 쓴 것도 이런 이유라고 볼 수 있다(렘 29:1). 고용의 기회도 있었는데 기술자들을 특별히 선발하여 간 것에서 알 수 있다.

유다 사람들이 산 땅은 이스라엘이 애굽에서 고센의 비옥한 곳에서 산 것처럼 좋은 땅이었다. 많은 사람이 그발 강가에 살았다(겔 1:1) 그런데도 포로와 이방인으로서 겪는 모욕감과 징벌은 존재했으리라 본다. 시편 137편에 나오는 바벨론 강가에서 슬피 운다는 표현은 이것을 방증하는 것이라 볼 수 있다.

▶ 고유한 신앙을 더욱 다지는 계기

바벨론 문화는 발달한 문화였다. 바벨론에 포로로 잡혀간 유다인은 대부분 바벨론 문화에 흡수되었을 것으로 본다. 반면에 그 속에서도 유다인의 순수한 전통을 유지한 그룹도 있었다. 포로로 잡혀간 백성에게 예레미야는 편지로 성전이 없는 곳에서라도 백성이 기도를 통하여 하나님에게 나아갈 수 있다고 주장했다(렘 29:12-14).

성전이 없는 포로된 상황에서 하나님에게 나아갈 수 있는 길은 에스겔이 제시한 내용이며, 이미 오래전에 신명기에서 제시되었다. 하나님은 어디서든지 만날 수 있다. 포로된 땅에서도 성전이 없어도 하나님을 간절히 찾으면 누구든지 하나님을 만날 수 있음을 에스겔은 말한다.

"그런즉 너는 말하기를 주 여호와의 말씀에 내가 비록 그들을 멀리 이방인 가운데로 쫓아내어 여러 나라에 흩었으나 그들이 도달한 나라들에서 내가 잠깐 그들에게 성소가 되리라 하셨다"(겔 11:16).

"여호와께서 너희를 여러 민족 중에 흩으실 것이요 여호와께서 너희를 쫓아 보내실 그 여러 민족 중에 너희의 남은 수가 많지 못할 것이며 너희는 거기서 사람의 손으로 만든 바 보지도 못하며 듣지도 못하며 먹지도 못하며 냄새도 맡지 못하는 목석의 신들을 섬기리라. 그러나 네가 거기서 네 하나님 여호와를 찾게 되리니 만일 마음을 다하고 뜻을 다하여 그를 찾으면 만나리라"(신 4:27-29).

이런 이유에서 오늘날 시편의 많은 기도시는 포로생활 중에 쓰인 것이라 할 수 있다. 포로 중에서도 그들은 예배를 위하여 모였는데 예루살렘의 성전 제사와는 다른 것이었다. 가르침과 기도를 중심으로 한 예배

였을 것이다. 이것을 위해서 모이는 공동체를 시나고그(회당)라고 하는데 아마 포로생활 중에 저절로 생긴 공동체로 추정한다. 지금도 성전이 없는 가운데 드리는 유대인 회당 예배의 원형이 된다고 할 수 있다.

포로생활 중에 유다인들은 신앙을 어떻게 유지했을까? 그들은 레위 지파를 중심으로 제사가 아닌 가르침으로 율법을 통한 예배를 드렸다. 레위인의 가르침은 포로생활 중에서도 계속되었고, 이것은 계속 이어져 후에 에스라를 위시한 레위인의 귀환으로 본격화되었다. 성경 대부분의 저술이 최종적인 형태로 갖추어진 것은 이 시기라고 본다. 이때 유다인들은 내려온 전승을 잘 보전하여 그것을 유대인 말씀 교육의 지침서로 삼았고, 후대에 유대인 교육의 근간이 되는 미쉬나와 바벨론 탈무드 등이 이때 형성되었다고 볼 수 있다.

유다인들은 외적으로는 나라가 망하고 성전이 파괴되고 사로잡힌 비참한 상황이지만 역설적으로 이 기간에 내적으로 깊이 뿌리를 내리면서 오히려 유다인의 정체성을 회복하는 계기가 되었다. 포로생활 중에 유대교의 뿌리가 생겨났다고 볼 수 있다. 에스라가 이런 바벨론 공동체 속에서 형성된 말씀을 가지고 후에 고국에 돌아가 유다인의 정체성을 세우는 모습을 볼 수 있다. 비록 열강에 의해 무참히 패망한 이스라엘이지만 그들은 새롭게 율법으로 태어나는 계기가 되었고, 성전이 없어도 장소와 상관없이 어디서든지 하나님을 예배하는 공동체로서 자리 잡게 되었다. 유대교는 지금도 랍비를 중심으로 회당에서 이런 전통을 계속하고 있다.

이것은 오늘날 우리가 겪는 팬데믹 상황에서 어떤 예배를 드리느냐 하는 문제를 해결하는 중요한 지침이 된다. 예배당 없는 예배가 가능한가? 이것의 핵심은 말씀과 기도로 거룩해진다는 사실이다. 이것은 어디서든지 말씀과 기도로 산 제사를 드릴 수 있다면 시간과 공간을 넘어 주님께 드리는 예배가 가능하다는 뜻이다.

에스겔서

【 에스겔서의 배경 】

에스겔서는 읽기 힘든 책 중 하나이다. 그 이유는 해석하기 어려운 회
전하는 바퀴, 마른 뼈 환상과 상징 등으로 이루어져 있기 때문이다. 그러
나 전체적인 특징과 배경을 이해하면 읽기가 훨씬 쉽다. 에스겔은 아론
의 계열을 이은 제사장 출신이다. 예레미야, 스가랴도 모두 제사장 계열
이다. 에스겔은 요시야 개혁 작업이 있기 6년 전에 제사장 집안에서 태어
났다. 그 후 바벨론 느브갓네살 왕이 예루살렘을 침공하여 여호야긴은
항복하고 그와 가족과 예루살렘 저명인사들이 포로로 끌려가 그발 강가
의 바벨론 남쪽에 있는 포로 거주지에 정착하게 된다. 사람들은 곧 있으
면 포로에서 해방된다고 생각했지만 에스겔은 오래 있을 것이라는 예고
를 한다. 그리고 5년 후에 하나님은 에스겔을 예언자로 부르셔서 하나님
의 사역을 하게 하신다.

에스겔이 제사장이기에 그가 관심을 두는 것은 예루살렘의 성전과 하나님의 영광, 그리고 예루살렘 선지자들의 행동과 장래에 회복될 성전의 영광에 초점이 맞추어져 있다.

에스겔서의 전체 구조를 이해하고 읽으면 성경의 흐름이 잡히기에 읽기가 수월하다. 29장 1~17절을 제외하고는 연대기적으로 순서가 배열되어 있기 때문이다. 에스겔은 30세에 선지자 사역을 시작하여 22년간 사역한 후에 52세 때 예언 사역을 마쳤다. 에스겔이 사역한 22년간은 예루살렘 역사 중에 가장 어려운 바벨론 포로 공동체 시기였다. 에스겔은 2차 포로 때 백성과 함께 잡혀가면서 포로로 잡혀간 이스라엘 백성을 위해 사역했다.

에스겔의 메시지는 유다의 죄로 인하여 예루살렘성이 무너지게 될 것이지만 그 이후에는 하나님의 사랑이 다시 임하여 회복하게 될 것이라는 예언의 내용을 담고 있다. 에스겔서는 크게 세 부분으로 구성되어 있다. 첫째 부분인 1~24장은 예루살렘 포위 전 5년 동안의 기록의 내용을 담고 있다. 유다를 향한 하나님의 심판이 주요 내용이다. 두 번째 부분은 25~32장으로 바벨론을 제외한 주변 국가에 대한 하나님의 예언 내용을 말하고 있다. 마지막 부분은 33~48장으로 예루살렘 함락 이후 16년 동안에 해당하며 주로 이스라엘의 미래 소망에 관한 내용을 담고 있다.

【 특징과 읽기 지침 】

에스겔서는 예언의 말씀이 시어체보다는 산문체로 되어 있고 언어로 된 그림책을 보는 것처럼 바라보면서 읽어야 한다. 상징적인 행위나 비유적인 그림을 통해 전달되고 있고 그중에 어떤 것은 해석을 가미한다.

반복적인 내용이 자주 나오고 "그러므로 그들이 내가 여호와인 줄 알게 되리라"(58회), 혹은 "나 여호와가 말하였노라"(18회)의 강조적 마무리를 유념해서 읽을 필요가 있다. 이것은 역사 가운데 행동하시는 하나님과 그의 주권적인 면을 강조하는 의미를 지니고 있다.

에스겔서는 다른 예언서보다 상징 행위에 관한 내용이 많이 나온다(이사야서는 한 번(사 20장), 예레미야서는 5번(렘 13:1-11, 16:1-13, 19:1-13, 32장, 51:59-64)).

하나님의 진노를 상징하는 손뼉 치기와 발 구르기, 유다 사람들이 포로로 잡혀가는 것을 상징하는 이사 행동과 떨면서 음식 먹기, 예루살렘 성의 재난 상황을 묘사하는 녹슨 가마에 고기 삶기와 아내가 죽어도 제대로 상례를 지키지 않기, 남북 왕국의 하나 됨을 보이기 위해서 두 막대기를 한 손으로 합하는 등 에스겔의 상징적인 행동이 많이 나온다. 이런 이상한 행동은 보는 사람의 호기심을 자극하여 스스로 그 뜻을 묻게 하는 효과가 있고, 그에 대해서 예언자가 다시 하나님의 말씀을 전하는 기회를 얻는 데 목적이 있다. 말로만 아닌 행동과 삶으로 증거하는 에스겔의 독특한 예언 방식을 에스겔을 읽으면서 발견하게 된다.

에스겔서는 또한 하나님의 백성이나 이방 민족의 상황이나 운명을 표현할 때 식물이나 동물의 비유를 사용하는 특징이 있다. 예를 들면 예루살렘은 쓸모없는 포도나무와 배신한 여인, 유다 왕 여호야김과 시드기야는 백향목 높은 가지와 포도나무, 유다 왕가는 새끼 잃은 암사자와 불탄 포도나무, 심판은 숲을 불태우는 불, 두로는 배, 애굽과 애굽 왕은 큰 악어, 백향목 등으로 비유를 사용한다. 이런 특징을 이해하면서 상상력을 가지고 에스겔서를 읽으면 이해가 훨씬 쉽다.

【 에스겔서의 내용 구조 】

1) 1부 이스라엘과 이방에 대한 심판의 메시지 (겔 1-32장)
- 겔 1-9장   유다에 대한 심판 1
- 겔 10-19장   유다에 대한 심판 2
- 겔 20-32장   부패한 유다 역사와 이방의 심판

2) 2부 이스라엘을 위한 희망과 위로의 메시지 (겔 33장-48장)
- 겔 33장   에스겔의 역할
- 겔 34장   현재의 거짓 목자와 미래의 참 목자
- 겔 35-39장   이스라엘의 영광 회복
- 겔 40-48장   새롭게 회복되는 하나님의 백성 이야기

되새김 120일 쉬운 통독 타임라인			
하나님 나라	성경 구조	역사와 시대	성경 각 권 소개
모형 실패	예언서 - 통찰과 해결	포로시대	에스겔

>>> 에스겔 1-9장

남유다 왕국에 대한 심판 1

✻ 통독 포인트

예언서는 성경 읽기가 만만치 않다. 성경을 읽어도 무슨 의미인지 모르고 형식적으로 읽는 경우가 대부분이다. 예언서 중에서 이사야, 예레미야, 에스겔, 다니엘서는 독자들의 이해를 돕기 위해 설명이 필요하다고 여겨서 자세하게 정리했다. 이것을 돕기 위해서 도표로 정리한 에스겔서 흐름표를 제시했다. 이것을 토대로 성경을 읽으면 전체적인 내용이 잘 들어오고 성경 읽기가 수월하다. 방대한 분량과 난해한 에스겔서가 눈에 들어오기 위해서는 전체의 조감도를 알고 가면 부분을 읽을 때 내용이 잘 들어오는 장점이 있다. 독자들에게 도움을 주기 위해 이 책에서는 에스겔서를 한눈으로 보는 흐름을 위한 장면 도표를 삽입했다.

제1부 에스겔, 소명과 준비 (1-3장)

- 4개의 얼굴과 4개의 날개를 하고 있는 네 생물의 형상, 네 바퀴의 모습, 날개 위에 있
  는 빛나는 궁창, 보좌에 앉으신 하나님의 모습을 만남.
- 애가와 애곡과 재앙의 말을 기록한 두루마리를 받아먹자 그것은 꿀맛과 같았다.
  비록 심판의 메시지였지만 하나님의 말씀이었기 때문에 달았다. - 하나님의 파수꾼
- 에스겔은 당분간 책망할 수 없는 **벙어리 상태**로 얼마 동안 지낸다(3:22-27).

제2부 이스라엘에 대한 심판의 메시지 (4-24장)

- 임박한 심판을 보여주는 네 가지 상징 (4-5장)
  1) 예루살렘 포위   2) 좌우로 누움   3) 인분떡 구워 먹음
  4) 머리털과 수염을 깎음

- 임박한 심판을 보여주는 두 개의 메시지 (6-7장)
  1) 첫 번째 메시지 : 하나님의 심판을 불러온 이스라엘의 우상 숭배
  2) 두 번째 메시지 : 하나님의 심판이 전유다로 임하는 것

- 임박한 심판을 보여주는 이상 (8-11장)
  1) 성전 안에서 행해진 악의 이상 (8장)
  2) 예루살렘에서 살육의 이상 (9장)
  3) **하나님의 영광이 떠나는** 성전 이상 (10장)
  4) 예루살렘의 지도자들에 대한 심판의 이상 (11장)

- 거짓된 선지자들과 장로들에 대한 메시지 (12-14장)
  1) 에스겔은 사람들이 보는 앞에서 자신의 짐을 꾸려 처소를 다른 곳으로 옮기는
     행동을 한다. 낮에 시작된 이 일은 밤에도 계속된다. 사람들이 보는 동안 에스겔
     은 짐들을 끌어내기 위해 진흙 벽을 뚫고 지나간다. 이런 행동은 포로로 잡혀가
     는 것을 말한다.
  2) 에스겔은 떨면서 음식을 먹고 놀라고 근심하면서 물을 마신다. 이런 행동은 하
     나님의 심판에 이스라엘이 두려워하고 놀라게 될 것을 상징한다.

[장면 1] 에스겔의 소명과 준비 (겔 1-3장)

에스겔은 처음에 유다에 다가오는 하나님의 심판을 말하고 있다. 하나님은 바벨론을 통하여 예루살렘을 심판하실 것이다. 하나님이 왜 이스라엘을 심판하셨는지 그 이유를 포로 중에 있는 사람들에게 알리는 일을 에스겔이 감당했다. 에스겔이 하나님의 부름을 받는 소명의 장면은 극적이다.

먼저 하나님이 보여주신 이상이 나타나는데 그 모습은 사람처럼 보이지만 4개의 얼굴과 4개의 날개를 하고 있는 네 생물의 형상, 네 바퀴의 모습, 날개 위에 있는 빛나는 궁창, 보좌에 앉으신 하나님의 모습 등이다. 이런 하나님을 직접 대면한 에스겔은 겸손하게 복종하여 얼굴을 땅에 대고 엎드린다. 이런 에스겔을 향해 하나님은 메시지를 전하고 에스겔은 그 말씀을 받아먹는다. 애가와 애곡과 재앙의 말을 기록한 두루마리를 받아먹자 그것은 꿀맛과 같았다. 비록 심판의 메시지였지만 하나님의 말씀이었기 때문에 달았다.

하나님의 말씀을 받은 에스겔은 그 내용을 이스라엘에게 선포하는 사명을 받고 성령의 인도하심에 따라 얼마 동안 준비한다. 하나님 능력의 인도함을 받아 포로생활하는 동족에 가서 그들과 함께 일주일 동안 얼빠진 사람처럼 앉아 있다. 자신의 사명을 확인하고 준비하는 기간이다. 일주일이 지난 후에 에스겔은 이스라엘을 위한 파수꾼으로 임명받는다. 이스라엘에게 경고하는 책임을 맡은 에스겔은 그 사명을 감당한다. 에스겔의 경고 메시지를 듣지 않는 사람은 스스로 멸망의 대가를 치르게 될 것이다. 에스겔은 다른 사람과 다르게 전적으로 하나님의 지배를 받는 예언자로 쓰임 받는다. 백성들 가운데 다니지 말고 집에 앉아 있어야 했다. 반대가 심했기 때문이다. 에스겔은 당분간 책망할 수 없는 벙어리 상태로 얼마 동안 지냈다. 이것은 하나님이 말하게 하실 때만 입을 열라는 의미이다. 예언자는 하나님이 메시지를 주실 때만 말하고 그 외는 입을 닫고 있어야 한다. 자기의 말을 하면 안 된다. 오직 하나님의 말씀만 전하는 파수꾼이다.

[장면 2] 유다와 예루살렘에 대한 멸망의 예언 메시지 (겔 4-9장)

● 임박한 심판을 보여주는 네 가지 상징 (겔 4-5장)

에스겔은 집에 갇혀 지내면서도 하나님의 심판 메시지를 전했다. 사람들의 관심을 끌기 위하여 자기 집 마당이나 대문가에서 다가오는 이스라엘의 멸망을 상징적으로 보여주는 행동을 했다. 상징적인 내용으로 크게 네 가지를 들 수 있다.

- 박석 상징

박석(진흙으로 얇고 평평하게 만든 벽돌이나 기와) 위에 예루살렘을 그렸다. 그리고 에스겔은 자신과 성 사이에 철판을 세웠는데 이것은 바벨론이 예루살렘을 포위하고 있는 장면을 상징하고 있고, 철판은 백성의 기도가 헛된 것임을 보여준다.

- 옆으로 누운 에스겔을 통한 상징

에스겔은 왼쪽으로 누워 390일을 지내고 다시 오른쪽으로 누워 40일을 지낸다. 몸을 돌리지 못할 정도로 바벨론이 에워쌀 것이며 430일은 바벨론에게 포위되는 기간을 말한다. 바벨론이 이스라엘과 유다가 죄를 지은 햇수만큼 예루살렘을 포위하게 됨을 말한다.

- 부정한 음식 상징

부정하고 초라한 음식을 먹는 에스겔을 통하여 포위기간에 예루살렘 성 안에 식량이 부족하게 될 것을 보여준다. 배고픔으로 경험할 오염과 부정한 상태를 보여주고 있다.

- 깎인 머리털과 수염을 통한 상징

이것은 이스라엘의 운명을 시각적으로 보여준 것이다. 하나님께 불순종한 예루살렘의 처참한 모습으로 3분의 1이 기근과 병으로 죽게 되며 살아남은 자들은 칼에 죽게 됨을 보여준다. 칼에서 살아남은 자는 재앙을 당하게 된다. 에스겔이 머리카락을 태우고 자르고 바람에 흩날린 후에 하나님께서 몇 가닥의 머리카락을 에스겔의 옷자락에 싸게 하셨는데 그것은 심판 중에서도 이스라엘을 보존하시는 사랑을 말해주고 있다.

● 임박한 심판을 보여주는 두 개의 메시지 (겔 6-7장)

극적인 상징에 이어 에스겔은 두 개의 메시지를 전하는데 첫 번째 메시지는 하나님의 심판을 불러온 이스라엘의 우상 숭배 내용이다. 두 번째 메시지는 하나님의 심판이 전 유다에 임할 것을 말한다. 예루살렘에 당할 비참한 상황을 그리고 있다. 기근과 역병과 파괴와 죽음과 슬픈 울음소리가 울려 퍼지는 재앙의 내용을 전한다. 이러한 하나님의 심판은 이스라엘의 죄의 대가로 스스로 자처한 것이다.

● 임박한 심판을 보여주는 이상 (겔 8-9장)

하나님은 이스라엘이 행한 악을 보여주기 위하여 에스겔을 이상 중에 예루살렘으로 데려가셨다. 그가 본 이상은 다음과 같다.

- 성전 안에서 행해진 악의 이상 (겔 8장)

성전 안에는 투기를 격발하게 하는 우상이 있고 성전 안의 비밀스러운 방에서 온갖 종류의 우상이 사방에 그려진 벽을 보았다. 그곳에서 70인 장로가 제사를 드리고 있었다. 다시 북문으로 가자 담무스 신을 위하여 애곡하는 여인들이 있었다. 성전 입구에 이르자 태양을 숭배하기 위해 동쪽에 절하는 25명의 남자가 보였다. 성전 안에서 공공연하게 행해지는 타락한 모습이다.

- 예루살렘에서 살육의 이상 (겔 9장)

손에 살육하는 기계를 잡은 자들이 성을 따라가며 긍휼을 베풀지 말고 죽이라는 명령에 따라 사람들을 무참히 죽인다. 그러나 죄로 인하여 슬퍼하는 사람에게는 이마에 표를 하도록 명하는데 그들은 죽임을 당하지 않는다.

되새김 120일 쉬운 통독 타임라인			
하나님 나라	성경 구조	역사와 시대	성경 각 권 소개
모형 실패	예언서 - 통찰과 해결	포로시대	에스겔

>>> 에스겔 10-19장

남유다 왕국에 대한 심판 2

＊ 통독 포인트

하나님은 이스라엘이 우상을 숭배하는 모습을 보고 통탄해하신다. 여인들이 담무스 신을 위해 애곡하고 남자들은 하나님의 임재 장소에서 태양을 섬긴다. 그런 모습을 보시는 하나님은 결국 예루살렘을 떠나기로 마음먹으신다. 그런 죄를 앞장서서 저지르는 거짓 선지자와 장로들과 왕들의 운명은 하나님의 심판을 앞당기는 역할을 했다. 이런 하나님의 마음을 갖고 통독을 하도록 하자.

[장면 1] 하나님의 영광이 떠나는 성전과 예루살렘의 지도자에 대한 심판의 이상 (겔 10-11장)

보좌에 앉으신 하나님이 가는 베옷 입은 사람에게 숯불을 성 위에 뿌리도록 명하신다. 하나님의 영광이 떠날 때가 되어 하나님의 수레 보좌가 공중에 올라갔다. 에스겔은 여행을 마무리하면서 예루살렘성을 떠나기 전 동편 문에 섰는데 거기서 예루살렘의 죄악상을 본다. 25명의 남자가 성문 곁에 서서 다가오는 바벨론의 심판을 잊어버리도록 백성들을 격려하며 불의를 품고 악한 꾀를 베푸는 장면을 본다. 그들은 백성들에게 안전과 평화를 상징하는 집을 건축하도록 촉구한다. 하나님이 이스라엘을 타국인에게 넘겨줄 것이라고 에스겔이 말하자 장로 중의 한 사람이 죽는다. 바벨론 포로로 잡혀가는 사람들은 살아남지만 그렇지 않은 사람들은 멸망할 것이다. 사로잡혀간 사람 중에 남은 자들이 다시 고향 땅으로 돌아올 것을 약속한다. 그 후에 하나님의 영광이 성읍 동편산, 곧 감람산에 머물게 된다. 이것은 그리스도가 감람산에서 승천하시며 그곳으로 다시 돌아오시는 메시지와 일치한다.

[장면 2] 거짓 선지자와 장로들에 대한 메시지 (겔 12-14장)

에스겔이 하나님의 분명한 심판을 다양한 모습으로 전해도 백성들은 낙관주의에 사로잡혀 에스겔의 메시지를 듣지 않았다. 왜 그들은 하나님의 심판 메시지를 듣지 않았을까? 몇 가지 이유가 있다. 즉 그들은 남은 자들은 예루살렘에 있을 거라고 믿었다(겔 12:1-20). 자기들의 속담을 믿고 있었다(겔 12:21-28). 다른 거짓 선지자들을 믿었다(겔 13장). 우상을 믿었다(겔 14:1-11). 하나님의 포도나무로서 자신들의 위치를 믿었다(겔 15장). 거룩한 도시 예루살렘을 믿었다(겔 16장). 시드기야 왕을 믿었다(겔 17장). 하나님의 정의를 믿었다(겔 18장).

에스겔은 또 사람들이 보는 앞에서 자신의 짐을 꾸려 처소를 다른 곳으로 옮기는 행동을 한다. 낮에 시작된 이 일은 밤에도 계속된다. 사람들이 보는 동안 에스겔은 짐을 끌어내기 위해 진흙 벽을 뚫고 지나간다. 이런 행동은 포로로 잡혀가는 것은 엄연한 사실임을 말한다. 시드기야의 도망 시도는 결국 실패로 끝남을 말하고 있다.

또 에스겔은 떨면서 음식을 먹고 놀라고 근심하면서 물을 마신다. 이런 행동은 하나님의 심판에 이스라엘이 두려워하고 놀라게 될 것을 상징한다. 사람들은 하나님의 말씀을 믿기보단 속담을 선호했다. 그들은 "날이 더디고 모든 묵시가 응함이 없다"(겔 12:22, 개역한글)를 들어서 에스겔의 예언이 그대로 이루어지지 않는다고 주장했다. 특히 이스라엘 백성을 미혹하는 거짓 선지자들에 대해 에스겔은 그들의 메시지는 하나님에게서가 아닌 자기 심령에 다른 것이라고 말하면서 위험과 거짓을 경고했다. 이때 백성을 미혹하는 또 한 부류로 자기 마음대로 예언하는 거짓 여선지자들과 부적을 만드는 여자들과 속기 쉬운 사람들을 감동하도록 조작하는 마술 휘장을 사용하는 여자들을 책망하고 있다.

지금도 하나님의 음성이라고 말하면서 사람들을 미혹하게 하는 거짓 선지자들과 자칭 여선지자들이 있다. 진리의 말씀보다는 자기에게 주신 계시를 우선시하면서 하나님의 대변자라고 말하는 사람들을 조심해야 한다. 이스라엘의 지도자인 장로들은 마음에 우상을 품고 하나님을 섬기는 위선적인 행동을 했다. 에스겔은 지금의 예루살렘의 상태가 이스라엘을 위해 중보기도를 하는 의로운 삶을 살았던 노아, 다니엘, 욥과 같은 의인 세 사람조차도 없기에 이스라엘의 상황은 심각할 것이라고 말했다. 의인이 없는 예루살렘에게 임하는 하나님의 심판은 너무나 당연한 일이었다.

[장면 3] 심판을 보여주는 세 개의 비유 (겔 15-17장)

열매 없는 포도나무 비유의 핵심은 포도나무는 열매를 빼면 다른 나무보다 나을 것이 없다는 것이다. 포도나무는 집 짓는 재료로도 사용할수 없다. 장식품으로도 적합하지 못하다. 하물며 불에 그을리고 탄 것은더욱 사용 가치가 없다. 예루살렘은 포도나무였지만 열매가 없으므로 더는 쓸모가 없게 되었다는 사실을 말한다.

간음한 아내의 비유는 이스라엘의 혼잡한 관계로 원하지 않는 아이들이 생긴 모습으로 예루살렘을 그리고 있다. 비천한 태생의 예루살렘이명성을 얻었지만 음란으로 인하여 다시 비천한 자리로 전락한 것을 말하고 있다. 왕후의 자라에서 매춘부로 전락해가는 예루살렘의 모습을 그리고 있다. 두 마리 독수리 비유는 바벨론에게 저항한 시드기야와 그에게임한 심판을 말해주고 있다. 첫 번째 독수리는 바벨론의 느부갓네살 왕을, 두 번째 독수리는 애굽을 상징한다. 시드기야는 바벨론이 분봉왕으로 세웠지만 바벨론을 배반하고 애굽에게 도움을 구하면서 스스로 멸망을 자초했다. 두 독수리는 이스라엘에게 번영과 안전을 주지 못함을 말하고 있다.

[장면 4] 이스라엘의 반응과 에스겔의 애가 (겔 18-19장)

이스라엘 사람들은 자기가 잘못한 것이 아니라 부모들이 잘못한 것을자기가 벌 받고 있다고 생각했다. "아비가 신포도를 먹었으므로 아들의 이가 시다"는 속담을 근거로 자기의 죄를 회개하기보다는 합리화했다. 그러나 각 사람은 자기의 죄를 하나님 앞에서 스스로 책임져야 한다. 의로운 사람이 다른 사람 때문에 벌 받는 예는 없다. 누구든지 자기 죄 때문에 죽는다는 사실을 에스겔은 강조한다. 속담이나 유전이 성경보다 우위에 서면 안 된다. 사실 이스라엘은 지금이라도 회개하고 하나님께 돌아오면 용서받을 수 있지만 그것을 거부하고 다른 이유를 들어서 고집부리는 악한 모습을 본다. 변화된 마음에서 선한 행위가 나온다. 그러나 선한 행위가 마음을 변하게 하는 것은 아니다.

에스겔은 거짓된 예언을 믿고 낙관주의에 빠진 지도자들에 대한 애가로 끝을 맺는다. 에스겔서에는 다섯 번의 애가가 나온다(겔 19장, 26:17-18, 27장, 28:12-19, 32:1-16). 그중에 첫 번째 애가이다(겔 19장). 에스겔이 예루살렘은 아직 멸망하지 않았음에도 장송곡인 애가를 부르는 것은 예루살렘의 멸망이 이미 정해져 있는 사실이기 때문이다. 이 애가에는 이스라엘의 방백 세 사람을 언급하고 있는데 시드기야와 이전의 두 왕인 여호아하스, 여호야긴이다. 첫 번째 사자인 여호아하스는 요시야의 아들로 3개월을 통치한 후에 애굽에서 죽는다. 두 번째 사자인 여호야긴은 3개월 만에 느부갓네살에게 잡혀 바벨론에서 옥살이한다. 그리스도가 오실 때까지 다윗의 뒤를 이을 이스라엘 왕은 나타나지 않는다.

D·a·y
054
장면통독 가이드

>>> 에스겔 20-32장

부패한 남유다의 역사와
이방의 심판

* 통독 포인트

　도저히 회개의 기미가 안 보이는 유다에 하나님의 심판은 초읽기에 들어갔다. 그 심판하는 도구는 바벨론이다. 유다의 죄악은 북이스라엘을 그대로 닮고 있다. 유다를 포위하고 공격하는 것과 에스겔의 아내가 갑작스럽게 죽는 것과 일치하는 것은 이것을 알려주는 징조다. 이후에는 에스겔에게 임한 것처럼 예루살렘에게도 처절한 통곡이 임하게 될 것이다. 이것이 하나님의 심판임을 알려주기 위해 이스라엘을 괴롭힌 이방 나라들에 대한 하나님의 심판을 예언한다. 이것을 통해 유다가 회개하고 돌아서기를 권면하고 있다.

[장면 1] 부패한 유다의 역사 (겔 20-24장)

● 이스라엘 반역의 역사와 회복의 메시지 (겔 20장)

문제의 해답은 과거의 역사를 돌아보면 얻을 수 있다. 에스겔은 과거 이스라엘의 역사를 통하여 하나님의 심판과 회복을 말하고 있지만 사람들은 그것을 이해하지 못하고 비유만 말하고 있다고 생각했다. 남방의 삼림을 태우실 것이라는 말씀을 이해하지 못했다. 신실한 하나님의 약속을 믿고 끝까지 나가면 하나님은 축복해주신다는 메시지에 이스라엘 사람들은 확신하지 못했고 결국 그 약속을 어기면서 이런 불행을 가져오게 되었다.

● 네 번에 걸친 칼의 비유 이야기 (겔 21장)

에스겔은 남방의 삼림을 태우는 메시지를 이해시키기 위해 네 번의 칼의 비유를 들어서 설명한다. 이 비유에서 불을 칼로 바꾸고 네게브를 유다와 예루살렘으로 바꾸어서 비유를 말한다. 하나님의 칼이 하나님의 언약과 메시지를 무시한 사람들을 치러온다는 내용이다.

● 이스라엘 심판의 메시지 (겔 22장)

예루살렘이 하나님의 심판을 받는 이유는 피를 흘린 죄와 우상을 만든 두 가지 죄 때문이다. 하나님은 심판의 방법으로 고통의 풀무를 말한다. 모든 것을 녹여버리는 심판의 용광로에서 예루살렘을 모두 녹일 것이다. 이 내용은 세 번이나 반복된다. 또 심판받을 대상은 예루살렘의 방백과 종교지도자와 왕족과 다른 정치 지도자들과 거짓 선지자와 일반 백성을 차례로 들면서 그들이 왜 심판을 받는지 그 이유를 설명한다.

- 심판을 보여주는 세 개의 비유 (15-17장)
  1) *열매 없는 포도나무 비유* - 예루살렘은 포도나무였지만 열매가 없으므로 더 이상 쓸 모가 없게 되었다(15장).
  2) *간음한 아내의 비유* : 이스라엘의 혼잡한 관계로 원하지 않는 아이들이 생김(16장).
  3) *두 마리 독수리 비유(백향목 높은 가지와 포도나무)* : 첫째 독수리는 바벨론의 느부 갓네살 왕, 두 번째 독수리는 애굽을 상징. 시드기야는 바벨론이 분봉왕으로 세웠지 만 바벨론을 배반하고 애굽에게 도움을 구하면서 스스로 멸망을 자처함(17장).

- 이스라엘의 반응과 에스겔의 애가 (18-19장)
  "아비가 신 포도를 먹었으므로 아들의 이가 시다" 는 속담을 근거로 자기의 죄를 회 개하기보다는 합리화함(멸망과 구원은 개인 책임)
  예루살렘이 아직 멸망하지 않았음에도 에스겔이 장송곡인 애가를 부르는 것은 예 루살렘의 멸망은 이미 정해진 사실이기 때문이다. 이 애가에는 이스라엘의 방백 세 사람이 언급되고 있는데 시드기야와 이전의 두 왕인 여호아하스, 여호야긴이 다. 나중에 모두 멸망한다.
- 유다 왕가 / *새끼 잃은 암사자와 불탄 포도나무 비유* (19장)

- 부패한 유다의 역사 (20-24장)
  1) 이스라엘 반역의 역사와 회복의 메시지 : *불타는 삼림 비유* (20장)
  2) 네 번에 걸친 칼의 비유 이야기 (21장)
  3) 이스라엘 심판의 메시지 (22장)
  4) 간음한 두 자매의 비유 이야기 : *오홀라와 오홀리바 자매* (23장)
  5) 유다에 대한 하나님의 심판의 마무리 (24장)

제3부 이방 나라들에 대한 심판 메시지 (25-32장)

1) 동방과 서방의 심판 (25장)
   - 암몬의 심판 / 모압의 심판 / 에돔의 심판 / 블레셋의 심판
2) 북방 나라의 심판 (26-28장)
   - 두로의 멸망 : *두로를 배에 비유* (27장)
3) 남방 나라의 심판 (29-32장)
   - 애굽의 멸망 : *애굽을 큰 악어에 비유* (29, 32장), *백향목을 비로 비유* (31장)

● 간음한 두 자매의 비유 이야기 (겔 23장)

에스겔 23장은 에스겔 16장의 간음한 아내의 비유와 연결되는 내용이다. 신실하지 못한 이스라엘과 유다를 간음한 두 자매의 모습으로 그리고 있다. 두 자매는 어릴 때부터 도덕적 타락을 공유하고 있었다. 그것은 이미 애굽에서 해방된 이스라엘을 말한다. 언니 오홀라는 이스라엘의 수도 사마리아를 의미했고 오홀리바는 유다의 수도인 예루살렘을 의미했다. 언니 오홀라는 앗수르와 동맹을 맺고 동생 오홀리바도 언니와 같이 앗수르에게 도움을 구하고, 더 나아가 바벨론에게 마음을 빼앗겨 음행했다. 그러다 다시 마음이 변하여 바벨론을 저버리고 애굽과 간음했다. 원래의 애굽으로 되돌아가는 본질적인 죄악상을 그리고 있다.

하나님을 의지하기보다는 이웃 나라를 의지하는 타락을 간음으로 묘사하면서 그들을 창녀의 지위로 떨어뜨려 죄의 대가로 하나님의 심판을 당하는 이야기를 비유를 통하여 보여준다. 이스라엘이 하나님만 섬기는 나라로 선택되었음에도 두 가지 죄를 지었는데 하나는 우상 숭배(겔 16장)와 이방 나라와 동맹(겔 23장)이었다. 모두가 하나님의 사랑을 저버리는 간음 행위였다.

● 유다에 대한 하나님의 심판의 마무리 (겔 24장)

유다의 멸망에 대한 예언은 에스겔에게 BC 591년 8월에 시작되어 BC 588년 1월 15일에 마무리된다. 이날은 이스라엘에 치욕적인 재앙의 날이다. 에스겔은 끓는 고기 가마 비유를 통하여 예루살렘은 '녹슨 가마'와 같다고 했다. 바벨론을 통하여 하나님이 이스라엘을 심판하게 되는데 예루살렘의 더러운 녹이 위로 떠올라 역겨운 것이 되고 요리된 음식은 녹 찌꺼기 때문에 먹을 수 없는 상태가 되어 결국 쏟아버리게 된다. 가마솥 안의 잘 익은 고기는 바벨론에 의해 죽은 예루살렘 백성을 상징한다.

빈 가마솥은 녹이 다 타서 없어질 때까지 숯불에 달구어질 것을 말하면서 예루살렘의 완전한 멸망을 선포하고 있다.

에스겔은 자기 아내가 죽는 것을 경험하는데 그 고통을 예루살렘의 멸망에 대한 포로 공동체의 슬픔에 상징적으로 그리고 있다. 이런 재난으로 인해 포로 중에 있는 이스라엘 사람들이 하나님을 여호와로 인정하면서 마무리된다.

"이 일이 이루어지면 내가 주 여호와인 줄을 너희가 알리라"(겔 24:24).

[장면 2] 이방 나라에 대한 하나님의 심판의 메시지 (겔 25-32장)

하나님은 유다 민족만의 하나님이 아니고 모든 세계를 지배하시는 만유의 주님이시다. 유다를 멸망시키고 또 유다와 정치적 동맹을 맺은 이방 민족의 운명은 어떻게 될까? 이들에게도 유다와 같은 운명이 기다리고 있다. 왜냐하면 이들은 유다보다 더 큰 죄를 범했기 때문에 그들의 심판은 시기만 늦어질 뿐 필연적이다. 유다의 심판은 일시적이지만 이방의 심판은 영원하다. 실제로 이스라엘의 주변 나라는 이스라엘만 빼놓고 모두 역사상에서 영원히 사라졌다. 하나님의 심판은 유다로부터 시작하여 주변 사방의 나라로 확대되어 나간다. 바벨론 심판은 제외되었는데 나중에 바벨론도 바사에 의해 멸망한다.

● 동방과 서방의 심판 (겔 25장)
– 암몬의 심판 : 바벨론이 유다를 공격할 때 암몬은 유다의 멸망을 즐

거워했다. 하나님의 백성을 업신여기는 암몬을 하나님은 심판하신다.

– **모압의 심판** : 모압은 하나님의 백성 이스라엘을 괴롭혔다. 그런 이유로 그들은 하나님의 심판을 받는다.

– **에돔의 심판** : 에돔은 이스라엘이 광야생활을 하면서 에돔 지역을 지나지 못하게 방해했다. 에돔은 유다의 멸망을 도왔기에 하나님은 그들을 심판하신다.

– **블레셋의 심판** : 이스라엘을 오랫동안 괴롭혔던 해상세력인 블레셋을 심판하여 국가로서 존재가 사라지게 되었다.

● 북방 나라의 심판 (겔 26-28장)

– **두로의 멸망** : 두로의 죄는 예루살렘의 멸망을 보고 좋아한 탐욕이다. 두로는 정치적인 것보다는 경제적인 세력으로 교만했다. 에스겔은 두로의 운명을 폭풍우로 인하여 바다에서 길을 잃은 배와 같이 심판하신다고 말한다. 27장은 두로의 멸망에 대한 애가가 나온다. 28장에는 두로 왕이 몰락하는 장면이 나온다. 두로 왕이 멸망한 것은 그의 교만 때문이다. 스스로 신이라고 하면서 하나님께 죄를 지었다. 두로와 밀접한 시돈의 심판은 천년왕국 때 완전히 이루어진다.

● 남방 나라의 심판 (겔 29-32장)

에스겔은 애굽의 멸망에 대해서 일곱 번에 걸쳐 예언의 메시지를 전한다. 애굽은 남방의 강한 나라이다. 이스라엘은 바벨론에게 저항하기 위하여 애굽과 동맹을 맺고 바벨론과 전쟁했으나 바벨론에게 패하고 말았다. 바벨론이 두로를 패배시킨 것같이 애굽을 무너뜨리고 그 동맹국도 멸망시켰다. 그중의 하나가 유다였다. 애굽이 유다를 구하러 가다가 바벨론의 공격을 받고 패배하였다. 에스겔은 애굽의 바로 왕을 나일강의

'큰 악어'에 비유하였다. 애굽은 앗수르처럼 바벨론에게 멸망하는데 한 때는 큰 힘을 소유했었다. 29장은 애굽의 죄, 30장은 바벨론에 의한 애굽과 그 동맹의 패망, 애굽인들의 분산, 31장은 애굽과 앗수르의 공통점, 32장은 바로를 위한 애가, 스올에 떨어진 애굽의 내용으로 애굽에 대한 예언의 이야기가 소개되고 있다. 한때는 강한 나라였던 앗수르처럼 애굽도 무너지게 된다는 것을 말하고 있다.

되새김 120일 쉬운 통독 타임라인			
하나님 나라	성경 구조	역사와 시대	성경 각 권 소개
모형 실패	예언서 - 통찰과 해결	포로시대	에스겔

>>> 에스겔 33-48장

이스라엘의 희망과 위로

＊ 통독 포인트

다른 이방 나라들은 영원히 멸망하지만 유다는 다윗의 왕권과 여호와의 영광을 다시 회복한다는 것을 에스겔을 통하여 약속한다. 파수꾼인 에스겔은 하나님의 소망 메시지를 전한다. 하나님은 이스라엘을 당신의 특별한 백성으로 구별하셨고 그에 대한 약속을 틀림없이 지키실 것을 말한다. 이스라엘은 먼저 국가적인 차원에서 회복이 일어나고(33-39장) 마지막 단계는 새로운 질서가 수립된다(40-48장).

[장면 1] 에스겔의 역할 (겔 33장)

에스겔의 사명은 하나님의 심판을 알리는 파수꾼의 사명이다. 에스겔에게 주어진 사명은 예루살렘의 함락 소식을 바벨론에 포로로 갔던 사람들에게 전하는 일이다. 당시 거짓 선지자들의 꾐으로 인하여 포로로 잡혀간 사람들은 포로생활이 금방 끝날 것으로 생각했고, 에스겔은 이런 이들을 책망했다.

[장면 2] 현재의 거짓 목자와 미래의 참 목자 (겔 34장)

이스라엘의 지도자들은 양 떼를 보호하는 목자의 사명을 받았지만 백성의 유익보다는 자신의 유익을 앞세웠다. 그런 지도자는 하나님이 심판하시겠다고 말씀하신다. 그리고 양 떼를 바르게 인도할 참 목자를 지명하여 보내실 것이다. 화평의 언약(겔 34:25)은 오실 메시아를 기대하게 한다. 그분이 올 때 비로소 진정한 평화를 경험하게 된다.

[장면 3] 이스라엘의 영광 회복 (겔 35-39장)

이스라엘을 괴롭혔던 에돔을 하나님은 심판하신다. 에돔이 이스라엘에게 가했던 고통처럼 그들도 고통을 당하게 될 것이다. 반면에 이스라엘은 다시 회복하며 새로운 마음과 새로운 영을 받게 될 것이다. 하나님은 이스라엘의 땅을 회복시키며 수적으로도 번영하게 할 것이다. 하나님의 영광이 이스라엘을 인도하여 이전의 황폐한 땅이 비옥하게 되는 것으로 증명된다.

에스겔 37장에서는 36장의 약속을 생생하게 예증하고 있다. 불가능해 보이는 일이 이스라엘의 미래에 일어난다. 이것은 다시 살아난 마른 뼈의 환상과 합해진 두 개 막대기의 징조를 통하여 확실하게 증거된다.

제4부 이스라엘을 위한 희망과 위로의 메시지 (33-48장)

1) 에스겔의 역할 (33장) : 하나님의 파수꾼
바벨론에 포로로 간 사람들에게 예루살렘의 함락 소식과 하나님의 심판을 전하는
일이다. 당시에 거짓 선지자들의 꾐으로 인하여 포로로 잡혀간 사람들은 포로 생
활이 금방 끝날 것이라고 생각하고 있었다. - 예루살렘 함락 소식 / **다시 말문이
열리는** 에스겔, 유다의 남은 자들을 향한 메시지

2) 현재의 거짓 목자와 미래의 참 목자 (34장)

3) 이스라엘의 영광 회복 (35-39장)
35장 / 에돔의 심판 말씀
36-37장 / 다시 살아난 **마른 뼈의 환상**과 합해진 두 개의 막대기의 징조(남북통일)
38-39장 / 곡의 전쟁 이야기 : 하나님이 일으키신 폭풍과 큰 우박 덩이와 불과 유
황(38:2)의 추가적인 자연재해로 곡의 군대를 징벌한다. 죽은 군인의 수
가 너무 많아 그들을 묻는 데 7개월이 걸린다. 곡의 패배로 인하여 흩어
진 이스라엘 자손들이 돌아오게 되면서 하나님은 이스라엘에게 성령을
부어 이스라엘의 영적 회복이 일어나며 천년왕국이 이루어진다. 이것
은 앞으로 다가올 7년 대환난과 천년왕국을 상징.

4) 새롭게 회복되는 하나님의 백성 이야기 (40-48장)
- 새 성전 이야기 (40-43장) : 솔로몬 성전의 영광이 떠났으나 이제 예루살렘의 새
성전에 **여호와의 영광이 다시 임하게 된다** : 제단 봉헌
- 새로운 예배 이야기 (44-46장) : 성전 동문, 성전 봉사 규정, 구역 나누기, 통치자
규정
- 새 땅 분배 이야기 (47-48장) : 성전 문지방에서 흘러나는 물(사해), 새 땅 나누기,
새 예루살렘 축복 / **"여호와 삼마"**(하나님이 거기 계시다)

마른 뼈들이 생명을 얻어 새롭게 살아나는 환상은 미래 이스라엘을 분명
하게 보여주고 있다. 또 나무 막대기 둘을 취하여 하나는 유다(남왕조)라
고 쓰고 다른 하나는 요셉(북왕조 대표)이라고 쓰게 하여 두 막대기가 합
쳐서 하나가 되게 할 것이라는 예언은 분열되어 멸망한 이스라엘이 하나

로 연합되어 통일될 것을 보여주고 있다. 이것은 40~43장에 나타나는 하나님의 새로운 성전의 회복과 연관된다.

38~39장은 곡의 전쟁 이야기가 나온다. 북쪽의 먼 나라인 마곡 땅에서 온 곡(로스와 메섹과 두발 왕)과 그와 함께한 동맹국이 동쪽(바사=이란)과 서쪽(구스=수단, 이집트 남부와 에티오피아 북부), 남쪽(붓=리비아), 이스라엘을 공격하러 온다. 그러나 이스라엘과 전투에서 하나님의 간섭으로 곡은 패배한다. 하나님이 곡과 그 동맹국들을 일으켜 이스라엘을 공격한다. 군대가 이스라엘에 도착하면 거대한 지진이 곡의 군사들을 혼란에 빠뜨린다. 큰 혼란 속에서 군사들은 서로를 공격한다. 하나님은 폭풍과 큰 우박 덩이와 불과 유황(겔 38:2)의 추가적인 자연재해로 곡의 군대를 징벌한다. 이스라엘 백성은 군사들의 무기를 7년 동안이나 연료로 사용하고 전쟁 후에 이스라엘은 곡의 죽은 자들을 묻는다. 죽은 군인의 수가 너무 많아 그들을 묻는 데 7개월이 걸린다. 곡의 패배로 인하여 흩어진 이스라엘의 자손들이 돌아오게 되면서 하나님은 이스라엘에게 성령을 부어 이스라엘의 영적 회복이 일어나며 천년왕국이 이루어진다. 이것은 앞으로 다가올 7년 대환난과 천년왕국을 상징적으로 그리고 있다.

특히 에스겔 38~48장까지 내용은 앞으로 일어날 이스라엘의 새로운 출애굽을 묘사하고 있다. 새 출애굽은 이전의 출애굽 사건과 비슷한 대조를 보인다. 즉 이방 압제자들이 멸망하고, 하나님의 집이 건축되어 그집에서 하나님의 영광이 나타나고, 예배에 대한 지시사항과 이스라엘의 경계, 그리고 마지막으로 각 지파들에게 분배된 땅 이야기(겔 48장)는 민수기 14~21장에서 소개된 이스라엘의 가나안 땅 지파 분배와 비교된다.

[장면 4] 새롭게 회복되는 하나님의 백성 이야기 (겔 40-48장)

이스라엘의 회복은 성전의 회복으로 절정을 이룬다. 솔로몬 성전의 영광이 떠났으나 이제 예루살렘의 새 성전이 다시 임하게 된다. 성전은 하나님의 임재를 상징하며 이스라엘과 하나님과의 관계가 회복되는 것을 의미한다. BC 573년 4월 예루살렘이 함락된 지 14년 만에 에스겔은 마지막 환상을 보게 된다. 그것은 회복된 성전과 제사장제도다. 그가 본 환상은 너무나 엄청나서 독특한 측량 방법으로 장엄함과 영광을 상징한다.

에스겔이 본 환상은 피조물 전체를 상징하는 네 생물이 떠받치고 있는 보좌 위에 하나님이 앉아 계셨다. 그 보좌는 어느 방향으로든 움직일 수 있는 바퀴를 가지고 있었다. 하나님의 보좌가 사방으로 움직일 수 있다는 것은 하나님이 예루살렘 성전에만 계시지 않고 어느 곳에서나 주권을 행하신다는 것을 의미한다.

특히 여기에서 중요한 내용은 새 성전을 통한 하나님 현존의 회복을 에스겔의 환상의 중심부에 제시하고 있는 부분이다. 생수의 강이 성전에서 흘러나오면서 절정을 이루고 있다. 이 강에서 물이 흐르는 곳마다 풍성한 열매를 맺게 된다. 이것은 요한계시록 22장 1~5절에서 하나님의 최후 도성의 환상과 모습이 비슷하게 연결된다.

● 새 성전 이야기 (겔 40-43장)

새 성전의 이상은 회복될 장래의 성전을 보여주고 있다. 에스겔과 함께한 천사는 길이가 3m 되는 측량 장대를 가지고 성전 외뜰과 안뜰과 성전 외벽을 측량한다. 성전 건물엔 성전의 기구를 보관하는 성전 주위에 3층으로 된 30개의 방이 있다. 또 번제단이 나온다.

● 새로운 예배 이야기 (겔 44-46장)

성전이 묘사된 후에 그곳에서 매일 새로운 예배가 이루어진다. 여기에서는 성전에서 행할 레위인의 의무가 설명되어 있다. 또 제사장들에게 직사각형의 땅을 준다. 불공평한 저울을 사용했던 이스라엘 방백을 책망한 후에 공평한 저울을 사용하는 장래의 왕에 관해서 이야기한다. 아울러 예물을 드리는 것에 대한 지침을 소개한다.

● 새 땅 분배 이야기 (겔 47-48장)

성전에서 흘러나오는 생수는 하나님의 임재와 축복을 상기시키는 상징이다. 하나님의 성전에서 흘러나오는 시냇물은 동쪽에서 흘러 요단강과 사해로 들어가게 된다. 이제는 사해가 신선하게 되고 모든 종류의 물고기가 살게 될 것이다. 일 년 내내 열매를 맺는 강가에 심긴 나무가 생길 것이다. 이스라엘에게 약속되었던 약속의 땅과 분배의 언급이 다시 소개되고 있다. 이것은 미래의 새 이스라엘은 축복의 장소로 회복될 것을 의미하고 있다. 마지막으로 에스겔은 새 예루살렘 성읍의 출입구를 묘사하고 있다. 멸망의 성읍이 이제는 영광의 모습으로 회복될 것이다. 그곳에 하나님의 임재가 있고 하나님의 영광이 나타남으로 새 예루살렘의 축복을 암시하고 있다. 에스겔은 자기가 본 이상이 너무나 강한 인상을 주었기에 '여호와 삼마'(여호와께서 거기 계시다)라는 이름이 성읍에 주어질 것을 기록해 두고 있다.

하나님의 임재가 이스라엘에게 임함으로 하나님의 영광이 새 이스라엘에게 영원히 나타날 것을 마지막으로 강조하고 있다는 점에서 희망으로 마무리하는 에스겔을 본다. 이것은 하나님이 친히 성전이 되어 믿음을 가진 오늘의 모든 그리스도인에게 영원히 성령으로 임재하는 모습을 그리고 있다.

다니엘서

【 다니엘서의 역사적 배경 】

　　다니엘서를 이해하기 위해서 당시 시대적 상황을 살펴보면, 이스라엘은 남유다 왕국의 요시야 왕이 BC 609년 애굽 왕 느고에게 므깃도 전투에서 살해된 이후에 주변 강대국이었던 앗수르, 애굽, 바벨론 왕국에게 고난을 겪었다. 이때가 이스라엘 역사의 가장 어려운 시기다. 무엇보다 다니엘서를 이해하려면 다니엘이 바벨론에 포로로 잡혀간 후의 바사시대와 다니엘의 예언에 나타난 헬라와 로마시대의 역사로 이어지는 내용을 간략하게나마 알고 있어야 한다.

【 특징과 읽기 지침 】

▶ 구조적인 특징

1~6장은 다니엘 당시의 역사적인 기록이다. 7~12장은 다니엘이 본 환상이다. 중심 메시지는 전, 후반 같게 하나님은 전능하시고, 자기를 경외하는 백성에게 신실하시고, 모든 나라를 통치하시며, 그의 약속과 의지를 분명하게 이루신다는(천년왕국의 시대까지 언급) 내용이 주를 이루고 있다. 바벨론 70년 포로의 내용을 기록하는 의미에서 다니엘서는 중요하다. 다니엘서는 요한계시록에서 그 절정을 이룬다.

이방 왕들을 언급한 구조를 보면 느브갓네살(1-4장) – 벨사살(5장) – 다리오(6장) – 벨사살(7-8장) – 다리오(9장) – 고레스(10장)로 이어지고 있다. 곧 ABCBCD형태의 구조로 되어 있다. 이런 면에서 보면 7장은 전반부인 2~6장과 후반부인 8~12장을 연결하는 장으로 다니엘서에 통일성과 이중성을 부여하는 허리와 같은 장이라 할 수 있다.

▶ 교차 대구적인 구조

- 2장과 7장 : 미래 왕국들에 대한 유사한 환상들을 기록하면서 영원한 하나님 나라로 마무리
- 3장과 6장 : 기적적인 구원의 이야기
- 4장과 5장 : 바벨론 두 왕의 멸망에 관한 이야기

▶ 핵심 메시지

다니엘서는 세상에서 그리스도인으로서 어떤 신앙 자세를 가져야 할지 말해주고 있다. 비록 악한 세상 속에 있지만 하나님의 주도권을 갖고 살아가는 존재로서 그리스도인의 정체성을 그리고 있다. 죄악과 핍박

가운데서도 믿음을 끝까지 지키면서 우주를 통치하시는 하나님의 대리자로 세상의 역사를 주도하라는 소망의 의미가 강하게 담겨 있다. 그러므로 다니엘서를 설교하거나 삶에 적용할 때는 부분적인 구절에 매이기보다는 전체적인 핵심 메시지를 잡고 이해해야 한다. 흔히 다니엘서를 부분적인 구절을 갖고 세상 미래에 대한 예언으로만 풀이하고 전개하기쉬운데, 그보다는 절망적인 상황에서도 소망을 갖고 하나님의 약속을 믿고 인내하면서 믿음을 지켜나가라는 소망과 위로와 격려의 내용을 전체적인 다니엘서의 핵심 메시지로 적용하는 것이 바람직하다. 이것은 구약성경 전체의 메시지와도 일맥상통하며 요한계시록도 같은 의미로 연결된다.

▶ 다니엘서 해석에서 주의할 점

- 상징적인 숫자에 너무 지나치게 의지하지 말라. 예를 들면 예수님이 일흔 번에 일곱 번씩 용서하라는 말은 490번 용서하라는 의미로 글자나 숫자에 매이지 말고 끝까지 용서하라는 의미로 해석해야 한다. 다니엘서에 나오는 숫자에 대한 언급을 너무 계산적으로 맞추려는 것은 억지 풀이가 되면서 자칫 다니엘도 알지 못하던 종말의 때까지 알 수 있다고 하는 점은 주의하며 미혹 당하지 말아야 한다. 거짓 이단들은 이런 문제들을 중심으로 성경을 훈련하고 우리를 미혹하게 한다.

- 우리가 성경을 통독할 때 세부적인 부분보다는 전체적인 메시지를 붙잡고 나가야 한다. 다니엘의 특별하고 개인적인, 그리고 상황적인 계시를 해석할 때는 오늘 우리에게 성경의 뜻과 성령의 역사 과정을 통해 해석력을 가져야 한다. 해석의 검증을 받아야 한다. 객관

제1부 다니엘과 세 친구 (1장) - 히브리어

1. 유다인의 바벨론 포로(1:1-2)
2. 소년들을 선택 : 3년의 바벨론 학교(1:3-7)
3. 소년들의 결단과 헌신(1:8-16) : 뜻을 정하여 자신을 거룩하게 함.
4. 소년들의 위대함(1:17-21) : 술객보다 10배 뛰어난 지혜를 받음.

제2부 이방 열국들의 장래 (2-7장) - 아람어

1. 신상의 **꿈**을 꾸는 느브갓네살 왕 (2장) : 강대국과 하나님 나라
   (금 - 은 - 동 - 철 - 철과 진흙 - 뜨인돌)
2. 풀무불에 던져진 세 친구 (3장) : 신앙인의 수난
3. **꿈** 풀이하는 다니엘 (4장) : 권력자의 교만과 광기(짐승처럼 왕을 비참하게 만드심)
4. 잔치와 벽에 쓰인 글씨를 풀이하는 다니엘(벨사살 왕) (5장)
   (메네(수를 세다), 데겔(저울에 달려 가벼운 것이 되다), 우바르신(나누다))
5. 사자굴에 갇힌 다니엘(다리오 왕) (6장)
6. 네 짐승의 **꿈**을 본 다니엘(벨사살 왕) (7장) : 강대국과 하나님 나라
   * 바다에서 나오는 네 짐승의 환상
     (독수리 날개 가진 사자, 몸 한 편을 든 곰, 네 날개를 가진 표범, 무섭고 놀라운 짐승)

제3부 이스라엘의 장래 (8-12장) - 히브리어

1. 다니엘이 본 두 짐승(수양과 숫염소)의 **이상** (8장) : 벨사살
   - 메대와 바사와 헬라제국(네 장군의 분열)
   - 작은 뿔이 등장하여 예배하는 성도를 공격함 : 나중에 멸망당함.
2. 회개하며 예언하는 다니엘과 70이레 **이상** (9장) : 고레스
   - 다니엘의 기도(예레미야 70년의 새로운 해석 : 칠십 이레(마지막 때 묘사)
3. 장래에 일어날 일들 (10-12장) - 고레스 : 힛데겔 강에서 본 다니엘의 **이상**
   (메대-바사와 헬라 / 안티오쿠스 에피파네스 / 적그리스도 / 유다인에 대해서)
   - 마지막 때에 죽은 자들이 부활하고 의인이 영원한 상급을 받음으로 승리하게 됨.

적인 해석과정이 필요하다. 물론 하나님이 열어주시지 않으면 진실을 발견하기 어렵다. 그때가 되면 우리는 승리하게 된다. 통독은 하나님 나라의 소망을 갖는 데 목표를 두어야 한다. 다니엘서는 우리가 이해하지 못하는 신비의 영역이 많다. 설사 그것을 다 이해하지 못한다 해도 크게 염려할 것은 없다. 성경을 읽을수록 우리는 겸손하게 된다. 성경을 읽을수록 신비로움에 우리는 입을 다물고 모든 것이 하나님의 은혜라고 고백한다. 마치 욥이 나는 무지하다고 말한 것처럼 다니엘서도 이와 같다.

【 다니엘서의 내용 구조 】

▶ 역사편 / 다니엘과 왕 이야기 (단 1-6장) : 3인칭
1) 다니엘의 개인적인 역사 (단 1장)
   - 사로잡힘과 헌신

2) 이방인에 대한 예언적 역사 (단 2-6장)
   - 느브갓네살의 첫 번째 꿈 (단 2장)
   - 느브갓네살의 신상 (단 3장)
   - 느브갓네살의 두 번째 꿈 (단 4장)
   - 벨사살의 잔치 (단 5장)
   - 사자굴의 다니엘 (단 6장)

▶ 계시편 / 다니엘이 꾼 꿈과 천사 : 1인칭.
   - 네 짐승의 환상 (단 7장)

- 양과 염소의 환상 (단 8장)
- 70이레의 환상 (단9장)
- 마지막 환상 (단 10-12장)

되새김 120일 쉬운 통독 타임라인			
하나님 나라	성경 구조	역사와 시대	성경 각 권 소개
모형 실패	예언서 - 통찰과 해결	포로시대	다니엘

>>> 다니엘 1-12장

이방 궁정,
바벨론과 바사에서

＊ 통독 포인트

다니엘서는 구약에서 난해한 부분이면서 성경을 연결하는 중요한 역할을 한다. 이것은 신약에 나오는 요한계시록과 짝을 이루고 있다. 다니엘서는 성경의 중요한 동선을 이어가고 있는 책으로 성경 통독을 깊게 할 필요가 있다. 그런 이유로 통독 가이드를 세밀하게 소개했다.

다니엘서는 하나님의 사람 다니엘과 세 친구를 통해 어디서든지 하나님을 영화롭게 하는 삶을 사는 그리스도인의 모습을 그리고 있다. 특히 다니엘서는 미래에 닥칠 하나님 나라를 묵시적 환상을 예언하고 있다. 그런 점에서 다니엘서는 신약의 마지막 책인 요한계시록과 연결된다. 이런 거시적 관점에서 다니엘서를 읽어야 한다.

[장면 1] 역사편 / 다니엘과 왕 이야기 (단 1-6장) : 3인칭

● 다니엘의 개인적인 역사 (단 1장)

포로로 잡혀간 다니엘과 그의 세 친구가 바벨론에서 지내는 궁중생활을 말하고 있다. 다니엘은 여호야김 4년에 바벨론에 1차 포로로 잡혀갔으며, 그의 세 친구와 더불어 궁중의 사람이 되었다. '시날' 땅은 바벨론을 가리키고 '자기 신의 묘'는 바벨론의 신인 '벨과 마르둑'의 전을 말한다. 바벨론의 최고의 신 마르둑을 '벨'로 불렀다. '갈대아'는 바벨론 지방을 가리키는데, 갈대아 학문이란 과학, 천문학, 문학, 마술이나 미신 등이 포함된 학문이다.

바벨론 왕 느부갓네살은 앗수르를 정복하여 바야흐로 고대 근동의 최고의 통치자로서 성공한다. 그러나 밤마다 꿈 때문에 잠을 이룰 수 없고 가위가 눌리면서 불안한 날을 보내야 했다. 외적으로는 성공했지만 내적으로는 불행한 나날을 보내고 있었다. 그것은 하나님께서 보여주신 꿈 때문이다. 바벨론의 술사들이 다 모여 왕의 꿈을 풀려고 했으나 해결하지 못하면서 자연스럽게 다니엘이 등장한다. 바벨론(단 2:1, 7:1), 메대 (단 6:1, 9:1), 바사(단 10:1)의 세 나라의 역사가 다니엘과 같이 시작된다. 느부갓네살 왕은 2년째 두 가지 꿈을 꾸게 된다(단 2:31-45, 4:1-24).

● 다니엘과 느브갓네살의 꿈 (단 2장)

해결을 위해 다니엘이 등장하면서 비로소 하나님의 사람 다니엘의 능력이 나타나게 된다. 위기는 곧 하나님의 역사를 이루는 기회가 된다. 다니엘은 명철과 슬기가 있었고, 그는 하나님께 그 꿈을 알려달라고 세 친구와 함께 기도한다. 하나님의 지혜와 능력을 받게 된 다니엘은 하나님의 깊은 뜻을 알게 되고 하나님을 찬양하게 된다.

느브갓네살의 꿈은 다니엘에 의하여 밝혀지고 있다. 먼저 꿈의 내용이 나오고 그다음에 그 꿈에 대한 해석을 말하고 있다. 우상에 관한 내용은 바벨론과 메대와 바사와 그리스와 로마제국의 흥망성쇠 과정을 그리고 있다. 마지막에 언급되는 뜨인돌은 그리스도의 재림을 말하는 것으로 최후에 그리스도를 통한 하나님 나라가 도래할 것임을 예언하고 있다. 이 꿈을 통해 역사의 주인이 하나님이시며 우연히 일어나는 역사의 과정이 알고 보면 이미 약속된 하나님의 계획에 따라 이루어지고 있음을 말한다.

● 신앙을 지키는 세 친구 (단 3장)

한때 하나님께 영광을 돌렸던 느브갓네살은 교만하여 자신을 위한 금신상을 만들어 여기에 절하게 한다. 그 와중에 다니엘의 세 친구가 모함을 받아 신상에 절하는 요구에 직면하게 된다. 그러나 그들은 하나님에 대한 믿음을 선택하는 결단을 하게 된다. 영광스러운 왕궁의 형통함을 버리고 죽음의 고난의 상황에 스스로 들어간다. 쉽지 않은 결정이지만 하나님을 향한 믿음이 그들로 사람보다는 하나님을 선택하게 한다. 자기의 의지가 행한 것이 아닌 그들 안에 있는 믿음이 이런 결정을 하게 한 것이다.

신앙의 절개를 지키려다가 세 친구는 풀무불에 들어가 죽을 위기에 처하게 된다. 하나님을 위해 죽고자 하는 믿음의 사람들을 하나님은 내버려두지 않고 직접 개입하셔서 그들을 친히 구원해낸다. 놀라운 하나님의 구원을 보고 느브갓네살은 감동하여 하나님의 위대성을 선포하고 세 친구를 죽이려고 모함한 사람들을 죽인다. 이것을 통하여 궁극적으로 승리하시는 하나님의 주권적인 역사를 보여주고 있다. 하나님을 믿고 나아가는 참 신앙의 위대성을 교훈하고 있다. 특히 이방 왕을 통하여 하나님의 영광이 선포되는 것으로 참된 왕은 하나님이심을 보여주고 있다.

● 느부갓네살 왕의 꿈 (단 4-5장)

느브갓네살 왕은 두 번째로 괴이한 꿈을 꾼다. 그로 인하여 그는 번민하고 두려워한다. 그러나 이 꿈 역시 하나님의 비밀이었기에 아무도 해석할 수 없고 다니엘만 이 꿈을 해석하게 된다. 하나님이 하시는 일에 대해서 인간은 유한한 존재에 불과하며 아무리 인간의 권력이 대단해도 자기 안에 있는 문제를 해결하지 못한다는 것을 본문은 말하고 있다. 하나님의 비밀은 아무에게나 알려지지 않고 하나님의 선택된 사람을 통해서

|되새김 쉬운 통독 Tip |

성경 역사 배경

느부갓네살 왕은 43년 동안 통치하고 죽었다. 그 후 느부갓네살 왕의 아들인 에윌므로닥이 뒤를 이었으나 2년간 통치하다가 그의 매형 네리글리사로스에게 살해된다. 그러나 네리글리사로스는 4년 통치하고 그의 아들 라바시 마르둑이 왕위에 오르지만 9개월 후에 그의 친구 나보니두스에게 암살되었다. 바벨론의 마지막 왕인 나보니두스는 17년간 통치하다가 바사의 고레스에게 멸망했다. 나보니두스는 그의 어머니가 하란 달의 여신 사제였는데 왕도 자연스럽게 그 신을 섬겨 하란의 달 신전을 보수하는 일을 했다. 나보니두스 왕은 아라비아에 별궁을 짓고 살았고, 벨사살은 나보니두스의 장자로 왕이 섭정하는 식으로 바벨론을 통치하였다. 마르둑 제사장들은 다른 신을 섬기는 나보니두스 왕을 싫어했고, 결국 반기를 들어 바사 왕과 동조하여 바벨론을 멸망시켰다.

만이 알려진다.

그리스도인을 하나님의 계시를 전하는 자로 세웠다는 것은 참으로 놀라운 일이 아닐 수 없다. 큰 업적을 이룬 느브갓네살 왕은 교만해졌고, 결국 하나님의 진노가 그에게 임했다. 하나님의 신실하심을 그대로 대변하는 다니엘과 하나님을 경외하지 않는 교만한 느브갓네살을 향한 징계는 본문이 우리에게 주고자 하는 교훈이다.

4장과 5장의 시간 간격을 약 25년이라고 했을 때 다니엘의 지금 나이는 인생의 노년기에 접어든 약 80세라고 말할 수 있다. 다니엘은 벨사살 왕을 향해 느부갓네살 왕의 예를 들어 역사를 지배하는 하나님을 전하면서 하나님 앞에서 교만했을 때 하나님이 진노를 내리셨음을 상기시키고 벨사살 왕의 교만한 모습은 하나님의 진노를 앞당기는 결과를 가져왔음을 말하고 있다.

다니엘이 해석한 글씨의 내용은 하룻밤도 안 되어 성취되었고, 바벨론은 메대 바사에 의하여 멸망했다(BC 539). 하나님의 역사는 한 치의 오차도 없이 하나님의 계획대로 이루어짐을 알 수 있다. 이것은 이사야가 이미 말한 바벨론 멸망에 대한 예언의 성취였다(사 47:1-5).

● 사자굴의 다니엘 (단 6장)

바사의 고레스 왕은 전투도 하지 않고 타락한 바벨론을 정복했다. 특히 마르둑 제사장들의 도움으로 바벨론을 쉽게 얻었으며, 고레스는 해방자로 백성의 환영을 받았다. 고레스는 바벨론 도시를 약탈하지 않고 반란과 소동을 최소화하면서 백성의 마음을 돌이키는 데 성공했다. 종교 제도나 민간에 내려오는 제도 또한 크게 변화시키지 않고 거의 그대로 이어가게 함으로써 자연스럽게 바사의 통치 안에 들어가게 했다. 이때 바사의 통치자 중에 하나인 다리오가 바벨론을 고레스 왕의 명에 의하여 통치하게 되었다.

사자굴에서 살아난 다니엘에 대해서 말하고 있다. 자기 힘으로 구원받은 것이 아닌 전적으로 하나님의 도우심으로 인하여 살아나게 된다. 이런 다니엘의 구원은 온 땅에 하나님을 알리는 계기가 되며 대적자들에게는 심판의 순간이 되었다. 아무리 인간이 하나님의 일을 거스르려고 해도 하나님은 궁극적으로 승리하게 하시며 악인을 심판하시고 성도를 구원하신다. 그리고 그 구원을 통하여 하나님의 이름을 선포하시는 것을 볼 수 있다. 다니엘의 믿음을 통하여 하나님의 영광이 온 천하에 선포되는 아름다운 장면을 대하게 된다.

[장면 2] 계시편 / 다니엘이 꾼 꿈과 천사 (단 7-12장) : 1인칭

● 다니엘이 본 환상 (단 7-8장)

다니엘 1~6장까지는 전반부로 다니엘의 개인적인 역사에 관한 내용이지만, 7~12장까지는 후반으로 다니엘이 받은 계시편으로 구분할 수 있다. 7장에는 네 짐승 예언, 8장에는 수양과 숫염소와 작은 뿔, 9장에는 70이레의 예언, 10~12장은 마지막 예언으로 나눌 수 있다. 계시편에는 일일이 연대가 기록되어 있으며, 허황된 꿈과 달리 역사적인 계시를 나타내준다. 벨사살 원년(7장), 벨사살 3년(8장), 다리오 원년(9장), 고레스 3년(10장), 다리오 원년(11-12장), 특히 7~8장의 계시는 다리오 왕 이전의 벨사살 왕 때 받은 계시로 역사적인 순서와는 구별된다. 사자굴의 체험보다 약 14년 전의 일로 추측된다(52년 전 포로로 잡혀 와서 다니엘은 68세로 추정).

다니엘이 본 네 짐승과 하늘나라 환상에 대해서 천사가 해석해주고 있다. 하나님은 환상뿐 아니라 해석까지도 알려주신다. 계시의 근원과 해석과 계시를 성취하시는 분은 하나님이다. 이것은 세상의 모든 것이 하나님의 손에서 움직이고 있음을 알려주는 것이라 할 수 있다. 단순한 꿈 하나도 하나님의 운행하심 속에 들어 있고, 결코 우연이 아니라 하나님의 목적 있는 사건 속에서 일어난다. 하나님을 믿으면 자연히 세계관이 넓어지고 하나님의 세계관을 배우는 유익이 있다. 당장 눈앞의 일에 매달리는 게 아니라 시대를 초월하여 하나님의 역사를 넓게 바라보면서 살아가게 된다.

8장의 내용은 7장의 내용을 더 확장한 반복적인 내용이다. 7장까지는 갈대아어인데 8장부터는 히브리어로 기록되었다. 본문은 수양과 숫염소의 환상을 말하고 있는데 7장의 환상은 네 짐승 환상이 있고 난 뒤 2년이 지난 BC 548년에 있었던 일로, 메대 바사가 그리스제국의 알렉산더에 의하여 멸망할 것을 예언한 네 짐승 환상 중의 세 번째 짐승인 표범을 확대하여 해석한 것이다.

나중에 작은 뿔에 대한 환상이 나타나고 마지막으로 그 환상에 대한 가브리엘의 해석이 나온다. 천사 가브리엘이 다니엘의 환상을 해석하는 것은 종말에 하나님의 백성들이 당하는 핍박과 그리스도의 재림으로 핍박자들이 모두 멸망하는 것에 대해서 말하고 있다.

6장의 사자굴 사건 무렵으로 다니엘이 포로기간이 70년이라고 예언한 예레미야의 기록(렘 25:11, 29:10)을 발견한 후에 기도드리고 있는 내용이다. 이때 다니엘은 80세의 노인으로 67년의 포로생활 속에서 중보기도를 간절히 드리고 있다. 지금의 포로생활은 그동안 죄로 인한 하나님의 당연한 결과이며, 결국은 하나님이 민족을 구원하시고 온 세계에 영광을 드러내실 것이라는 소망이 담겨 있다. 특히 다니엘의 기도는 다니엘 자신을 위한 것이 아닌 하나님을 위한 하나님을 향한 기도라는 점에서 우리에게 큰 도전을 주고 있다.

● 열방에 대한 예언 (단 9-11장)

다니엘은 구약 예언의 말씀을 연구하고 있었는데, 그때 그의 나이는 90세가 다 되었다. 하나님께서 약속하신 포로 귀환의 때가 다가왔다. 계산해보면 2년 정도 남았다. 곧 있으면 다가올 포로 귀환을 염두에 둘 때 다니엘은 성경을 읽으면서 상당히 설레었을 것이다.

칠십 이레 예언의 기록은 성경 중에서 가장 난해한 부분으로 많은 학자 간에 해석이 분분하다. 어느 시점으로 보느냐에 따라 칠십 이레의 해석이 달라지고 있다. 사이비 이단들이 사용하고 있는 부분이기도 하다. 칠십 이레의 이상은 하나님의 손안에서 모든 역사가 이루어지며 하나님을 소망으로 두고 살아가는 그리스도인의 삶에 더욱더 소망을 주고 있는 것이라 할 수 있다.

다니엘은 하나님의 나타나심 앞에 기절하게 되고 하나님은 다니엘을 두 번씩이나 어루만지신다. 하나님은 다리오에게 능력을 주어 바벨론을 정복하게 하고 그것은 곧 이스라엘 백성이 귀환하는 데 사용하게 된다. 사람의 힘으로 역사가 진행되는 것 같지만 실상 알고 보면 하나님의 통치 속에서 역사가 이루어지고 있을 보여준다. 힘든 상황에서도 하나님은 자기 백성과 종에게 나타나셔서 위로하시고 격려하며 구원의 은혜를 베푸신다.

하나님은 열방의 흥망성쇠를 계시하신다. 바사가 헬라의 알렉산더 대왕에 의하여 멸망하고, 그 헬라 역시 멸망하게 될 것을 계시하고 있다. 특히 헬라제국이 분열된 이후에 분열된 제국 간의 피비린내 나는 전쟁을 예언하고 있다. 실제 헬라는 네 명의 장수에 의하여 분열된다. 이러한 예언은 모두 성취되었다. 인류의 역사는 철저히 하나님의 주권에 의하여 움직이고 하나님을 경외하는 사람에 의하여 하나님의 역사 흐름이 바뀌어감을 알 수 있다. 우리는 이런 과정을 통하여 세계관의 폭을 넓히고 하나님의 시야에서 역사를 바라보는 능력을 체득해야 한다.

● 마지막 때의 일 (단 12장)

본문은 관점을 종말로 돌려 그때 성도들이 적그리스도에 의하여 대환난을 겪게 되고 최후의 심판으로 영생과 영벌이 일어나며 이러한 예언의 내용을 잘 보관하라는 주님의 당부를 다니엘이 듣는다. 이것은 오늘날에 우리가 환난을 겪을수록 예언의 말씀을 잘 붙잡고 살라는 권고이기도 하다. 본문은 묵묵히 마지막 때를 기다리며 오늘 일에 충실할 것을 권면하고 있다. 때는 하나님의 소관에 있기에 그때를 바라보면서 오늘이 그 마지막 때일 수도 있다는 생각으로 하루에 최선을 다하며 살아야 한다. 궁극적으로는 승리할 것을 믿고 아무리 어려운 상황에서도 소망을 두고 하나님의 역사 안에서 살아가라는 것을 말하고 있다.

※ 다니엘서의 결론은 다니엘 12장 5~13절에 나와 있다. 인류의 종말은 언제인가이다. 다니엘은 부활 때까지 안식하게 될 것이다. 이것은 앞으로 오실 예수 그리스도의 종말론적인 사건에 답을 미루고 있다. 예수를 통하여 이루어질 하나님의 나라를 소망하고 있다. 다니엘서는 경건과 예언의 두 축을 주제로 삼고 이방인들의 세대와 앞으로 이스라엘의 미래 계획을 말하고 있다. 이것은 오늘날 그리스도인이 악한 세상 속에서 어떻게 살아야 하는지 지혜를 알려주고 있다.

지금 우리가 사는 세상은 다니엘 시대와 같다. 어디에 있든지 있는 자리에서 하나님을 왕으로 섬기며 살아가는 방법을 구체적으로 알려주고 있다. 우리는 하나님의 백성이다. 비록 세상에 속해 있지만 세상에 속한 사람이 아니다. 일시적으로 번영하다가 사라지는 멸망의 나라에 소망을 두기보다는 영원한 하나님의 나라를 바라보며 경건하게 살아야 할 것이다. 다니엘과 세 친구처럼 그리 아니하실지라도 하나님을 신뢰하며 사는 것이 의인의 삶이다.

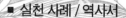

실천 사례
역사서 (역대기 역사)

[성경의 역대기를 읽기 전에]

성경은 그냥 읽는다고 이해되는 것이 아니다. 성경의 원리에 따라 바르게 알고 읽어야 한다. 그렇지 않으면 인간적인 시각으로 성경을 읽게 되므로 오히려 실족하고 더 위험해질 수 있다. 성경은 이야기이면서 역사다. 그러나 그것으로 전부가 아니다. 성경은 하나님의 계시를 담은 책이다. 그것은 결국 말씀대로 살아가기 위한 책이다. 우리가 성경을 읽을 때 이런 총체적인 특징을 이해하지 못하면 자기 방식대로 읽게 된다. 그렇게 되면 성경 100독을 해도 삶의 변화가 없다. 반복해서 읽는다고 변화가 일어나는 것이 아니다. 이런 성경의 특징을 알고 그 원리에 따라 읽는 것이 중요하다. 성경을 어떻게 하면 잘 읽을 수 있을까? 특히 역사서를 읽을 때 기억해야 할 점을 간단히 정리해보자.

성경을 통해 변화가 일어나려면 대화를 통해 읽는 것이 필요하다. 역사는 과거와의 대화이다. 대화는 질문을 통해서 이루어진다. 좋은 질문이 좋은 대화를 이룬다. 역사는 사실의 지식 주입이 아닌 질문을 통해 읽어야 한다. 왜 이런 일이 일어났는가? 왜의 질문을 통해 우리는 역사의 교훈을 얻어 실천하는 것이 목적이다.

구약성경은 실제 사건이 일어난 것을 구전으로 한참 전해 내려온 후에 역사로 기록되었다. BC 13~10세기의 사실 이야기가 BC 6세기에 가서야 완성된 책으로 우리에게 전해졌다. 하지만 성경은 역사서가 다루는 다양한 사람과 정보를 다 수록하지 않는다. 왜냐하면 성경은 역사의 체험을 신앙으로 해석하고 인생의 의미를 밝히는 데 목적이 있기 때문이다. 성경은 역사이지만 역사적 사실을 알려고 하면 성경 읽기에 실패하게 된다. 메시지가 있는 역사만 기록되었기에 성경의 역사서를 읽을 때 그 안에 담긴 하나님의 마음과 메시지를 찾는 것이 중요하다.

역사의 흐름 속에서 하나님의 활동을 이야기하고 있다. 이런 점에서 성경은 거룩한 역사이자 하나님의 이야기다. 그렇기에 성경은 믿음을 가지고 읽지 않으면 어려운 책이다. 하나님이 계시해 줄 때만이 이해되는 책이 성경이다.

▶ 성경의 역사서를 읽을 때 꼭 기억해야 할 내용

성경에는 두 개의 역사관이 있다. 그 첫 번째가 신명기적 역사관이다. 신명기 역사는 여호수아서, 사사기, 사무엘상하, 열왕기상하의 내용이다. 우리가 지금까지 읽은 성경은 신명기 역사였다. 예언서는 그동안 일어났던 신명기적 역사의 내용을 하나님의 시선으로 해석하고 문제점을 지적하며 해결점을 제시한 책이다. 그동안 여러 선지자를 통해 하나님의 뜻과 마음을 전했다. 우리는 예언서를 읽으면서 우리 자신을 돌아보아야 한다. 예언서를 통해 정리된 신명기 역사(여호수아 – 사사기 – 사무엘상하. 열왕기상하)의 특징을 간단히 정리하면 다음과 같다.

- 실패한 역사 이야기다.
- 모세를 기준점으로 삼고 기록한 이야기다.
- 실패한 이유(신명기 말씀을 어긴 결과)
- 이스라엘 패망 이유 : 힘이 아닌 정신이다.

    (역사 평가, 왕하 17:7-23)

- 신명기 28장이 중요한 축이다(축복과 저주).
- 신명기 역사는 세계사의 눈인 일반 사관으로 읽으면 안 된다. 언약적 시각에서 읽어야 한다.
- 실패한 이스라엘의 역사보다 더 중요한 것은 말씀을 어긴 이스라엘의 불순종에 초점이 있다(히 11장).
- 성경 역사는 후세에 본보기와 교훈을 주기 위함이다(과거를 통한 반성)(히 13:7-8, 고전 10:1-12).
- 약속과 성취의 관점으로 읽어야 한다(심판과 구원).
- 역사적 사건을 순서에 따라 가능한 사실에 충실하면서 기록하는 데 주안점을 두었다.

신명기 역사는 여호수아에서 열왕기하까지다. 왜 신명기 역사라고 말하는가? 그 이유는 신명기가 말하고 있는 내용을 기록하고 있으며 그 배경 속에서 전체를 살펴볼 때 이해가 빠르기 때문이다. 즉 토라(모세오경)에서 말하는 내용을 원리로 한 내용이 역사 속에서 어떻게 해석되고 나타나고 있는가를 그리고 있다. 여기서 강조된 점은 하나님의 말씀에 순종하고 따르면 축복받지만 그렇지 못하면 하나님의 심판이 임한다는 내용이다. 이것은 전기 예언서라고 하는 여호수아에서 열왕기하까지의 이스라엘 역사를 읽을 때 절대 놓치지 말아야 할 핵심 물줄기다.

성경의 두 날개 - 쉐마와 헤렘

구약 역사를 읽을 때 나타나는 두 가지 핵심 줄기가 있다. 그것은 이스라엘 패망의 이야기 속에서 두 가지 날개를 가지고 역사를 전개한다는 점이다. 쉐마는 말씀을 듣고 순종하는 것이다. 그 순종은 하나님을 사랑하는 것의 표현이다. 또 다른 줄기는 헤렘이다. 헤렘은 완전히 진멸하는 것으로 하나님의 거룩한 전쟁이자 하나님의 심판이다. 헤렘은 이스라엘을 거룩하게 하는 거룩한 백성의 작업이다. 가나안적 요소를 완전히 제거하는 것, 죄악 된 것의 회개를 촉구하는 하나님의 심판 행위다. 구약성경에 나오는 헤렘은 보통 사람이 이해하기 어려운 내용이다. 하나님은 사랑의 하나님이신데 심판은 아주 잔인하다. 그러다 보니 자칫하면 하나님을 오해하여 실족하는 경우가 많다. 문자적으로 보면 하나님이 모순처럼 보인다. 쉐마는 "이스라엘은 누구인가? 하나님은 누구신가?"의 질문에 초점이 있다면, 헤렘은 하나님을 거부하는 것에 대한 심판에 초점이 있다. 그 속에 하나님의 공의와 정의가 들어 있다.

많은 사람이 성경을 통독하면서 오해하는 경우가 여기에 있다. 특히 역사서를 읽을 때 오해한다. 헬라적인 논리로 이해하면 성경은 황당하게 생각될 수 있다. 앞뒤가 맞지 않는 것에 혼란이 오고, 결국 성경에 대한 오해를 가져온다. 그래서 인간의 이성으로 쉽게 판단하여 성경을 불신하며 모순을 주장하면서 신앙을 떠나거나 하나님을 거부하는 사람들이 있다. 예를 들면 버트란트 러셀이나 도킨스 같은 지성인들이 대표적인 예다. 하지만 그들은 성경의 핵심을 이해하지 못하고 단순히 문자적으로 성경을 잘못 읽은 대표적 예다. 이런 점에서 성경을 읽을 때는 하나님의 마음과 생각을 잘 이해하는 것이 중요하다. 성경은 세상의 역사와 구별된 거룩한 책이다.

"너희가 만일 내가 오늘 너희에게 명하는 너희의 하나님 여호와의 명령을 들으면 복이 될 것이요 너희가 만일 내가 오늘 너희에게 명령하는 도에서 돌이켜 떠나 너희의 하나님 여호와의 명령을 듣지 아니하고 본래 알지 못하던 다른 신들을 따르면 저주를 받으리라"(신 11:27-28, 참조 신 28:2,15, 30:1,15,19).

이런 신명기의 법을 순종하던 여호수아는 율법을 충실히 지켰기 때문에 그 보상으로 하나님의 축복을 받았고 가나안 땅 정복에서 승리를 거두었다(수 8:34).

그러나 그 이후에 시대에서는 점차 하나님의 율법을 거부하는 일이 생기면서 하락의 국면에 접어들었다. 가나안에서 이방 민족에게 압박과 고난을 받은 것은 모두 하나님의 명령을 어긴 결과였다. 결국 하나님의 왕 되심을 포기하고 스스로 왕이 되는 길을 택함으로 통일왕국시대에 접어들게 되었다. 다윗 왕 때는 하나님의 말씀에 순종하면서 하나님의 축복을 받아 부를 누렸지만 솔로몬 왕 시대부터 점차 하나님의 말씀을 어김으로 나라는 흔들리기 시작했고, 결국 나라가 분열하여 바벨론에게 멸망하는 신세가 되었다. 모두가 신명기의 법을 어긴 결과였다. 이처럼 성경은 이스라엘의 멸망 원인을 신명기의 교훈을 어기고 우상을 숭배한 결과였다고 서술하고 있다(삿 2:11-23, 왕하 17:7-18,20-23).

이스라엘은 다른 나라와 다르게 유일신 신앙을 가진 민족이다. 하나님은 다른 신의 존재를 부정하는 것이 아닌 다른 신을 섬기지 못한다는 것을 계약을 통하여 이스라엘 민족과 선언했다. 하나님은 이스라엘 민족에게 절대적인 신앙을 요구하면서 자신을 질투의 신으로 묘사하고 있다(출 34:14). 이스라엘 백성은 가나안 땅에 정착하여 다른 신들에게 충성하라는 유혹을 받을 때 시련을 겪게 된다. 결국은 그 유혹을 이기지 못하고 하나님을 저버리고 다른 신을 섬기면서 이스라엘은 패망하게 된다. 하나님의 언약을 파괴하는 것에 대한 당연한 결과였다.

▶ 역대기 역사를 어떻게 읽어야 할까?

두 번째 역사관은 역대기적 역사관이다. 역대기 역사서는 역대상하, 에스라, 느헤미야, 에스더를 말한다. 역대기 역사의 특징을 보면 다음과 같다.

- 하나님의 뜻으로 본 이스라엘 역사다(영적 의미를 부여했다. 제사 장 강조).
- 부정적인 역사는 삭제했다(긍정적 역사의 기록).
- 다윗을 중심으로 한 기록이다.
- 심판의 기록보다는 회복과 재건에 관심을 두고 있다(미래지향적).
- 구원과 회복은 인간이 아닌 하나님께 있다.

역대기 역사는 연대기적 역사관(Chronicler's History)이다. 이스라엘의 바벨론 포로 해방부터 시작된 역사관이다. 즉 역대상하, 에스라서, 느헤미야서다. 신명기 역사관이 말씀에 불순종한 이스라엘의 패망에 관한 기록이라면, 역대기 역사관은 오래전부터 예언되고 예레미야가 선포한 바벨론 70년 포로 해방에 관한 하나님 언약의 말씀이 어떻게 이루어지고 회복되는가에 관한 이야기다. 인간의 죄악으로 인하여 어쩔 수 없이 이스라엘이 패망했지만, 하나님은 다시 자기의 언약대로 이스라엘 백성을 회복시킨다는 구원의 이야기는 지금까지 지속해서 흘러온 성경 역사의 흐름을 그대로 유지하고 있다. 역대기 역사관은 하나님의 심판보다는 심판 이후 이스라엘이 성전과 예배를 어떻게 회복하며 재건하는가를 기록하고 있다. 여기에서 나타나는 역사의 특징은 구원과 회복이 인간이 아닌 하나님이 주도적으로 행하시는 은혜에 근거한다는 점이다.

이제부터 읽게 되는 성경 통독은 역대기 역사이다. 그동안의 신명기적 역사를 반추하면서 앞으로 어떻게 살아가야 할 것인지를 생각하면서 통독을 하는 것이 필요하다. 이것은 신명기 역사의 배경을 갖고 읽어야 한다. 그럴 때 성경의 역사를 통전적으로 잘 이해하며 통독의 효과를 얻을 수 있다.

■ 역사와 시대 / 포로귀환시대

포로귀환시대

[역대기적 역사 (포로귀환시대)]

역대기, 에스라, 에스더, 느헤미야, 학개, 스가랴, 말라기

▶ 바사(페르시아) 시대의 역사적 상황

이스라엘이 귀환하던 당시 세계의 상황은 제국의 판도가 바뀐 시대였다. 바사의 고레스는 바벨론을 정복하였다. 바벨론이 멸망한 것에 마르둑 제사장이 한몫했다. BC 539년에 바사는 미리 도망친 나보니두스를 체포하고 마르둑 제사장들이 열어준 수문을 통하여 바벨론을 무혈 진압하였다. 이때 고레스는 바벨론 제사장과 백성에게 해방자로 환영받았다. 고레스는 바벨론의 정치와 제도를 거의 그대로 유지하면서 에게해에서 인도까지 넓은 땅을 차지했다. 고레스는 9년간 다스렸다. 그러나 전투에서 상처를 입어 죽었고 그의 아들 캄비세스가 왕이 되었다. BC 522년에

반란과 암살이 일어나 결국 캄비세스는 자살했다. 그 뒤를 이어 다리오와 크세르크세스(아하수에로 왕)가 통치했다.

▶ 포로귀환시대 이야기

왜 하나님은 이스라엘에게 포로 70년을 갖게 하셨는가? 그것은 인간의 죄를 해결하기 위함이었다. 자기중심으로 살았던 이스라엘을 자기를 포기하고 하나님을 의지하는 민족으로 만드는 기간이 70년의 포로기간이었다. 하나님을 버리고 스스로 왕이 되려는 지난 이스라엘의 역사는 선악과를 먹고 하나님과 같아지려고 했던 아담과 하와의 모습과 같다. 이것은 오늘날 인간의 모습이기도 하다. 하나님의 심판을 받은 이스라엘은 70년 동안 바벨론에서 포로생활을 한다. 그러나 그 70년은 한시적인 기간이다. 70년 후에는 다시 돌아올 것을 약속한다.

70년은 하나님이 이스라엘을 회복시키는 기간이다. 하나님의 뜻은 재앙이 아니라 평안이다. 고난을 통하여 이스라엘을 정결하게 하여 다시 돌아오게 하는 하나님의 계획은 이스라엘 백성이 40년 광야생활을 한 것과 같다. 이때 사역한 예언자로 예레미야와 다니엘과 에스겔을 들 수 있다. 그리고 그 말씀에 순종한 남은 자들을 통하여 다시 구원을 이루시는 하나님의 사랑을 엿볼 수 있다. 바벨론 70년은 새로운 미래를 준비하는 기간이다. 그리고 하나님의 때가 되자 포로에서 귀환한다. 물론 이 모든 것은 하나님의 전적인 은혜로 이루어진다.

고레스를 사용하여 예루살렘으로 돌아오게 하고 다시 이스라엘을 건설한다. 성전과 무너진 성벽을 재건한다. 하지만 왕의 제도는 없다. 하나님이 선택한 지도자들을 통하여 나라의 회복과 부흥을 이루신다. 그러나 그것도 잠깐 이스라엘은 또다시 타락한다. 하나님을 잊어버리고 이방 여인이 이스라엘 가정에 들어와 자녀들을 타락시키면서 이스라엘은 또다시 무너지는 경험을 하게 된다. 에스라와 느헤미야가 말씀을 통한 개혁 메시지를 전하지만 잠시일 뿐 소용없다. 그리고 400년의 암흑시대로 접어들게 된다. 하나님의 긴 침묵이 시작되었다. 포로와 귀환 이야기 장면은 역대기, 에스더, 에스라, 느헤미야, 학개, 스가랴, 말라기에 해당하는 이스라엘의 구속 역사 이야기다.

▶ 3차에 걸친 포로 귀환

포로 귀환의 이야기는 에스라-느헤미야서에 기록되었다. 주된 내용은 성전과 말씀을 통한 개혁과 부흥이다. 본래 에스라-느헤미야서는 히브리 전승에 의하면 한 권의 책이었다. 특히 에스라서와 느헤미야서는 일인칭 대명사 '나' '나를'이 많이 나타난다. 에스라서와 느헤미야서는 구조와 패턴, 관심사가 서로 통일성을 보여주고 있기에 에스라-느헤미야서를 한 권으로 내용을 연결하면서 읽으면 이해가 쉽다.

학사 에스라는 하나님에 대한 신앙의 순수성을 강조하고 있다. 이것은 하나님의 율법대로 행하는 일인데 모든 개혁은 율법에 근거한 것임을 말한다. 에스라 10장과 느헤미야 9~10장의 회개는 율법에 대한 회개이다. 에스라는 율법을 가르치면서 예배의 순수성을 지키는 일을 촉구한다. 이것은 곧 민족적 정체성에 대한 위기에서 비롯된 것이다. 남은 자는 진정으로 무엇을 의미하는가? 하나님 신앙의 순수성을 지키지 못할 때 그것은 이스라엘의 정체성을 잃어버리는 것이 된다. 이런 의미에서 역대기 역사는 성전과 성벽과 단순한 외적인 방해를 막아주는 것뿐 아니라 이스라엘의 정체성을 확고하게 해주는 역할을 한다.

■ 성경 각 권 소개

역대기

【 역대기의 배경 】

　지금 우리가 사용하고 있는 개역성경의 역대기는 2권으로 나뉘어 있지만 본래 한 권의 책으로 보는 편이 적절하다고 본다. 역대기를 상하로 나눈 것은 분량과 부피가 크기에 편리에 따라 나눈 것이다. 그런 이유로 이 책에서는 역대상·하를 한 권으로 연결하여 읽도록 통독 안내를 했다. 역사를 하나의 스토리로 보고 읽으면 역대기를 더욱 흥미롭게 읽을 수 있다.

　역대기는 이스라엘 백성에게 특별한 책이다. 우리가 볼 때는 역사책인데 히브리식 분류법에 따르면 역대기는 성문서에 해당되어 마지막에 배치되었다. 창조와 이스라엘 민족의 기원과 정체성을 말한다는 점에서 마지막 부분이 적합할 수 있다. 속죄일 전야에 대제사장이 잠에 떨어져 자격을 잃지 않기 위해 잠을 쫓아내기 위해 읽는 책 중에 하나다(1-9장은 성경의 수면제다). 역대기는 대제사장들에게는 필독서이다(성전과 제사장 중심의 기록이다).

▶ 역대기를 기록한 이유

역대기는 이스라엘의 정체성을 세우는 목적으로 기록되었다. 히브리 성경의 마지막에 오는 책이다. 이 책의 히브리어 이름은 '그날들의 사건들'이다. 창조부터 포로 시기까지 이스라엘의 역사를 새롭게 조명한 책으로 이것을 달성하기 위하여 족보를 사용한다. 이 방법은 마태복음에서도 같게 나타난다.

역대기 저자는 누구일까? 에스라 혹은 느헤미야라고 하지만 확실하지 않다. 분명한 것은 역대기는 귀환 초기 유다인을 대상으로 하고 있다는 것이다. 당시 유다 공동체를 위해서 기록한 것으로 그들의 최우선적인 관심사가 무엇인가를 살펴보는 것이 역대기를 이해하는 데 중요한 요소가 된다. 유다 민족이 포로기간을 마치고 이제 고국으로 돌아오는 시점에서 그들의 관심은 과거에 누렸던 다윗의 영광을 다시 회복할 수 있는지였다.

역대기 내용이 다윗의 언약에 초점을 맞추고 있는 것은 이런 유다 공동체의 요구와 깊이 연관되어 있다. 죄를 지었지만 그래도 하나님이 세우신 다윗의 언약은 영원하며 그것을 결국은 이루실 것이라는 확신을 심어주기 위해서 역대기를 기록했다.

이제 포로생활을 마치고 귀환하는 이스라엘에게 한 가지 질문은 "하나님은 이전 이스라엘의 영광을 다시 회복시키실 것인가?" "하나님이 실패하신 것은 아닌가?" "우리가 믿는 하나님이 과연 다른 신보다 강한가?" 하는 것이다. 역대기 저자는 지금 이스라엘을 향하신 하나님의 뜻을 백성에게 알려야 할 사명이 있었다. 민족의 정체성을 다시 한번 확인하고 새롭게 정리할 필요가 있었다. 역대상 1~9장에서 유다의 족보를 길게 언급한 것은 이것과 깊은 관련이 있다. 이들은 70년의 실패를 경험하면서 하나님에 대한 의문이 있었다. 그것은 "과연 하나님은 우리에게 여전히 관심을 가지고 계시는가?" 하는 점이었다. 그것에 대한 역대기 기자는 하나님은 어제나 오늘이나 영원토록 같다는 것을 강조하면서 이스라엘은 영원히 변치 않는 하나님의 백성임을 말해주고 있다.

▶ 역대기의 관심 포인트

역대기를 읽을 때 염두에 두어야 할 점은 포로기 이후에 다시 형성된 이스라엘 공동체에 미래의 소망과 바른 삶의 규범을 제시하려는 목적을 가진 기록이라는 점이다. 즉 예루살렘 성전을 중심으로 한 12지파의 새로운 공동체를 건설하기 위함이다. 이것을 위해 역사 기록이 필요했다고 볼 수 있다. 그런 이유로 역사를 단순히 순서에 따라 기록하기보다는 역사의 이야기를 통해 신학적 메시지를 전달하려는 목적이 있었다. 즉 이스라엘의 정체성을 확립하기 위한 목적이 있었다. 예를 들면 당시 이스라엘이 바벨론에 패망한 후에 이런 질문이 제기되었다. "왜 우리 역사에 이런 멸망의 사건이 발생했는가?" "그것이 오늘 우리에게 주는 의미는 무엇인가?" "하나님과 언약관계는 계속되는가?" "다윗에게 준 약속은 후대에 어떤 의미가 있는가?" 등의 신학적 질문에 대한 답을 찾는 의미에서 기록된 역사 이야기다.

이런 질문에 대한 역대기의 설명은 열왕기하 14장의 아마샤 이야기에서 해답을 찾고 있다. 아마샤와 요아스의 전쟁에서 결국은 아마샤가 패배한다. 에돔을 정복한 강한 아마샤가 요아스에게 패배한 것을 에돔 정복 후에 에돔의 신들을 섬김으로, 즉 우상 숭배 때문에 패배했다고 말한다(역대기의 기록).

역대기 저자는 왕이 아닌 제사장들과 레위인과 성전을 중심한 새로운 질서를 강조한다. 이것은 이스라엘이 바르게 서는 길은 성전에서 하나님을 바르게 예배함으로써만 가능하다는 해석에 근거한다. 포로로 돌아온 공동체가 하나님을 섬기면 하나님의 복을 받아 번영할 것이라는 사상을 전하는 의도가 있다. 이것은 여전히 신명기의 신학에서 강조한 하나님을 의지하면 복을 받고 그렇지 못하면 버림을 당한다는 보응신학에 근거하고 있다.

【 특징과 읽기 지침 】

▶ 역대기를 이끌어가는 특징

열왕기와 다르게 역대기를 읽을 때 관심을 가져야 하는 몇 가지를 살펴보면 다음과 같다. 역대기에는 역대기 저자가 관심을 두는 것이 있다. 그것을 파악하고 읽으면 역대기가 흥미롭게 다가올 것이다. 무엇보다도 역대기 저자는 다윗 왕조에 관심을 두고 있다. 북왕조에 대해서는 유다에 대한 우호적인 태도의 측면에서만 관심을 두고 있다. 유다에 관한 관심은 성전과 예배의 본질과 순수성을 회복하는 데 관심이 집중되어 있다. 거의 60% 이상이다. 역대하의 마지막을 성전 재건에 관한 내용으로 마무리하는 데서 이것은 더욱 분명해진다. 성전에 관련된 하나님과의 관계 정립을 말하고 있다.

또 역대기 저자는 '온 이스라엘'이라는 표현을 규칙적으로 사용하고 있음을 발견할 수 있다. 이것은 북이스라엘 왕국과 남유다 왕국을 동시에 지칭한 표현이다. 또 하나 특이한 것은 다윗을 소개하면서 긍정적으로 기록하고 있다는 점이다. 부정적인 면보다는 긍정적인 면을 강조하면서 유익이 되는 점만을 기록하고 있다. 예를 들면 사울과의 경쟁적인 이야기라든지, 압살롬과 아도니야 반역과 암논과 사마리아의 행위도 생략한다. 또 다윗과 밧세바 관계에서 일어난 죄악은 기록하지 않았다. 솔로몬에 대해서도 그의 죄악에 대한 기록이 없으며, 심지어 왕국 분열의 책임도 솔로몬이 아닌 여로보암에게 전가하고 있는 것을 볼 수 있다.

▶ 역대기 저자의 이스라엘 역사 관점

결국 역대기 기자는 다윗과 솔로몬에 관계된 나쁜 인상을 줄 만한 것을 기록하지 않았다. 이것은 유다 백성이 열국에 대해서 열등의식을 갖지 말고, 그들 또한 하나님의 통치 아래에 있기에 하나님을 의지하고 나가면 이스라엘을 통하여 오히려 열국에 하나님의 이름이 드러남을 강조하며, 이스라엘 백성들에게 긍정적인 미래의 소망을 주려는 의도였다고 볼 수 있다.

역대기 기자가 강조하는 역사 기술 방법은 '메시아적 역사 서술 방법'이다. 다윗과 솔로몬은 단순한 역사의 실존 인물을 넘어 종말론적 소망을 담고 있다. 즉 그동안 바벨론과 바사의 통치를 받은 이스라엘이 앞으로 바라보아야 할 이상적인 통치 형태를 제시하고 있다. 성전을 중심으로 한 세상 통치를 강조하며 긍정적인 부분을 담고 있는 것은 이런 저자의 의도 때문이라 할 수 있다.

또 성경을 읽으면서 한 가지 염두에 두어야 할 점은 '반복적인 역사 서술 방법'이다. 이스라엘의 이전 사건들을 취해서 앞으로의 상황을 이해하는 모델로서 제시하고 있다. 예를 들면 다윗과 솔로몬을 모세와 여호수아 관계로, 솔로몬과 두로의 장인 후람(뛰어난 기술자)을 제2의 브살렐과 오홀리압으로 그리고 있다.

▶ 역대기 강조점

1. 성전 중심의 공동체
역대기는 성전의 신학적 의미를 강조한다. 성전이 있는 예루살렘을 강조한다. 북이스라엘 왕국이 멸망한 것은 참된 예배가 사라졌기 때문이다. 그것은 장소와 깊은 연관이 있다.

2. 레위인과 제사장 강조
역대기는 성전 조직에 관한 내용을 자세하게 전한다. 여로보암에게 실망한 북이스라엘의 레위인들이 남쪽에 내려와 르호보암 왕국을 강하게 했다는 기록이 나온다(대하 11:16-17). 레위인과 제사장의 활동이 많이 기록되었다.

3. 다윗의 일대기
역대기는 성전을 강조하는 책이기에 당연히 성전 건축을 준비한 다윗에 대해 언급한다. 다윗에 20장, 솔로몬에 9장을 할애한다. 역대기의 반절에 해당한다. 다윗은 성전 건축을 위해 준비한 왕으로 주목받고 있다. 부정적인 요소는 삭제했다(사울과 갈등, 밧세바 사건 등). 그러나 다윗을 이상적인 왕으로 묘사하지는 않았다(성전을 건축하지 못했기 때문이다). 다윗의 피 흘린 사건에 대해서는 전쟁보다는 무죄한 사람의 피를 흘린 것으로 생각된다. 우리아의 살해와 인구조사로 인하여 희생당한 7만 명의 무죄한 피를 들 수 있다. 역대기는 사무엘이나 열왕기와 비교하면 다윗의 이야기는 소홀히 기록되었다. 역대기는 왕의 역할을 최소화하고 왕이 아닌 다른 사람의 역할을 강조한다. 레위인과 제사장 그리고 다른 사람이 주체로 등장한다.

4. 솔로몬

역대기에서는 솔로몬을 다윗보다 더 부각하고 있다. 그것은 솔로몬이 성전을 건축했기 때문이다. 솔로몬은 후반기에 잘못을 범함으로 나라를 분열하게 만든 장본인이었다. 그런데도 역대기는 그를 다윗보다 더 이상적인 왕으로 그리고 있다. 이것은 역대기가 성전을 강조하는 신학적 이유에서 타당하다고 보았기 때문이다. 역대기는 솔로몬의 죄를 전혀 드러내지 않고 있다. 역대기는 솔로몬을 평화를 상징하는 유일한 왕으로 묘사한다. 이것은 솔로몬을 이상적인 성전 건축자로 여겼기 때문이다.

5. 하나님의 징계와 구원

역대기는 응보사상을 강하게 드러내고 있다. 역대기는 왕들이 죄를 지은 후에 하나님께 징계받은 이야기가 많이 나온다. 왕이 질병이나 죽음 또는 포로로 잡혀가는 것 같은 재앙을 죄의 결과로 본다. 하나님의 율법을 버린 이유로 생긴 것들이다. 아울러 회개를 통한 구원의 가능성을 제시한다. 하나님께 돌아오면 구원하신다는 사상이 들어 있다.

【 역대기의 내용 구조 】

1) 과거의 역사 (대상 1-9장)
   - 족보(사실은 목록이 아니고 이야기다)

2) 건국의 역사 : 온 이스라엘 이야기 (대상 10장-대하 9장)
   - 다윗 이야기 (대상 10-21장)
   - 성전 건축 준비 (대상 22-29장)

－ 솔로몬 이야기 (대하 1-9장)

3) 보존의 역사 (대하 10-36장)
　　－ 남왕국 : 르호보암에서 아마샤(북 요아스와 전쟁)
　　　　　　　 (대하 10-25장)
　　－ 남왕국 : 웃시야에서 바벨론 포로 귀환 (대하 26-36장)

되새김 120일 쉬운 통독 타임라인			
하나님 나라	성경 구조	역사와 시대	성경 각 권 소개
모형 실패	역사서 - 해석	포로귀환시대	역대상

>>> 역대상 1-9장

다윗 중심의 이스라엘 족보

＊ 통독 포인트

역대기는 포로 후에 돌아온 이스라엘 민족에게 이스라엘이 누구인가에 대한 정체성을 다시 확인해주는 의도가 담겨 있다. 족보로 긴 역사를 처리하면서 수천 년 된 이스라엘 민족은 사라질 수 없는 하나님의 선택된 역사임을 강조한다. 이런 점에서 족보 명단은 읽는 사람에게 감동적인 이야기다. 족보에 자기 가문의 명단이 있다고 확인하는 순간 감동은 더해질 것이다.

역대기 저자가 족보를 거꾸로 하나님을 향하여 나가는 방식으로 기록한 이유는 포로기 이후의 유다 공동체는 다른 민족과 다르게 천지를 창조하신 하나님의 역사를 계승한 사람임을 말하려고 한 때문이다. 이 족보의 특징은 유다와 베냐민과 레위 지파에 많은 지면을 할애하고 있다는 것이다. 이것은 언뜻 보면 족보 같지만 귀환한 유다인 포로의 명단이라고 할 수 있다. 이들이 미래에 중요한 역할을 하는 남은 자들이며 복의 근원임을 말하고자 하는 것이 긴 명단을 기록한 이유라 할 수 있다.

[장면 1] 족장들과 유다의 계보 (대상 1-4장)

역대기 1장은 족장들의 계보를 말한다. 그런데 창조부터 계보가 시작된다. 이렇게 한 이유는 다윗을 창조와 연결하기 위함이다. 사울은 왕이 되었다고 간단하게 언급한다. 그리고 2장부터 본격적으로 족장의 계보로 이어진다(대상 2:1-2). 열두 아들 중에서 다윗과 연결된 유다를 언급하면서(대상 2:3) 족보의 이야기를 시작한다. 이것은 역대기 족보가 유다 중심으로 진행됨을 암시한다. 역대상 2장에 이스라엘의 열두 아들 명단을 기록하고 있는데 그중에 유다 지파를 연대기에 가장 먼저 기록한 것은 다윗의 중요성을 강조하기 위해서다. 특히 유다의 계보에 '다말-베레스-보아스-이새-일곱째 다윗'을 소개한다(대상 2:15). 갈렙을 소개하고, 갈렙의 자손이 언급되고(대상 2:42-51), 그 뒤를 이어서 다윗과 그 아들들을 소개한다.

그리고 솔로몬의 자손이 언급된다(대상 3장). 전체의 계보는 구속사적인 흐름 속에서 소개되고 있다. 주목할 점은 솔로몬 계보의 마지막에 유다 총독으로 귀환한 스룹바벨의 후손들 이름이 언급된다는 것이다. 특히 유다의 계보 중에 옷니엘(대상 4:13)과 갈렙(대상 4:15)은 우리 눈에 익숙한 이름이다. 시므온의 계보가 4장 24~43절에 소개된다. 시므온은 인구가 적어서 결국 유다 지파에 흡수되었다.

[장면 2] 루우벤-갓-요단 동편 므낫세 반 지파. 요단 서편 므낫세 반 지파. 갓 계보, 레위의 계보 (대상 5-6장)

야곱의 장남인 르우벤이 장자권을 이어받아야 함에도 그가 아버지의 첩 빌하를 범함으로써 그의 장자권이 요셉에게 돌아갔다(대상 5:1). 그리고 축복은 유다에게로 돌아갔다. 그러면서 역대기 저자는 요단 동편의 땅을 분배받아 앗수르 공격 때까지 거하다가 그들 가운데 많은 사람이 디글랏빌레셀의 포로로 잡혀갔다고 언급한다(대상 5:6). 또 르우벤의 위에 살고 있던 갓 지파에 대한 정보가 기록된다. 그들은 유다의 요담과 이스라엘의 여로보암 2세 당시 갓 지파의 인구조사가 시행되었음을 말하고 있다(대상 5:17).

이어서 역대기 저자는 요단 동편 길르앗 동쪽 사막 지대에 살고 있던 하갈 사람들을 하나님의 도우심으로 물리친 기사 내용을 그리고 있다. 사울 왕 때 이루어진 일이다(대상 5:10). 요단 동편의 므낫세 반 지파는 서서히 하나님을 버리고 우상을 숭배하게 되었다. 결국은 디글랏빌레셀에게 정복당하고 강제로 이주하게 되었다(대상 5:26).

6장은 제사장과 레위 지파에 관한 기사 내용이다. 제사장직은 아론과 그핫 자손에게 이어졌는데 바벨론에 의해 성전이 파괴될 때 제사장직을 맡았던 여호사닥에 이르기까지 제사장직의 임무를 담당한 주요 인물을 기록하고 있다. 860년 동안 제사장직을 맡았던 사람은 모두 22명이었고 각 제사장은 평균 39년을 섬겼다. 레위 지파를 특별히 언급하면서 노래하는 성전 찬양대 명단이 강조된다.

역대기 저자는 레위 지파의 정착에 관한 이야기도 다루고 있다. 제사장들에게 유다와 베냐민 땅에 있던 13개의 성읍이 주어졌다. 므낫세와 잇사갈, 아셀과 납달리, 동편의 므낫세, 동편의 므낫세와 잇사갈, 갓과 스불론 지파의 땅에 있는 35개의 성읍을 받았다. 또 에브라임과 므낫세와 동편 므낫세와 잇사갈, 아셀과 납달리와 스불론과 르우벤과 갓 지파 땅에 있는 31개의 성읍을 받았다. 역대기 기자가 단 지파의 지경의 성읍은 언급하지 않았지만 48개의 성읍은 모세가 지정해준 것과 일치한다(민 35:6-7).

[장면 3] 잇사갈과 베냐민, 납달리-므낫세 반 지파-에브라임, 아셀과 베냐민과 사울의 계보 (대상 7-9장)

7장에는 잇사갈과 베냐민의 계보가 소개된다. 주로 전투에 참여할 수 있는 용사들이 기록되었다. 요단 동편의 므낫세 반 지파에 대한 정보가 기록되었다. 아들이 없었던 므낫세 반 지파의 슬로브핫 딸들의 상속권을 위해 특별히 제정한 법칙 규정에 관한 내용이 나온다. 에브라임 계보에서는 눈의 아들 여호수아의 기록이 나오고 있다. 그리고 마지막에는 베냐민 지파가 언급되고 있다. 앞으로 나올 인간의 선택으로 왕이 된 사울이 베냐민 지파인데 이것을 염두에 두고 기록된 점이 특이하다. 사울의 할아버지 넬의 가계가 포함되었다(대상 9:35-44). 사울의 계보에는 사울 이후 275년에 걸친 11세대가 포함되었다.

9장은 포로에서 돌아온 유다인 포로 명단을 한눈으로 볼 수 있게 소개했다. 이스라엘 지파의 기록보다는 예루살렘과 그 주변에 정착한 사람들의 정보를 알려주고 있다. 9장 35~44절은 사울의 계보로 앞으로 이어질 이스라엘의 초대 왕 사울의 통치를 소개하기 전 배경으로 언급하고 있다. 역대기 저자는 사울 선조와 후손 중에 중요한 사람들을 반복하면서 사울의 마지막이 불행한 역사였음을 계보를 통해 미래 알려주는 의도가 있다. 이것은 앞으로 나올 사울 왕과 다윗 이야기를 준비하는 배경이 되고 있다.

족보 마지막 부분인 9장 35절 이하를 보면 사울의 족보를 언급하고 10장에 사울의 죽음을 기록하면서 열왕기와 다르게 사울에 대해서는 간단히 넘어간다. 그리고 바로 11장에 다윗이 유다 왕이 된 것을 기록한다. 이것은 역대기 전체의 이야기가 다윗을 중심으로 이어져가고 있음을 의미한다.

되새김 120일 쉬운 통독 타임라인			
하나님 나라	성경 구조	역사와 시대	성경 각 권 소개
모형 실패	역사서 - 해석	포로귀환시대	역대상

>>> 역대상 10-21장

다윗의 성전 건축 준비와 솔로몬

✱ 통독 포인트

저자는 의도적으로 실패한 사울을 소개하는 것으로 시작해 뒤에 오는 다윗을 성공자로 드러내고 있다. 13~16장에는 다윗이 언약궤를 예루살렘으로 옮기는 이야기가 소개된다. 그리고 17장에서는 하나님의 집을 건축할 솔로몬을 강조한다. 이어서 다윗의 전쟁 기사를 요약 형태로 기록한다. 자연스럽게 다윗이 성전을 건축할 수 없었던 이유와 오르난의 타작마당을 돈을 주고 사 그곳이 후에 성전터가 되었음을 설명하며 다윗이 성전 건축을 위해 준비한 모습을 부각한다.

[장면 1] 사울의 죽음과 다윗의 왕위 계승(대상 10-12장)

역대기 저자는 의도적으로 사울 왕의 죽음에 관한 기사를 기록하지 않는다(사무엘상과 비교하라). 반면에 사울이 왜 주의 형벌을 받았는지에 대한 역사적 교훈을 알려주고 있다. 사울은 왕의 목적인 하나님의 말씀을 순종하는 것에 관해서 관심이 없었다. 그것이 결국 사울이 패망하고 다윗에게 왕이 이어진 이유임을 강조하고 있다. 다윗의 왕위 계승은 사무엘하에서 다루지 않은 내용을 더 세밀하게 기록하고 있다. 다윗은 헤브론에서 7년간 통치했으며 아무런 저항에 부딪히지 않고 예루살렘을 수도로 삼았다. 이렇게 된 이유는 하나님이 다윗과 함께하셨기 때문이었다(대상 11:9).

아울러 다윗의 업적을 길게 다루고 있다. 특히 다윗의 장수들 이야기는 우리에게 감동을 주기에 충분하다. 그들이 모두 유다 지파에 속한 사람들은 아니었다. 북쪽의 갓 지파, 므낫세 반 지파, 시므온과 레위, 에브라임과 잇사갈, 스블론과 납달리, 단과 아셀, 요단 동편의 지파들과 심지어 사울의 베냐민 지파 사람들(대상 12:1-7)까지 다윗을 따랐다는 점이 주목할 만하다. 다윗을 따르는 지도자들에 베냐민 지파 출신들이 포함되었다.

[장면 2] 언약궤와 성전 (대상 13-17장)

역대기 기자가 가장 강조하는 점은 이스라엘의 예배제도에 대한 것이다. 이것을 위해서 필요한 것은 언약궤를 예루살렘으로 옮겨오는 일이다. 다윗이 사울은 전혀 관심이 없던 언약궤를 옮기는 과정에서 잘못된 방법으로 언약궤를 다루는 바람에 중지되었다. 하나님의 거룩성을 특별히 강조하고 있다.

사울의 통치기간에는 언약궤가 기럇여아림에 머물렀다. 사울은 언약궤에는 관심이 없었다(대상 13:3). 그 결과 불행한 삶이 되었다. 하지만 다윗은 왕이 되어서 가장 먼저 관심을 두게 된 것이 언약궤였다. 언약궤를 옮기는 일이었다. 그러나 불행하게도 언약궤를 하나님의 방법이 아닌 인간의 생각으로 다루는 바람에 옮기는 일을 중지해야 했다.

다윗은 다시 적절한 하나님의 방법에 따라 거룩한 언약궤를 옮겨야 한다는 사실을 배운다. 그 이후에 다윗은 제사장과 레위인들을 선임해서 언약궤를 옮긴다. 언약궤를 옮기는 과정을 보면 노래하는 사람들이 찬양하고 악기를 연주하게 하고 레위인들로 하여금 제사를 드리게 한다. 그리고 다윗 자신도 제사를 드렸다. 반면에 미갈은 이런 일을 좋지 않게 여겼다.

이때 찬양하고 노래하는 시편들을 역대기에 특별히 소개하고 있다(대상 16:1-6). 16장 8~22절은 시편 105편 1~13절, 23~33절은 시편 96편 1~13절, 35~36절은 시편 106편 47~48절과 내용이 같다. 다윗은 언약궤가 제자리를 찾게 되자 성막에서 봉사할 대제사장을 임명한다.

특히 역대상 17장은 다윗이 자기가 건설한 왕궁과 비교하여 볼 때 초라한 성막의 모습을 보고 하나님께 성전을 건축하려는 소원을 표현하지만, 하나님은 성전은 평화로운 시기에 건축해야 함을 말씀하신다. 비록 하나님은 다윗에게 성전 건축은 허락하지 않았지만 그 중심을 보시고 오히려 더 큰 은혜를 주셨다. 다윗에게 영원한 집을 지어주시겠다고 선언하셨다. 생각지 않은 엄청난 은혜를 주신 것에 감사하며 고백하는 내용을 역대상 17장 20~27절에 소개하고 있다. 하나님은 우리가 생각한 이상으로 엄청난 은혜를 주시는 분이다. 그런데 이것을 믿지 못하고 하나님을 사랑하지 않는 인간의 모습은 얼마나 악한가! 다윗을 통해 하나님의 큰 사랑을 느낄 수 있다.

다윗의 외교관계와
인구조사 (대상 18-21장)

　이제 다윗의 남은 일은 솔로몬이 성전을 건축하기까지 그것을 위해 준비하는 일이다. 먼저 이스라엘의 평화를 누리기 위해 다윗은 전사로서 사명을 다한다. 그런 이유로 전투에 관한 내용이 나온다. 그동안 이스라엘을 괴롭혔던 대적들인 블레셋, 암몬, 모압을 물리친다. 심지어 하맛과 같은 나라는 이스라엘에게 조공을 바치기도 한다. 이러한 모든 승리는 하나님이 이기게 하셨기 때문이다. 하나님은 다윗을 축복하셔서 번영과 안정과 평화를 누리게 하셨다

　이 부분에서 한 가지 특별한 점은 역대기 저자는 사무엘서에서 기록한 평화로운 기간에 다윗이 왕궁에 홀로 남아 있다가 밧세바와 죄를 범한 사건을 다시 기록하지 않았다. 그것은 다윗 왕조를 새롭게 세우는 데 큰 문제가 안 된다고 여겼기 때문이다.

　전쟁에서 승리한 다윗은 하나님의 도움이 아닌 자기 힘으로 승리한 것 같은 착각을 한 듯하다. 그것은 다윗이 인구조사를 한 내용에서 발견된다. 그것에 대해 하나님은 진노하셨고 그 결과 역병으로 7만 명이 죽임을 당했다. 결국 다윗은 자신의 죄 때문임을 깨닫고 하나님께 기도하여 하나님의 자비로 문제를 해결한다. 그리고 다윗은 회개하는 마음으로 여부스 사람 오난의 타작 마당에서 제단을 쌓는다. 여기서 역대기 저자는 모세의 번제단이 있는 기브온으로 가지 않고 오난의 타작마당에서 제사를 드린 것은 하나님의 사자를 두려워했기 때문이라고 언급한다.

　후에 이곳은 솔로몬의 성전이 건축되는 장소로 연결이 된다. 다윗은 성전을 건축하려는 마음을 가졌다. 다윗의 번제단은 후에 솔로몬이 성전을 지을 장소를 알려준다. 아울러 성전 건축은 다윗과 솔로몬을 하나

의 이야기로 연결하고 있는 모습이다. 직접 성전을 건축하지 않았지만 그것을 위한 준비를 한 다윗은 오늘날 우리에게도 교훈을 주고 있다. 이 것은 오늘날 거룩한 성전이 성도 각 사람인 것을 생각해 볼 때 날마다 그 리스도 안에서 거룩한 성전이 지어져가는 몸으로서 성전을 보여주는 이 야기다.

되새김 120일 쉬운 통독 타임라인			
하나님 나라	성경 구조	역사와 시대	성경 각 권 소개
모형 실패	역사서 - 해석	포로귀환시대	역대상

>>> 역대상 22-29장

솔로몬의 왕위 계승을 위한 준비

✳ 통독 포인트

여기서는 다윗과 솔로몬에 대한 역대기 기자의 특징이 잘 나타나고 있다. 그것은 통치의 이야기가 성전 건축과 관련되어 기록된 점이다. 우리는 이 부분을 염두에 두고서 역대기를 읽어야 한다. 다윗이 솔로몬에게 권력을 이양하면서 성전 예배를 위해 레위인을 준비시키는 일을 기록한다(22-27장). 하나님이 세우신 성전 건축자가 솔로몬임을 말하고 성전 건축에 대한 온 이스라엘 지지를 확보하는 것으로 내용을 정리하고 있다. 이 부분도 다윗이 성전 건축을 위해 모든 준비를 하고 나중에 솔로몬에게 그 일을 넘기는 것에 집중되어 있다. 여기서 다윗은 솔로몬에게 하나님 앞에 온전히 행해야 함을 당부하고 혹 실수하면 회개하여 하나님에게로 돌아갈 것을 지시했다.

열왕기에서는 권력 이양 과정을 아도니야의 왕권 찬탈 음모로 인하여 나단과 밧세바의 재촉에 못 이겨 다윗이 왕국을 솔로몬에게 넘겨주는 것으로 되어 있으나 역대기에서는 조금의 반대도 없이 순조롭게 이양되는 것으로 말한다. 이러한 것마저 성전 건설에 초점을 두고 이야기가 진행 됨을 알 수 있다.

[장면 1] 성전 건축을 위한 재료 준비 (대상 22장)

다윗은 성전을 짓기 원했지만 하나님이 원하지 않으셨다. 그렇다고 해서 다윗이 성전 건축을 포기한 것은 아니었다. 자신이 성전을 짓지 못한다 해도 그것을 준비할 수는 있었다. 그래서 다윗은 자신이 성전 건축을 못 하지만 그것을 이루기 위한 모든 준비를 하면서 하나님에 대한 사랑을 보여준다. 그의 후계자인 아들 솔로몬이 이스라엘 통치와 성전 건축 사역을 잘하도록 자신의 모든 열정을 바친다. 하나님의 일은 내가 모든 것을 해야만 하는 것은 아니다. 준비하는 일도 하나님의 일이다. 합력하여 선을 이루는 것이 하나님의 일이기 때문이다. 성전 건축을 위해 다윗은 필요한 목재와 금속 재료와 다른 자재들을 준비했다(대상 22:2-5). 이것은 성전 건축이 꼭 이루어야 하는 하나님의 사명임을 알려주는 다윗의 의지가 담겨 있다.

[장면 2] 종교적, 정치적인
사람을 위한 준비 (대상 23-27장)

성전 건축은 재료만으로는 안 된다. 성전 건축을 위해서는 많은 인적 자원이 필요하다. 특히 재능을 가진 기술자가 필요하다. 전반적으로 관리하는 사람으로 레위인을 계수하고 4개의 그룹으로 나누었다. 이들의 일은 감독과 문지기와 하나님을 송축하는 일이었다. 또 제사장들 역시 아론의 계열로 성전 봉사하는 사람들이 필요했다. 그중에서 엘르아살의 자손들이 많은 수를 이루었다. 성전 예배의 중심을 담당하는 아삽과 헤만과 여두둔의 자손들은 악기 연주와 노래 등을 담당했다. 성전 문을 닫고 여는 일은 고라 자손이 맡았다. 다른 레위인들은 정기적인 십일조와 다른 물품을 관리하는 일을 했다. 관원과 재판관 등과 같은 관리자를 두었다.

급속도로 성장한 이스라엘은 나라를 운영하고 관리하는 데 많은 관리자가 필요했다. 12개의 부서와 24,000명으로 구성된 각 파견단은 국가 안보를 책임지는 군사 역할을 했다. 다윗은 이스라엘을 하늘의 별처럼 많게 하실 것이라는 하나님의 언약을 믿고 나라를 준비했다. 특히 서기관과 요나단과 모사인 아히도벨과 후새, 이스라엘의 군대 장관인 요압 등을 참모로 구성했다.

[장면 3] 다윗의 부탁과 솔로몬 왕위 계승 (대상 28-29장)

다윗은 각 부서와 해야 할 일을 맡은 대표들에게 앞으로 할 일을 알려 주었다. 특히 아들 솔로몬을 향해 하나님 앞에 온전히 설 것을 당부했다. 혹시라도 실수하게 되면 바로 회개하고 하나님에게 돌아갈 것을 당부했다. 성전 건축은 하나님과 바른 관계를 위해서 이루어지는 일이기에 하나님의 언약을 지키는 것이 중요했다. 솔로몬이 건축하는 성전은 단순히 인간의 집이 아닌 하늘의 모형을 기초로 하여 설계된 것이었다. 성전은 전적으로 하나님이 창시한 것이고 하나님의 영으로 세워지는 하나님의 자비이다. 성전은 하나님의 영이 임재하신다는 증거로서 가시적인 하나님의 영광을 드러내는 것이 핵심이었다. 성전은 인간의 상상력을 가지고 건축한 것이 아니라 전적인 하나님의 영광과 위엄을 드러내는 데 초점이 있다.

하나님은 성전 건축을 통해서 이스라엘은 하나님이 통치하는 나라임을 드러내고 있다. 솔로몬이 이것을 잘 인지하고 성전에서 하나님을 찬양하는 일과 하나님이 누구이신가를 묵상하며 하나님의 마음을 품고 통치할 것을 당부했다. 이것을 위해서는 하나님의 말씀을 순종하는 일이 우선이다. 다윗은 곧 있으면 자신이 떠날 것을 감지하고 나라를 통치할 모든 책임을 솔로몬에게 위임했다. 역대기는 열왕기에 기록된 왕위 계승에 대한 음모와 부정적인 이야기는 언급하지 않았다. 아무리 인간의 계략이 득세한다 해도 결국은 하나님이 인도하심을 생각하기에 이런 문제에 대한 것은 의도적으로 기록하지 않았다. 솔로몬을 위대하게 한 것은 인간이 아닌 하나님이심을 잊지 말 것을 강조하면서 역대기 기자는 다윗의 생애를 요약하는 비문으로 40년의 통치를 마무리했다. 다윗을 지금까지 있게 한 것은 전적으로 하나님의 은혜였음을 말하면서 상권을 마친다.

※ 인생은 아주 짧다. 안개처럼 지나가는 것이 인생이다. 그렇다면 그 시간 속에서 하나님을 중심에 두고 사는 것이 중요하다. 다윗은 이렇게 산 대표적인 모델이다. 역대기 저자는 이것을 우리에게 교훈하면서 하나님을 주인으로 삼고 사는 자가 가장 행복한 사람인 것을 성경의 이야기로 말하고 있다.

D·a·y
060
장면통독 가이드

>>> 역대하 1-9장
# 솔로몬 이야기

✴ 통독 포인트

예배 장소인 성전을 건축했다는 점에서 솔로몬을 헌신의 모델로 제시한다. 성전 건축과 봉헌이 중요 내용이다. 역대기는 솔로몬의 우상 숭배나 이방 결혼에 대한 것은 언급하지 않는다. 솔로몬이 공식적인 예배에 충실했고 제사와 절기와 예배를 잘 지킨 것으로 언급하고 있다. 40년간 길고도 번영에 찬 통치를 마친 것으로 마무리하고 있다.

솔로몬을 긍정적으로 기록하고 있는 점이 강조된다. 이 단락에서 주로 성전 건축과 봉헌에 관한 내용이 중점적으로 기록되고 있다. 하나님의 언약궤가 있는 성전이 신비로움을 드러내면서 솔로몬의 성전 기도와 하나님의 응답이 포함된다.

[장면 1] 기브온에서 드린 제사와
솔로몬 (대하 1장)

다윗이 죽자 그 뒤를 이어 솔로몬이 21세 어린 나이로 왕이 되었다. 그는 하나님의 인도하심이 필요했다. 그래서 모세의 성막이 있던 기브온을 찾아갔다. 그리고 거기서 제사를 드렸다. 거기서 하나님은 솔로몬에게 그의 소원을 들어주신다고 하셨다. 이때 솔로몬은 필요한 지혜를 구했다. 솔로몬의 중심을 아신 하나님은 그가 구한 지혜뿐만 아니라 부와 명예까지 약속해주셨다. 하나님은 솔로몬에게 최고의 영광을 누리게 하셨다. 하지만 솔로몬은 인력과 부를 축적하고 말 거래가 이루어지면서 시장을 독점했다. 심지어 애굽의 말과 병거를 수입해서 이익을 남기고 다시 팔아넘기는 일을 했다.

[장면 2] 성전 건축과 봉헌, 축복 (대하 2-7장)

솔로몬은 성전 건축을 위해서 레바논의 고급 목재와 기술을 가진 인재들을 데려왔다. 그중에 대표적인 사람인 두로의 왕 후람과 거래했다. 하나님의 성전을 위해서 최고의 재료가 필요했다. 짐을 옮기는 7만 명의 사람들, 석공 8만 명, 3천6백 명의 감독들이 이방인들로부터 인력을 모집했다. 이렇게 인력과 재료를 준비한 솔로몬은 즉위 4년째 성전의 기초 공사를 했다.

성전의 성소와 지성소는 모두 금과 최고의 목재와 화려한 것들로 장식했다. 지성소에는 금칠을 한 그룹을 두었다. 그 안에는 언약궤가 있고 성전 앞에는 야긴과 보아스라고 부르는 두 개의 석주를 세웠다. 성전에는 제단과 바다로 불리는 커다란 용기, 바다와 제단 가까이에 있는 10개의 물두멍, 성소에 있는 열 개의 등대와 열 개의 상, 그릇과 냄비와 장식품 등 여러 용도의 기구들이 있었다. 이렇게 지어진 성전을 솔로몬은 하나님께 봉헌했다.

성전을 통해서 이스라엘에게 전하는 메시지는 이제 하늘에 계신 하나님이 성전에 임재하심으로 이스라엘과 함께하시는 모습을 가시적으로 보여주고 있다. 그런 이유로 하나님이 계신 성전을 향하여 기도하면 구원을 베풀어주시고 은혜를 주신다는 것을 말하고 있다. 심지어 믿음으로 성전을 바라보는 외국인들에게도 하나님의 축복이 임하기를 기도하는 점이 특별하다. 죄를 지었을 때라도 회개하고 이곳을 향하여 기도하면 용서해주고 회복시켜주실 것임을 말한다. 이것은 다니엘이 바벨로 포로 중에서 이스라엘의 성전을 향하여 기도하면 하나님이 은혜를 주신 사실에서 더욱 분명해진다.

이러한 기도와 소망을 하나님이 응답하신다. 그리고 하늘에서 불이 내려오고 하나님의 영광이 구름과 같은 모습으로 성전의 모든 곳에 충만하게 들어찼다. 성전 밖에 있는 백성은 그 위엄에 압도당해 찬양하고 축하했다. 그렇게 이루어진 성전 건축을 통해서 하나님의 영광이 이스라엘에게 임하는 것을 보여주고 있다. 이것은 하나님에게 얼굴을 향할 때 하나님이 축복해주시지만 하나님을 떠날 때는 언제라도 성전은 파괴될 것임을 보여주고 있다. 언약에 순종할 때 축복이 주어지지만 불순종할 때는 저주가 임한다는 것은 성경의 일관된 메시지였다(신 28장).

[장면 3] 솔로몬의 업적 (대하 8-9장)
- -

솔로몬은 중반기에 이르러서는 외교문제에 관심을 가졌다. 이방인에게 노역을 맡기고 나라의 안전을 위해 강한 지도력으로 성읍을 재정비했다. 이스라엘 백성은 감독하는 일을 했다. 무역도 활발하게 이루어졌다.

특히 이런 일을 가능하게 한 것은 하나님이 솔로몬에게 주신 지혜였다. 얼마나 지혜가 놀라운지 그 지혜를 보려고 스바 여왕이 2,000km의 먼 길을 찾아 솔로몬을 방문했다. 하나님이 주신 솔로몬의 지혜는 나라를 부강하게 만들었다. 사람들은 지혜를 얻으려고 많은 은금과 보화를 가지고 왔다. 솔로몬이 부유하다는 것을 강조하고 있다(대하 9:21-22).

지혜가 힘이다. 하나님이 주신 지혜를 얻으면 부와 명성과 힘도 저절로 받게 된다. 우리가 기도해야 할 많은 것 중 하나를 들라면 그것은 지혜다. 지혜가 제일이다. 지혜를 얻으면 모든 것이 더해진다. 솔로몬의 이야기는 이것을 증명하는 좋은 사례이다.

되새김 120일 쉬운 통독 타임라인			
하나님 나라	성경 구조	역사와 시대	성경 각 권 소개
모형 실패	역사서 - 해석	포로귀환시대	역대하

>>> 역대하 10-20장

다윗 왕조 이야기 1
(르호보암-여호사밧)

✻ 통독 포인트

분열왕국의 역사 기술에서 역대기 저자는 북이스라엘 왕국이 아닌 남유다 왕국 이야기에 초점을 맞추어 기록한다. 여기에서는 장점과 결점을 세밀하게 언급하고 있다. 이것은 분열왕국의 시작은 곧 유다의 붕괴를 의미한다는 암시를 담고 있다. 왕국의 분열은 이스라엘의 죄로 인한 하나님의 심판이다. 남왕국 왕들의 이야기인 르호보암, 아비야, 아사, 여호사밧, 여호람, 아하시야, 아달랴, 요아스, 아마샤 등이 소개된다. 역대하는 유다 역사를 기록할 때 죄의 심판이 항상 연기되는 것은 아니며 자신들의 행위에 따라 축복과 심판을 받았음을 말한다. 즉각적인 인과응보의 신학이 나타난다. 하나님이 인간의 잘못에 대해서 즉각적인 반응을 보이신다는 것을 명확하게 말한다. 역대하 7장 14절은 역대기의 구절 중에 가장 유명하다. 솔로몬의 기도에 대한 하나님의 응답은 이후에 하나님의 역사를 이루는 중요한 핵심이 된다. 하나님을 찾느냐 아니냐에 따라 축복과 저주가 결정된다.

[장면 1] 르호보암에서 아비야까지
(대하 10-13장)

솔로몬의 뒤를 이은 르호보암은 백성들의 무거운 세금문제에 대한 조정을 받고 노인들의 의견을 무시하고 친구들의 말을 듣고 어리석은 결정을 내렸다. 그 결과 북왕조를 잃게 되었다. 화해를 시도했지만 르호보암의 계획은 수포로 돌아갔다. 르호보암의 가장 큰 실수는 여호와의 말씀을 버린 것이었다(대하 12:1).

그 결과 애굽 왕 시삭으로부터 공격을 받아 하나님께 심판을 받았다. 유다가 회개하는 바람에 마지막에 겨우 멸망에서 구원받았다. 하지만 여전히 애굽에 조공을 바치면서 이방을 섬기는 모습을 보였다. 후에 회개하면서 어느 정도 회복했지만 그의 평가는 하나님 앞에 악을 행한 왕으로 역사에 남았다.

아버지 르호보암 뒤를 이어 왕이 된 아비야는 3년이라는 짧은 통치기간에 파란만장한 삶을 살았다. 아비야는 이스라엘을 다윗의 통치하에 두려고 생각했다. 그리고 북이스라엘의 분열은 하나님의 뜻에 어긋남을 강조했다. 이스라엘이 유다와 싸우는 것은 하나님을 대항하는 것이라며 잘못을 지적했지만 여로보암은 개의치 않고 유다를 공격하다가 결국은 하나님의 도우심으로 유다가 승리했다. 그것은 아비야가 아닌 다윗과의 언약 때문이었다. 이때부터 남유다는 하나님의 마음을 닮은 다윗의 길을 따라가지만 북이스라엘은 인간의 생각을 앞세운 여로보암의 길을 따라갔다. 사람은 죄악 된 존재이기에 실수한다. 하지만 마음을 하나님께 향하고 주님의 도우심을 구하면 자비로우신 주님의 은혜가 임하게 된다.

[장면 2] 아사에서 여호사밧까지 (대하 14-20장)

아사는 하나님을 거역하는 르호보암과 아비야의 이전 정책에서 벗어나 백성에게 하나님의 언약을 강조하며 말씀을 지키는 삶을 위해 노력했다. 그 일로 잠깐이지만 평안을 누릴 수 있었다. 아사 왕 때 사역한 선지자 아사랴는 백성의 영적인 회복을 위해 힘쓰라고 왕을 격려했다. 그렇게 하면 하나님이 함께하실 것을 말해주었다. 이것에 힘을 얻은 아사 왕은 산당을 헐고 여호와의 제단을 회복하는 개혁에 힘썼다. 모세가 강조한 오직 하나님 한 분만 섬기라는 말씀을 아사 왕은 실천했다. 하지만 그역시 하나님을 의지하기보다는 아람 군대를 의지하려고 하여 하나님의 진노를 샀다. 그는 전쟁의 재앙을 겪었고 말기에는 3년 동안 발에 병이 들어 고생했다. 아사 왕은 선한 왕으로 인정받았지만 여전히 인간의 욕심을 벗어나지 못했다. 이것은 모든 인간이 연약한 존재임을 말해준다.

여호사밧은 아버지 아사의 일을 이어받아 율법을 전국적으로 가르치는 일에 마음을 다해 수고하며 성경 순회교사를 파송했다. 하지만 그도 다른 왕들과 같이 인간적인 욕심으로 아합과 언약을 체결했다. 악한 아합과 동맹을 맺었다. 아합은 죽었고 아합과 동맹을 맺은 일로 선지자의 책망을 받았다. 그 이후에 여호사밧은 개혁을 시작했다. 역대기 저자는 여호사밧에 대해서 긍정적이었다. 그러나 그의 문제는 아합과 동맹을 맺은 인간적인 욕심에서 벗어나지 못하고 다시 아합의 아들 아하시야와 동맹을 맺은 것이었다.

되새김 120일 쉬운 통독 타임라인			
하나님 나라	성경 구조	역사와 시대	성경 각 권 소개
모형 실패	역사서 - 해석	포로귀환시대	역대하

>>> 역대하 21-28장

다윗 왕조 이야기 2 (여호람-아하스)

* 통독 포인트

다윗 왕조 중에 2명의 악한 왕인 여호람과 아하시야가 등장한다. 이들은 아합과 동맹관계를 맺으면서 하나님이 싫어하는 악한 행동을 한다. 그것은 아합의 바알 숭배의 기틀을 마련했다. 정략결혼을 통해 아합의 딸인 야달랴가 남쪽에 우상을 들여왔고 요아스는 제사장 여호야다의 아들을 죽이면서 남유다 파멸의 한 원인을 제공했다. 요아스의 아들도 그 길을 그대로 따른다.

[장면 1] 여호람에서 아달랴까지 (대하 21-23장)

여호사밧의 장남인 여호람이 왕이 되었다. 하지만 불안한 마음을 해결하지 못함으로 그의 형제들을 죽였다. 그는 통치기간에 이런 악한 일을 지속했다. 그중에서 가장 큰 실수는 아합의 딸 아달랴와 결혼한 일이었다. 그 결과 바알 우상을 남유다에 도입하는 역할을 했다. 여호람은 엘리야를 통해 하나님의 진노를 피할 수 없음을 미리 경고받았다. 그는 창자에 병이 생겨 고생했고, 결국 그의 통치는 블레셋과 아라비아 사람들에 의해 고난을 겪었다. 하지만 대는 끊어지지 않았다. 그의 아들 여호아하스만이 유일하게 살아남아 다윗의 계보를 기적적으로 이어갔다. 하나님의 언약을 거역하는 인간의 악함에도 하나님은 다윗의 언약을 기억하여 친히 약속을 지키신 것을 발견할 수 있다.

여호아하스(아하시야)는 연약했다. 그의 어머니가 통치했고 예후에 의해 죽임당했다. 아들 아하시야가 죽자 어머니 아달랴가 아들을 대신하여 왕이 되었다. 그리고 왕이 될 수 있는 자식들을 다 죽였다. 6년 동안 아달랴가 불법으로 통치하지만 여호야다가 어린 요아스를 데리고 성전 뜰에서 왕권을 공개적으로 알리면서 반전을 이루어 아달랴가 도망간다. 도망가던 아달랴는 잡혀 죽임을 당했다. 인간이 악한 방법으로 욕심을 추구하지만 하나님을 이길 수 없다. 아무리 악을 통해 하나님을 거부하지만 한 번 약속한 언약을 하나님은 신실하게 지키심을 알 수 있다.

[장면 2] 요아스에서 아마샤까지 (대하 24-25장)

어린 나이에 왕위에 등극한 요아스는 처음에 여호야다의 지도를 받지만 후에 스스로 일어선 왕이 된다. 그리고 유다의 영광을 회복하는 개혁을 추구했다. 여호야다가 죽자 뿌리 깊게 내려온 우상 숭배의 문제를 해결하지 못했다. 스가랴 선지자가 우상 숭배의 악을 지적하자 그를 죽였다. 하나님은 아람 군대를 통하여 이스라엘을 심판하셨다. 그들은 예루살렘을 약탈했다.

요아스의 뒤를 이어 왕이 된 아마샤는 아버지를 죽인 사람들에게 보복했다. 하지만 그의 자녀들은 살려두었다. 아마샤는 전쟁을 마치고 돌아오면서 이방신들을 유다에 들여왔다. 고집스러운 왕은 자기 생각을 포기하지 않았고 그 결과는 실패의 삶이 되었다. 결국 암살당하면서 별다른 교훈을 받지 못한 채 인생을 허무하게 마쳤다.

[장면 3] 웃시야에서 아하스까지 (대하 26-28장)

웃시야 왕은 초기에는 하나님을 경외하였다. 그 결과 하나님이 그를 번성하게 하셨다. 블레셋과 아라비아, 마온, 암몬 같은 주변 국가들과의 전쟁에서 승리했다. 하지만 말년에 제사장들에게만 허락된 분향을 자신이 대신하면서 율법을 범했다(대하 26:16-18). 결국 교만한 행동에 대한 심판으로 문둥병에 걸렸고 숨을 거둘 때까지 격리되어 살았다.

웃시야의 아들 요담은 아버지의 실수를 통한 교훈과 웃시야의 본을 따라 경건한 삶을 살았다. 그는 아버지의 실수를 반복하지 않았다. 국내외 정치를 하나님 뜻에 맞게 실천하면서 선한 일을 했다. 역대기 기자는 "요담이 그의 하나님 여호와 앞에서 바른 길을 걸었으므로"(대하 27:6)라고 평가했다. 아버지가 악해도 아들은 선한 왕이 될 수 있다. 구원은 개인적인 면에서 결정된다. 문제는 과거의 사건을 경험하면서 얼마나 하나님을 기억하느냐에 신앙의 성패가 달려 있다.

아하스는 요담과 정반대였다. 그는 아버지의 좋은 면을 본받지 않고 오히려 이스라엘의 여러 왕을 본받아 유다 전 지역에 우상을 숭배하는 산당을 세웠다. 아하스의 행적 중에 대표적인 악한 모습은 다메섹을 방문하여 아람 사람들이 섬기는 제단과 종교적인 물건에 인상받고 이스라엘 성전에 도입한 것이다. 오늘날에도 세상의 악한 모습을 교회 예배당에 적용하는 것은 하나님이 보실 때 악한 일이다(왕하 16:10-16). 이스라엘의 왕들은 순종과 불순종의 두 가지가 교차 반복하여 나오면서 인간의 모습을 실제로 보여준다.

되새김 120일 쉬운 통독 타임라인			
하나님 나라	성경 구조	역사와 시대	성경 각 권 소개
모형 실패	역사서 - 해석	포로귀환시대	역대하

>>> 역대하 29-36장

다윗 왕조 이야기 3
(히스기야-바벨론 포로와 귀환)

✽ **통독 포인트**

다윗의 계보를 잇는 유다 왕들은 히스기야와 요시야를 제외하고는 실망스러운 모습이다. 남유다 왕국은 점차 멸망을 향해 가고 있다. 예루살렘과 성전이 파괴되는 장면을 기록한다. 그러나 그것이 끝이 아니고 바사 왕 고레스의 칙령으로 포로생활을 마치고 예루살렘으로 돌아가게 될 유다인의 소망을 끝으로 기록을 마친다. 다윗의 집은 멸망하지 않을 것이며 언약대로 구원의 목적을 이루며 영원히 계속될 것임을 말한다.

웃시야-아하스-히스기야-므낫세-아몬-요시야-여호아하스, 여호야김, 여호야긴-시드기야로 이어지는 남유다 왕국의 멸망 과정을 순서에 따라 기록하고 있다. 마지막으로 36장 22~23절에서는 바벨론으로 끌려간 사람들이 BC 539년까지 70년간 그곳에 잡혀 있었다고 말한다. 그리고 고레스를 통하여 하나님은 자기 백성들을 돌아가게 하셨다고 언급하고, 역대기 기자가 고레스를 '하나님의 기름 부음을 받은 자'로 소개하면서 궁극적으로 나타날 메시아 예수 그리스도의 모형으로 그리고 있는 점은 놀라운 일이다.

[장면 1] 히스기야에서 아몬까지 (대하 29-33장)

악한 아버지 아하스와 같이 히스기야는 BC 715년부터 통치한다. 북이스라엘이 앗수르에게 멸망한 지 7년 후였다. 히스기야는 국가의 전체적인 개혁을 시작했다. 특히 종교적인 생활의 회복을 단행했다. 그리고 성전을 정화했다. 그리고 사사시대 이후 처음으로 유월절을 감사와 기쁨 속에서 지켰다. 이런 일은 다른 개혁과 부흥의 문을 열게 했다. 이것은 하나님을 사랑하는 행동에서 나온 자연스러운 모습이었다.

히스기야는 산헤립이 이끄는 앗수르 군대와 전쟁을 하게 되었다. 앗수르의 조롱과 하나님을 무시하는 행위로 이스라엘 백성을 약하게 만들 수 있는 위기에 처했다. 그때 히스기야는 기도로 하나님의 도움을 구하였다. 그 결과 천사의 도움으로 앗수르는 퇴각하고 산헤립은 암살되면서 전쟁이 끝나고 히스기야는 승리했다. 이 일로 히스기야는 국제적인 명성을 얻게 되었다(대하 32:20-23). 말년에 히스기야는 병들었지만 기도를 통하여 삶이 15년 더 연장되는 축복을 받았다.

역대기 기자는 히스기야에 대해 긍정적인 평가를 했다. 히스기야의 자세한 정보는 역대기 32장 32~33절에 언급한 이사야의 글에 기록되었다. 히스기야에게도 오점이 있었는데 마지막에 바벨론 사신들에게 자신의 부를 자랑하면서 나중에 바벨론이 이스라엘을 침공하게 하는 실마리를 제공한 것이다.

므낫세는 아버지의 좋은 일을 뒤집어 다시 유다가 우상 숭배를 하게 했다. 하지만 역대기 기자는 열왕기의 내용과 다르게 왕이 회개했음을 언급하고 있다(대하 33:12-13). 가능한 긍정적인 부분으로 다윗 왕의 역사를 기술하려는 면을 엿볼 수 있다. 아몬은 아버지의 참담한 모습을 보고서도 아무런 교훈을 배우지 못했다. 결국 2년 통치하다가 암살당했다. 역사 속에서 교훈을 받지 못하면 마지막은 비참한 말로가 됨을 다시 보여주는 대목이다.

[장면 2] 요시야에서 고레스까지 (대하 34-36장)

아버지의 암살로 요시야는 여덟 살에 왕위에 오른다. 그리고 31년간 통치했다. 성경에서 요시야의 통치 시기는 영적 부흥과 각성을 일으킨 중요한 시대로 언급한다. 16세가 된 요시야는 하나님을 만나는 놀라운 경험을 한다. 그리고 4년 후에 이방 우상을 없애는 강력한 개혁을 시작했다. 6년 후에 70년 동안 버려둬 온 성전을 정화하고 보수해야 함을 느끼고 실천하던 중에 '여호와의 율법'이라고 표시된 두루마리를 발견한다. 그 책을 읽은 요시야는 옷을 찢고 회개하며 오랫동안 하나님의 말씀을 지키지 않았음을 알고 새로운 부흥을 일으킨다. 이것은 말씀이 그를 움직인 종교개혁의 시작과 같은 사건이었다. 그리고 두루마리에 기록한 대로 오랫동안 무시했던 유월절을 성대하게 지켰다. 또 율법의 규정에 따라 거대한 제사를 드렸다. 하지만 요시야는 앗수르와 바벨론의 전쟁 틈에서 애굽 왕 느고와 그의 군대를 잡아 두려고 전쟁에 참여했다가 목숨을 잃게 되었다.

이스라엘의 영광도 잠시였다. 요시야와 같은 보기 드문 영적 지도자가 사라지면서 이제 이스라엘은 영적 암흑기에 들어가게 되었다. 한 사람의 신실한 지도자가 얼마나 중요한지를 보여주는 대목이다. 요시야가 갑자기 죽자 백성들이 요시야 왕의 아들인 여호아하스를 왕으로 세웠다. 하지만 애굽은 여호아하스를 폐하고 그의 형 엘리아김(여호야김)을 왕으로 세운다.

여호야김은 11년간 왕위에 있었지만 애굽이 바벨론에게 멸망하면서 바벨론은 여호야김을 대신하여 아들 여호야긴을 왕으로 세워 3개월간 왕직을 수행하게 하다가 바벨론으로 잡아갔다. 여호야긴을 대신하여 요시야의 아들이었던 시드기야를 왕으로 세운다. 시드기야는 악한 왕으로 바벨론에게 죽임을 당한다. 바벨론은 예루살렘성을 파괴하고 죽이고 일부는 포로로 잡아갔다. 바벨론으로 끌려간 사람들은 BC 539년 바벨론제국이 멸망한 직후까지 70년간 포로생활을 하다 바사의 고레스를 통하여 귀환이 이루어졌다. 이것은 이사야 45장 1절의 기름 부음 받은 자를 말하며 그것은 앞으로 오실 그리스도를 모형으로 소개하면서 역대기 내용을 마무리하고 있다. 역대기의 마무리로 36장 23절의 고레스 칙령으로 끝을 장식하고 있는 점은 탁월한 복음 이야기의 전개를 보여준다.

※ 여기까지 역대기의 성전 중심의 이야기는 우리가 다음에 읽을 에스라 느헤미야서에 자연스럽게 연결된다. 성전 재건에 대한 열망을 가지면서 남유다 왕국의 포로 귀환 사건이 하나님의 주도적인 행동으로 일어난다. 고국으로 귀환하는 가장 주된 목적은 성전 재건이다. 하나님이 맺은 언약을 세워 성전을 통하여 언약 공동체를 새롭게 회복하는 일이다. 이 일을 위하여 스룹바벨과 에스라와 느헤미야를 이러한 열망을 품은 지도자로 소개한다. 우리는 역대기의 성전 중심의 이야기를 통하여 예배 중심적인 역할을 새롭게 인식하며 아울러 신약으로 이어지는 성전 청결 사건과 성령이 거하는 성전으로서 그리스도인의 삶의 교훈을 얻어야 한다.

■ 성경 각 권 소개

에스라서

【 에스라서의 배경 】

에스라서와 느헤미야서는 히브리 원전에서는 한 권으로 되어 있다. 지금 개역성경처럼 책이 두 권으로 나누어진 것은 70인역 번역을 따랐기 때문이다. 우리가 성경을 읽을 때 에스라서와 느헤미야서를 한 권으로 읽으면 좋은 이유는 내용의 통일성 때문이다. 그래서 한 저자라고 말하기도 한다. 에스라는 아론의 16대손으로 제사장이고 율법학자이다. 에스라는 1,800여 명의 동족과 같이 이스라엘로 귀환한다. 에스라는 그동안 잃어버린 율법을 재교육시키는 데 힘쓰며 말씀을 통한 이스라엘 종교개혁을 이루었다. 에스라서는 포로생활에서 돌아온 유다인 공동체를 위해 쓰였지만 주변의 사람들도 포함된다고 볼 수 있다. 이스라엘 백성이 1차 포로귀환으로 돌아와 성전을 재건한 후에 두 번째 귀환에서 에스라가 종교개혁을 일으킨 내용이다. 1차 귀환 때는 스룹바벨 인도 아래에 약 5만 명이 귀환한다. 스룹바벨 성전이 완성된 이후에 에스라가 1,800여 명을 데리고 이스라엘로 돌아오고, 그 이후에 느헤미야가 3차 귀환 때 아닥사스다의 허락을 받아 예루살렘에 와서 예루살렘의 성을 재건한다.

【 특징과 읽기 지침 】

– 에스라가 제기하는 관심 주제는 이스라엘이 바벨론 포로에서 돌아와 성전을 재건한다고 해도 과연 다윗이 다스릴 나라가 영원할 것인가? 하는 것이다. 하나님이 다윗에게 주신 영원한 약속이 지금 이스라엘 포로 상황을 보면 거리가 있어 보인다. 특히 고국에 돌아온 사람들은 5만여 명 정도밖에 안 된다. 비록 인간적으로 보면 작을지라도 하나님이 함께하면 충분히 가능하다. 무엇보다도 말씀에 붙잡힌 사람이 되면 이것은 분명하게 이루어진다는 것이 에스라의 믿음이었다. 그런 점에서 말씀과 언약을 강조하고 있다.

– 에스라서는 성전 건축 이후에 말씀으로 내적으로 성전을 건축하는 의미를 지니고 있다. 그는 율법을 가르치는 일에 집중했다. 바벨론 포로생활 70년 동안에 잃어버린 말씀을 가르치고 하나님 신앙으로 다시 확고하게 서게 하는 것을 목표로 하고 있다. 다시 성경으로 돌아오게 하는 말씀을 통한 종교개혁의 모습을 그려주고 있다. 특히 엄격한 유대주의로 이교도와의 결혼을 배격하고 하나님의 거룩성을 지킬 것을 강조한다.

– 에스라는 왜 말씀을 통한 개역을 추진했을까? 당시 백성들은 민족

의 정체성에 대한 혼란을 느끼고 있었다. 70년 포로 후에 진정한 이스라엘인은 누구인가? 누가 남은 자인가? 본국에 있는 자인가? 아니면 포로로 잡혀간 자인가? 에스라는 말씀을 지켜 행하는 자들 이라는 것을 선포한다. 그런 이유로 이스라엘의 뿌리인 언약에 충 실하고 언약 공동체를 세우는 일에 힘썼다.

【 에스라서의 내용 구조 】

1) 1차 포로 귀환 : 성전 재건에 대한 회고 (스 1-6장)
- 스 1-2장   1차 귀환
- 스 3-6장   성전 건축

2) 2차 포로 귀환 : 에스라의 종교개혁 (스 7-10장)
- 스 7-8장   2차 귀환
- 스 9-10장   종교개혁 : 잡혼의 위기

■ 성경 각 권 소개

학개서

【 학개서의 배경 】

이스라엘을 70년 동안 지배했던 바벨론은 한순간에 바사에 의해 무너졌다. 바사 왕 고레스가 바벨론의 유다인들에게 유다로 귀환해 성전을 재건해도 좋다는 허락을 담은 조서를 내려 포로된 유다인들이 바벨론을 떠나 예루살렘에 귀환하게 되었다. 그 책임자가 여호야긴 왕의 손자인 스룹바벨이었다. 귀환한 유다인은 오만 명이 되었는데 여행길은 수개월 걸렸다. 하지만 예루살렘에 와서 성전을 재건하는 일이 주변의 반대로 중단되었다. 돌아올 때 가졌던 축복과 평화에 대한 희망은 어느새 사라지고 갑자기 축복의 땅이 저주의 땅처럼 되면서 낙심하게 되었다. 왜 우리에게 이런 일이 닥치는가? 이런 문제들이 그들을 힘들게 했는데 이때 학개 선지자가 나타나 하나님의 말씀을 전했다. 학개 선지자를 통해 그들을 격려하고 다시 성전 건축하는 일을 시작하도록 예언했다.

【 특징과 읽기 지침 】

- 학개서는 에스라 1~6장을 읽은 후에 읽으면 성경이 잘 연결된다. 왜냐하면 이 부분이 학개서의 배경이 되기 때문이다. 포로에서 돌아온 이스라엘 백성이 성전의 기초는 놓았지만 자기 집을 건축하느라 성전 건축이 중단되었다. 19년이 지나도 성전 건축의 진전이 없자 그 시간은 흉년과 가뭄의 어려움을 겪는다.

- 선지자 학개가 전한 예언의 말씀은 산문체의 질문 형식으로 구성되었다.

- 반복을 통하여 메시지를 강조하고 있다.

- 학개서가 강조하는 내용은 성전 재건축이다. 이것은 이스라엘의 삶의 양식과 관련되었다. 이렇게 성전을 강조하는 이유로 성전을 통해 구별된 백성임을 말하고 있다.

【 학개서 내용 구조 】

1) 메시지 1 : 성전 재건 촉구 (학 1장)
2) 메시지 2 : 지난 과거를 통한 미래의 축복 (학 2:1-9)
3) 메시지 3 : 성결의 삶 촉구 (학 2:10-19)
4) 메시지 4 : 불신앙과 스룹바벨에 대한 축복 (학 2:20-23)

D·a·y

064

장면통독 가이드

>>> 에스라 1-10장, 학개 1-2장

1, 2차 포로 귀환, 성전 재건 촉구

✳ 통독 포인트

역대기의 마지막에 언급한 고레스 칙령에 관한 내용이 소개된다. 성전을 재건하는 이유는 예배와 공동체의 회복을 위해서다. 성전 재건에 대한 반대가 있지만 그것을 이기고 다시 성전을 완성한다. 에스라와 같이 귀환한 사람의 명단을 소개한다. 특히 그 속에서 이방인과의 결혼문제가 제기된다. 에스라는 그 문제를 집중적으로 해결한다. 학개는 성전재건을 촉구하는 내용으로 성전 건축이 이스라엘 공동체 형성에 가장 기본적인 기초임을 말한다.

[장면 1] 1차 포로 귀환
: 성전 건축 / 스룹바벨 (스 1-6장)

예레미야는 유다인들이 포로로 잡혀갈 때 하나님이 주신 약속을 예언했다. 70년이 지나면 다시 고국에 돌아올 것이다(렘 25:11-12). 이 일은 바벨론을 멸망시킨 바사에 의해서 이루어졌다. 고레스 왕은 포로 중에 있는 백성에게 그들의 고향으로 돌아가라고 했다. 유다에게 이런 일은 믿기 어려운 일이었다. 거기에는 다니엘의 영향이 컸을 것으로 짐작이 된다. 더 신기한 것은 고레스 자신의 비용으로 예루살렘 성전을 건축하라고 한 것이다. 고레스 칙령에 나타나는 호의는 놀랄 만한 것이었다. 이것은 전적으로 고레스 자신의 마음이라기보다는 하나님이 주도적으로 이끈 역사임을 알 수 있다. 하나님이 하신 약속을 친히 이루시는 모습이다.

1장에서는 고레스가 포로 중에 있는 유다인이 귀환할 수 있도록 조서를 내린다. 그리고 귀환과 성전 재건을 위해 필요한 자금까지 제공해주었다. 공식적으로 허락을 받은 유다인들은 고향 땅을 향해 출발한다. 고향에 처음 가는 사람이 대부분이었다. 유다인들이 스룹바벨의 지도하에 고향으로 돌아가면서 가지고 간 성전 기물의 양과 수를 소개한다. 얼마나 감동적인 순간이었을지 상상이 된다. 성전 재건은 인간의 힘으로 되는 것이 아니다. 지금 포로된 상황에서 왕이 움직이지 않으면 불가능하다. 하나님의 영을 받은 고레스가 마음에 감동하여 이스라엘을 귀환하게 한다. 물론 귀환에 필요한 모든 것을 제공하면서 이스라엘이 고국에 돌아가도록 배려한다.

2장에는 당시 귀환자 명단이 소개된다. 여기는 제사장과 레위인이 주로 기록되었다. 첫 귀환자는 42,360명이다. 여기의 느헤미야는 총독이 아니고 모르드개도 에스더 삼촌이 아닌 동명이인이다.

3장에는 성전 재건의 의지가 나타난다. 지도자와 백성이 힘을 다해 성전 재건에 노력한다. 이것을 보고 감사와 감격의 찬양을 올리는 일이 나온다. 하지만 나이 많은 사람들은 이전의 솔로몬 성전과 비교할 때 초라한 모습을 보고 슬퍼한다.

4장에서는 얼마 가지 못해 백성을 저해하는 일들이 생기게 되었다. 사마리아 사람들이 성전 재건에 참여하겠다고 하자 자기 이익을 얻으려는 음모인 것을 알고 그들을 거절했다. 그러자 그들은 도덕성에 문제를 제기하면서 성전 재건을 방해했다. 고레스와 다리오와 아하수에로의 통치기간에 계속 이런 방해가 이어졌다. 결국 성전 재건은 기초 공사를 하다가 중단된다.

5장에는 성전 건축의 방해 이야기가 이어서 기록되고 있다. 두 선지자 학개와 스가랴의 성전 재건을 촉구하는 메시지를 듣고 다시 성전 재건이 시작되었지만 총독 닷드내와 그의 관리들의 반대로 또 어려움을 겪는다. 그들은 다시 성전 재건을 허락해달라는 편지를 다리오 왕에게 보내기로 했다.

6장에서는 다리오는 유다인의 주장을 살펴보면서 선임자인 고레스가 해준 내용을 기초로 성전을 재건할 수 있도록 지지와 축복을 해준다. 아울러 이것을 반대하는 사람들은 무서운 벌을 받을 것이라고 전했다. 이제 성전 건축에 매진하게 된다. 솔로몬 성전이 파괴된 지 70년 만에 드디어 성전이 재건되었다(스 6:16-17). 그리고 유월절을 성대하게 지킨다.

에스라가 말하는 성전 재건이 얼마나 어려운 일인지 알 수 있다. 거룩한 일은 거저 이루어지지 않는다. 그리스도의 몸 된 성전을 건축하는 것도 같다. 세상의 방해와 육신의 유혹을 이길 때 주님의 몸 된 성전을 이루어갈 수 있다.

[장면 2] 성전 재건 : 학개 (학 1-2장)

● **성전 재건의 소명 (학 1:1-15)**

학개서는 에스라 1~6장의 내용을 배경으로 하고 있다. 유다인은 포로 귀환 후에 제단을 쌓고 성전의 기초를 놓았다. 그러나 19년이 지나도 더는 성전 건축은 진전이 없었고 그들은 흉년과 가뭄을 겪었다. 이런 상황에서 하나님은 학개를 통하여 성전 재건을 시작할 것을 격려하신다. 학개서를 읽어 보면 대부분 질문 형식으로 되었다. "너희는 자기의 행위를 살필지니라"는 문구를 반복하여 사용한다. 성전 재건을 통하여 하나님은 당신의 백성에게 현존하시고 백성들이 성전에서 바른 예배를 드리기 원하셨다.

학개의 주된 관심은 포로로 돌아온 예루살렘 주민들이 성전 재건에 열심을 내는 일이다. 학개서의 핵심 주제는 성전 재건이다. 성전은 하나님의 현존하시는 장소이자 예배드리는 곳이다. 하지만 지금 이스라엘의 상황은 아주 안 좋다. 백성은 각자 자기 생활에 얽매여 성전을 재건할 마음이 없었다. 그리하여 성전 재건이 중단되었다. 이렇게 손을 놓은 지 19년이 되었다. 이스라엘은 성전 없는 생활은 의미가 없다. 하나님의 복은 성전을 통하여 흘러나온다는 사실을 이스라엘 백성은 잊어버렸다.

BC 538년에 고레스 칙령이 내리면서 스룹바벨에 의해 42,360명의 백성과 노비 약 7,337명이 귀환해서 가장 먼저 해야 할 일이 성전을 건축하는 일이었다. 그러나 북쪽 사마리아인들의 방해로 성전 건축이 중단되었다. 그렇게 해서 16년 정도 시간이 지나갔다. 다리오 2년에 다시 건축이 재개된다. 그것은 학개와 스가랴 같은 선지자들의 촉구에 의해서였다.

모든 것은 우선순위의 문제다. 수년 동안 열심히 곡식을 심고 노력했지만 별로 남는 것이 없었다. 그것은 하나님의 것을 우선으로 두지 못하고 자기 것을 먼저 얻고 나서 하나님의 성전을 건축한다는 생각을 가졌기 때문이다. 당시 돌아온 이스라엘 백성은 하나님의 일보다는 자기 일을 우선으로 두고 실천했다. 이에 대해 학개는 분명한 방향을 제시하고 있다. 거꾸로 하라는 의미다. 하나님의 일을 먼저 하고 나서 그다음에 자기 일을 하라는 것이다. 사정이 좋아지면 그때 가서 하나님의 일을 하는 사람은 축복받지 못할 것을 지적한다.

축복은 하나님이 주셔야 가능하다. 하나님의 마음을 잘 읽고 그것을 먼저 행하게 되면 나머지 것은 자연히 해결된다. 이것을 위해서 하나님에 대한 철저한 믿음이 필요하다. 학개는 이것에 대해 책망하고 있다. 이스라엘 백성의 순종이 중요하다. 아무리 좋은 것이라도 백성이 따르지 않으면 효과가 없다. 이런 점에서 하나님의 말씀에 대한 순종이 절대적이다. 하나님의 약속과 신실하심을 믿고 끝까지 따르는 것이 믿음이다

● 두 번째 성전의 영광과 백성들이 받을 축복 (학 2:1-19)

70세 이상의 나이 든 사람들은 부분적으로 건축된 예루살렘 성전을 보면서 이전의 솔로몬의 성전과 비교할 수 없는 초라함에 마음이 상실되었다. 학개는 백성들에게 과거를 보기보다는 미래를 바라보며 소망을 가지라고 말한다. 하나님께서 함께하실 것이며 솔로몬 성전보다 더 영광을 나타내실 것을 말한다.

스룹바벨을 통해 재건된 성전은 미래의 뿌리가 된다. 당시에는 초라한 성전이었지만 영적으로 보면 위대한 계획이 들어 있다. 그 근거로 나중에 헤롯에 의해 더 확장될 것이기 때문이다. 또한 솔로몬 성전은 지성소가 닫혀있었지만 이제 그리스도가 오심으로 지성소에 성육신하신 주님이 오시기 때문이다. 성전을 통해서 백성이 축복받을 것을 학개는 예언하고 있다.

그들은 이전보다 못한 성전을 보면서 영화로운 성전에 대한 희망을 품고 건축을 시행하고 싶었지만 백성은 더러워지고 부정하게 되었다. 포로 귀환 후 성전을 건축하는 이유는 세상에서 외적으로 화려한 성전을 세우는 데 있지 않다. 외적인 성전 건축보다 더 중요한 것은 백성들의 내적으로 정결한 삶이다. 거룩성을 회복하지 않으면 그가 접촉하는 모든 것은 부정하게 된다. 성전을 건축하는 것은 성도들을 정결하게 하기 위함이다. 진정한 성전은 사람 성전이다. 성전을 세우는 것은 사람을 온전하게 하기 위함이다. 이런 면에서 보면 성전 건축을 멈춘 것은 백성들이 언약의 확신이 부족하고 자신이 정결하지 못해서다. 학개는 이것을 촉구한다. 자신을 정결하게 한다면 하나님의 축복을 받을 것이다.

● 스룹바벨의 메시지 (학 2:20-23)

학개는 당시 성전 재건의 사명을 갖고 귀환한 스룹바벨에게 메시지를 전한다. 스룹바벨의 증조부가 여호야긴 왕이다. 여호야긴이 포로로 잡혀 힘들게 된 것은 말씀에 불순종해서다. 스룹바벨을 통해서 하나님의 은혜로 겨우 믿음의 가계가 이어가고 있다. 이전의 이스라엘 역사를 보면 유다 왕들과 선조들이 하나님의 언약에 불순종함으로 결국은 패망했다. 이런 가운데 스룹바벨을 부른 것은 다윗 언약의 약속을 이루기 위함이다. 성전 재건을 통해서 다윗의 영원한 왕국을 세우기 위함이다. 이런 원대한 꿈을 가지고 스룹바벨을 불러서 사명을 주셨는데 성전 건축을 멈추고 있는 상황을 보고 다시 성전을 재건하는 데 힘을 다하라고 말한다. 지금 성전 건축에 머물지 말고 미래에 닥칠 하나님의 영광을 바라보아야 함을 촉구하고 있다. 오늘 우리도 지금 믿음을 세우는 것은 앞으로 이루실 주님의 나라를 세우기 위함인 것을 바라보고 주님 앞에 충성해야 할 것이다.

※ 성전을 건축한다는 것은 단순히 건물이 있다기보다는 하나님 중심의 삶을 산다는 것을 의미한다. 하나님이 도와주지 않는 삶은 허망할 뿐이다. "너희는 자기의 행위를 살필지니라"(학 1:5, 7, 2:15, 18)는 구절이 반복하여 나오는 것을 통해서 분명히 알 수 있다. 하나님의 명령에 따라 성전을 재건하지 않고 자기 일에 더 힘쓰는 것은 헛된 것이다. 하나님이 도와주지 않는 일은 인간이 아무리 노력해도 헛수고가 된다.

하나님은 학개를 통하여 성전 재건을 촉구하는 메시지를 전한다. 학개서는 성전의 중요성을 반복하여 강조한다. 성전은 하나님의 현존을 느낄 수 있는 장소이다. 그리고 거기서 이스라엘 백성은 예배를 드린다. 이런 성전 중심의 삶은 이스라엘을 구별된 백성으로 만들어가는 데 중요한 의미가 있다.

"그러므로 이제 만군의 여호와가 이같이 말하노니 너희는 너희의 행위를 살필지니라. 너희가 많이 뿌릴지라도 수확이 적으며 먹을지라도 배부르지 못하며 마실지라도 흡족하지 못하며 입어도 따뜻하지 못하며 일꾼이 삯을 받아도 그것을 구멍 뚫어진 전대에 넣음이 되느니라"(학 1:5-6).

[장면 3] 2차 포로 귀환
: 율법 회복 / 에스라 (스 7-10장)

여기에서는 유다인들이 바사에서 예루살렘으로 돌아오는 사건을 자세하게 기록하고 있다.

7장에서는 귀환을 준비하는 일을 기록하고 있다. 성전이 완성된 후

58년이 지나간 순간에 학사 에스라가 유다로 갈 결심을 한 내용이 나온다. 그는 제사장으로서 자격을 갖춘 사람으로 주변 사람들도 명성과 호감을 느끼고 있었다. 이때 바사의 왕은 크세르크세스였다. 그리고 아닥사스다 왕이 통치한 지 7년에 에스라를 중심으로 한 2차 포로 귀환이 이루어졌다. 에스라는 왕궁에서 어느 정도 위치를 확보하고 있었으며 아닥사스다 왕에게도 인정을 받았다. 물론 이때도 필요한 물자를 지원받을 권한이 있었다. 에스라에게 주어진 주된 임무는 율법을 가르치는 일이었다. 이 조서를 어기는 자는 중벌을 받도록 했다. 하나님이 왕의 마음을 움직여서 가르치는 일을 하도록 적극적으로 도와주었다. 하나님이 자신의 역사를 이루기 위해서 왕의 마음을 움직이는 모습을 볼 수 있다.

8장은 함께 귀환한 사람들이 누구인지를 자세하게 기록하고 있다. 에스라의 소집령에 따라 모인 사람이 약 1,500명이었다. 에스라는 이 중에 레위인이 없자 38명의 레위인을 설득하여 참가시킨다. 그리고 레위인을 수종 들던 느디님 사람 220명도 따라왔다. 이들은 무사히 예루살렘에 도착하고 에스라는 대제사장의 임무를 맡게 되었다. 에스라는 성대한 제사를 드리고 바사 왕의 조서를 알리고 성전 재건을 돕도록 했다.

9~10장은 귀환하여 행한 에스라의 일을 기록하고 있다. 그런데 에스라가 돌아온 예루살렘 상황은 말씀을 어기고 있었다. 에스라는 슬픔과 분노를 참지 못하고 넋을 잃고 있다가 그 문제를 해결하기 위해 백성들을 보았다. 막상 고국에 돌아와서 보니 주위 이방 사람들과의 결혼으로 가정이 부패한 상황이었다. 제사장과 레위인과 지도자들까지 이방 사람과 결혼했다. 에스라는 기가 막혀 개혁운동을 시작했다. 하나님을 잘 섬기기 위해서 가장 중요한 것은 먼저 결혼의 회복이다. 그렇지 않으면 이방문화로 가정이 파괴되는 것은 시간문제였다. 그래서 에스라는 모세의 법에 따라 결혼을 취소하는 일을 수행했다. 이혼 처리과정은 두 달 만에

마무리되었다(스 10:16-17). 하나님의 말씀을 어기는 참담한 상황에 에스라가 옷을 찢고 머리털을 뜯으면서 고백의 기도를 드리는 모습을 보고 주위 사람들이 감동하여 일어났다. 이런 상황을 알았던 에스라는 이것을 해결하기 위해서 예루살렘으로 돌아왔다. 에스라의 개혁은 너무 상황이 안 좋다 보니 우리가 보기에는 극단적인 해결 방법으로 볼 수 있지만 당시 거룩한 백성의 삶을 위해서 선택한 최고의 방법이었다. 이런 결단을 하지 않았다면 백성의 타락은 지속되어 언약 백성으로서 이어가지 못했을 것이다.

※ 에스라서의 중요한 메시지는 무엇인가? 그것은 민족의 정체성이다. 예루살렘에 돌아온 이스라엘 백성은 어떤 사람들인가에 대한 해답이다. 포로에서 돌아온 그들은 바벨론 포로 중에서 바사시대까지 70년 동안 남은 자들이다. 그들이 돌아왔다. 예루살렘에 돌아온 이스라엘 백성은 이제 어떻게 살아야 하는가? 그것은 남은 자가 되는 것이다. 그런데 가장 중요한 결혼에서 잡혼으로 이방인들이 들어와 타락하게 했다. 결혼은 정체성의 문제로 그것을 정리하는 것에 나라의 성패가 결정된다. 에스라의 단호한 개혁은 이런 사탄의 전략을 안다면 충분히 이해가 된다. 에스라 10장에 이방 여자와 결혼한 남자들 명단을 기록한 것은 우리에게 많은 것을 알려준다. 그중에는 제사장과 노래하는 자들과 레위인도 포함되고 있다는 점에서 우리에게 도전을 준다.

신앙은 정체성이 무너지면 타락한다. 말씀대로 행하는 삶을 사는 것이 오늘 이 시대에 남은 자로 사는 것이다. 점차 세속화되는 이 시기에 에스라의 메시지는 신앙에서 무엇이 중요한지 우리에게 보여준다.

Bible

■ 성경 각 권 소개

스가랴서

【 스가랴의 배경 】

스가랴서는 바벨론 유배에서 돌아온 귀환자들을 배경으로 한다. 스가랴서는 선지서 중에서도 난해한 부분에 속한다. 그것은 예언의 내용이 종말론적 선포가 주를 이루고 있기 때문이다. 즉 하나님의 원수들은 결국 패배할 것이며 하나님 나라가 실현되는 '그날'에 초점을 맞추고 있다. 환상들의 내용이 고도의 상징적인 성격을 지니고 있고 복합적이다. 스가랴서는 하나님 나라에 보내실 메시아 왕에 대한 기대의 내용을 담고 있다. 그것은 그리스도로 희생적인 죽음을 예고한다. 신약은 이런 의미에서 스가랴의 내용을 자주 인용한다. 스가랴 9~14장은 그리스도의 수난 기사로 인용되고 있으며 에스겔서와 같이 계시록에 많은 영향을 끼친 책이다. 스가랴서는 백성들에게 이제 성전을 재건할 조건이 갖추어졌으며, 때가 되었음을 선포하면서 특히 지도자들을 격려하고 있다.

　스가랴서는 포로시대 이후에 성전 재건을 촉구하는 메시지와 죽임당할 것이지만 승리하실 미래의 왕으로 오실 메시아에 관한 예언을 하고 있다. 스가랴는 학개와 동시대 사람이지만 학개보다 사역기간이 길다. 스가랴서에는 스가랴 자신이 본 8개의 환상을 기술하고 그것을 해석하는 천사가 나온다. 이런 환상은 성전 재건과 앞으로 오실 그리스도와 연관이 있다. 미래에 겸손하게 '나귀'를 타고 오시는 예수 그리스도의 모습을 예언하고 있다.

　스가랴서 11~13장에 나타나는 하나님의 왕적 메시아의 찔리고 고난 겪으시는 모습은 이사야서의 고난받는 종의 이야기(사 52:13-53:12)와 연결된다. 그런 이유로 신약의 저자들은 예수님의 십자가 사건을 말할 때 스가랴서를 인용한다.

　"시온의 딸아 크게 기뻐할지어다. 예루살렘의 딸아 즐거이 부를지어다. 보라. 네 왕이 네게 임하시나니 그는 공의로우시며 구원을 베푸시며 겸손하여서 나귀를 타시나니 나귀의 작은 것 곧 나귀 새끼니라"(슥 9:9).

【 스가랴서의 내용 구조 】

1) 스가랴가 본 8가지 이상 (슥 1:1-6:8)
　- 첫째, 말들과 말 탄 자들 이상 (슥 1:1-17)
　- 둘째, 네 뿔과 네 대장장이 이상 (슥 1:18-21)

- 셋째, 측량줄을 잡은 자의 이상 (슥 2장)
- 넷째, 정결하게 된 여호수아의 이상 (슥 3장)
- 다섯째, 등대와 감람나무의 이상 (슥 4장)
- 여섯째, 날아가는 두루마리의 이상 (슥 5:1-4)
- 일곱째, 바구니 속 여인의 이상 (슥 5:5-11)
- 여덟째, 네 병거의 이상 (슥 6:1-8)
* 여호수아에게 준 면류관과 금식 (슥 6:9-15)

2) 금식 (슥 7-8장)
3) 스가랴의 두 개의 요지 (슥 9-14장)

되새김 120일 쉬운 통독 타임라인			
하나님 나라	성경 구조	역사와 시대	성경 각 권 소개
모형 실패	예언서 - 통찰과 해결	포로귀환시대	스가랴

>>> 스가랴 1-6장

스가랴의 환상

※ **통독 포인트**

포로시대 이후의 이스라엘 공동체가 성전을 재건하도록 촉구하는 내용이다. 특히 스가랴서는 죽임당하게 될 예수 그리스도의 오심을 예언하는 내용이 포함되었다. 지금은 힘들지만 이스라엘은 평화의 왕이 오시면서 그의 백성들의 원수를 멸하실 것이라는 예언을 통해 하나님의 백성들이 영광스럽게 승리를 거두게 될 것을 말한다. 하나님의 나라 회복과 승리를 예언하고 있다.

[장면 1] 스가랴가 본 이상 1 (슥 1-3장)

스가랴는 학개가 사역하고 있을 때 함께 사역을 시작했다. 1장에 나오는 첫 번째 환상은 말들과 말 탄 자들에 대한 이상이다. 이것은 백성에게 평화를 주기 위하여 오시는 것을 의미한다. 말을 탄 자들은 땅에서 무슨 일이 일어났는지 보고하는 사명을 받았다. 유다의 성읍을 제외하고 온 세상은 평화롭다고 말했다. 그때 하나님께서 예루살렘 성전을 재건하신다고 말씀하셨다.

이어서 나오는 스가랴의 두 번째 환상은 네 개의 뿔과 네 개의 대장장이를 보여준다. 뿔은 백성들에게 폭력을 사용하는 힘을 상징한다. 하나님의 백성을 흩어지게 하는 역할을 한다. 대장장이들은 유다를 멸망시키려고 했던 나라들을 멸망시키는 일을 부여받은 나라들을 말한다. 특히 스가랴의 네 뿔은 다니엘서에 나오는(슥 2장, 7장) 것과도 일치하는 것으로 바벨론, 메대-바사, 헬라, 로마를 말한다. 네 대장장이는 메대-바사, 헬라, 로마, 메시아를 통해 임하는 하나님의 나라를 말한다. 이스라엘을 포로생활하게 한 이방 나라를 하나님이 심판하신다. 이것은 자녀를 끝까지 사랑하시는 하나님의 모습을 보여준다.

2장에서 스가랴가 본 세 번째 이상은 스가랴가 측량줄을 잡고 길을 가는 사람을 만나 어디로 가는지 묻는 내용이다. 그들이 예루살렘에 가는 것은 예루살렘을 재건하기 위함이다. 특별한 것은 성벽이 없다는 것인데 하나님이 친히 성벽이 되어 주시기 때문이다. 북방의 유다 민족에게는 시온으로 도망가라고 하신다. 하나님은 유다를 핍박하는 자들을 심판하신다. 하나님은 자신을 섬기는 자녀들을 책임지시고 보호하신다.

3장의 네 번째 이상은 대제사장 여호수아의 위치를 보여주는데 여호수아는 사탄과 같이 하나님 앞에 서 있었다. 사탄이 제거되자 여호수아에게 정결한 옷과 관을 준다. 그것은 앞으로 이스라엘이 회복될 것을 보여주는 것으로 여호수아는 장래에 오실 메시아와 제사장과 왕을 상징했다. 이것은 앞으로 오실 그리스도를 통해서 우리를 축복하길 원하시는 것을 보여준다. 우리도 세상에서 정결하고 거룩한 제사장의 사명을 감당해야 한다.

[장면 2] 스가랴가 본 이상 2 (슥 4-6장)

4장은 다섯 번째 이상의 내용이다. 스가랴가 본 이상은 성전에 빛을 비추는 일곱 촛대와 비슷하게 생긴 금 등대였다. 등대 주위에는 주발이 있고 일곱 개의 등잔에 연료로 사용될 감람유를 보관하는 그릇이 보인다. 그 관을 통해 등불이 타도록 기름이 공급되었다. 그런데 그 두 그루의 감람나무가 계속하여 감람유를 채워주고 있다. 이런 이상은 이스라엘 지도자들에게 하나님이 성령의 능력을 계속 부어주심을 말한다. 두 올리브 나무는 여호수아와 스룹바벨을 의미한다. 이것은 큰 의미로 보면 앞으로 오실 기름 부음받은 예수의 역할을 의미한다. 이것을 통하여 하나님의 일을 감당하는 스룹바벨을 격려하는 의미가 있다.

5장에는 2개의 이상이 나온다. 하나는 날아가는 두루마리 이상이다. 여기서 두루마리는 악인을 심판하기 위해 사용하시는 의로운 기준을 말한다. 두루마리 양면에 글이 쓰여 있는데 도적질하는 자와 하나님의 이름으로 망령되이 맹세하는 자들을 정죄하고 있다. 이것은 유다에서 추방되는 악을 말하고 또 하나의 이상 광주리 속의 여자는 바벨론으로 쫓겨나는 악을 말한다. 이것은 바벨론이 멸망할 것을 보여주고 있다.

6장은 병거 네 대의 이상으로 안식하시는 하나님과 여호수아를 위한 면류관을 말한다. 땅이 평온한 것을 보여주는 것은 이제 성전을 재건할 시간이 되었음을 말한다.

되새김 120일 쉬운 통독 타임라인			
하나님 나라	성경 구조	역사와 시대	성경 각 권 소개
모형 실패	예언서 - 통찰과 해결	포로귀환시대	스가랴

>>> 스가랴 7-14장

여호와의 날

[장면 1] 금식 (슥 7-8장)

7~8장은 금식에 대한 질문이 나온다. 성전을 건축한 이스라엘은 한 가지 의문이 들었다. 멸망한 중에서도 행했던 유월절을 지키는 일이었다. 그것은 과거의 역사를 돌아보는 의미가 있다. 이것을 위해 금식해야 할지를 묻는 말에 대해 금식하는 대신에 그들을 위해 행하신 일을 축하하며 즐거운 축제를 가지는 일이었다. 성전 재건은 이스라엘 백성에게 축복을 가져다주는 시간이었다. 8장에서 스가랴는 "만군의 여호와가 말하노라"는 구절을 10번 언급한다(2-4,6-7,9,14,19-20,23). 이것은 7장에도 같게 시작된다(슥 7:4).

[장면 2] 스가랴의 마지막 날 예언 (슥 9-11장)
: 첫 번째 요지

스가랴는 이스라엘의 장래에 대해서 2가지 핵심을 말한다. 그것은 초림과 재림에 대한 예언적 사건이다. 9~13장까지는 이 두 가지 핵심을 교차 대구법으로 배치하고 있다.

첫 번째 요지는 헬라의 알렉산더 대왕의 정복에서 그리스도가 오시기까지를 추적하면서 하나님이 이스라엘을 사랑하시고 보호하시는 모습을 말하고 있다. 이스라엘 속에는 아직 하나님 나라의 건설이 이루어지지 않았다. 그것은 하나님 나라의 주인공인 주님의 목자를 거절했기 때문이다. 본문에서는 열방들에 대한 하나님의 심판이 나타난다. 스가랴가 열거한 도시들은 알렉산더에게 정복당한다. 예를 들면 다메섹, 하맛, 두로와 시돈과 블레셋 성읍 등이다.

그리고 뒤이어 오실 그리스도는 승리를 외치며 오신다. 그때 오시는 의로운 왕은 나귀의 새끼를 타고 오신다. 그러나 나중에 임할 하나님의 나라는 "만국을 철장으로 다스리는"(계 19:15) 재림 때를 의미한다.

하나님은 언약을 지키는 자를 축복하고 그들을 보호하신다. 그리고 헬라에게 유대인이 지배를 당하지만 다시 헬라를 이기게 하실 것이다. 이것은 헬라시대를 의미한다. 그리고 시간이 지나면 선한 목자이신 메시아가 오신다. 유다 지파에서 통치할 메시아가 오는데 메시아를 거부한 사람들에 의해 지연되었다. 가룟 유다는 은 삼십에 목자이신 예수님을 팔았다. 그 돈으로 대제사장들이 토기장이의 밭을 사서 나그네의 묘지를 삼았다(마 27:3-10). 이것은 이스라엘의 언약과 단절됨을 말한다. 그런 속에서 우매한 목자가 나온다. 이것은 적그리스도를 말하는 것으로 이스라엘과 모든 사람을 힘들게 할 것이다.

[장면 3] 스가랴의 마지막 날의 예언 (슥 12-14장)
: 두 번째 요지

스가랴의 두 번째 요지는 그리스도의 재림과 연관이 있다. 모든 것이 완전하게 이루어질 그날 바로 이루어질 것이다. 이렇게 이루시는 하나님은 회개하는 자에게 함께하시고 축복하실 것이다. 이것은 그날에 이루어지는데 그날의 구절이 13번에 걸쳐 언급되고 있다(슥 12:3-4,6,8-9,11, 13:1-2,4, 14:4,6,8-9,13,20). 마지막 순간이 오면 열방의 나라들이 예루살렘에 모여들 것이다. 예루살렘은 마지막 전투의 장이 될 것이다. 이런 어려움으로 인해 이스라엘을 정결하게 하고 그것이 이루어지면 세상의 모든 우상과 거짓 선지자들을 패망하게 하실 것이다. 이스라엘에 진정한 회개가 일어나면 그들이 예수를 받아들이고 그때는 비로소 온 이스라엘의 구원이 이루어질 것이다(롬 11:26). 스가랴는 예루살렘에 일어날 일을 말하고 있다. 진정한 목자 되신 예수가 마지막 십자가에서 죽으심으로 양 떼가 흩어졌지만 결국은 그 앞에 오게 될 것이다. 끝까지 믿음을 지킨 남은 자들에 의해서 하나님 나라는 회복되고 생명수가 예루살렘에서부터 흘러나올 것이다(겔 37:1-12, 욜 3:18).

스가랴는 예루살렘과 주변에 일어나는 거룩한 전쟁과 심판에 대해 언급하면서 경건한 자들이 남게 될 것을 예언한다. 그리고 그들은 바벨론 포로에서 돌아온 것처럼 완벽하게 또 거룩하게 하시는 그날을 소망하면서 살아가야 한다. 그들 속에 '여호와께 성결'이라는 구절이 새겨지면서 우리를 완벽하게 변화시켜주실 것이다.

※ 하나님은 변함없이 신실하신 분이다. 어제나 오늘이나 내일이나 같으시다. 하나님은 한 번 계획한 일은 기억하고 성취하신다. 다만 시간

이 조금 느릴 뿐이다. 하나님의 때가 오면 급속도로 성취의 역사가 일어난다. 하나님은 한 번도 실패하지 않으셨다. 시작하신 분도 하나님이요 마치는 분도 하나님이시다. 언뜻 보면 이루어지지 않고 잊힌 것 같아도 그리스도 안에서 보면 지금도 이루는 중이다. 다만 나의 시간에서가 아닌 하나님의 뜻에 따라 이루어진다. 시간은 우리에 속한 것이 아니라 하나님께 속한 것이다. 하나님은 본질적으로 신실하시다. 그런 이유로 우리에게 하신 말씀은 꼭 이루어진다. 지금 당장 일어나는 현실만 보지 말고 하나님을 신뢰하며 그분이 이루어가실 일을 기대하며 사는 것이 믿음이다. 우리는 잊어버려도 하나님은 잊지 않고 기억하신다. 이것을 믿고 오늘도 그 하나님을 신뢰하며 그분을 따라가는 것이 곧 그리스도인의 삶이다.

■ 성경 각 권 소개

에스더서

【 에스더서의 배경 】

▶ 정치적 배경

저자는 확실하지 않으나 유다 관습을 잘 알고 있는 것을 볼 때 페르시아계 유다인으로 추정한다. 에스더 1장에 표기된 아하수에로 3년은 BC 483년으로 추정되며, 에스더서는 바벨론 포로로 잡힌 후에 고레스 칙령으로 포로 귀환에 속하지 않고 흩어져 사는 유다인을 향해 쓴 것으로 여겨진다.

포로 귀환 이후에 본국에 돌아온 사람들도 있었지만 유다인들은 주변에 흩어져 살았다. 흩어져 사는 디아스포라 유다인이 어떻게 살고 있었을까? 에스더는 바로 그런 사람의 정보를 제공해주고 있다. 에스더의 이야기는 수산에 사는 유다인 에스더와 모르드개를 중심으로 펼쳐지는 한편의 드라마와도 같은 이야기다. 아하수에로(크세르크세스) 왕 3~12년에 일어났다(BC 483-471) 우리는 에스더 이야기를 통하여 당시 유다인들의 정체성과 신앙이 어느 정도였으며 이방 속에서 어떻게 신앙을 지키면서 하나님의 구원을 체험했는가를 엿볼 수 있다. 이방 속에서 살지만 유다인의 정체성을 다시 확인하며 어떤 신앙으로 살아야 하는지 말해주고 있다.

다리오와 고레스 왕은 120도를 다스렸지만 아하수에로 왕은 127도를 다스렸다. 그의 선왕들보다 더 넓은 영토였지만 그것에 그치지 않고 욕망을 채우려고 그리스에 전쟁을 일으켰다가(BC 480-479) 실패하여 BC 465년에 죽었다. 아하수에로(히브리식 이름)의 뜻은 '힘센 눈, 힘센 사람'으로 자기가 위대한 왕이라고 생각하는 교만한 인물이다. 페르시아 도시인 페르세폴리스(Persepolis)의 시에서 발견된 비문에 의하면 아하수에로 왕은 자신을 가리켜 '위대한 왕, 왕 중의 왕, 많은 부족이 있는 지역의 왕, 저 광대한 지역의 왕'이라고 선언하였다.

▶ 공간적, 시간적 배경

에스더서에 나오는 유다인들은 북쪽 이스라엘 백성들로서 BC 722년 경에 앗수르 왕에 의해 메대의 고을로 잡혀갔다. 그런데 얼마 지나서 이 고을이 바벨론에 의해 점령당했다(BC 539년). 바벨론의 느브갓네살 왕은 일부 유다인들을 바벨론으로 강제 이주시키고 이주당한 자들은 다시 수산 땅으로 옮겨졌다(2:5-6). 이런 상황에서 고레스의 포로 귀환령이 내려졌고 수백만 명의 흩어진 이스라엘 백성 중에서 5만 명의 백성이 스룹바벨과 여호수아의 인도로 가나안으로 돌아왔다. 에스더는 고레스의 유다인 본국 귀환의 조서가 있고 난 뒤에 1차 포로 대열에 끼어 예루살렘으로 귀환하지 않고 바사에 남아 있는 유다인들에 관한 기록이다. 본문의 내용을 이해하기 위해 이 당시의 전후 역사적 정황을 살펴볼 수 있다.

① 유다인들의 1차 포로 귀환이 스룹바벨에 의해 이루어진다
　　(BC 536년).
② 예루살렘 성전이 완성된다(BC 516년).
③ 에스더가 왕후가 된다(BC 478년).
④ 에스더가 자기 백성을 구한다(BC 473년).
⑤ 유다인들의 2차 포로 귀환이 에스라에 의하여 이루어진다
　　(BC 455).
⑥ 유다인들의 3차 포로 귀환이 느헤미야에 의하여 이루어진다
　　(BC 445).

에스더의 이야기는 바사 왕 고레스 왕이 포로 귀환령을 내린 지 60년
이 지나서 시작된다.

▶ 사회적 배경
에스더의 이야기의 주무대인 수산궁은 엘람의 고대 수도였던 지금 이
란의 남서쪽에 있다. 매우 번성한 도시로서 여러 도시가 수산을 중심으
로 정치적 군사적, 상업적, 문화적 관계를 맺고 있었다.

【 핵심과 읽기 지침 】

유대 명절인 부림절의 기원이 되는 에스더서는 유대민족이 멸절 위기
에서 극적으로 구원받은 이야기가 핵심이다. 유대인들은 부림절을 수천
년간 지켜오고 있다. 부림절은 유대인의 마지막 달력인 아달월 14~15일
에 열린다. 13일에는 에스더가 금식한 것을 기억하여 금식 행사를 하는

데 이날 저녁에 회당에 모여 에스더서를 공식적으로 읽는 행사를 한다. 그리고 다음 날은 기쁘게 잔치를 여는 시간을 갖는다. 이것은 출애굽 사건과 같은 의미가 있다.

에스더서의 중요한 특징은 하나님의 이름이 나오지 않는다는 것이다. 그러나 보이지 않는 가운데 에스더서 전체를 통해 하나님의 손길을 느낄 수 있다. 이것은 룻기와 같다. 이스라엘의 민족정신을 일상생활 속에서 이해하는 데 도움이 된다.

【 에스더서 내용 구조 】

1) 전개 (에 1-2장)
준비 시작 – 욕망과 타락의 잔치 – 와스디가 왕의 청을 거절
– 에스더 등장 – 모르드개 등장 – 하나님의 은혜로 에스더 간택
– 모르드개 왕에게 고함(내역을 궁중일기 기록)

2) 갈등 (에 3-4장)
하만의 등장(총리대신으로 지위가 높아짐)
– 문지기 모르드개와 갈등 – 모르드개와 유다인의 위기 발생
– 하만의 유다인 학살 계획 – 조서 전국에 반포
– 에스더에게 도움을 청하는 모르드개

3) 위기 (에 5-6장)
에스더가 왕 앞으로 나아감 – 하만의 득세
– 왕에게 하나님 역사 – 모르드개 등극 준비

＊ 제1막 : 왕의 침상 – 모르드개 충성심 인지

4) 절정 / 반전 (에 7-8장)
  하만의 죽음 – 조서 취소한 것을 각도에 전달 – 모르드개 등극
  ＊ 제2막 : 왕의 연회석 – 하만의 사형

5) 대단원(에 9-10장)
  유다인 구출(원수 갚음) – 부림절 축제 – 존귀하게 된 모르드개

에스더서는 성경을 즐겁게 읽는 방법을 터득할 수 있는 좋은 책이다. 드라마처럼 장면이 움직이는 그 속으로 들어가는 체험을 통독을 통해 경험해보자.

D·a·y
067
장면통독 가이드

>>> 에스더 1-10장

선택받은 에스더,
위기에 처한 유다인

＊**통독 포인트**

에스더서는 유다인이 바벨론 포로로 잡혀가 70년간 고난의 시기를 보낼 때 하나님이 선택한 백성을 어떻게 책임지고 돌보는지를 잘 보여준다. 악한 하만의 모략으로 전 유다인이 죽을 위험에 처했을 때 하나님이 유다인을 어떻게 구원하는지 어려운 상황 속에서 메시지를 강력하게 전하고 있다. 통독할 때 이야기 구조로 읽으면 성경 읽기가 재미있다. 에스더서는 다른 성경책과 다르게 내러티브적인 특징이 탁월하다. 특히 플롯(plot)을 따라 에스더를 읽으면 말씀 속에 푹 빠져드는 경험을 할 수 있다. 또 하나, 에스더에서는 한 번도 하나님이 언급되지 않는다. 그런데도 하나님의 보이지 않는 손길을 느낄 수 있다. 에스더서는 한 편의 영화처럼 믿지 않는 사람도 종교적인 거부감을 느끼지 않고 읽을 수 있는 책이다. 이런 점에서 에스더서를 장면으로 나누어 다른 책과 다른 각도로 드라마처럼 읽도록 구성했다.

▶ 전개 (에 1-2장)

욕망과 타락의 잔치 – 와스디가 왕의 청을 거절 – 에스더 등장 – 모르드개 등장 – 하나님의 은혜로 에스더 간택 – 모르드개 왕에게 고함(내용을 궁중일기에 기록)

[준비 시작]

에스더서 1장의 시작은 BC 485~465년에 바사(페르사)의 왕 아하수에로(크셀크세크) 왕이 즉위한 지 3년이 되는 때 일어난 일이다. 왕은 그리스를 점령하기 위한 분위기를 만들기 위해 자기의 위치를 알리고 굳건히 하며 신하들의 사기를 북돋아주기 위해 거대한 잔치를 베풀었다. 1장과 2장 사이는 최소한 4년 후의 일이다. 이 기간에 아하수에로 왕은 피해가 막심한 그리스정벌에 자신만만하게 나섰다가(BC 481-479) 패배하고 돌아왔다. 그런데 돌아와 보니 아내가 폐위되어 있었기에 가장 위로받아야 할 아내에게서 어떤 위안도 받을 수 없는 불행한 상황에 직면했다. 많은 후궁이 있었으나 그것으로 만족할 수는 없었다. 자기도 모르게 아름다운 왕비를 그리워하는 왕의 모습을 생각해보라. 하나님의 특별한 섭리로 아하수에로 아내였던 와스디가 폐위되고 유다인 에스더가 왕의 사랑을 받아 왕비가 된다.

• 잔치의 흥이 절정에 다다를 때 아하수에로는 왕비 와스디를 백성 앞에 보여주면서 자신의 위용을 과시하려 했으나 와스디가 거절한다. 왕궁에서 7인 최고위원과 돌발사건 대책회의가 이루어진다. 결국 이것은 왕이나 백성에게도 큰 충격으로 다가와 와스디가 폐위된다. 갑작스러운

사건이지만 알고 보면 배후에 하나님의 역사가 일어나는 일이다. 이것은 에스더의 등장을 예고하는 우연이 아닌 목적이 있는 사건이다.

유다를 멸망에서 구원하는 역할을 에스더가 맡게 된다. 에스더가 불가능한 상황에서 왕후로 간택을 받은 가운데 모르드개에게도 하나님의 특별한 은혜가 임한다. 모르드개는 왕을 살해하려던 음모를 미리 알고 이 사실을 에스더에게 알려 왕을 구하게 된다. 이것은 나중에 유다의 구원에 효과적으로 사용된다. 지금 나의 선한 일이 사용되지 않는다고 우리는 불평하기 쉬운데 알고 보면 하나님은 더 좋은 일을 위해서 준비하고 사용을 미루신다. 주님을 위해서 준비된 것은 언제나 사용될 날이 있다. 가장 좋은 날은 하나님만이 아신다.

[장면 2] 위기에 처한 유다인 (에 3-4장)

▶ 갈등 (에 3-4장)

하만의 등장(총리대신으로 지위가 높아짐) – 문지기 모르드개와 갈등 – 모르드개와 유다인의 위기 발생 – 하만의 유다인 학살 계획 – 조서 전국에 반포 – 에스더에게 도움을 청하는 모르드개

• 모르드개는 하만에게 무릎 꿇는 것을 거부한다. 그것은 단순히 하만에게 거부하는 것이 아닌 악한 세력에 대한 도전이며 그것에 굴복하지 않는 것이다. 당장은 어려움을 당할지라도 하나님이 역사의 주관자이므로 결국은 하나님이 역사를 이끄시고 인도하심을 믿고 그것을 인정하는 의미가 있다. 하만은 이것을 빌미로 모르드개뿐 아니라 유다인 전체에 대한 악의를 품고 멸하려고 한다. 그러나 하나님의 편에서 보면 악의 상

승세는 결국 악의 멸망을 자초하는 것이다. 모르드개의 절개는 어떤 위기 상황에서도 오직 하나님만을 믿고 결단하는 그리스도인의 삶을 조명하고 있다.

• 하만에 의해 유다인이 몰살될 위기를 맞는다. 물론 그것은 모르드개가 빌미를 제공했다. 하나님 이외에 다른 사람에게는 절하지 않는 강직한 모르드개가 하만을 거슬리게 했고, 그것은 뜻하지 않은 민족적인 위기로 번진다. 하만이 제비를 뽑은 아달월 13일 하루 동안에 모든 유다인을 몰살시키라는 왕의 칙령이 내려진다.

유다인을 전부 죽이려고 계획하는 하만은 아말렉 자손이다. 아각은 아말렉 족속의 왕이었으며 아말렉은 신령한 축복인 장자의 기업을 팔아먹은 에서의 후손이다. 하나님은 사울에게 아말렉 족속을 진멸하라고 명령했음에도 사울은 아각의 목숨을 살려두었다. 아말렉은 애굽에서 나온 이스라엘 사람들이 시내 광야에 이르기 전 르비딤에 있을 때 그들을 공격한 민족으로 이 시간 이후에 이스라엘과는 영원한 숙적이 되었다(출 17:8-16, 신 25:17-19 참조).

모르드개와 유다인은 금식하면서 기도한다. 여기에 에스더가 함께하면서 위기 해결은 에스더 한 사람에게 집중된다.

[장면 3] 믿음으로 반전을 (에 5-8장)

▶ 위기 (에 5-6장)
에스더가 왕 앞으로 나감 – 하만의 득세 – 왕에게 하나님 역사 – 모르드개 등극 준비

＊ 제1막 : 왕의 침상 – 모르드개 충성심 인지

• 에스더는 이스라엘을 구하기 위해 죽을 각오로 왕 앞에 나선다. 그러나 위기는 기회가 되어 에스더는 이전보다 더욱더 왕의 사랑을 받게 된다. 이것은 금식과 기도로 하나님의 도우심을 준비했기 때문이다. 에스더가 베푼 잔치에 하만이 초대를 받지만 그것은 하만의 죽음을 앞당기는 결과를 가져온다. 하만은 에스더의 신임을 받은 것으로 착각하여 더욱 기승을 부리면서 모르드개를 공개 처형하기로 마음먹고 높은 장대를 세우지만 결국 그 장대에 자기가 매달리는 비운을 맞이한다. 하나님이 하시고자 하면 아무리 인간이 애를 써도 그것은 이룰 수 없다.

• 위험을 무릅쓰고 왕 앞에 나서는 에스더에게 하나님의 은혜가 임한다. 왕이 하만을 함께 잔치에 초청하면서 구원 계획이 진행된다. 특히 주도면밀한 계획 속에 지혜롭게 문제를 해결해 나가는 에스더의 모습이 인상적이다. 반면에 어리석은 하만의 모습은 대조적이다.

이 세상에 일어나는 어떤 일도 우연히 일어나는 일은 없다. 분명한 목적을 향해 역사가 진행되고 있다. 개인이나 나라나 인류에게 향한 일이 하나님의 손 안에서 이루어진다. 사람의 꾀와 힘으로 하면 할수록 더욱 일이 복잡해지고 어려워진다. 하나님의 손길을 믿고 그때를 기다리면서 묵묵히 자기의 일을 충실히 하는 것이 하나님을 믿는 자녀들의 모습이다. 오늘 본문은 이런 실제적인 예를 극적으로 보여주고 있다.

• 하만의 유다인 말살 계획은 왕후인 에스더가 '죽으면 죽으리라' 각오하고 아하수에로 왕에게 나아가게 한다. 이것은 기도와 금식을 하면서 결단을 내린 것으로 에스더의 결단이라기보다는 하나님의 도우심으

로 결단한 행동이다. 하나님만 의뢰하는 신앙을 엿볼 수 있다. 역사는 자기를 포기하고 나아갈 때 일어난다. 하나님이 움직이시는 때는 자기를 완전히 드리고 나아갈 때다. 죽고자 하면 살 것이요 살고자 하면 죽을 것이다. 이것이 그리스도인의 신앙의 핵심이다.

▶ 절정 / 반전 (에 7-8장)
하만의 죽음 – 조서 취소한 것을 각도에 전달 – 모르드개 등극
＊ 제2막 : 왕의 연회석 – 하만의 사형

• 이 세상에 일어나는 어떤 일도 우연한 일은 없다. 분명한 목적을 향해 역사가 진행되고 있다. 개인이나 나라나 인류에게 향한 일이 모두 하나님의 손안에서 이루어진다. 그런 이유로 사람의 꾀와 힘으로 하면 할수록 더욱 일이 복잡해지고 어려워진다. 하나님의 손길을 믿고 그때를 기다리면서 묵묵히 자기의 일을 충실히 하는 것이 하나님을 믿는 자녀의 모습이다. 오늘 본문은 이런 실제적인 예를 극적으로 보여주고 있다.

• 7장은 에스더의 클라이맥스와 같은 부분이다. 에스더가 왕 앞에서 하만의 흉계를 폭로한다. 에스더가 자기 죽음을 각오하고 하나님만 의지하고 민족의 생존을 위해 왕이 가장 신임하는 하만을 용기 있게 고발하는 장면은 우리의 가슴을 저미게 한다. 자신을 의지하지 않고 전적인 믿음에 의한 용기라고 할 수 있다. 결국 왕의 마음이 움직여 하만은 비참한 최후를 맞이한다. 하나님을 대항하는 자의 말로가 어떤지를 보여주는 좋은 예라고 할 수 있다.
본문은 에스더서의 절정으로 분위기가 반전되면서 위기가 환희로 바뀌는 장면이다. 어떻게 선한 사람이 높임을 받고 악한 사람이 몰락하는

지 그 과정을 극적으로 보여주고 있다. 이런 모든 것은 어느 인간이 만든 작품이라기보다는 역사 뒤에서 은밀히 진행하시는 하나님의 섭리임을 알 수 있다. 유다인을 죽이려고 했던 사람들이 역전당하여 자기들이 멸망할 처지가 되었다. 유다인을 죽이라는 조서가 유다인을 멸절하는 일에 참여했던 사람들을 멸절시키라는 조서로 바뀌면서 놀라운 구원의 역전 드라마를 보여준다. 하나님을 대적하는 자는 멸망하지만 하나님을 경외하는 자는 영원히 살게 된다는 말씀을 실감하게 한다.

• 고대 근동법은 한 번 내린 왕의 칙령은 취소할 수 없다. 이것을 해결하기 위하여 그것을 뛰어넘는 새로운 법령을 내려서 문제를 해결하는 것을 보고 율법과 은혜의 법을 연관하여 생각하는 것이 중요하다(에 3:7, 8:9-3:13, 롬 8:1-11 참조). 유다인들에게 새롭게 반포된 법은 곧 복음의 기쁜 소식이다. 이때 이 복음을 들은 유다인들의 마음은 어떠했을까? 오늘 영원히 죽을 수밖에 없는 사람들에게 들리는 복음의 소식이다(에 4:3 참조). 유다인을 두려워하여 본토 백성 중에서 "유다인이 되는 자가 많았다"(에 4:17)라는 말씀을 통해서 새롭게 적용해야 할 것이다.

[장면 4] 유다인 구원
: 존귀하게 된 모르드개 (에 9-10장)

▶ 대단원 (에 9-10장)

• 심판자가 하만에서 모르드개로 바뀌고 심판받을 대상 유다인에서 이제는 심판하는 유다인으로 바뀌게 된다. 이것은 세상이 끝날 때 나타

날 그리스도인의 모습을 보여주는 것이기도 하다. 그리스도의 재림 때는 성도들이 영광을 받게 된다. 중요한 것은 지금이 아니라 마지막이다. 대다수 사람들은 지금 눈앞의 일에만 관심이 있다. 그러나 무엇이든지 마지막까지 가야 모든 것을 판단할 수 있다. 진정한 승리는 마지막에 승리하는 것이다. 이런 면에서 그리스도인은 이미 미래가 보장되었기에 이 세상에서 이미 승리자로서 살아가는 자다. 역전하시는 하나님의 역사를 바라보면서 주신 하루에 최선을 다하는 것이 최고의 믿음이다.

• 하나님의 구원은 인간이 이루는 것이 아니라 하나님께서 주도적으로 나타나셔서 이룬다. 유다인들은 슬픔이 변하여 기쁨이 되고 죽음이 변하여 생명이 되는 구원의 사건을 대대로 기념하기 위하여 부림절을 지킨다. 최후의 승리를 얻기까지 충성하라는 의미가 여기에 담겨 있다. 지금 부림절은 그리스도인에게 계속되고 있다. 부활절도 이런 면에서 그리스도인에게 부림절의 의미가 있다. 사망 권세를 이기고 부활하신 주님을 믿는 것은 언제나 최후에 승리가 보장된 그리스도인의 삶을 보여주고 있다. 인간의 행함으로 일어난 부활이 아닌 전적인 하나님의 주도적인 사건에 의하여 일어난 부활이다. 우리는 다만 이것을 믿을 뿐이다

• 부림절의 축제는 슬픔이 변하여 기쁨이 된 것을 기념하는 것으로 유대인들은 아달월 14~15일을 그들의 명절로 지금까지 대대로 지키고 있다. 그때 모르드개가 그것을 기록하여 유대인들에게 특별히 강조한 이유는 무엇인가? 아울러 이것이 우리에게 주는 영적 교훈은 무엇인가?(신 6:4-6 참조). 부림이란 유다인이 원수들에 의하여 제비 뽑혀 진멸당하는 날로 정해진 데서 연유한 것이다. 멸망의 날이 오히려 유대인의 명절로 바뀌었다는 것은 아이러니한 일이다. 이것은 우리에게 어떤 의미를 주고

있다. 12월 25일은 이방인의 태양절이었는데 나중에 성탄절로 주님을 찬양하는 날로 바뀌었다. 우리에게 있는 명절이나 교회 절기와 가족의 명절을 생각해보고 그것을 어떻게 승화시켜야 하는지에 대해서 말해보자. 그렇게 함으로 주어지는 실제적인 유익은 무엇인가?

　※ 한 여자 에스더가 믿음으로 위기에 빠진 민족을 살린 극적인 반전은 후대까지 감동을 주고 있다. 에스더의 이야기는 이스라엘이 정체성을 지킬 때 어떤 구원과 축복을 주시는지를 잘 보여준다. 예루살렘으로 귀환하지 않고 이방 지역에 그대로 남아 그곳에서 신앙의 정체성을 갖고 위기를 극복하는 에스더 이야기는 앞으로 이스라엘과 그리스도인이 세상에서 감당해야 할 사명과도 연관이 있다. 광활한 127도의 영토를 다스리는 왕 크세르크세스의 생사는 오히려 한 사람 에스더에 의해 좌우된다. 왕을 암살하려는 음모를 에스더가 미리 차단하여 왕의 생명을 구한다. 이것은 아무리 큰 제국의 왕일지라도 죽고 사는 것이 하나님을 믿는 한 사람에 달려 있음을 보여준다. 크세르크세스 왕의 힘과 부가 자기 생명 하나를 지키지 못했다. 하지만 한 여인의 지혜와 믿음은 바사 왕뿐 아니라 유다 민족을 구원하는 도구가 되었다는 점은 우리에게 시사하는 바가 크다.

　우리도 에스더처럼 믿음을 가진 한 사람을 잘 양육하면 하나님이 그 한 사람을 어떻게 사용하실지 아무도 모른다. 위기의 시대에는 에스더처럼 "죽으면 죽으리라"는 믿음을 가진 신실한 한 사람을 찾으신다. 이것은 오늘날 세상 속에서 살아가는 그리스도인이 어떻게 믿음으로 세상을 정복하고 다스릴 수 있는지 잘 보여준다. 크세르크세스와 같이 세상의 권력과 명예와 재물을 의지하지 않고 오히려 자기를 버리고 하나님께 끝까지 충성한 에스더와 같은 의인(롬 1:17)을 꿈꾸자. 하나님은 어디에 있든지 부르신 그곳에서 믿음으로 응답하는 한 사람이 필요하다. 에스더서는 전체의 이야기 흐름을 통해 구원을 위한 하나님의 준비와 섭리, 그리고 자기 백성을 향한 깊은 사랑이 그려져 있다. 에스더를 통하여 우리는 어느 것 하나도 그냥 우연히 되지 않고 합력하여 선을 이루는 놀라운 하나님의 은혜를 경험하게 되고 어느 것 하나도 하나님의 손에서 벗어나지 않고 계획 속에 이루어짐을 믿게 된다. 끝까지 하나님의 구원을 믿고 나가면 결국에는 승리하는 그리스도인을 상징적으로 보여준다.

느헤미야

【 느헤미야서의 배경 】

▶ 정치적 배경

유다 명문 출신으로 하가랴의 아들이다. '여호와의 위로'라는 뜻이 있다. BC 586년에 예루살렘이 바빌로니아인들에게 함락되고 나서 이스라엘 포로로 잡혀갔을 때 태어난 유다인으로 왕의 술 맡은 직책까지 올라간 이방 지역에서 성공한 유다인이다. 술 맡은 직책은 당시에는 높은 직책이다. 술 맡은 직책은 황제 또는 왕이 정적에 의해 독살당할 수 있었기 때문에 고대 사회부터 생겨났다. 술 관원은 그 맛을 보도록 지정된 자로서 이 일을 맡은 사람은 왕의 신임을 받은 사람이라야 한다. 왕의 총애를 받은 사람으로 뛰어난 영향력을 지니고 있었다. 이렇게 보면 느헤미야는 왕의 비서실장이나 참모총장과 같은 높은 지위에 오른 사람이라고 볼 수 있다. 아닥사스다 왕의 아버지는 에스더서에 나오는 아하수에로(크세르크세스)

다. 어머니는 폐위당한 와스디이고, 나중에 에스더가 어머니 역할을 했다. 의붓아들인 아닥사스다 왕은 어머니(계모)인 에스더에게 영향을 많이 받았고, 그것으로 인해 느헤미야에게 많은 호의를 베풀었음이 분명하다. 아닥사스다 왕은 애굽을 무찌르고 헬라와 평화조약을 맺어 두 나라 사이에 오랜 적대관계를 청산하고 제국의 황금기를 누리고 있었다.

▶ 시간적 배경

때는 BC 445년이다. 유다인들이 예루살렘에 돌아온 지 거의 90여 년이 되었는데 아직 예루살렘 성벽 건설이 안 됐다. 느헤미야가 부름받은 때는 바사 왕 아닥사스다의 치세에 해당한다. 바벨론의 포로 귀환은 3차에 걸쳐서 이루어진다. 1차 포로 귀환은 BC 536년에 스룹바벨과 예수아가 5만 명의 유다인을 이끌고 돌아와 성전을 건축한다. 2차 귀환은 BC 457년에 에스라의 주도하에 말씀의 영적 부흥이 소규모로 일어난다. 3차 귀환은 예루살렘성의 재건을 위해 느헤미야가 부름받아 귀환한다.

▶ 공간적 배경

1차 포로 귀환 이후에 나머지 상당수가 바벨론과 바사에 남아 있었다. 이 사람들 중에 느헤미야가 있었고 거기서 예루살렘 성벽 재건의 부름을 받았다. 예루살렘 성벽은 유다인들에게 성전과 더불어 민족의 상징이자 생명과 같은 것이다. 느헤미야는 고국의 비보를 전해 듣고 750마일(1,200km. 서울과 부산 간 거리의 2.5배. 성에 도착하는 데 3개월 걸림)의 거리를 가게 된다.

▶ 사회, 역사적 배경

BC 457년 봄, 에스라는 아닥사스다 왕의 도움으로 유다인을 이끌고 예루살렘으로 돌아와 예루살렘 성전을 재건했으나 르훔과 심새의 방해로 유다인들은 참극을 당한다. 이러한 비보를 전해 들은 느헤미야는 바사 왕실의 안락한 자리를 버리고 BC 445년에 예루살렘으로 돌아온다.

【 특징과 읽기 지침 】

- 구약 역사서의 마지막 책이다.
- '성벽을 위해 받은 부르심'에 대하여 쓴 자서전과 같은 분위기를 느끼게 한다.
- 에스라와 느헤미야는 같은 시대의 사람으로 하나의 책으로 불리기도 한다.
- 느헤미야서는 에스라서와 함께 이스라엘 역사에 관한 제사장 문서로 불린다.
- 에스라서는 영적인 면을 주로 취급했지만 느헤미야서는 육적인 부분의 사실적인 내용이 많다.

【 느헤미야서의 내용 구조 】

1) 1부 성벽 중건 (느 1-7장)
2) 2부 국가 중건 (느 8-13장)
   - 언약 갱신 (느 8-10장)
   - 민족 갱신 (느 11-13장)

되새김 120일 쉬운 통독 타임라인			
하나님 나라	성경 구조	역사와 시대	성경 각 권 소개
모형 실패	역사서 - 해석	포로귀환시대	느헤미야

>>> 느헤미야 1-13장

3차 귀환
: 성벽 재건과 개혁

✳ **통독 포인트**

느헤미야가 에스라의 뒤를 이어 그가 하지 못한 일을 수행하는 이야기다. 그러므로 느헤미야서를 읽을 때는 에스라서와 연결하여 읽는 것이 중요하다. 에스라와 느헤미야는 서로 동역자였다. 서로 부족한 점을 채워주는 이야기가 에스라서–느헤미야서다. 특히 느헤미야는 성벽을 재건하며 주변의 방해를 이기면서 어떻게 사명을 완수하는지 그 지혜를 배우는 측면에서 성경을 읽어 나가면 흥미롭게 읽을 수 있다. 외적인 문제와 내적인 문제를 어떻게 해결하는지 그 과정에 주목하면서 성경을 읽으면 흥미롭게 읽을 수 있다.

[장면 1] 느헤미야의 고민과 계획 (느 1-2장)

- -

2차 포로 귀환 때 고국 예루살렘에 간 에스라는 이방인들과 결혼문제로 어려움을 겪고 그것을 해결하는 중이었다. 그 가운데 바사의 수산궁에서 평안한 생활을 했던 느헤미야는 탁월한 궁정 관리로 안락한 삶을 누리고 있었지만 늘 그의 마음은 고국 예루살렘에 관심을 두고 있었다. 그러던 중에 에스라가 예루살렘에 간 지 13년이 되었을 때 예루살렘에서 유다인들이 어려움을 당하고 있는 이야기와 성벽과 도시가 폐허가 되는 상황을 접하게 되자 그의 마음에 고민이 생겼다. 그리고 고국에 가고자 하는 마음을 갖고 간절한 기도를 드렸다. 그리고 아닥사스다 20년 되는 해에 왕의 술 맡은 관원장이었던 느헤미야는 고국에 아직도 성벽이 복구되지 못한 상황을 전해 듣고 고국에 돌아가기를 왕께 청하여 허락을 얻는다. 이때도 역시 왕은 먼 길의 여행을 위해서(3개월) 느헤미야를 보호하기 위해서 군대 장관과 마병과 물자를 공급해주었다. 결국 예루살렘 성벽 재건을 위해 예루살렘으로 귀환한다.

그는 고국에 도착하자 먼저 무너진 성벽을 둘러보고 어떻게 이 문제를 풀어갈지 철저한 준비를 한다. 그가 가진 리더십이 사용되는 것을 보게 된다. 그동안 준비한 관리 능력을 거룩한 하나님의 일에 헌신하는 느헤미야의 모습은 오늘날 우리가 어떻게 주님을 위해 가진 것을 바쳐야 하는지를 잘 보여준다.

[장면 2] 성벽 재건과 지도력 (느 3-4장)

느헤미야는 앞에 놓인 급박한 상황을 인지하면서 적들의 반대를 이기고 문제를 해결한다. 3장에서는 느헤미야가 어떻게 방해의 위기를 이기고 리더십을 발휘하여 성벽을 재건하는지 그리고 있다. 예루살렘 도성의 7개 문을 구간별로 문중에게 할당하고 적합한 사람들에게 임무를 맡겨 어떻게 성공적으로 자기 사명을 진행하는지 자세하게 그리고 있다. 이것은 하나님의 일을 수행할 때 어떤 영적 리더십이 필요한지 우리에게 좋은 모델을 보여주고 있다. 닥친 위기 상황을 느헤미야는 지혜롭게 그리고 기도로써 잘 이겨 나간다.

특히 성벽 재건을 반대하는 산발랏과 그와 합세한 자들의 조롱과 방해에 흔들리지 않고 그것을 이겨 임무를 완수해가는 과정에서 우리는 느헤미야의 탁월한 리더십을 발견하게 된다. 한 손에는 삽을 들고 한 손에는 검을 들고 성전 재건 사업을 완수하는 그의 지도력은 우리에게 좋은 지혜를 알려주고 있다. 느헤미야가 그 일을 이루기 위해 기도와 다른 사람을 격려하는 일에 우선을 두고 일을 추진하는 점이 돋보인다.

[장면 3] 개혁과 결단력 (느 5-7장)

느헤미야는 성벽을 재건하는 일뿐 아니라 백성의 영적, 사회적 생활 개혁에도 관심을 두고 개혁을 추진한다. 당시 유다인들은 경제적으로 어려워 전답을 담보로 돈을 빌렸다. 그런데 그 빚을 갚기 위해 자녀들을 종으로 보내는 상황까지 이르게 되었다. 이것을 본 느헤미야는 정당한 이자보다 높은 이자를 받고 심지어 동족 간에 형제를 서로 파는 일까지 일어나는 문제에 가슴 아파한다. 이것은 하나님의 일을 방해하는 것이다. 이런 악습이 공동체 속에 자리 잡은 점을 보고 하나님의 기준으로 문제를 해결한다. 느헤미야는 자신과 가족이 먼저 모범을 보이면서 실천의 방법을 제시한다. 백성들이 느헤미야의 제안과 방법에 순종하면서 생활의 개혁이 일어났다.

외부적인 건축도 중요하지만 내부적인 생활과 공동체를 먼저 세우는 것이 우선이다. 느헤미야는 이런 점에서 단순히 행정가로서 뛰어난 것만이 아닌 생활 개혁에도 탁월한 지도력을 발휘한다. 백성의 내부적인 문제를 해결하여 하나 되게 하고 외부에서 일어나는 방해와 음모를 동시에 해결하고 있다. 특히 산발랏의 음모에 빠지지 않고 지혜롭게 이겨나가는 모습은 포로 중에 하나님이 준비한 믿음의 사람인 것을 느낄 수 있다. 이어서 7장 5~73절에 소개되는 귀환자 인구조사 명단은 정체성과 상속권과 그들의 삶의 문제에 관심을 두게 한다는 점에서 의미가 있다.

[장면 4] 언약의 갱신 (느 8-10장)

성벽 봉헌에 앞서 느헤미야는 전 민족적으로 언약을 갱신한다. 율법 낭송을 시작으로 하여 초막절 절기를 지키는 일을 통해 그동안 불순종한 이스라엘 역사를 상술하면서 공동체의 죄 고백과 언약 갱신에 대한 집단적 서명으로 개혁을 마무리한다. 예루살렘 성벽을 건설하는 것은 단순히 외부적인 침입을 막기 위함이 아니다. 화려한 성벽을 자랑하는 것 또한 아니다. 성벽 건축의 최종적인 목적은 그 안에서 하나님의 말씀을 순종하는 데 있다.

여기서 우리가 특별히 관심을 두고 주목해야 할 점은 초막절을 지키는 것이 단순한 절기가 아닌 모세의 명령을 지킨다는 것이고 그것은 언약 공동체로서 새로운 시작을 말한다는 것이다. 느헤미야 당시의 영적 회복운동은 제사장이나 어떤 지도자들이 아닌 백성에 의해 일어났고 말씀을 듣고 순종하면서 개혁이 일어났다. 단순하게 성경을 읽고 설명해주기만 했는데 눈물을 흘리며 회개하고 통회하는 일이 일어났다. 말씀만 읽었는데도 이런 역사가 일어났다는 것은 하나님의 역사가 그들 속에 임한 것을 의미한다. 말씀 자체의 힘이 그들을 변화시켰다. 초막절을 7일간 지키면서 3시간 동안 성경을 읽고 3시간 동안 회개가 일어난 수문 사경회는 종교개혁의 좋은 모델을 제시하고 있다.

[장면 5] 인구 재배치와 성벽 봉헌 (느 11-12장)

예루살렘에 거주하는 백성과 제사장의 명단이 마지막에 소개되고 있다. 전체적으로 보면 인구수는 적었다. 언약에 충성하는 것이 확인되자 인구와 제사장 집단의 명단이 열거된다. 명단에 기록된 사람들에는 자원하여 성안으로 들어온 사람들과 의무감으로 이주한 사람들이 있었다. 또 종교적인 임무를 맡은 사람도 있었다. 여기서 돋보이는 것은 레위인들이다. 이들은 이스라엘의 지도자들이다. 포로 귀환 때 이스라엘은 왕의 통치로 세워진 것이 아니었다. 레위인과 제사장 중심의 나라였고 이것은 말씀을 통해 이루어지는 공동체임을 말한다. 이것은 앞으로 나타날 교회 공동체를 함께 말하고 있다.

느헤미야는 마지막으로 성벽을 완성한 것으로 끝내지 않고 두 조로 나누어 서로 반대 방향으로 성을 돌게 했다. 두 조는 성을 돌면서 하나님을 찬양하고 악기를 연주했다. 성벽 아래에서는 이것을 보는 사람들이 영광과 찬양을 올리며 기뻐했다. 그리고 성전을 섬기는 사역자들을 임명하고 공동체는 그들의 생활을 책임져야 함을 말했다(느 12:47). 이런 축하 예식은 결국 모든 일은 하나님을 찬양하고 하나님의 영광을 올려드리는데 목표가 있음을 보여준다. 찬양과 함께 성을 돌면서 하나님께 봉헌하는 모습은 오늘날 우리가 마지막에 찬양과 영광을 올리는 삶을 어떻게 살아야 하는지 보여주고 있다.

지금까지 느헤미야의 사명을 정리하면 고국에 돌아와 사마리아 사람 산발랏과 암몬 사람 도비야의 반대를 이겨내면서 52일 만에 성벽을 드디어 완성한다. 아닥사스다의 임명으로 지역의 총독으로서 임무를 수행한다. 느헤미야는 개혁을 단행하는데 가난한 백성의 빚을 사면하고 성과 문에 문지기들을 두어 보안을 강화했다. 그리고 율법을 낭독하면서 에스라를 중심으로 한 수문 사경회를 열어서 백성들이 하나님의 말씀으로 돌아오는 영적 부흥에 이바지한다. 초막절을 지키면서 이방 백성들로부터 분리하고 율법을 낭송하게 한다. 모든 백성이 이제는 하나님의 말씀을 지키면서 살겠다는 서명을 하면서 신앙의 결단을 한다. 드디어 BC 444년에 성벽 봉헌식을 올리면서 느헤미야의 1차 사명은 끝난다.

[장면 6] **언약의 재갱신 (느 13장)**

느헤미야는 본래의 협정대로 바사에 돌아간다. 12년간에 걸친 유다 지방 총독의 임무를 마치고 잠시 페르시아에 돌아가는데 그 사이에 유다 인들이 성전을 더럽히고 성전 봉사자들의 생계를 어렵게 했으며 안식일을 범하고 이방 족속과의 잡혼으로 신앙 혈통을 더럽힌다. 1~2년 후에 다시 느헤미야가 고국에 와서 보니 자기가 없는 사이에 백성은 율법을 지키지 않았고, 대적이었던 암몬 사람 도비야가 십일조를 저장하는 성전의 같은 방에서 사는 일이 벌어졌다. 느헤미야는 본래대로 환원하였다. 또 유다인들은 안식일을 어기고 그날에 사업과 상행위를 했다. 느헤미야는 성문을 닫고 수비대를 두어서 장사를 금하도록 했다. 또 느헤미야는 혼합된 결혼제도에도 개혁을 가하였다. 당시 유다인들은 외국사람, 즉 아스돗, 암몬, 모압 사람들과 결혼하여 자녀들이 히브리어를 못 할 정도가 되었다. 심지어 대제사장의 손자가 산발랏의 딸과 결혼하는 일까지 생겼다. 느헤미야는 그를 쫓아내고 백성들로 맹세하게 하면서 결혼 개혁을 했다.

다시 돌아온 느헤미야가 이런 죄악을 척결하고 바로잡으면서 느헤미야는 대단원의 막을 내린다. 결국 느헤미야서는 전체적으로 볼 때 언약 갱신이 주를 이루고 있다. 그것을 통하여 믿음의 공동체를 새롭게 하고 순결한 공동체가 되는 일에 주목하고 있다. 에스라와 느헤미야의 말씀을 통한 개혁은 유대교의 초석이 되면서 아울러 예수님과 기독교 역사 갱신의 초석을 제공한다. 다시 돌아온 느헤미야를 통하여 그동안 소홀했던 언약을 새롭게 회복하고 순결한 공동체가 되는데 메시지의 핵심이 있다. 느헤미야는 마지막으로 다시 한번 성전의 거룩성 회복과 결혼과 안식일 등을 통하여 이스라엘의 정체성을 계속 유지하기를 권면하고 있다. 이스라엘 공동체는 화려한 외부적인 성공이 아닌 내적인 성결함과 거룩성을 지키는 데 있다. 이것은 오늘날 우리 교회와 그리스도인에게도 그대로 적용되는 영적 교훈이라 할 수 있다.

※ 그리스도인의 삶은 구원받은 것을 감사하며 날마다 개혁하는 데 있다. 이것은 교회도 마찬가지다. 개신교는 날마다 갱신하면서 성장한다. 이것을 멈추면 그때부터 교회는 부패한다. 이것이 그리스도인과 교회의 정체성이다. 느헤미야는 이것을 우리에게 분명하게 보여준다. 성전을 건축한다 해서 그것이 곧 개혁을 의미하는 것이 아니다. 교회 역시 외적인 건물보다 내부적인 성도들을 세우고 온전하게 하는 것이 더 중요하다. 성전 안에 있는 사람들이 날마다 개혁하는 삶을 살 때 하나님을 기쁘게 해 드릴 수 있다. 느헤미야서는 진행형으로 마무리한다. 신앙은 멈추는 것이 아닌 날마다 개혁하는 삶이다. 개혁은 말씀을 통해 일어난다. 사

람을 바꾸는 것은 오직 말씀이다. 그것이 우리의 중심이 되게 할 때 그 말씀이 우리를 새롭게 한다. 그 개혁은 삶의 자리에까지 나가야 하고 마음뿐 아니라 생활 개혁까지 나가는 개혁이다. 인간은 죄악 중에 태어났기에 그대로 두면 세상으로 향하게 되어 있다. 그런 점에서 말씀 앞에서 날마다 자신을 죽이고 예수로 사는 삶이 주님이 오실 때까지 힘써야 할 그리스도인의 모습이다.

Bible

■ 성경 각 권 소개

말라기서

【 말라기서의 배경 】

유다 백성들은 바벨론 포로생활에서 돌아와 성전 건축을 시작했다가 중단한다. 그것은 15년 동안 중단되는데 그 이유는 성전 건축이 너무 힘들고 주위의 방해가 많았기 때문이다. 일상적인 생활로 돌아온 백성은 성전 건축에 대한 열정이 식고 자기 생활에만 매달려 있었다. 편의주의와 종교적인 냉소주의가 팽대해지면서 방탕한 생활과 자기 욕심에 사로잡히는 현상들이 나타났다. 그리고 성전이 재건되고 100년이 지났지만 학개와 스가랴에 의하여 예언된 영광스러운 하나님의 나라가 도래하지 않자 이스라엘 백성은 하나님에 대한 의심과 신앙생활에 회의를 느끼고 죄 속에 빠져들기 시작했다. 백성과 제사장들은 안일에 빠져 율법 준수는 타성적으로 되었고 예배는 형식적이며 십일조를 내는 일이 태만해졌다.

말라기는 느헤미야 시대에 활약한 것으로 보인다. 얼마 동안 성전이 존재했다고 볼 수 있다. 그러나 백성과 제사장은 타락하고 부패하여 그 강도가 더해갔다. 느헤미야가 금지했던 혼합 결혼은 여전히 행해졌고, 지도자들의 경건과 예배가 부패했으며, 성전 봉사를 위해 필요한 십일조를 지키지 않는 등의 많은 문제가 제기되었다. 말라기는 이런 문제를 강력하게 경고하면서 회개할 것을 촉구했다. 아무리 촉구해도 듣지 않고 점차 부패해가는 이스라엘은 더는 인간의 힘으로 해결하기 어려운 상황으로 치닫고 있었다. 이것은 마지막에 심판을 말하면서 엘리야가 다시 오리라는 말라기의 예언을 통하여 드러났다. 그것은 앞으로 올 세례 요한의 등장과 예수 그리스도의 도래를 의미한다. 그때까지 이스라엘의 부패는 계속될 것이며, 이런 상황에서 말라기를 끝으로 하나님은 이제 이스라엘과 만나지 않는 소강상태인 침묵기로 들어선다. 그리고 아브라함과 다윗과 언약을 이어가는 보이지 않는 소수의 남은 자를 통해 하나님의 나라가 세워져 간다.

【 특징과 읽기 지침 】

수천 년 동안 하나님은 이스라엘에게 사랑과 자비를 베푸셨지만 이스라엘은 그것을 버리고 또다시 반역의 길로 갔다. 이것은 처음 아담의 죄악이 인간에게 계속되고 있는 것이다. 인간의 죄악 된 본성을 인간의 노력으로는 해결할 수 없다. 이것을 보여주는 것이 이스라엘의 바벨론 포로 귀환 이야기다. 이스라엘 백성은 하나님에 대한 불순종으로 인해 바벨론 포로로 70년간 생활하고 하나님의 은혜로 다시 고국에 돌아온다. 성전을 재건하고 다시 영적 생활을 시작하지만 포로생활을 통해서 배운 하나님의 교훈도 잠시뿐이고, 포로 이전의 죄 된 생활을 여전히 반복하게 된다.

구약의 마지막 선지자 말라기는 이스라엘의 죄악상을 강하게 외친다. 처음부터 이스라엘에게 말씀하신 '경고'라고 말한다. 당시 지도자들의 타락을 보고 그들의 얼굴에 더러운 '똥'을 바를 것이라고 말한다. 제사장들의 형식적인 제사, 백성들의 죄악과 십일조 도적질 등의 죄악을 주로 말한다. 이스라엘 백성은 많은 징계와 긴 기간의 고난을 통해서도 하나님의 교훈을 깨닫지 못하고 다시 죄 된 생활로 돌아갔다. 이것은 인간의 죄 된 속성이 어떤 것인지 잘 알려 준다. 인간의 힘으로는 도저히 본성적인 죄를 청산할 수 없음을 다시 한번 느끼게 하고 구원을 위해서는 예수 그리스도가 오심이 절실함을 보여준다. 하나님은 이스라엘을 끝까지 포기하지 않고 메시아를 보내주셔서 '치료'하는 광선을 발하여 죄를 해결해주신다는 희망의 메시지로 구약성경이 마무리된다(말 1:7-8,10,12-14, 2:10-11,13,17, 3:8-9, 4:5-6). 말라기 핵심은 여호와의 날이다. 반복되는 인간의 죄악을 해결하는 길은 여호와의 날에 하나님의 사자가 오시는 일이다. 그것은 400년 후에 세례 요한과 예수를 통해서 성취된다.

"여호와께서 말라기를 통하여 이스라엘에게 말씀하신 경고라"(말 1:1).

"보라. 내가 너희의 자손을 꾸짖을 것이요 똥 곧 너희 절기의 희생의 똥을 너희 얼굴에 바를 것이라. 너희가 그것과 함께 제하여 버림을 당하리라"(말 2:3).

"내 이름을 경외하는 너희에게는 공의로운 해가 떠올라서 치료하는 광선을 비추리니 너희가 나가서 외양간에서 나온 송아지같이 뛰리라"(말 4:2).

【 말라기서의 내용 구조 】

- 말 1:1-5 　　　　　하나님의 사랑
- 말 1:6-2장 　　　　제사장들이 범한 죄
- 말 3장 　　　　　　백성들이 범한 죄
- 말 4장 　　　　　　이스라엘에 대한 하나님의 권면

되새김 120일 쉬운 통독 타임라인			
하나님 나라	**성경 구조**	**역사와 시대**	**성경 각 권 소개**
모형 실패	예언서 - 통찰과 해결	포로귀환시대	말라기

>>> 말라기 1-4장

마지막 선지자의 경고

＊ 통독 포인트

말라기서는 경고의 메시지로 시작한다. 이것은 앞으로 닥칠 심판에 대한 메시지와 회개의 촉구를 담고 있다. 하나님은 언약을 신실하게 지키시는 분이다. 하나님은 하나님의 백성에게도 동일하게 이것을 요구하신다. 하지만 이스라엘 백성은 타락하여 하나님의 백성으로 해야 할 역할을 하지 못했다. 말라기는 이것에 대한 하나님의 심판이 임박했음을 말한다. 말라기는 모세의 율법을 마무리하면서 언약에 충실할 것을 당부한다. 두 번째 엘리야의 도래를 소개하면서 마무리한다.

[장면 1] 이스라엘의 사랑 부재와
제사장들의 죄악 (말 1장-2:9)

● 하나님의 사랑에 대한 불신 (말 1:1-5)

말라기는 그동안의 이스라엘 역사 속에서 하나님의 신실한 사랑을 이야기한다. "내가 너희를 사랑하였다"라는 하나님의 말씀에 대해 이스라엘 백성은 "주께서 어떻게 우리를 사랑했습니까?" 하고 묻는다. 이런 질문에 대해 하나님은 역사적 교훈을 말씀하신다. 하나님은 야곱을 선택하고 에서를 버리셨다. 이스라엘을 괴롭히던 에돔은 하나님이 선택하지 않으셨다. 하나님은 이스라엘이 배반하지만 여전히 사랑하신다. 그것을 믿는 것이 신앙이다.

● 지도자들의 죄악 (말 1:6-2:9)

이스라엘이 죄를 범한 근본적인 뿌리는 하나님이 지도자로 세우신 제사장들이 하나님을 버리고 경외하지 않은 데 있다. 그들은 하나님이 주신 말씀을 자기 방식으로 해석하며 자기의 유익대로 사용했다. 하나님을 섬기되 형식적으로 모양만 보이고 중심은 하나님을 떠났다. 제물을 하나님에게 드려도 눈멀고 병들고 다리 저는 제물을 드렸다. 이것은 합당한 제사가 아니었다. 왜 가인처럼 제사를 지내고 있는가? 그것은 그들 속에 하나님을 사랑하는 마음이 없어서다. 하나님을 사랑하는 우선적인 일은 말씀을 백성들에게 신실하게 가르쳐야 했는데 그 일을 등한시 했다. 그러다 보니 거짓된 교훈을 가르쳤다. 자기 생각을 전하는 악한 행동을 했다.

[장면 2] 백성의 죄악 내용과
하나님의 심판 예언 (말 2:10-4장)

● 백성의 죄악 (말 2:10-3장)

백성들 또한 지도자를 본받아 악을 행했다. 그중에 가장 악한 일은 이방인과 결혼하는 일이었다. 그것은 곧 우상을 숭배하는 일이었다. 가나안을 정복한 이스라엘은 가나안 사람들과 결혼함으로 부패하게 되었다. 솔로몬이 이방 여인들과 결혼함으로 결국 나라가 분열되었고 분열 왕정 시대에도 그것은 계속 이어졌다. 그중에서 가장 악한 아합왕은 이방 여인 이세벨과 결혼함으로 남쪽과 북왕조를 패망하게 했다. 포로 이후에도 여전히 이방 여인들과 결혼하는 일이 일어나자 에스라는 강력한 회개를 촉구하고 이방인 배우자를 돌려보냈다. 그 뒤에 온 느헤미야 역시 이방 여인과의 결혼을 책망했다. 말라기서에서도 같은 메시지가 전해지고 있다. 말라기 시대에는 백성들이 이혼을 쉽게 했다. 부부를 하나 되게 하셨는데 그것을 저버리고 쉽게 이혼한 것이 이스라엘 백성의 악한 모습이었다. 왜 그랬을까? 이방 여인들과 결혼하기 위해서였다. 그리고 경제적, 정치적 신분 상승을 위해서 쉽게 이혼하고 세상 여인을 선택했다.

이렇게 된 가장 큰 이유는 하나님의 약속을 무시해서다. 정의와 공의의 하나님을 저버리고 구원의 은혜에 감사하지 못해서다. 죄를 지으면 그것에 대한 책임을 묻는 인식이 약했다. 그러다 보니 "공의의 하나님이 어디 계시는가?" 하고 항변한다. 그때 말라기를 통해 하나님은 사자를 보내실 것을 선포했다. 지금이라도 하나님께 돌아오라고 말한다.

또 하나 이스라엘 백성에게 뿌리내린 죄악 중의 하나는 도적질이다. 그중에 대표적인 것이 하나님의 것을 도적질하는 것이다. 그것은 십일조와 헌물이다. 본래 이스라엘에게 제사장 기업을 나누어주셨다. 그것은 하나님의 것이 포함된 기업인데 그것조차 자기 것으로 생각하며 십일조를 안 드렸다. 그것은 하나님의 일을 방해하는 것이고, 결국 레위인이 일을 하는 상황까지 일어났다. 그것은 말씀을 거역하는 악한 일이자 자기 중심에 사로잡힌 저주받는 일이었다.

또 하나 백성들의 죄악은 교만함이었다. 백성들은 하나님의 신실하심에 대해 의심하기 시작했다. 복 있는 사람은 자신을 겸손하게 하고 주님을 높인다. 하나님을 신실하게 섬기는 방법은 무엇인가? 말라기가 제시하는 길은 다음과 같다.

- 주변보다 하나님의 신실하심을 믿으라.
- 서로 한 마음을 갖는 사람들이 모여 서로 기도하라.
- 장기적인 안목을 갖고 주님이 인정하는 사람들이 서로 모인다.
- 언젠가는 이룰 하나님의 언약을 붙잡고 가야 한다.

● 이스라엘에 대한 하나님의 권면 (말 4장)

말라기서는 다른 예언서와 다르게 '경고'로 시작한다. 이것은 마지막 장에서 강조되고 있다. 그것은 하나님이 임하시는 그날이다. 여기서 그 날은 하나님의 심판하시는 날이다. 이날을 말라기는 '극렬한 풀무불 같은 날'로 묘사했다. 상한 자들을 위해 주님의 은혜가 임하는데 그것은 치료하는 의로운 광선이다. 말라기는 마지막으로 두 가지를 강조한다. 첫째는 모세에게 주신 율법에 순종하는 일이다. 두 번째는 다시 올 엘리야를 기다리는 것이다. 여기서 엘리야를 기다린다는 것은 누구를 말하는가? 구약성경에서 가장 위대한 선지자는 모세와 엘리야다. 모세는 토라를 대표하고 엘리야는 선지자를 대표한다. 이것은 앞으로 나타날 세례 요한과 예수를 그리고 있다. 아울러 재림하시는 주님의 모습을 마음에 새기고 말라기서를 읽어야 할 것이다. 말라기서는 그리스도를 만나기 위한 준비를 하게 하는 구약의 마지막 책이다.

- 회개해야 할 내용은 다음과 같다.

1. 하나님의 사랑에 대한 의심   5. 이혼

2. 배신	6. 불경건과 무례함
3. 신실하지 못함	7. 도적질
4. 잡혼	8. 교만

※ 아무리 말해도 듣지 않고 불순종하며 하나님을 떠나는 인간의 죄 악된 상황을 이스라엘을 통하여 우리는 바라본다. 이 기간을 우리는 '중 간시대, 암흑시대, 침묵시대'라고 말한다. 아무런 선지자도 나타나지 않 고 하나님의 말씀이 끊어진 암흑 상태가 400년 동안 지속된다. 과연 하 나님은 이렇게 해서 인간에 대한 사랑을 그만두신 것인가? 지쳐 포기하 신 것인가? 아니다. 하나님의 사랑은 변함이 없다. 침묵하심에도 하나님 의 사랑은 여전하시고 우리를 기억하여 돌보고 계신다. 그리고 하나님은 인간의 구원을 위하여 새로운 시작을 준비하고 계셨다. 그날을 바라보면 서 살아가야 한다. 당시 경건한 믿음의 사람들도 하나님 약속의 불변성 을 믿고 하나님의 날과 때를 기다리는 경건한 사람들이 있었다. 비록 소 수의 작은 자들이라 할지라도…. 하나님은 그런 남은 자들을 통하여 다 시 하나님의 역사를 시작하실 것이다.

P/A/R/T
06

구약의 역사는 언뜻 보면 실패한 역사처럼 보인다. 70년 포로생활에서 귀환하여 나라를 재건하면서 에스라와 느헤미야의 개혁을 통해 이스라엘의 부흥을 꿈꾸어 보았지만 말라기의 이야기를 들으면 실패로 끝이 난다. 말라기로 구약 통독을 마치면 메시아를 기다리는 것으로 마무리가 된다. 그래서 우리는 신약의 복음서인 예수 그리스도로 해결점을 두고 거기에 집중한다. 큰 그림으로 보면 틀린 이야기는 아니다. 구약이 이렇게 마무리되면 잘못 이해하면 구약의 역사는 마치 폐기되어야 할 책으로 여겨질 수 있다. 구약의 내용이 정리가 잘 안되면 이런 현상이 생긴다. 이것을 해결하는 답이 성문서에 있다. 우리는 그동안 성경 통독을 전체의 역사적인 흐름에서만 읽는 경향이 잦았다. 그러다 보니 성문서의 비중이 약했고, 중간에 삽입하면서 그 위치가 애매했다. 그것은 그동안 성문서의 중요성을 잘 생각하지 못했기 때문이다. 그러다 보니 성문서를 자세히 읽지 못하고, 그 의미를 알지 못한 채 간단히 스쳐 지나갔다.

하지만 성문서는 구약의 결론 부분이다. 왜냐하면 구약의 이런 이스라엘의 악함 속에서 믿음의 고백을 하면서 남은 자로 언약을 끝까지 이어온 사람들의 생생한 믿음의 고백은 오늘날 우리에게 큰 도전이 된다. 구약의 역사는 이런 성문서에 소개되는 유명한 자와 무명한 자들의 이야기를 통하여 하나님의 약속은 이어져가고 있고, 그리스도를 바라보는 희망이 그런 자들을 통해서 보이지 않게 이어간다는 점을 말하고 있다. 말씀대로 살지 못한 이스라엘 백성을 비교하여 성문서에 소개하는 실천의 내용은 오늘 우리에게도 같은 도전을 주고 있고 삶의 지침을 제시하고 있다. 이런 점에서 본서는 성문서를 마지막에 배치하여 신약과 연결되도록 구성했다. 말씀을 구약의 역사를 배우는 것을 넘어서 지식으로 배우는 데 한 걸음 더 나아가 듣고 실천하는 것이 성경 읽기로 나가는 것이 유익하다. 성경 읽기의 최종목적은 성문서의 사람들처럼 말씀을 실천하는 데 있다. 이것이 하나님 나라를 소망하는 사람들에게 나타나는 모습이다.

하나님 나라를 소망

- 남은 자와 기다림 -

[하나님 나라를 소망 : 시와 찬양과 기도, 그리고 묵상과 고백]

성문서

지혜서와 시가서

[성문서는 어떤 책인가?]

　　에스라-느헤미야-말라기로 끝나는 구약의 역사는 하나님의 나라가 실패한 듯 보이는 절망의 이야기다. 물론 보이지 않게 믿음을 지킨 남은 자들이 언약을 이어가지만, 전체의 성경에 나오는 이스라엘 역사는 패망과 슬픔으로 마무리된다. 이스라엘 백성은 바벨론 포로를 마치고 포로 귀환이 이루어져 다시 하나님의 나라 건설을 시작하는 것처럼 보였다. 하지만 그것도 잠깐 다시 옛사람의 방식으로 돌아가는 악한 모습을 본다. 선택받은 거룩한 백성의 삶을 살아내지 못하고 이방인과 결혼하며 약속을 저버리고 세상을 닮아가는 모습의 이야기는 인간의 힘으로 어쩔 수 없는 모습을 그대로 보여준다. 신앙은 실천하는 데 있다. 믿음이 실천을 이루지 못하면 그것은 죽은 믿음이다. 하나님 나라가 세워지지 못하고 파괴되고 무너지는 이야기가 구약의 결론이다. 그러나 성경의 이야기는 그것으로 끝나지 않는다. 그런 실패 속에서도 남은 자들과 경건한 사람의 신앙은 은밀한 가운데 이어가고 있다. 그것이 구약성경의 이야기다.

이제 구약성경 역사와 예언서의 이야기를 마치면서 이런 질문이 필요하다. 구약성경의 교훈을 잘 이어가고 있는 믿음의 사람의 모델이 누구인가? 그런 사람의 실제적인 삶의 안내서를 볼 수 있다면 우리도 그들처럼 살아가는 데 본보기가 될 것이다. 이것을 위해 성경은 토라를 실천한 믿음의 사람들의 삶의 실천 가이드를 제공한다. 그것이 성문서다.

믿음으로 산 사람들의 고백과 찬송과 믿음의 노래와 시를 정리한 책이 성문서다. 실패와 고난 속에서 믿음의 연단을 이루어 위대한 신앙의 작품을 드러내는 이야기다. 그런 점에서 본서는 통독 순서에서 성문서를 구약의 마지막에 배치하여 읽도록 구성했다. 이것은 지금 우리가 읽고 있는 개역성경의 순서와 조금 다르다. 물론 개역성경의 순서도 말라기로 마무리하면서 신약의 세례 요한과 예수님으로 이어가는 측면에서 의미가 있다. 그러나 성문서의 위치가 애매하다. 중간에 들어가다 보니 마지막에서 삶의 실천 부분이 약하게 느껴진다. 역사 속에서 실패한 내용으로 마무리가 되고 침묵시대로 들어가다 보니 복음에서 예수님이 오신 이야기가 잘 연결이 안 되는 한계가 있다.

「되새김 120일 쉬운 통독」에서는 이 점을 보완하는 방법으로 성문서를 마지막에 배치하여 읽도록 했다. 성경의 본래 목적인 말씀을 실천하는 삶을 강조하는 방향으로 구성했다. 이렇게 보면 그동안 부족했던 성문서의 가치가 더 드러나고 예수님이 듣기만 하고 실천하지 않는 것은 어리석은 자라고 말씀한 것과 연결이 된다. 신약에서 예수님은 구약의 말씀을 온전히 지킨 유일한 분이시며, 우리가 따라야 할 길과 진리이자 생명이신 분으로 삶의 모델이며 우리를 이끄는 동력이시다.

성경은 깨닫고 지식을 얻는 책으로 머무는 것이 아닌 행하는 데까지 나아가게 하는 책이다. 물론 여기서 행한다는 것은 믿음으로 행하는 것을 의미한다. 이런 관점으로 보면 구약성경 통독의 클라이맥스는 시가서와 지혜서다. 구약을 읽으면서 역사적 교훈과 신앙을 점검하고 온전한 신앙을 다져나가는 시간이 되었으면 한다. 구약의 인물들이 어떻게 믿음을 실천했는지 그들의 믿음과 지혜를 얻는 시간이 되어야 한다. 그런 믿음으로 하나님의 나라를 소망하고 그리스도의 오심을 맞이한다면 오히려 구약 이야기가 복음을 받아들이는 데 큰 역할을 한다.

이렇게 보면 구약에서 강조한 말씀을 성취하러 오신 예수님의 복음 사건과 자연스럽게 연결되며 신약의 예수님이 오신 목적에 더 잘 부합된다. 구약은 인간이 말씀을 지켜 행하는 데 많은 문제가 있음을 반복하여 보여주었다. 죄를 깨닫게 하는 데 목적이 있다. 하지만 이것을 온전히 실천한 사례는 예수 그리스도에게서 성취된다. 이렇게 보면 예수 그리스도가 더 분명하게 다가오고 우리에게 예수님이 오신 목적이 더 명료하게 드러난다. 이런 점에서 되새김 성경 통독은 새로운 각도에서 하나님의 나라를 소망하는 성경 읽기가 될 수 있다.

▶ 성경 통독 목적을 알려주는 성문서

성경 통독은 성경 전체를 모두 읽는 것이다. 성경 통독에 관한 책이 많이 소개되어 한국교회가 성경을 읽도록 안내하고 있는 점은 참으로 다행스러운 일이다. 성경으로 돌아가는 가장 첫 번째 일은 성경을 읽는 일이다. 처음 예수를 믿고 교회에 나오면 제일 먼저 할 일은 성경을 읽는 일이다. 성경은 모두가 읽고 싶어 하는 책이지만 막상 읽으려면 만만치 않다. 그래서 이런 성경 읽기를 위해서 도움을 주는 가이드가 필요하다. 그런데 문제는 성경을 지식적으로 읽는 경우가 많다는 것이다. 왜 그럴까? 성경을 일반 책처럼 지식과 정보를 얻는 것으로 생각했기 때문이다.

그러다 보니 성경 통독에서 성경의 지식에 해당하는 율법서와 역사서에 치중한다. 시중에 나온 대부분 통독 교재를 보면 연대기 순으로 성경을 읽도록 안내하고 있다. 그러다 보니 예언서와 성문서는 간단하게 정리하고 넘어간다. 성경 전체 비중으로 보면 성문서와 서신서의 분량이 3분의 1에 해당한다. 그런데도 성문서 내용을 간단하게 처리하는 것이 성경을 지식적인 책으로 가게 하는 역할을 한다.

성경은 듣고 깨닫는 책을 넘어 실천하는 책이다. 실천이 없다면 그것은 죽은 성경 읽기다. 실천에 해당하는 부분이 성문서요 서신서다. 성경 통독은 결국 실천을 강조하는 성문서에 중요성이 있다. 이런 점에서 성문서는 성경 통독에서 꽃이다. 마지막 삶의 목표다.

▶ 왜 성문서인가?

개신교 성경은 성문서가 중간에 배치되었다. 하지만 히브리어 성경에 나오는 성문서(시가서, 지혜서)는 성경 제일 끝부분에 자리 잡고 있다. 우리가 가지고 있는 성경은 연대기와 저자의 순서에 따라 배열되었다. 이것은 70인역의 순서를 따른 헬레니즘 방식이다. 물론 성경을 연대순으로 읽는 것도 의미가 있지만, 오히려 성문서는 구약성경을 마치면서 마지막에 읽는 것이 더 바람직하다고 볼 수 있다.

지금까지 토라(모세오경)와 역사서와 예언서를 읽었다. 토라는 인간이 살아가는 기준점을 알려준 것이다. 반면에 역사서는 이스라엘 백성이 역사 가운데 율법을 어떻게 지켰는지를 그들의 역사를 통해 보게 한 것이다. 우리는 이스라엘의 역사를 보면서 인간의 악함을 반복적으로 살펴보았다. 인간이 얼마나 언약을 어기고 자기 기준대로 사는지를 자세하게 살펴보았다. 그것은 이스라엘에만 있는 것이 아닌 모든 인간에게 있는 공통적인 죄악의 모습이다. 잘못된 길을 간 이스라엘 백성과 지도자들에게 하나님의 눈으로 토라를 해석하여 실천 방향을 제시하는 책이 예언서다. 예언서를 통해 어떻게 하나님께 돌아가는지를 배웠고 끝까지 거부하는 인간의 악함을 이스라엘 백성을 통해 살펴보았다. 그런데 이렇게 성경 읽기를 마치면 지식으로 남기 쉽다. 이런 역사적 사건들을 통해 이제 나는 어떻게 살아야 하는지를 점검하고 각자 삶에 적용하는 것이 중요하다. 이것을 알려주는 내용이 성문서다. 어떻게 하나님의 말씀을 삶에 적용하는지를 모델로 보여주고 있다.

성문서는 이런 하나님의 말씀과 역사에 대해 인간의 반응을 기록한 책이다. 오늘날을 사는 우리도 하나님의 말씀에 어떻게 반응하며 적용하는가가 중요하다. 우리가 성경을 읽는 이유는 말씀대로 사는 데 있다. 이것은 예수님이 산상수훈에서 신약의 바울 서신에서 반복하여 강조하는 내용이다. 어떻게 행할 것인지 자세히 주의하여 살펴보는 것이 우리에게 주어진 과제인데 이것을 알려주는 실제 지침이 성문서다. 우리가 성문서를 읽으면 하나님의 말씀을 사랑하고 하나님을 경외하며, 그것을 삶에 적용하는 지혜로운 사람이 될 수 있다.

▶ 성문서가 필요한 이유

구약의 이스라엘 역사를 통해서 우리에게 주는 교훈과 고백은 무엇일까? 그것이 지혜서와 시가서이다. 잠언, 욥기, 전도서를 통해 인생의 지혜를 제시한다. 하나님을 경외하는 삶이야말로 가장 지혜로운 삶인 것을 제시한다. 이스라엘 백성의 실패를 통하여 배우는 교훈을 제시한다. 시가서인 시편, 아가, 애가를 통하여 인간이 철저한 죄인임을 인식하고 하나님을 찬양하고 고백하며 살아가는 삶이 무엇인지 소개하고 있다. 하나님의 말씀을 부여잡고 살아가는 것이 복된 삶임을 강조하고 있다. 하나님을 경외하고 사랑한다는 것이 만만치 않은 일이다. 그런데도 그것을 향해 가는 것이 성공적인 인생임을 말한다. 물론 인간의 힘으로는 안 되고, 오직 하나님의 은혜를 부어주실 때만이 가능하다.

▶ 성문서 어떻게 읽으면 좋을까?

성문서는 실천을 위한 책이다. 성경 통독을 할 때도 성문서는 실천적인 측면에 방향을 두고 읽어야 한다. 성문서는 앞에서 성경을 통독한 율법서나 역사서와 예언서처럼 읽으면 큰 도움이 안 된다. 그냥 성경을 한 번 읽었다는 성취감만 남는다. 속도를 내어 빠르게 읽으면 성문서는 크게 도움이 안 된다. 실천을 위한 책이기에 조금 느린 속도로 시간을 여유 있게 할애해서 읽어야 한다. 읽는 데 초점이 있는 것이 아닌 행하는 데 초점이 있기 때문이다. 이런 점에서 성문서는 통독의 방법도 다르게 접근하는 것이 필요하다. 성문서는 역사와 이야기가 없기에 자칫 지루할 수 있고 즐거움이 사라질 수 있다. 하지만 지금까지 읽은 성경의 내용을 근거하여 그것을 묵상하는 방향으로 성경을 읽으면 말씀의 맛이 색다르게 다가온다. 이 책에서는 시가서와 지혜서를 읽을 때 유익한 방법을 제시했다. 이것을 잘 숙지하고 각자 성경을 읽으면 실천에 도움이 될 것이다. 본서에서는 성문서의 다양한 읽기 방식을 제시한다.

● 지혜서 (잠언, 욥기, 전도서)

실천은 내 기준이 아닌 토라의 원리에 따라서 적용하는 것이다. 지혜는 하나님이 세우신 원리를 찾아서 삶에 적용하는 것을 말한다. 지혜서는 모두 하나님의 원리에 따라 기록되었다. 여기에 소개되는 잠언, 욥기, 전도서는 실천적인 책이다. 하나님에 관한 지식은 머리로만 이해해서는 안 된다. 말씀을 실천으로 나타내야 한다. 그동안 율법서와 역사서는 주로 머리로 읽었다면 선지서와 지혜서는 가슴으로 읽는 책이다. 성문서는 말씀을 성육신으로 소화하고 몸으로 체득하는 통독이다. 세상 지혜는 경험과 세상 만물 속에 감추어진 규칙을 찾아 적용한다. 하나님의 지혜는 하나님으로부터 주어지는 차원이 더 깊고 원초적이다. 지혜는 하나님이 주시는 선물이다. 지혜의 원천은 하나님이다. 마음이 순전한 사람에게 하나님이 지혜를 선물로 주신다. 히브리 성경에서 지혜는 머리로 깨닫는 것에 머무는 것을 넘어 물리적인 기술과 지적기술을 모두 포함한다.

지혜서는 하나님의 지혜를 찾는 책이다. 지혜서의 핵심구절은 "여호와를 경외하는 것이 지식의 근본이다"(잠 1:7)이다. 인생을 사는 데 가장 필요한 것은 무엇일까? 그것은 지혜이다. 이것이 우리가 지혜서를 읽는 이유이다. 지혜를 얻으려면 크게 두 가지가 전제되어야 한다. 지혜서인 잠언, 욥기, 전도서는 이것을 계속하여 반복하고 있다.

1) 인간 지혜의 한계를 인정하라(전 8:17, 잠 21:30. 26:12).
2) 지혜는 하나님에게서 온다(욥 28:24, 잠 9:10).

여기서 하나님을 경외한다는 말은 하나님을 아는 것으로 지식에 머문 것이 아닌 말씀에 순종한다는 내용이다. 이것은 마태복음 5~7장에 나오는 예수님 산상수훈의 결론이기도 하다. 하나님은 순종하려고 하는 마음을 가진 자에게 실천할 수 있는 능력인 지혜를 주신다.

● 잠언 - 욥기 - 전도서를 어떻게 연결하며 읽을까?

많은 사람이 성문서를 연관성 없이 각자 분리된 상태에서 읽는다. 하지만 지혜서인 잠언과 욥기와 전도서는 서로 긴밀하게 연결된 책이다. 지혜서는 지혜를 얻는 데 필요한 내용을 제공한다. 인생의 과거와 현재와 미래에 일어나는 문제를 해결하는 지혜를 주고 있다. 지혜는 지식을 활용하는 능력이다. 지금까지 성경을 읽고 지식적인 내용을 마음에 새겼다면 이제 그 말씀을 삶에 적용하고 실천하는 능력이 필요하다. 이것을 실제로 알려주는 지침이 지혜서이다. 어떻게 지혜를 사용하며 적용할 수 있는지 그 실례를 잠언과 욥기와 전도서를 통해 알려주고 있다.

* 인생을 잘살게 하는 실천 로드맵
  - 과거 : 잠언
  - 현재 : 욥기
  - 미래 : 전도서

● 잠언 (과거)

잠언은 지식을 추구하는 책이다. 현실을 이해하는 다양한 지식을 통해 숨겨진 삶의 원리를 배운다. 잠언은 일차적으로 자연과 인간에 대한 충분한 지식을 배우는 것을 목표로 한다. 밖으로 나타난 세상의 지식 속에는 결국 숨겨진 영적 원리가 숨어 있다. 하나님의 영광은 본질에서 '감추어져' 있다. 잠언은 이런 내용을 알려줌으로 삶의 지혜로 안내한다. 과거와 이미 만들어진 사물을 통해 지혜를 찾는 방법을 제시하고 있다.

"하나님의 영광은 본질적으로 감추어져 있다"(잠 25:2 참조).

● 욥기 (현재)

욥기는 지식보다는 인생의 의문점을 풀어가고 있다. 하나님의 임재를 경험하는 데 목적이 있다. 세상을 살아가는 데 있어서 풀 수 없는 문제가 많다. 욥기는 그것을 하나님과의 지속적인 만남을 통해 해결하는 길을 제시한다. 숨어 계시는 하나님을 찾아가는 과정이다. 인간의 현재 닥친 문제를 해결하는 것을 목표로 삼고 질문을 통하여 하나님의 뜻을 알아가는 것이다.

● 전도서 (미래)

전도서는 인간의 삶의 의미를 탐구하는 데 목적이 있다. 욥기는 하나님과 질문과 대화를 통해 문제를 풀어가지만 전도서는 대화를 추구하지 않는다. 미래에 닥치는 일을 알 수 없는 유한한 인생을 발견한다. 전도서는 인생의 이런 문제를 제기하면서 결국은 인생의 의미를 찾는 데 실패하고 헛된 인생을 발견한다. 미래에 관한 내용이 주를 이루고 있다.

※ 인생의 모든 문제는 과거−현재−미래 속에 다 들어 있다. 해답 역시 마찬가지다. 우리는 과거와 현재와 미래의 동선을 따라 살아간다. 구체적으로 어떻게 시간의 동선을 따라 삶의 방식을 적용하는지 지혜서를 읽으면서 터득하면 좋을 것이다. 지금까지 읽었던 성경의 내용(토라와 역사서)을 생각하면서 지혜서를 읽으면 유익하다.

■ 성경 각 권 소개

잠언서

【 잠언서의 배경 】

▶ 잠언은 경구들의 모음집

잠언은 격언과 금언으로 된 모음집이다. 이것은 일상 속에서 지혜롭게 사는 방법을 제시하고 있다. 전체적으로 보면 크게 6가지를 모은 것이 잠언이다. 솔로몬의 잠언 1(10:1-22:16), 현자들의 금언(22:17-24:22), 현자들의 말씀(24:23-24), 솔로몬의 잠언 2(25:1-29:27), 아굴의 격언(30:1-33), 르무엘의 격언(31:1-31) 등이다. 일관된 원리를 갖고 모았다. 그것은 "여호와를 경외하는 것이 지혜의 근본이요 거룩하신 자를 아는 것이 명철이니라"(잠 9:10)는 내용이 핵심이다. 그런 점에서 잠언은 세상의 격언이나 금언과 차이가 난다. 이것은 약속을 받은 자들이 세상에서 살아가는 지침이다.

성경을 통독할 때 다른 역사서처럼 읽으려면 잠언은 조금 어려울 수 있다. 왜냐하면 역사적인 배경과 내용의 서술이나 이야기가 아닌 간단한 제목들과 같은 통찰 구절로 구성되었기 때문이다. 계속 읽으면 반복적인 내용이 나오기에 자칫 지루할 수 있다. 격언집과 잠언집을 하루 30분에 빨리 읽는 방식을 선택한다면 합당하지 않다. 성경을 이렇게 읽는 것은 큰 의미가 없다. 그렇다면 잠언서는 다른 방법의 성경 읽기가 필요하다.

우리가 잠언을 읽을 때 중요한 핵심은 훈계 형식이라기보다는 1행과 2행을 교차 비교하는 방식의 시의 형식을 취하고 있다는 것이다. 즉 지혜로운 길과 어리석은 길을 대조하고 있다. 주로 이런 잠언은 일상과 가정에서 사용되는 것들이 많고 그런 점에서 아버지와 아들과 아내를 염두에 두고 기록된 모습을 발견할 수 있다. 이것은 주로 가정에서 실천을 위한 책이라는 것을 의미한다. 잠언서를 읽을 때 꼭 염두에 두어야 하는 것은 모든 것에 적용되는 절대적인 원리라기보다는 일상에서 적용하고 상황에 따라 맞춤형으로 적용하는 실제 안내서라는 점을 인식하고 읽으면 도움이 된다.

▶ 잠언 : 과거의 삶을 통한 오늘의 교훈과 적용

잠언은 우리의 일상생활에 적용하는 실제 지침서이다. 이것은 철저히 토라의 내용에 근거한다. 언뜻 보면 일반 문구처럼 보이는 것도 있지만 원리가 성경에 부합되는 것을 정리한 것이다. 잠언은 우리가 그리스도인으로서 어떻게 살아야 하는지 그 지혜를 가르쳐주는 실제적인 지침서이다. 잠언서는 격언, 경구와 금언 등 여섯 개로 구성된 모음집이다. 잠언서를 기록한 이유는 잠언 1장 2~4절에 분명히 말하고 있다. 지혜와 훈계를 알게 하고, 명철의 말씀을 깨닫게 하며, 지혜롭게, 의롭게, 공평하게, 정직하게 행할 일에 훈계를 받기 위함이다. 잠언에 나오는 지혜자들은 세상의 지혜자가 아닌 하나님에 대한 믿음을 가진 지혜자들이다.

【 특징과 읽기 지침 】

▶ 왜 잠언을 읽어야 하는가?
- 인생을 사는 것은 많은 문제와 직면하고 그것을 매일 풀어나가야 하기 때문이다.
- 순수한 기쁨은 천국에서만 누릴 수 있고 죄인 된 인간은 이 땅에서 고난을 피할 수 없다.
- 세상에서 닥치는 수많은 문제를 이기는 방법은 없는가? 삶의 기술은 없는가? 그것을 안내해주고 지혜를 제공해준다.

▶ 잠언의 특징
- 잠언서는 이스라엘 지혜자들이 하나님이 만드신 우주 안에는 근본적인 질서가 감추어져 있다고 보고 그것을 찾아 인간과 자연에 적용하는 것을 목표로 삼는다. 우주를 지배하는 원리, 인생을 이끌어가는 원리가 있다는 전제를 가지고 그런 지식을 탐구하는 것이다. 지식은 탐구하는 수단이지 목표가 아니다.
- 잠언의 특징은 간결성이다. 이것은 오랜 관찰을 통해서 이루어진 것이다. 이것이 격언으로 표현된 것이다. 일종의 진리를 담은 압축 파일과 같은 것이다. 잠언은 추상적인 진리를 현실에서 구체화하는 것이다.
- 잠언은 거의 두 문장으로 구성되었다(잠 16:18). 기억하기가 좋다.
- 잠언을 기술하는 시적인 특징은 평행법이다. 두 행으로 된 잠언 내용이 주를 이룬다. 평행법은 세 가지로 나눈다. 반의적 평행법, 동의적 평행법, 점진적 평행법이다.
예) 반의적 평행법(11:1, 12:25, 15:17), 동의적 평행법(1:8-9, 19:5), 점

진적 평행법(4:7, 25:18, 20:4)

▶ 잠언서를 읽을 때 유의점

1. 잠언은 모든 상황에 다 적용되는 절대적인 진리로 생각하고 읽으
   면 안 된다.
  – 잠언은 만병통치약처럼 누구에게나 적용되는 보편적인 진리나 절
    대적인 원칙은 아니다. 잠언은 상황에 따라 읽는 방식이 다르다. 상
    황을 해석할 수 있어야 한다. 잠언서의 목적은 다양한 문제의 상황
    에서 적용할 수 있는 해석 능력을 키우는 것에 있다.
  – 잠언 15장 23절, 전도서 3장 1~8절(상황과 때에 따라 적용이 다
    르다)
  – 문자적으로 잠언의 내용을 깨닫고 암송한다고 문제를 해결할 수 있
    는 것은 아니다. 잠언의 원리를 다양한 상황에 맞게 해석해 내는 삶
    의 기술을 터득하는 데까지 나아가야 한다. 잠언은 기계적으로 암
    기하고 적용하면 인생에 성공을 주는 주문이 아니다.

2. 하나님을 경외하는 마음이 지식의 근본이다.
  – 일반적으로 지혜는 관찰과 경험, 전통, 실수 등을 통해서 배운다.
    하지만 진정한 지혜는 하나님으로부터 받아야 한다. 즉 계시로 얻
    어야 한다. 하나님을 경외하는 마음이 없으면 세상의 통찰과 경험
    을 얻는다고 해도 무의미할 수 있다.
  – 잠언 1장 7절, 2장 6~8절, 16장 1절, 19장 21절.

3. 잠언은 약속이 아니라 진리에 대한 일반적인 설명이다.

- 절대적으로 지켜야 할 하나님의 약속이라기보다는 성공적인 삶을 살아가는 지침서이다.
- 잠언 22장 6절(어릴 때 가르친다고 모든 자녀가 다 잘되는 것이 아니다)
- 잠언은 문자 그대로 적용하는 책이 아니다. 저자가 말하고자 하는 메시지의 핵심과 원리를 찾아 적용하는 데 목적이 있다.
- 잠언 6장 27~29절(만지기만 해도 간음죄가 되는가?)
- 잠언은 당시 문화적 상황을 그대로 적용하기보다는 현대적 의미로 해석해야 한다.
- 잠언 22장 11절(임금을 어떻게 해석할까?)
- 잠언은 오래 기억하기 위해 이미지를 많이 사용한다. 문자보다는 그림 언어를 이해하고 상징 속에서 진리를 발견해야 한다.
- 잠언 20장 26절(타작하는 바퀴를 굴린다는 의미는?)

【 잠언서의 내용 구조 】

▶ 전체 내용 구조
　　① 여호와를 경외하는 지혜서 (잠 1-9장)
　　② 일반 잠언서 (잠 10-31장)

▶ 세부 내용 구성
: 6개 이상의 잠언 수집물이 모여서 이루어진 것이다.
　　① 잠 1-9장 (솔로몬의 잠언)
　　② 잠 10:1-22:16 (솔로몬의 잠언)

③ 잠 22:17-24:34 (서른 가지 잠언)

④ 잠 25:1-29:17 (히스기야의 신하들이 편집한 솔로몬의 잠언)

⑤ 잠 30:1-14 (아굴의 잠언)

⑥ 잠 30:15-33 (숫자 잠언)

⑦ 잠 31:1-9 (르무엘 왕의 어머니가 준 잠언)

⑧ 잠 31:10-21 (현숙한 여인의 찬양 잠언)

＊ 잠언 10장 1절~22장 16절에 나오는 금언은 375개나 된다(200개는 반의적 평행법).

＊ 짤막한 경구가 대부분이다. 이외에도 격언, 교훈, 수수께끼, 예화, 숫자 잠언, 알파벳 시 등으로 구성되었다.

D·a·y
070
장면통독 가이드

>>> 잠언 1-9장

말씀을 적용하는 잠언

✳ 통독 포인트

잠언서의 1~9장의 내용을 한눈에 이해하도록 표로 정리했다. 이 표를 보고 직접 성경을 읽으면서 자기 삶에 적용하면 좋을 것이다. 잠언의 구조를 이해하고 한 구절씩 음미하면서 적용하도록 한다. 특히 1~9장은 서언으로서 잠언의 기본 관점을 비교와 대조 형식으로 제시하고 있다. 대구적인 표현방식을 염두에 두고 잠언을 전체적으로 정리하는 시간이 되면 좋을 것이다. 나름대로 1~9장의 대조 형식을 두 개의 표를 사용하여 정리해보았다. 독자들은 이것을 모델로 10~31장까지 내용을 이와 같은 방식으로 표로 정리해보는 것도 유익하다.

눈으로 잠언을 빨리 통독하기보다는 직접 정리해 표에 삽입하는 방식으로 성경을 읽으면 훨씬 마음에 깊게 새겨지고 통독의 효과를 얻을 수 있다. 자기가 직접 실천한 것만이 나의 것으로 남기 때문에 지금까지 성경 통독을 통해 얻은 성경의 교훈을 두 개의 길을 중심으로 각자 정리한다면 의미 있는 시간이 될 것이다. 특히 가정에서 필요한 내용으로 가정

속에서 성경을 읽는다면 훨씬 말씀이 가깝게 다가올 것이다.

[장면 1]   하나님을 경외하는 사람 (잠 1-4장)

1장 1~7절은 잠언의 서언이다. 왜 잠언을 읽어야 하고 실천해야 하는지 목적을 말하고 있다. 특히 젊은이들이 따라야 할 인생의 성공 원칙을 제시하고 있다.

1장은 아들들에게 경고한 말씀을 소개하고 있다. 특히 부모에게 귀를 기울이고 악을 행하자고 미혹하는 친구와 여자를 조심하라고 말한다. 많은 자녀가 이런 일에 유혹당하여 잘못된 길을 간다. 2장은 간음에 대해 경고한다. 가정과 결혼의 언약을 깨뜨리는 간음하는 여인을 조심하고, 그것을 이기기 위한 지혜를 가지라고 권면한다.

3장은 젊은이가 해야 할 지혜를 말하고 있다. 하나님의 사람은 자기 방식을 따라 인생을 사는 것이 아닌 하나님을 경외하는 지혜로운 삶의 방식을 따라 살 것을 강조한다. 세상에서 가장 가치 있는 것은 지혜다. 설사 가진 것이 부족해도 지혜를 얻는 사람이 능력을 얻는 것이며 생명나무가 된다는 것을 말한다(잠 3:18). 아울러 이웃을 배려하고 친절을 베푸는 사람이 축복받은 사람이다. 4장은 아버지와 아들의 관계를 말한다. 특히 아버지의 말에 귀를 기울이는 것이 지혜로운 아들의 모습이다. 지혜로운 아들은 악한 사람과 어울리지 않는다. 오직 말씀을 따라 사는 좁은 길을 선택한다.

[장면 2] 금보다 더 귀한 지혜 (잠 5-9장)

5장은 간음에 대한 두 번째 경고가 반복해서 나온다. 음녀와 함께하는 것은 치명타가 된다. 그래서 음녀의 길을 따라가면 안 된다. 나중에는 큰 후회만 남는다. 6~7장은 경제적인 어려움을 당하는 사람에게 빚을 대신 갚아줄 것 등을 제시한다. 아울러 간음에 관한 내용이 5장에 이어서 반복해서 나온다. 8~9장은 지혜를 의인화한 여인의 지혜를 소개한다. 그녀는 진리만을 말하며 의와 진리가 금보다 더 귀한 것이라고 말한다. 반면에 어리석음도 유혹하는 여인으로 의인화하고 있다. 어리석음이 지혜를 흉내 내고 음탕한 여인들이 사용하는 유혹 방법을 흉내 내는 모습을 통하여 어리석은 자와 지혜로운 자를 대조하고 있다.

｜ 되새김 쉬운 통독 Tip ｜
가정에서 실천하는 잠언표 (잠 1-9장)

다음에 제시된 도표는 잠언의 구조를 이해하는 데 도움이 된다. 지혜로운 사람과 어리석은 자를 비교 대조하면서 구성된 잠언의 방식을 한눈에 볼 수 있다. 이것은 토라에서 강조하는 해야 할 일과 하지 말아야 할 일을 두 가지로 구분하여 정리했다. 짧은 격언으로 된 잠언은 생활 속에서 실천하는 데 지침이 된다. 구절로 된 짧은 내용이지만 함축한 의미는 깊다. 이렇게 핵심을 정리한 잠언 구절은 지식과 깨달음에 목적이 있는 것이 아닌 실천에 염두를 두고 기록되었다. 실천 매뉴얼로 적합한 구성 방식이다. 통찰이라고도 불리는 지혜의 말씀 내용은 생활에 관계된 것이다. 꼭 성경에 나오지 않아도 일상 속에서 알려진 내용이다. 그것은 이미 우리 삶 속에 지혜가 숨어 있음을 의미한다.

관계	주제	지혜로운 길	성경	어리석은 길
하나님	잠언		1:1-6	
	믿음		1:7	
	훈계 / 가르침		1:8-9	
이웃	친구	친구 조심	1:10-14	악한 친구 특징
		친구 조심	1:15-17	악한 친구 특징
	불의		1:18-19	파멸
하나님	지혜	지혜를 사모하라	1:20-33	지혜를 거부함
		지혜의 유익	2:1-12	
			2:13-15	악한 길
		지혜의 힘	2:16	
이웃	간음		2:17-19	음녀의 길
자신	정직	선함과 정직	2:20-21	
			2:22	부정직
	가르침	계명	3:1-4	
하나님	믿음	하나님 신뢰	3:5-8	
		주님 공경	3:9-10	
	가르침	책망과 훈계	3:11-12	
	지혜	지혜의 가치	3:13-18	
		지혜의 능력	3:19-20	
		지혜의 유익점	3:21-26	
이웃	선행	이웃에게 선행	3:27-29	
			3:30-31	악행
	축복과 저주	축복	3:32-35	저주
	가정	가정 교육	4:1-9	
	축복	축복의 길	4:10-13	
	친구		4:14-19	악한 친구 경고

관계	주제	지혜로운 길	성경	어리석은 길
자신	인격	경청	4:20-22	
		마음	4:23	
		말	4:24	거짓말
		눈	4:25	
		행동 (길)	4:26-27	
		분별력	5:1-2	
이웃	성 (性)		5:3-6	음녀의 길
			5:7-14	성적 유혹
		진정한 사랑	5:15-19	
			5:20-23	악한 길
	보증	보증	6:1-5	
자신	게으름		6:6-11	게으름
	죄		6:12-15	악한 자 결말
			6:16-19	7가지 죄
	가르침	가르침	6:20-23	
이웃	간음		6:24-26	성적인 범죄
			6:27-35	간음의 경고
자신	가르침	가르침의 유익	7:1-5	
이웃	간음		7:6-23	간음하는 청년들
			7:24-27	간음의 결말
하나님	지혜	지혜의 초청	8:1-10	
		지혜의 유익	8:11-21	
	믿음	하나님 경외	8:13	
	지혜	지혜의 근원	8:14	
자연	재물	재물의 근원	8:18	

D·a·y 071

장면통독 가이드

>>> 잠언 10:1-22:16

일상에서 적용하는 잠언
: 솔로몬의 잠언들

✽ 통독 포인트

서론에는 젊은이들을 위한 훈계와 지혜로운 자녀와 어리석은 자녀를 대조하여 부모들을 등장시켜 가정에서 교육할 수 있는 내용으로 구성되었다. 여러 가지 주제를 제시하면서 일상에서의 적용을 염두에 두고 배열했다. 가정에서 실천할 수 있는 안내서로 적합하다.

[장면 1] 하나님이 미워하시는 것들 (잠 10-15장)

이 부분은 격언과 경구로 구성되었다. 무계획적으로 수집되었기에 전체적인 내용의 구조를 이해하기는 어렵다. 하지만 한 가지 원칙은 어리석은 자와 지혜로운 자를 서로 비교하면서 메시지를 전하고 있다. 하나님께서 미워하시는 것과 좋게 보시는 것을 비교하여 살펴보면 쉽게 성경이 읽어진다.

11장은 하나님이 미워하시는 것들이 무엇인지를 다루고 있다. 예를 들면 비방하는 말, 이웃 멸시, 잔인함 등이 나오는 반면에 의인에게 생명을 주는 행동으로 분별력과 구제와 의로움 등이 소개되고 있다. 12장은 선한 사람과 악한 사람을 대조하여 그들이 행한 결과를 정리하면서 선한 사람이 되어야 함을 말한다. 특히 언어에 관한 내용을 통하여 바른 언어 사용을 강조한다.

13~15장은 말에 관한 내용을 집중적으로 다루고 있다. 말과 행동을 신중하게 할 것을 당부한다. 어리석은 자들은 경솔하게 행동하며 일을 그르친다. 지혜로운 사람들은 자기의 혀를 어떻게 사용해야 하는지 알고 있다. 그래서 입술만 아니라 마음까지도 바르게 함을 알고 그것을 실천한다. 하지만 어리석은 사람은 말을 함부로 하고 결국 그 말로 패망하게 된다.

[장면 2] 말과 행동과 이웃관계 (잠 16장-22:16)

16장은 지혜로운 사람은 사람과도 관계가 좋다는 것을 말한다. 하나님을 진정으로 섬기다 보면 자연히 이웃과도 관계가 좋다. 어리석은 자들은 하나님을 신뢰하기보다는 자신을 의지한다. 행복은 하나님을 얼마나 신뢰하느냐에 달려 있다.

17장에서 인생의 가장 힘든 일은 친구를 잘못 선택해서 생기는 결과다. 허물을 덮어주는 친구가 좋은 친구다. 악한 행동을 비난하는 것은 조심해야 한다. 침묵할 때와 말할 때를 잘 구별하여 사용하는 것이 지혜로운 사람이다.

18장에서 어리석은 자는 사회로부터 자신을 격리시키는 개인주의자다. 특히 이웃과 사람에 대해 올바른 문제 제기를 꺼린다. 하지만 지혜로운 선택을 하게 되었다고 말한다. 이것은 진정한 우정은 무엇인가를 생각하게 된다.

19장에서 사람에게 필요한 것은 덕이라고 말한다. 가난한 사람을 배려하고 공감하는 민감성을 가져야 함을 말한다. 부모를 공경하는 일은 중요하다. 부모를 함부로 대하는 것은 어리석은 자의 특징이다. 19장은 불쌍한 자를 갚아주면 하나님이 더 큰 것을 주신다는 내용이다.

20장은 사회에서 정직한 활동은 하나님의 성품을 드러내 준다고 말한다. 자기 일에 충성하며 부정한 이득을 취하지 말고 끝까지 순전한 양심을 갖는 것 자체가 하나님을 증거하는 길이다.

21장에서 솔로몬은 자기가 아무리 의롭고 대단한 일을 한다 해도 나는 여전히 죄인이며 하나님을 배우는 지혜를 갖는 것이 필요하다.

| 되새김 쉬운 통독 샘플 |

성공과 실패를 좌우하는 인생 규칙 (예시: 잠언 10장)

잠언은 두 개를 비교하면서 교차적으로 구성되었다. 오른쪽의 샘플을 보고 잠언의 구조를 살피면 성경 통독하는 데 도움이 된다. 읽으면서 이런 방법으로 다른 장도 각자 표를 정리해보는 것도 유익하다. 성경의 내용이 명확하게 정리되고 마음에 잘 새겨진다.

주제	지혜로운 자 (의인)	성경	어리석은 자 (악인)
자녀	아버지를 기쁘게 한다	10:1	어머니를 근심하게 한다
재물	공의는 사람을 구한다	10:2	부정하게 모은 재물은 쓸모없다
생명 근면	주리지 않게 한다	10:3	밥그릇을 깨버린다
	부지런하여 부유하다	10:4	게을러 가난하게 된다
	가을에 추수한다	10:5	가을에 낮잠 잔다
축복	머리에 복을 임한다	10:6	입에 독을 머금는다
칭찬	기억된다	10:7	사라진다
입	명령을 받아들인다	10:8	입을 놀리다 망한다
흠	흠없이 살면서 평안하다	10:9	그릇되게 살다가 들통난다
입		10:10	눈을 흘기고 입을 놀린다
입	생명의 샘	10:11	독을 머금는다
	사랑은 허물을 덮는다	10:12	미움은 다툼을 일으킨다
	입술에 지혜가 있다	10:13	등에는 매가 떨어진다
	지식을 간직한다	10:14	입으로 멸망을 재촉한다
재물	부자의 재산은 견고한 성이다	10:15	빈곤은 망하게 한다
상급	수고로 상급으로 받는다	10:16	소득으로 죄를 받는다
훈계	훈계를 지켜 생명에 이른다	10:17	책망을 저버려 잘못된 길로 간다
거짓말		10:18	마음을 감추고 거짓말하고 남을 중상한다
입	입을 조심한다	10:19	말이 많아 허물이 생긴다
	순수한 은과 같다	10:20	아무 가치가 없다
	입술로 많은 사람을 살린다	10:21	생각 없이 살다가 죽는다
부자	근심과 부유를 함께 주지 않는다	10:22	
	주님이 복을 주어야 부자가 된다	10:22	
지혜	지혜를 좋아 한다	10:23	음탕한 일을 좋아 한다

되새김 120일 쉬운 통독 타임라인			
하나님 나라	성경 구조	역사와 시대	성경 각 권 소개
소망	성문서 - 교훈과 적용	통일왕국시대	잠언

>>> 잠언 22:17-31장

말과 기타 생활 잠언

＊ 통독 포인트

잠언을 통독하는 것은 다른 책과 달리 쉽지 않다. 한 구절 한 구절이 깊게 묵상하면서 읽어야 할 내용인데 지금까지의 통독은 일정 분량의 성경을 빠르게 읽었기에 이런 방법으로는 적합하지 않다. 잠언은 느린 방식으로 읽어야 한다. 이런 점에서 잠언 통독은 눈으로 읽기보다는 손으로 글로 쓰면서 읽는 방식을 새롭게 하는 것도 한 방법이다. 여기도 서로 대조하는 2행 연시로 구성되었다. 그리고 다양한 방식의 잠언이 수집되었다.

[장면 1]　지혜로운 현자들의 말 (잠 22:17-24장)

이 내용은 현자들의 잠언으로 솔로몬의 잠언 모음집과는 구별된다. 행이 다양하게 구성되었다. 훈계의 형식으로 구성되었다. 여기 나오는 현자들의 잠언은 30개 격언의 모음집이다. 여기서는 지혜 있는 가르침에 경청할 것을 권면하고 있다. 이런 사람은 피하라고 권면한다. 예를 들면 빚보증을 서지 말고, 시기와 질투하지 말며, 억압받는 사람을 올바르게 대우하고, 노를 품지 말며, 땅에 대한 권리를 보호해줄 것을 말한다. 또한 술에 취한 일에 대한 위협, 부모에 대한 존경 등의 내용이다.

※ 지혜는 삶을 사는 데 아주 중요한 지침이다. 그것은 하나님이 정한 정의와 공의를 수행하는 것이며 그 길을 벗어나면 결국 자기가 패망하게 된다. 잠언에는 이런 내용이 많이 들어 있다. 원수가 재난을 당했을 때 즐거워하지 말고 악을 행하는 사람들을 두려워해서는 안 된다. 하나님의 때가 되면 그들을 처리하실 것이다. 편견에 치우치지 말고, 보복을 위해서 거짓을 시도하는 것은 아주 위험한 일이다. 특히 게으른 자는 패망에 이르게 되기에 오늘 일하는 것은 지혜로운 사람의 특징이다.

[장면 2] 히스기야의 신하들이 편집한 솔로몬의 잠언들 (잠 25-29장)

여기에 나오는 잠언들은 히스기야 왕에게 고용되었던 서기관들의 잠언이다. 그 주제는 너무나 다양해서 개요를 요약하는 것은 불가능하다. 여기에 소개되는 것들은 오늘날에도 여전히 적용되는 것이다. 인간의 욕심과 죄악성은 시대와 상관없이 같게 나타난다. 여기에 제시한 말씀은 시대와 상관없이 사람들 사이에서 다툼이 일어날지라도 법정 소송 없이 해결하도록 했다. 지혜로운 사람에게 나타나는 특징은 원수에게 악을 행하기보다는 오히려 선을 베풀고, 시기와 미움을 멀리하는 것이다. 어리석은 사람은 자기 기준에 따라 살지만 지혜로운 사람은 하나님의 기준으로 살아간다. 하나님의 계명을 떠나면 교만해진다. 하지만 하나님을 경외하고 계명에 따르면 말을 조심하고 겸손하며 하나님의 성품인 공의와 정의와 선을 사랑하는 법을 배우게 된다.

[장면 3] 아굴의 말, 르무엘의 말
: 현숙한 아내 (잠 30-31장)

아굴은 인간의 이해는 한계가 있음을 인정한다. 르무엘은 성경 어디서도 찾아볼 수 없는 이름이다. 하지만 르무엘의 어머니는 왕의 자리에 있는 아들에게 중요하다고 생각하는 세 가지 지혜를 이야기한다. 다양한 잠언의 모음집이다. 숫자와 관련된 수수께끼와 숫자로 풀어가는 교훈은 흥미롭다. 31장은 한국어 성경이나 영어에는 발견할 수 없지만, 히브리어 성경에는 히브리어 각 구절이 알파벳 순서를 따라 시작하는 형태를 띠고 있다. 우리로 말하면 삼행시 같은 구조로 내용이 구성되었다. 일종의 시라고 보는 것이 옳다. 형식과 내용 면에서 탁월한 구성이 돋보이며 아름다운 작품이다. 이상적인 현숙한 아내를 통하여 지혜가 어떤 것보다 귀하고 놀랍다는 점을 잘 나타내고 있다. 이 여자의 이야기는 우리의 모든 삶에서 적용할 수 있는 모델이다. 특히 가정에서 지혜가 발휘되고 우리에게 지혜를 적용하는 데 유익하다.

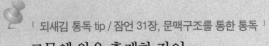

르무엘 왕을 훈계한 잠언

잠언은 한 구절씩의 짧은 내용으로 구성되었기에 전체 내용을 이해하기는 쉽지 않다. 하지만 잠언의 내용을 이런 방식으로 정리하여 읽으면 효과적이다. 그리고 삶에 적용하기도 좋다. 그냥 읽으면 잠언은 내용이 잘 들어오지 않고 지루할 수 있지만 이런 방식으로 정리하여 내용을 재구성하면 기억이 잘 되고 성경 읽는 것이 즐겁다. 다른 장들도 이와 같은 방법으로 노트에 정리하면서 읽으면 강조점과 특징이 잘 파악이 되고 마음에 새기는 데 효과적이다.

1. 르무엘 왕이 말씀한 바 곧 그의 어머니가 그를 훈계한 잠언이라

2. 내 아들아

　　　　내가 무엇을 말하랴

내 태에서 난 아들아

　　　　내가 무엇을 말하랴

서원대로 얻은 아들아

　　　　내가 무엇을 말하랴

3. 네 힘을

　　　여자들에게 쓰지 말며

　　　왕들을 멸망시키는 일을 행하지 말지어다

4. 르무엘아

포도주를 마시는 것이 왕들에게

　　　■ 마땅하지 아니하고

　　　왕들에게

　　　■ 마땅하지 아니하며

독주를 찾는 것이 주권자들에게

　　　■ 마땅하지 않도다

〈 술을 금지하는 이유 〉

5. 술을 마시다가

　　　법을 잊어버리고

　　　모든 곤고한 자들의 송사를 굽게할까 두려우니라

6. 독주는

　　　죽게 된 자에게,

　　포도주는 마음에

　　　근심하는 자에게 줄지어다

7. 그는 마시고 자기의 빈궁한 것을 잊어버리겠고

　　　다시 자기의 고통을 기억하지 아니하리라

8. 너는 말 못하는 자와

　　　모든 고독한 자의 송사를 위하여 입을 열지니라

9. 너는 입을 열어

　　　공의로 재판하여

　　　곤고한 자와 궁핍한 자를 신원할지니라

지도자

마귀의 일

기억하라 / 신 8:11,18-19, 9:7

사회적 약자

공평과 정의

현숙한 아내(잠언의 결론)

    – 독자가 남성이다(좋은 아내를 얻으라)

    – 여인은 지혜다(9장의 의인화된 지혜를 말한다) – 가정(교회)

10. 누가 현숙한 여인을 찾아 얻겠느냐   지혜는 선물이다

         그의 값은 진주보다 더 하니라   잠 3:15, 8:11, 20:15

11. 그런 자의 남편의 마음은

         그를 믿나니   현숙한 여인의 유익

         산업이 핍절하지 아니하겠으며

12. 그런 자는 살아 있는 동안에

         그의 남편에게 선을 행하고

         악을 행하지 아니하느니라

13. 그는   경제적 유익

         양털과 삼을 구하여 부지런히 손으로 일하며

14. 상인의 배와 같아서 먼 데서 양식을 가져 오며

15. 밤이 새기 전에 일어나서 자기 집안 사람들에게

         음식을 나누어 주며

             여종들에게 일을 정하여 맡기며

16. 밭을 살펴보고 사며   손수 모범을 보인다

         자기의 손으로 번 것을 가지고 포도원을 일구며

17. 힘 있게 허리를 묶으며 자기의 팔을 강하게 하며

18. 자기의 장사가 잘 되는 줄을 깨닫고 밤에 등불을 끄지 아니하며

지속적 성장

19. 손으로 솜뭉치를 들고 손가락으로 가락을 잡으며

한 손으로 물레질, 한 손으로 실을 탄다 / 기술 뛰어남. 근면, 성실

20. 그는 곤고한 자에게 손을 펴며

정의와 공평/ 신 15:7-8

궁핍한 자를 위하여 손을 내밀며

21. 자기 집 사람들은 다 홍색 옷을 입었으므로

눈이 와도 그는 자기 집 사람들을 위하여 염려하지 아니하며

부유함

22. 그는 자기를 위하여

아름다운 이불을 지으며 세마포와 자색 옷을 입으며

23. 그의 남편은 그 땅의 장로들과 함께 성문에 앉으며

사람들의 인정을 받으며

경제적, 사회적, 정치적 지위를 얻음

24. 그는

베로 옷을 지어 팔며 띠를 만들어 상인들에게 맡기며

25. 능력과 존귀로 옷을 삼고 후일을 웃으며

26. 입을 열어 지혜를 베풀며

그의 혀로 인애의 법을 말하며

27. 자기의 집안 일을 보살피고

　　　　　게을리 얻은 양식을 먹지 아니하나니

28. 그의 자식들은 일어나 감사하며

　　　　　그의 남편은 칭찬하기를

29. 덕행 있는 여자가 많으나　　　　　　　　　　남편의 칭찬

　　　　　그대는 모든 여자보다 뛰어나다 하느니라

잠언의 결론(= 전도서의 결론 - 12장)

30. 고운 것도 거짓되고　　　　　　　　　세상의 최고의 것

　　　아름다운 것도 헛되나

　　　　　　오직 여호와를 경외하는 여자는

　　　　　　　　칭찬을 받을 것이라　　잠 1:7 = 지혜의 뿌리

31. 그 손의 열매가 그에게로 돌아갈 것이요

　　　그 행한 일로 말미암아 성문에서 칭찬을 받으리라

＊ 지혜는 결실로 나타난다

– 지혜의 본질 : 진정한 믿음 + 행함 동반

– 성령의 9가지 열매

– 신의 성품으로 열매

– 초대 교회의 모습(하나님 경외, 이웃에게 칭찬)

※ 잠언서에는 인간관계에 대한 내용이 많이 나오지만, 그것은 하나님과의 관계를 바르게 할 때 주어짐을 강조한다. 세상에서 지혜롭게 살기 위해서는 하나님을 지혜로 삼을 때만이 진정한 지혜가 생김을 반복해서 말하고 있다(잠 1:7, 9:10). 특히 젊은이들에게 주는 실제적인 지혜가 많다는 사실을 유념할 필요가 있다. 그러나 우리가 잠언서를 읽을 때는 문자적인 적용보다 그 의미를 찾는 것이 더 중요하다. 구절에만 얽매이지 말고, 토라와 역사서를 기초로 잠언을 정리하면 더 풍성한 유익을 누릴 수 있다.

욥기

【 욥기의 배경 】

욥기는 이스라엘에만 국한되지 않고 모든 인간에게 해당하는 내용이다. 인간이라면 누구나 질문하고 생각해야 할 주제를 다루고 있다. 여기에는 예외가 없다. 물론 욥기는 하나님에 대한 믿음이 없다면 쉽게 읽어내기 어려운 신비의 책이다. 욥에게 이런 어려운 일이 닥친 것은 하나님이 허락하신 고난이었다. 특별한 잘못이 없는데 그렇게 심한 고통을 당하게 하는지 이해가 안 될 수 있다. 인간의 상식선을 벗어난 이것은 오직 신앙이 아니고서는 풀어낼 수 없다. 그런 점에서 욥기는 어려운 신앙의 문제를 풀어가는 시간이라 보면 된다. 나타난 윤리적이고 도덕적인 면을 보면 그 외의 것들은 중요한 직무가 있었으면서도 인정을 받지 못한다.

【 특징과 읽기 지침 】

1. 욥기는 현재의 적용을 위한 책이다.

욥기는 의인이 당하는 인간의 고난에 대한 해답을 제시하는 책이다. 욥기는 의인 욥이 당하는 이해할 수 없는 고난에 대해서 친구들의 변론이 이어지고, 나중에 하나님이 해답을 주시는 구조로 전개된다. 큰 핵심은 '지혜는 어디서 오는가?' 이다. 인간의 지혜로 욥과 친구들이 변론하며 논쟁한다. 하지만 인간의 생각으로 이 문제를 풀 수 없음을 깨달으면서 마지막에 하나님께 지혜를 얻게 된다. 욥의 친구들이 말하는 지혜는 전통적인 세상의 지혜였다. 욥은 그들보다 더 발전된 지식을 갖고 있었지만 하나님의 뜻을 정확하게 이해하지는 못했다.

2. 인생의 이해 못 하는 일은 하나님의 때에 하나님이 알게 하신다.

마지막에 폭풍 속에서 말씀하시는 하나님의 질문에 욥(인간)은 아무런 대답을 하지 못한다(욥 38-40장). 그것을 통해 인간은 아무것도 알수 없고 입을 막고 겸손히 하나님께 나아가야 함을 말해준다. 욥기는 겸손과 회개로 마무리하면서 이해는 안 되지만 하나님을 신뢰하고, 행하시는 일을 기다리면서 나아가는 것이 최선임을 교훈한다. 잠잠히 참고 하나님을 기다리면 나중에 하나님의 때에 하나님의 뜻이 무엇인지 알게 된다는 것이다.

그런데 우리가 욥기를 읽으면서 주의해야 할 점이 있다. 그것은 욥과 친구들의 변론을 하나님이 직접 말씀하신 것으로 생각해서는 안 된다는 것이다. 단순히 성경에 기록되었다는 이유로 욥의 친구들의 말을 하나님의 말씀으로 적용하는 우를 범해서는 안 된다(예를 들면 욥 8:7). 언뜻 보기에 옳아 보여도 그것은 하나님의 말씀이 아니다. 그 속에 위험한 진리가 들어 있기에 함부로 해석해서는 안 된다.

3. 욥기는 지혜서이다.

이것은 잠언을 기초로 이어져 있고 잠언의 또 다른 해석학적 관점을 말해주고 있다. 지혜서인 잠언, 욥기, 전도서는 모두 '여호와 경외'를 뿌리에 두고 진행된다. 욥기서 역시 '여호와를 경외하는 신앙'이 핵심적인 요소로 구성되어 있다(욥 1:1,8,21, 2:10, 42:10). 하나님을 진정으로 경외하는 욥의 모습은 우리에게 도전을 준다. 욥에게서 하나님을 믿는다는 것은 축복도 받지만 하나님이 주신다면 '저주'도 감사하게 받아야 한다는 것이다. 축복과 저주가 중요한 것이 아닌 그 안에 담긴 하나님의 뜻이 더 중요하기 때문이다. 잠언이 인생의 성공과 행복에 대한 실용적 지침, 전도서가 인생의 고통과 의미의 사색이라면 욥기는 사색(경건한 자의 부르짖음과 탄식, 기도)을 대화체로 기록한 책이다. 특히 인생의 다큐멘터리를 보여주는 책처럼 전체가 구성되었다(하나님과 만남-축복-고통-깨달음-은혜). 그리고 욥기는 인간에게 난해한 문제를 다룬다. "의인이 과연 고난을 당할 수 있는가?" 이것에 대한 답을 욥의 세 친구와 하나님과 대화를 통해서 찾아간다.

4. 문제 해결 과정의 지혜를 얻는다.

욥기는 문제에 관한 토론(대화)이 주를 이루고 문제를 찾아가는 해결의 과정을 보여준다. 전체가 대화체로 구성되어 있다. 욥의 세 친구가 반복적으로 교차해서 등장한다. 그리고 질문에 대해서 욥이 대답을 하는 방식이다. 이런 과정을 통해서 문제를 찾아가는 구조로 욥기가 구성되었다.

5. 질문에 대한 답을 제시한 책이다.

욥기는 '누가 지혜로운가?'에 대한 질문을 계속하고 있다. 그것에 대한 답은 하나님만이 참 지혜자이시며 지혜의 근원임을 보여준다.

욥기는 또한 '의인이 고난을 당하는가?'에 대한 주제를 찾아가고 있다. 잠언처럼 인과응보의 틀로만 볼 수 없다. 고난의 문제를 풀지 않으면 인생을 해결하기 어렵다. 이것은 지금 우리에게도 동일하게 해당하는 이야기다. 욥기는 고난이 주는 의미를 추적한다. 고난은 우리의 신앙과 하나님에 대한 앎을 깊게 한다. 우리는 고난을 통하여 하나님을 만나는 기회로 삼아야 한다. 욥처럼 극심한 고난은 지금까지 하나님을 '귀'로만 들었지만 이제는 '눈'으로 주님을 뵙는 축복의 기회가 된다.

"이르되 내가 모태에서 알몸으로 나왔사온즉 또한 알몸이 그리로 돌아가올지라. 주신 이도 여호와시요 거두신 이도 여호와시오니 여호와의 이름이 찬송을 받으실지니이다 하고 이 모든 일에 욥이 범죄하지 아니하고 하나님을 향하여 원망하지 아니하니라"(욥 1:21-22).

"그가 이르되 그대의 말이 한 어리석은 여자의 말 같도다. 우리가 하나님께 복을 받았은즉 화도 받지 아니하겠느냐 하고 이 모든 일에 욥이 입술로 범죄하지 아니하니라"(욥 2:10).

"주께서는 못 하실 일이 없사오며 무슨 계획이든지 못 이루실 것이 없는 줄 아오니 무지한 말로 이치를 가리는 자가 누구니이까. 나는 깨닫지도 못한 일을 말하였고 스스로 알 수도 없고 헤아리기도 어려운 일을 말하였나이다. 내가 말하겠사오니 주는 들으시고 내가 주께 묻겠사오니 주여 내게 알게 하옵소서. 내가 주께 대하여 귀로 듣기만 하였사오나 이제는 눈으로 주를 뵈옵나이다"(욥 42:2-5).

【 욥기의 내용 구조 】

▶ 1부 시작 이야기 (욥 1-2장)

　1. 욥의 첫째 시험 : 욥의 재난 (1장)

　2. 욥의 둘째 시험 : 욥의 질병 (2장)

▶ 2부 시적인 대화(담화) : …가 대답하여 이르되 (욥 3장-42:6)

　1. 욥의 세 친구(노인들)와 대화 (3-31장)

　　1) 첫째 대화(3-14장) : 엘리바스-빌닷-소발

　　2) 둘째 대화(15-21장) : 엘리바스-빌닷-소발

　　3) 셋째 대화(22-27장) : 엘리바스-빌닷-소발

　　　- 지혜의 시 (28장)

　　　- 욥의 고백 : 하나님께 의문 제기 (29-31장)

　2. 엘리후(젊은이) 독백(4회) (32-37장)

　3. 욥과 하나님의 대화 (38장-42:6)

　　1) 첫째 대화(38-39장) : 하나님-욥

　　　　　　　　　　　/ 세상은 창조법칙에 따라 운행된다.

　　2) 둘째 대화(40-42:6) : 하나님-욥

　　　　　　　　　　　/ 인간을 창조의 일꾼으로 사용하신다.

　4. 마무리 이야기 (42:7-17)

되새김 120일 쉬운 통독 타임라인			
하나님 나라	성경 구조	역사와 시대	성경 각 권 소개
소망	성문서 - 교훈과 적용	족장시대	욥기

>>> 욥기 1-14장

욥의 시험과 첫 번째 대화

✳ 통독 포인트

욥기는 시나리오 대본처럼 대화체로 구성되었다. 문장의 전체 구조를 이해하고 읽으면 쉽게 읽을 수 있다. 마음속으로 상상하면서 몰입하면 훨씬 성경 읽기가 새롭게 다가온다.

욥기의 대부분 내용은 욥과 친구들이 나누는 대화로 구성이 되었다. 시적인 대화로 우리는 담화라고 말한다. 형식은 "…가 대답하여 이르되"로 욥기 3장에서 42장 6절에 걸쳐 계속 나온다. 대부분의 대화 내용은 욥의 세 친구(노인들)와의 대화(3-31장)이다. 대화의 구성은 한 친구씩 돌아가면서 이야기하면 그것에 대해 욥이 반응하는 형식으로 이루어져 있다. 핵심 주제는 욥의 고통에 대해 친구들은 죄의 결과로 오는 인과응보 관점에서 문제를 제기한다. 반면에 욥은 자신은 이유 없이 고난을 겪고 있다고 반박한다. 이것은 일종의 신학적 대화라 볼 수 있다.

[장면 1] 시작 이야기 / 문제 (욥 1-2장)

● 욥의 첫째 시험 : 욥의 재난 (1장)

하나님이 원하시는 사람은 어떤 사람인가? 믿음을 가진 한 사람의 모델을 제시하는 책이 욥기다. 욥기 1장에서는 동방에 사는 실제 사람인 욥의 이야기가 소개된다. 그는 하나님의 많은 축복을 받은 사람이다. 그런데 그에게 심한 어려움이 닥친다. 욥이 당한 시험은 세상에서 인간이 받을 고난의 경험을 다 당하는 이야기로 시작된다. 너무 엄청난 고난이기에 욥은 무엇을 어떻게 말하지 못한다. 그에게 닥친 고난은 보통 인간이 감당할 수 없는 극심한 고난이었다. 하지만 욥은 그 시험을 잘 이겨냈다. 욥은 모르지만 천상에서는 하나님과 사탄의 사이에 이루어진 일이 지금 이 땅에 일어난다. 그것을 욥과 친구들은 알지 못한다. 왜 이런 극심한 재난을 주시는지 그것을 알아가는 것이 믿음이다. 여기에 지혜 공부 핵심이 들어 있다. 우리가 지혜 공부를 하는 것은 바로 이런 상황을 두고 하는 말이다. 사탄은 욥이 지금 충성하고 있는 것은 욥이 축복을 받아서라고 말한다. 사탄의 요지는 욥이 환경이 좋으니까 믿음이 좋게 된 것이라고 말한다. 하지만 욥은 극심한 고난을 잘 감당함으로 하나님에 대한 믿음을 지킨다.

● 욥의 둘째 시험 : 욥의 질병 (2장)

1장에서 욥은 가진 재산과 아들들까지 잃는 고난을 당했다. 2장에서는 사탄이 욥에게 직접 고통을 주어 하나님을 떠나게 하는 전략을 사용한다. 하나님은 욥을 시험하는 것이 대해서 허락하신다. 사탄은 욥의 온몸에 욕창이 생기게 해 심한 고통을 가한다. 하지만 욥은 그것에 굴복하지 않고 오히려 하나님을 찬양한다. 욥은 복을 받았은즉 저주를 받는 것도 당연하다고 말한다. 재앙을 주시는 하나님의 주권을 인정하면서 사탄을 무색하게 만든다. 하나님이 인정하시는 욥의 믿음을 삶으로 보여주는 장면이다.

[장면 2] 해결 / 첫 번째 대화
: 엘리바스-빌닷-소발 (욥 3-14장)

여기서부터 욥이 당한 이해할 수 없는 재앙에 대해 세 친구와 변론이 시작된다. 그 첫 번째로 나오는 친구들은 엘리바스-빌닷-소발이다. 이 부분은 욥의 탄식과 논쟁에 대한 첫 번째 내용이다. 욥의 상황을 소개하면서 그것에 대한 욥의 반응과 친구들이 욥을 대하는 상황을 그리고 있다. 하나님이 신뢰하는 욥에 대해서 사탄은 이의를 제기하며 내기를 한다. 사탄은 자기주장이 옳다고 말한다. 그것에 대한 친구들의 논증이 대화체로 이어진다.

욥이 자기의 생일을 저주하며 차라리 태어나지 말았으면 하는 생각까지 이르는 고통을 당하지만 모든 것이 하나님에게서 온 것임을 믿고 하나님을 찬양한다. 그것에 대해 친구들은 이의를 제기하고 이해 못 하는 고난은 분명히 잘못에 대한 대가이자 결과라는 인과응보론에 의한 자신들의 주장을 계속한다. 세 친구 중에 엘리바스의 연설이 가장 길다. 엘리바스의 의견은 욥이 지금 당한 고통은 하나님의 징계라는 것이다. 모든 사람은 죄인이기에 그 대가를 받는 것이라는 의견을 말한다. 결국 욥에게 자기 죄를 회개하고 하나님을 찾으라고 주장한다.

언뜻 맞는 말 같지만 천상회의를 알고 있는 상황에서 보면 이것은 잘못된 주장이다. 결과적으로 사탄의 생각과 같다. 빌닷은 엘리바스의 의견에 따르면서 하나님은 공의로우신 분이기에 욥의 고난은 하나님의 형벌이라는 주장을 한다. 소발도 다른 친구들의 의견에 동조한다. 욥은 괴로워하며 하나님께 호소한다. 이것은 사람이 보는 주장과 하나님의 섭리는 같지 않다는 것을 보여준다. 지혜는 하나님의 뜻을 찾아가는 것이다. 오늘날 우리도 이런 잘못된 세상과 인간의 기준으로 다른 사람을 정죄하고 판단하기 쉽다.

- 욥의 탄식 (욥 3장)

: 욥은 자신의 고통을 탄식하며 탄생한 날을 저주한다. 너무 힘들어 죽기를 열망한다. 죽음을 맞이하면서 그 속에서 안식을 얻지 못하는 고통스러움을 호소한다.

- 엘리바스의 주장 (욥 4-5장)

: 누구도 죄를 짓지 않고서는 이유 없이 고통을 당하는 법이 없다고 말한다. 욥에게 해결책을 제시하는데 그것은 창조주 하나님에게 돌아가는 길이며 자기의 죄를 알려달라고 기도하는 일이다. 하나님과 바른 관계를 맺을 때 안식을 주시고 자녀와 부의 복을 누리게 된다.

- 욥의 대답 (욥 6-7장)

: 욥은 불평한 것이 아니라 세상을 떠나고 싶었던 것을 말한다. 하나님을 부인하지 않지만 그의 절망감을 하나님께 토로하고 있다. 이렇게 고통스럽게 사는 것은 의미가 없고 살아갈 이유가 없다.

- 빌닷 (욥 8장)

: 하나님은 공평하신 분이다. 욥의 자녀가 하나님의 심판을 받았다는

사실이 그 증거가 된다. 이것은 자연 속에서도 증명이 되는 보편적인 원리다. 그러므로 욥이 지금이라도 회개한다면 하나님은 다시 회복하게 하실 것이다. 죄를 회개하고 하나님께 돌아가면 하나님이 복을 주실 것이다.

- 욥의 대답 (욥 9-10장)

: 욥은 하나님이 자신을 심판하시는 것은 공정하지 않다고 주장한다. 여전히 자신이 당하는 재앙은 이해할 수 없다. 오히려 태어나지 않은 것이 좋았다고 말한다.

- 소발 (욥 11장)

: 분명히 드러난 증거가 있는데 무죄하다고 주장하는 욥은 위선자이다. 지금이라도 회개하고 하나님께 돌아오는 길이 최선이다.

- 욥의 대답 (욥 12-14장)

: 때로는 무죄한 사람이 재앙을 당하는 일도 있다. 하나님의 전지전능하심을 믿는다. 그들의 주장은 하나님의 지혜에 이르지 못하는 것으로 자신은 모든 것을 하나님께 맡긴다고 말한다. 유일한 길은 죽음을 통해서 하나님이 정당성을 입증해주시길 소망하고 있다.

되새김 120일 쉬운 통독 타임라인			
하나님 나라	성경 구조	역사와 시대	성경 각 권 소개
소망	성문서 - 교훈과 적용	족장시대	욥기

>>> 욥기 15-21장

욥의 두 번째 대화

* 통독 포인트

본문은 욥과 친구들과 대화를 기록한 것이다. 욥기는 대화체로만 구성되었기에 각 인물의 특징을 파악하는 것이 중요하다. 그렇지 못하면 이야기 흐름을 놓쳐서 아무 생각 없이 읽을 수 있다. 다음에 나오는 각 인물의 특징을 알고 성경을 읽으면 정리가 쉽다.

 – 엘리바스 : 자연의 신비한 밤 경험
 – 빌닷 : 세대적으로 내려오는 전통적인 가치
 – 소발 : 신학적인 접근. '하나님이 오히려 가벼운 벌을 내리신다'
  (11:6).

[장면 1] 둘째 대화
: 엘리바스 – 빌닷 – 소발 (욥 15-21장)

15~21장에서는 2번째 논쟁이 나온다. 여기에서는 친구 세 명 모두 한 가지 주제로 집중하여 논쟁한다. 현재의 고통과 악인의 최후 운명에 대해서 말한다. 하지만 욥은 악인이 항상 고통당하는 것은 아니라고 말한다. 이들의 이야기는 간단하다. 엘리바스는 악인이 고통을 당하므로 지금 고통당하는 욥은 악인이라는 결론이다. 빌닷과 소발도 같은 의견이다.

- 엘리바스의 주장 (욥 15장)
: 엘리바스는 욥이 자기 의를 주장하는 것은 보편적인 질서를 인정하지 않는 행동으로 그것은 상식적으로도 옳지 않다고 말한다. 재앙은 죄악이 가져온다는 원리는 지금도 변함이 없다. 욥의 재앙은 죄로 말미암아 된 것이기에 그 죄를 회개해야 문제가 해결된다.

- 욥의 대답 (욥 16-17장)
: 아무리 좋은 조언이라도 그것은 그렇게 도움이 안 된다. 결국은 죽게 될 것이기에 의미 없다. 오직 하나님만 올바르다. 결국 욥이 고난을 겪는 것은 다른 이유가 있다는 것을 반복한다.

- 빌닷 (욥 18장)
: 빌닷은 은연중에 욥의 이런 행동에 대해 비난한다. 죄인은 죽을 것이며 그리고 그의 자손은 끊어질 것이다

- 욥의 대답 (욥 19장)
: 상투적인 신학적 표현만 반복하는 친구들의 소리에 지쳤다. 욥은 지금 자기 상황이 아주 힘든 것을 토로한다. 가까운 사람은 자기를 잊었고 심지어 아내조차도 자기를 포기하는 모습을 보인다. 이런 절망 속에서

욥은 희망을 이야기한다. 욥은 죽음에서 다시 부활할 소망을 품고 있다. 몸을 벗어나 눈으로 하나님을 보게 될 것이다. 그리고 자기를 정죄한 사람들에게 심판이 임할 것이다.

- 소발 (욥 20장)

: 악한 자에게는 심판이 오는 것인데 지금 욥도 이렇게 고난을 겪는 것은 무언가 문제가 있다. 부자가 모든 것을 잃는다는 것은 무언가 불의한 방법으로 재산을 얻었기 때문이다. 이런 점에서 보면 욥도 자신을 돌아보고 자신의 죄악을 살펴보아야 한다. 부당하게 취한 재물은 모두 내어주어야 한다.

- 욥 (욥 21장)

: 악인이 번영을 누리면서도 고통 없이 사는 사람이 많다. 그들은 심판에 관심이 없다. 하지만 모두에게 죽음은 동일하게 찾아온다. 언뜻 보기에는 악인이 죽을 때도 평안하게 보이는 경우가 있다.

되새김 120일 쉬운 통독 타임라인			
하나님 나라	성경 구조	역사와 시대	성경 각 권 소개
소망	성문서 - 교훈과 적용	족장시대	욥기

>>> 욥기 22-31장

욥의 세 번째 대화와
욥의 고백

✻ 통독 포인트

본문은 세 번째 논쟁과 욥의 문제 제기이다. 앞의 내용이 반복되고 소발의 주장이 없다. 이들의 핵심적인 내용은 아무리 이의를 제기해도 욥의 고통은 죄로 인한 것이기에 지금 당장 하나님에게 회개해야 한다는 것이다. 결국 욥은 마무리 변론을 한다. 욥은 한결같이 자신은 무죄하다고 말한다.

[장면 1] 셋째 대화와 욥의 고백
: 엘리바스-빌닷-소발 (욥 22-31장)

마무리는 과연 지혜는 어디서 오는가에 대한 질문으로 압축된다. 욥은 지혜는 하나님을 경외함에서 오는 것으로 하나님 앞으로 나갈 때 해답이 있음을 말한다. 그동안의 자신의 모습을 회상하면서 자신이 행한 고아와 과부에 대한 선행 등으로 친구들의 변론에 반대 의사를 전한다.

셋째 대화는 엘리바스와(욥 22장) 욥(욥 23-24장), 빌닷(욥 25장)과 욥(욥 26-31장)의 대화로 구성되었다. 엘리바스는 욥의 불행은 하나님이 정하신 영적 기준을 파기했기에 나타나는 현상이며 예를 들면 가난한 사람과 고아와 과부에게 선을 베풀지 않아서 생긴 결과일 수 있다고 말한다. 그러므로 회개하고 하나님과의 관계를 회복하라고 말한다. 하지만 욥은 엘리바스의 의견에 동조하지 않는다. 악인은 심판을 당하게 되고 의인은 정당성을 인정받게 될 것이라는 친구들의 의견에 동조하지 않는다. 왜냐하면 의인의 말로가 악인보다 더 힘들 수도 있기 때문이다. 이것에 대해 빌닷은 세대를 거쳐 내려오는 전통적인 가치에 근거하여 하나님은 전지전능하시며 인간은 부정한 죄인이라고 말하면서 결론을 맺는다.

이런 친구들의 의견에 욥은 아무런 도움을 얻지 못한다. 욥은 하나님의 전지전능하심을 인정하면서 자신의 무죄를 주장한다. 욥은 진정한 지혜는 땅이 아닌 하늘에서 오는 것이라고 보면서 하나님을 경외할 때 진정한 지혜가 온다고 믿었다. 욥은 지금의 상황을 해결할 수 없었다. 그의 고통은 쉬지 않았다. 그의 고통을 아무도 이해하지 못했다. 욥은 자신의 결백을 주장하면서 하나님께 의문을 제기한다. 자신은 그동안 죄악을 범하지 않았음을 열거한다(욥 31장). 예를 들면 자신은 나그네를 대접했고, 우상을 섬기지 않았으며, 가난한 자를 돌보았고, 물질주의 유혹을 이겼고, 정직하게 살았다. 이런 일을 모두 무용지물로 무시한다는 것은 이해가 안 되고 괴롭다고 말한다. 대화가 진행될수록 친구들의 연설이 짧아지고 열기가 떨어지고 있다.

D·a·y
076
장면통독 가이드

>>> 욥기 32-42장

엘리후의 독백과
욥과 하나님 대화

✳ 통독 포인트

그동안 욥과 나누었던 세 친구의 지혜와 생각으로는 욥의 문제를 풀어낼 수 없다. 세 친구가 절망적일 정도로 자신을 의롭게 여기는 욥에게 더는 조언을 못 하자 이것을 다 듣고 있던 엘리후가 마지막으로 등장하여 4회에 걸친 독백 연설을 한다. 나름대로 이전의 친구들과 다른 이유를 제시하는데 자신은 하나님의 영으로 진실을 말한다고 주장하며 발언을 한다. 엘리후는 욥의 말을 근거로 문제를 제시한다. 하지만 그 역시 인과응보 사상을 극복하지 못한다.

[장면 1] 엘리후(젊은이) 독백(4회) (욥 32-37장)

● 첫 번째 조언 (욥 32-33장)

그동안 욥에게 조언했던 세 친구는 욥이 더는 조언을 받아들이지 않자 그를 설득하는 것을 포기한다. 세 친구는 욥의 닥친 상황을 잘 이해하지 못하고 기존의 자기 생각과 경험의 차원을 넘지 못하고 있는 답답함이 보인다. 오직 욥의 허물을 잡으려고 문제점만 지적하며 한계를 드러낸다. 엘리후가 비록 나이가 어리지만 기다리고 말한다. 지혜는 나이가 많다고 오는 것이 아니라 하나님에게서 온다. 엘리후는 욥에게 자신은 하나님의 영의 능력을 받아 진실하게 말한다고 한다. 엘리후는 욥에게 주어진 삶에 만족하지 못한 문제점을 제기한다. 모든 인생의 행복은 사람이 아닌 하나님에게서 나온다고 말한다.

● 두 번째 조언 (욥 34장)
엘리후는 욥이 자기 무죄를 주장하는 것은 옳은 방법이 아니라고 말한다. 우리의 모든 상황을 아시는 분은 오직 하나님이시다. 잘못은 인간이지 하나님에게 있는 것이 아니라고 말한다. 그런 이유로 욥은 자신의 잘못을 회개하고 하나님에게 용서를 구해야 한다.

● 세 번째 조언 (욥 35장)
엘리후는 욥이 하나님보다 더 의롭다고 말하는 것은 문제가 있다고 말한다. 하나님은 각 사람에게 맞는 방법으로 자신을 드러낸다. 지금 욥이 할 수 있는 일은 순수하게 하나님께 구할 수 있어야 한다고 말한다. 자기 의를 구하는 방법보다 자기 생각을 포기하고 하나님의 의를 구하는 것이 중요하다. 욥은 자기를 속이지 말고 회개해야 한다고 이전과 같은 주장을 반복한다.

● 네 번째 조언 (욥 36-37장)
엘리후는 욥에게 회개할 것을 강력하게 권면한다. 하나님은 불의하신

분이 아니다. 하나님은 우리가 보기에 불의하게 보여도 하나님만이 의로우시다. 그런 이유로 욥은 어떤 경우에도 불평하면 안 된다. 천둥과 번개 등으로 하나님은 자신의 의로움을 드러내신다. 때로는 심판의 도구로 사용하신다. 인간은 하나님의 방식에 이의를 제기할 수 없다.

엘리후가 세 친구보다는 하나님의 측면에서 바라보고 문제를 해결하려고 했지만 그 역시 여전히 앞의 친구들과 같이 인과응보 사상을 극복하지 못했다.

[장면 2] 욥과 하나님 대화 (욥 38-42:6)

38~42장은 욥기의 마지막 결론에 해당하는 부분이다. 인간 지혜의 어리석음을 책망하시면서 하나님의 창조 섭리를 통해 지혜는 하나님에게 있음을 말하고 있다. 하나님은 피조물에 대한 질문형식으로 욥에게 폭풍 질문을 던진다. 하지만 욥은 침묵으로 응답한다. 마지막에는 욥이 무지한 상태에서 함부로 말한 자기의 모습을 회개한다. 그리고 귀로 들었던 하나님을 보았다고 말하면서 하나님을 볼 때만이 해답을 얻을 수 있음을 보여준다.

● 첫째 대화 : 하나님-욥 (욥 38-39장)
    / 세상은 창조법칙에 따라 운행된다.

세 친구와 엘리후까지 욥의 문제를 풀려고 했지만 그 역시 한계를 보였다. 이제 하나님이 나타나셔서 말씀하신다. 아무 예고도 없이 하나님이 나타나셔서 욥에게 말씀하셨다. 하나님은 창조 사건을 통하여 그때 욥이 어디에 있었는지 묻는다. 인간은 창조의 신비로운 영역을 알지 못한다. 우주 만물의 기원과 실제 일어나는 일을 알지 못하는 인간의 한계를 말씀하신다. 특히 동물의 세계 속에서 일어나는 신비로운 일을 하나님이 질문하자 욥은 전혀 답을 못한다. 모든 동물과 자연을 하나님은 돌보신다. 이런 하나님의 질문에 욥은 답하지 못한다(욥 40:3-5).

● 둘째 대화 : 하나님-욥 (욥 40-42:6)
　　　　　 / 인간을 창조의 일꾼으로 사용하신다.

인간은 하나님이 하시는 일을 알 수 없다. 우리는 모르는 채 살아가는 일이 더 많다. 하나님은 욥에게 비유를 들어서 이야기하신다. 하마와 리워야단의 수중 동물들을 등장시켜서 그런 동물의 하는 일을 아느냐고 말씀하셨다. 이런 하나님의 폭풍 질문에 대해 욥은 한마디도 대답하지 못한다. 그리고 욥은 하나님과 대화를 나누면서 자신의 무지를 고백한다. 오직 하나님의 시각에서만 알 수 있는 영역을 어설픈 논리와 경험으로 판단하려는 것이 우리 주위에 많이 있다. 하나님이 만드신 신비의 영역을 인간은 자기의 이성으로 풀어내려고 한다. 당장 드러나지 않아도 하나님의 때에 알려주신다. 나중에는 모두가 드러나게 된다. 기다리지 못하고 쉽게 판단하려는 것에서 모든 문제가 발생한다.

[장면 3] 마무리 이야기 (욥 42:7-17)
- -

욥은 하나님이 주시는 고통의 의미를 알게 된다. 이제 욥은 친구들과 하나님 사이에서 중보자 역할을 한다. 이런 욥의 중재 사역을 보고 하나님은 그에게 두 배로 복을 주셨다. 그 이후부터 그가 잃어버린 모든 것을 얻었다. 욥은 그동안 베푸신 하나님의 은혜를 찬양한다. 이해가 안 되면 기다리고 준비하는 일이 필요하다.

마무리는 크게 두 가지로 나눈다(1. 욥의 회복(개인) 2. 욥의 축복(가족, 물질)). 마지막에는 욥이 구하지 않았음에도 하나님은 배가의 복을 주심으로 하나님의 뜻을 보여주고 있다. 결국은 하나님에 대한 신뢰만이 우리가 바라보아야 할 자세임을 욥기는 말하고 있다.

※ 세상에서 일어나는 일은 인간이 생각하는 것처럼 그렇게 단순하지 않다. 법을 잘 지켜도 여전히 고난을 겪는 사람이 있다. 예를 들어 의인이 고난을 겪는 경우이다. 이분법적으로 보면 간단하다. 선하게 살면 복을 받고 악하게 살면 저주를 받는다는 논리로 이해하면 모든 성공은 선한 것의 증거요 실패는 악한 것의 증거가 될 수 있다. 하지만 그렇지 않다. 인생은 그렇게 간단하게 결정될 수 있는 문제가 아니다. 만약 그렇게 되면 결과만으로 인간이 모든 판단을 결정할 수 있다. 결과만 좋으면 모든 것이 좋다고 생각하는 방향으로 인생의 그림을 그리면 맞을까? 그렇지 않다.

왜 선한 사람이 고통을 받으며 의로운 사람이 핍박을 받아야 하는가? 이 질문에 관한 내용과 해답을 제시한 것이 욥기이다. 하나님의 선택된 백성인 이스라엘이 왜 이렇게 고난을 겪는가? 하나님 없는 이방인에게 어려움과 수치를 당해야 하는가? 이 문제에 대한 답은 찾기가 쉽지 않다. 아무리 이스라엘이 죄를 지어도 이방인들보다 낫지 않겠는가? 그런데 어떻게 하여 이방인보다 더 많은 고난을 겪으면서 살아야 하는가? 쉽게 이해가 안 되는 질문이다. 이것은 인과응보의 보상 원칙에 따라 세상이 딱 규정되는 것이 아니다.

욥기는 이런 문제를 제기하면서 이야기를 풀어나가고 있다. 하나님은 어떤 분이신가? 혹시 정의로운 하나님에 대한 문제가 있는 것이 아닌가? 말씀에 대한 문제가 있는 것이 아닌가? 하나님의 말씀 없이도 아무렇지 않게 잘살고 있는 것을 보면 굳이 말씀을 잘 지키면서 살 이유가 없어 보인다. 하나님의 말씀을 신실하게 지키는 것이 바보스럽게 보인다. 욥기는 이런 난해한 문제를 아주 잘 해결해 놓은 책이다. 인생은 신비다. 하나님 안에서만이 알 수 있는 신비를 받아들이면서 절대적인 하나님을 신뢰하는 것이 믿음이다.

■ 성경 각 권 소개

전도서

【 전도서의 배경 】

전도서는 네 편의 설교집으로 구성되었다. 전도서는 너무나 솔직하게 인생의 의미를 본질에서 그려낸다. 그래서 신앙인으로 보면 다소 충격적일 수도 있다. 전도서는 해 아래 경험할 수 있는 세상의 모든 것을 다 열거한 후에, 인생의 진정한 의미가 무엇인지 발견하게 된다는 결론에 이른다. 전도서에 나오는 전도자는 인간의 지식에 대해서 신뢰하지 않는다. 어느 것도 증명되지 못하며 인간의 노력은 절망적이다. 그렇다면 인생은 아무런 의미가 없는 것인가라는 질문을 하게 하는 책이다(전 1:13-14).

【 특징과 읽기 지침 】

1. 문제점을 가지고 전도서를 읽으면 도움이 된다.

전도자는 하나님을 상실함에서 오는 인간의 다섯 가지 문제점을 제시한다.

- 죽음은 모든 것을 없앤다.
- 지혜는 그 목표를 이루지 못한다.
- 하나님은 알 수 없는 분이다.
- 세상은 구부러져 있다.
- 쾌락은 사람들의 마음을 끈다.

이것에 대한 해답은 하나님을 찾고 경외하는 데 있다

2. 전도서의 핵심 주제를 갖고 읽으면 쉽게 이해가 된다.

핵심구절은 "헛되고 '헛' 되며 헛되고 헛되니 모든 것이 '헛' 되도다" (1:2, 12:8)이다. 예를 들면 수고, 지혜, 의, 부, 권세, 낙, 평생, 장래일, 죽음 등이다. 인간이 풀 수 없는 수수께끼와 같은 세상의 부조리 속에서 영원하고 본질적인 것이 무엇인지 그 의미를 찾는 게 전도서의 관심이다. 인간은 하나님의 일을 능히 '알아낼' 수 없다. 이것을 겸손히 알고 받아들이는 것이 참 지혜다. 자신이 부족하다는 것을 알지 못하면 인간은 참 지혜에 이르지 못한다.

3. 전도서는 인간 죽음의 문제를 다룬다.

세상의 모든 것은 죽음 앞에서 헛되고 헛된 것이 증명된다. 하나님 없는 이 세상의 삶은 모든 것이 헛되다. 그렇기에 세상에서 진정한 지혜를 찾아야 하는데 그것이 하나님을 경외하는 삶이다(전 12:13-14). 전도서는 세상 속에서 절대적인 절망을 경험하면서 절대적인 희망으로 나아감을 이야기한다. "하나님을 '경외'하는 것이 참 지혜다"라는 내용은 잠언, 욥기에 이어 전도서에도 같게 나온다.

4. 전도자가 가장 두려워하는 죽음을 정복한 분은 예수님이다.

세상의 의미 없는 것을 의미 있게 만드신 분이 예수님이다. 전도서는 예수님을 더욱 가깝게 하는 책이다. 예수님이 있으면 사망은 끝이 아닌 새로운 시작이 된다. 전도서를 읽으면 읽을수록 죽음을 이기신 예수 그리스도의 복음 내용이 전도서가 결론으로 말하는 인생의 명확한 해답으로 더 가깝게 다가온다(요 14:6).

> "전도자가 이르되 헛되고 헛되며 헛되고 헛되니 모든 것이 헛되도다" (전 1:2).

> "또 내가 하나님의 모든 행사를 살펴보니 해 아래에서 행해지는 일을 사람이 능히 알아낼 수 없도다. 사람이 아무리 애써 알아보려고 할지라도 능히 알지 못하나니 비록 지혜자가 아노라 할지라도 능히 알아내지 못하리로다"(전 8:17).

> "일의 결국을 다 들었으니 하나님을 경외하고 그의 명령들을 지킬지어다. 이것이 모든 사람의 본분이니라"(전 12:13).

【 전도서의 내용 구조 】

● 장면 1 / 서론. 해 아래 세상의 모습들 (전 1-5장)

– 첫 번째 설교 : 인생의 만족을 채워 줄 수 없는 허무한 세상 가치들

(전 1:12-2장)

– 두 번째 설교 : 부조리한 모습 (전 3:1-5:20)

● 장면 2 / 누림이 없는 세상, 누림이 있는 세상 (전 6-12장)

– 세 번째 설교 : 누림이 없는 세상 (전 6:1-8:13)

– 네 번째 설교 : 인간의 한계 상황 (전 8:14-10:20)

● 결론 / 누림이 있는 인생을 살아라

(근본을 붙잡고 살아라) (전 11장-12:14)

D·a·y

077

장면통독 가이드

>>> 전도서 1-12장

재물의 무익함과
좌절과 무능함

＊ 통독 포인트

전도서는 인생의 미래를 이야기한다. 특히 전도서는 젊은이들에게 필요한 책이다. 앞으로 살아갈 시간이 많은 젊은이에게 전도서는 지혜를 준다. 바람처럼 지나가는 시간을 잘 보내는 것이 필요하다. 전도서에는 평생 생각해야 할 인생의 교훈이 많다. 전도서는 다른 책과 다르게 핵심 구절을 정리하여 그것을 중심으로 성경을 통독하도록 맛을 다르게 했다. 인생의 지혜를 얻는 시간으로 삼도록 하자.

[장면 1] 서론. 해 아래 세상의 모습들 (전 1-5장)

- -

＊ 통독의 맥을 잡는 핵심구절

1. 아무것도 남는 것이 없다(전 1:2-3, 참조 욥 9:25-26).
2. 끊임없이 순환하고 변함이 없다(전 1:2-11) : 땅, 해, 바람, 물

3. 아무런 새 것이 없다(전 1:9-10).

인생의 모든 것은 안개와 같으며 인간이 소유한 모든 것은 영원하지 못하며 새로운 것이 없는 헛된 것이다. 인간은 좋은 것을 얻으려고 열심히 수고하지만 결국 남는 것은 없다. 인간의 유한성을 이야기한다. 인간이 마치 무언가 대단한 것을 얻을 수 있는 것처럼 말하며 부추기는 것은 거짓된 속임수이다. 인생의 모든 것을 보면 결국은 허무하다. 해 아래의 표현은 이 세상의 이야기를 의미한다. 하나님 아래에서 사는 사람과 단순히 해 아래 사는 사람과는 근본적으로 차이가 있다. 해 아래에 사는 세상 사람들은 봄, 여름, 가을, 겨울 등의 순환주기를 맞이하면서 규칙적인 반복과 순환에 단조로움을 갖고 살아간다. 하나님 없는 삶을 단적으로 표현했다.

● 첫 번째 설교 : 인생의 만족을 채워 줄 수 없는 허무한 세상 가치들 (전 1:12-2:23)

✷ 통독의 맥을 따라가는 핵심구절
1. 신앙이 없는 지식은 무의미하다(1:12-18).
   : 지식이 많다고 행복한 것은 아니다(자기를 위한 것은 의미가 없다).
2. 세상의 쾌락이 인생을 푸는 열쇠가 되지 못한다(2:1-3).
3. 큰일과 사업도 부질없다(2:4-6).
4. 과욕도 무익하다(2:7-11).
5. 죽음 앞에서는 모든 것이 하나다(2:12-17, 비교 롬 8:37-39).
6. 인생의 수고도 헛되다(2:18-23).

여기서는 세상의 모습을 잘 표현했다. 세상 사람들은 이 세상 어디서도 만족함을 얻지 못한다. 하지만 인간은 많은 수고를 통하여 이익을 얻으려고 노력한다. 다양한 방법을 시도하면서 욕심을 추구한다. 어떤 사람은 지혜를 얻으려고, 어떤 사람은 쾌락을 얻으려고, 어떤 사람은 재물을 얻으려고 한다. 그러나 설사 그것들을 얻는다고 해도 유익이 없다. 왜냐하면 죽음 앞에서는 모두가 헛된 것이 되고 말기 때문이다. 사람들은 어떻게 해서든지 세상의 은금, 가축들, 집과 부동산과 돈을 얻기 위해서 수고한다. 하지만 그것이 행복을 주지 못한다. 그것을 얻으면 행복하리라 생각하지만, 그것은 일시적인 현상이고 착각이다. 많은 일을 한다 해도 그것이 주는 보상은 잠깐이다. 하나님이 주신 선물을 감사하게 여기면서 하루를 최선으로 사는 것이 지혜이다.

● 두 번째 설교 : 부조리한 모습 (전 3:1-5:20)

* 통독의 맥을 따라가는 핵심구절
1. 모든 일에 때가 있다(3:1-9).
2. 하나님이 모든 것을 주셨다(3:10-15).
3. 이 세상은 부조리하다(3:16-5:20).
   : 세상의 눈으로 볼 때 부조리한 모습(3:16-4:16)
   1) 법정의 부조리(3:16-22)
   2) 사회 부조리(4:1-3)
   3) 시장의 부조리(4:4-6)
   4) 수고의 부조리(4:7-8)
   * 둘이 혼자보다 낫다(4:9-12) : 혼자 여행하는 사람이 많다.
   5) 왕궁에서의 부조리(4:13-16)

6) 신앙인으로 볼 때 부조리한 모습(5:1-20)

  - 성전에서의 부조리(5:1-7)

  (제사보다 말씀을 듣는 것이 낫다. 말을 함부로 하지 말라. 서원을 남용하지 말라)

  - 재물의 부조리(5:8-17)

  * 인간의 행복 비결(5:18-20)

여기서는 시간이라는 단어를 무려 29번이나 사용하고 있다. 인생은 한정된 시간을 살고 있다. 시간을 어떻게 보내느냐가 인생을 잘 사는 핵심이다. 인간을 불행하게 하는 것은 인간의 욕망이다. 욕망은 끝이 없다. 그 욕망을 이루기 위해 다른 사람을 착취하고 더 많은 것을 얻기 위해 이웃에게 피해를 준다. 성공을 위해서 재물을 축적하고 더 많이 가지려고 이웃을 착취하는 일은 세상에서 늘 일어나는 일이다. 그렇지만 결국 남는 것은 아무것도 없는 것이 인생이다. 자기가 쌓은 것을 다 사용해보지도 못하고 세상을 떠나는 사람이 많다. 누구도 세상 것으로는 만족할 수 없다. 행복은 세상 것을 얻는 것이 아니라 하나님이 주시는 선물을 감사하며 은혜를 느끼고 하나님을 경외하며 사는 것이다. 주어진 시간 속에서 하나님이 주신 인생을 즐기는 것이 지혜로운 삶이다. 죽음 앞에서는 모든 것이 의미가 없다. 얼마 남지 않은 인생의 시간을 어떻게 보내느냐가 지혜다.

누림이 없는 세상,
누림이 있는 세상 (전 6-12장)

● 세 번째 설교 : 누림이 없는 세상 (전 6:1-8:13)

* **통독의 맥을 따라가는 핵심구절**

1. 누림이 없는 재물과 부요(6:1-2)

2. 의미 없는 인생(6:3-6)

3. 아무리 수고해도 만족을 얻지 못한다(6:7-9).

4. 그림자 같이 사라지는 인생(6:10-12)

* 하나님을 경외하는 지혜의 마음을 가지고 살라(7:1-8:13).

세상이 돌아가는 이치를 알고 인생의 동선을 이해하기 위해서는 지혜가 필요하다. 세상의 재물에 행복이 있는 것이 아닌데도 그것을 누리지 못하고 살아가는 세상의 삶은 갈수록 불행해지는 길을 가고 있다. 앞에 간 사람들의 모습을 보면 해답이 보이는데도 그것을 깨닫지 못하는 것은 지혜가 부족해서다. 만족 없는 인생을 깨닫고 실천하는 것이 지혜이다. 결국은 주어진 시간에 하나님을 경외하고 주님이 주신 시간과 재물을 가치 있게 사용하는 것이 인간이 행복해지는 비결이다.

인생을 살아가는 데 재물이 필요하지만 그것이 만족을 주지 못한다. 오히려 위험이 존재한다. 주신 재물을 하나님의 축복으로 보고 그것을 즐기는 것이 지혜다. 그렇지 않으면 쓰지도 못하고 쌓다가 죽게 된다. 해 아래 사는 사람들은 만족을 모른 채 살아간다. 특히 말하는 데서 침묵하는 법을 배우는 것도 지혜의 한 방법이다. 말로 인해 죄짓는 경우가 많기에 가능하면 침묵하며 어리석은 말을 절제하는 게 지혜의 사람의 모습이다.

● 네 번째 설교 : 인간의 한계 상황(전 8:14-10:20)

* 통독의 맥을 따라가는 핵심구절

1. 인간이 알 수 없는 하나님의 섭리(8:14-17)

    : 상이 없는 경우가 많다.

    * 자기에게 주어진 일을 성실히 하며 만족하는 사람이 행복하다.

2. 피할 수 없는 죽음(9:1-6)

* 하루를 최선을 다하여 사는 것이 지혜다(9:7-10).

3. 예측할 수 없는 인생의 삶(9:11-12) : 자기 인생길을 알 수 없다.

4. 어리석은 자와 지혜자(9:13-10:20)

    – 우매한 주권자(10:6-7)

    – 우매한 일꾼들(10:8-11)

    – 우매한 수다꾼들(10:12-15)

    – 우매한 지도자들(10:16-20)

세상에서 사는 일 가운데 힘든 일이 고통이다. 징계와 고통은 인간에게 필요하다. 그것은 인간을 교육하는 의미가 있다. 죽음은 고통을 이기는 마지막 수단이다. 그런 점에서 죽음이 생명보다 나을 수 있다. 세상의 일은 인간이 알 수 없는 일이 너무나 많다. 인간이 모든 것을 알거나 이해할 수 없다. 그것을 측량하기 어렵다. 오직 하나님만이 아신다. 그렇다면 어떻게 인간이 세상에서 지혜롭게 살 수 있는가? 그것은 죽음을 이해하는 일이다. 인간은 모두 죽는다는 사실을 받아들이고 거기서부터 인생을 생각하면 지혜가 주어진다. 비록 사는 것이 힘들고 고통스러울지라도 하나님이 주신 것을 즐거워하고 그 속에서 만족을 누리면서 주님이 부르시는 날에 주님 앞으로 가는 것이 인생을 잘 사는 길이다. 어리석은 자들 모습에 마음을 빼앗기지 말고 주님 앞에서 자신을 돌아보는 자세가 필요하다.

특히 악한 여자의 유혹에 넘어가지 않도록 해야 한다. 하나님의 정의가 느린 것 같지만 결국은 이루어진다. 때로는 의인이 고통을 당하지만 악인은 번성하는 예들이 세상에는 존재한다. 하지만 그것은 사람들의 눈에 볼 때 그렇고 그것은 착각이다. 사람은 눈으로만 판단해서는 안 되고 사람이 볼 수 없는 영역을 지혜롭게 분별하는 것이 필요하다.

● 결론 : 누림이 있는 인생을 살아라

(근본을 붙잡고 살아라)(전 11:1-12:14).

* 통독의 맥을 따라가는 핵심구절 / 참 행복의 길

1. 모든 것은 하나님이 주신 소중한 선물이다(2:24-26).

2. 인간의 힘으로는 알 수 없다(11:1-8).

* 하나님의 시각으로 바라보며 살라(11:9).

3. 하나님의 설계도에 따라 살라. 하나님의 때를 알고 살라(3:1-8).

4. 자연을 통하여 창조주 하나님을 기억하고 살라(3:9-10).

5. 영원을 사모하며 살라(3:11).

6. 자기 몫을 누리면서 살라.

7. 청년의 때(좋은 시기, 건강할 때)에 하나님을 섬기면서 살라(12:1).

* 모든 것은 하나님에게로 돌아간다(12:2-8).

8. 진정한 인생 공부를 하면서 살아라(12:9-14, 참조 히 4:12).

9. 허무한 인생을 하나님을 경외하고 말씀을 통해 극복하라.

10. 예수 그리스도가 모든 인생을 극복하는 희망이다.

우리가 하나님의 일을 이해한다는 것은 한계가 있다. 하나님이 정해 놓으신 말씀 따라 사는 길이 가장 지혜로운 일이다. 하나님의 법보다 인간이 우위에서 생각하려다 보니 모든 문제가 생긴다. 인생은 아주 짧다. 이런 인생을 오늘 주신 하루를 최선을 다해 누리고 그것이 주님에게서 왔다는 사실에 감사하며 하나님 앞에서 일을 행하는 것이 지혜로운 삶의 방법이다. 해 아래 사는 사람은 하나님 없이 사는 사람들이다. 사람은 자기가 한 일에 대한 책임을 져야 한다. 젊을 때 하나님을 위해서 헌신해야 한다. 왜냐하면 나이가 들다 보면 내 힘으로 못할 경우가 생기기 때문이다.

인생에서 결국에 남는 것은 무엇일까? 하나님을 경외하고 그 말씀대로 살아가는 삶이 가장 행복한 인생이다. 이것을 깨닫게 하려고 전도자는 긴 이야기를 하고 있다. 마지막에 하나님 앞에 설 때 나는 무엇이라 답해야 할까 생각하며 오늘 하루를 살아야 한다.

※ 전도서는 인생을 사는 젊은이에게 하나님 앞에서 올바르게 사는 법을 가르치기 위해 기록된 책이다. 어떤 삶이 참된 인생인지 잘 보여준다. 전도서를 지배하는 중요한 시각은 만물의 창조주이신 하나님을 인정하는 것이다. 그리고 하나님의 방식을 항상 이해할 수 있는 것이 아니며, 이 세상에서 일어나는 일 또한 쉽게 이해할 수 없는 것임을 말한다. 또한 세상에서 일어나는 일이 모두에게 공평하게 적용되는 것은 아니지만, 한 가지 분명한 것은 죽음은 모든 사람에게 공평하다는 것을 강조한다. 이렇게 보면 인생은 어떻게 살든지 허무할 수밖에 없다는 결론에 이른다.

그래서 전도서에는 인생의 허무에 관한 내용이 37회나 나온다(구약 전체 73회 중 절반). 전도자는 이렇게 수증기처럼 허무하게 지나가는 인생을 어떻게 살아야 하는지, 이것에 대해서 부정적으로 살기보다는 오히려 긍정적으로, 오늘 나에게 주어진 시간을 하나님의 선물로 바라보면서 즐거움으로 살아야 한다고 강조한다. 그리고 사람의 본분으로서 하나님을 경외하고 말씀을 지키는 삶이 인생의 가장 큰 지혜이자 기쁨이라고 결론짓는다(전 12:9-14).

시가서

▶ 삶의 적용을 위한 책이다.

시가서는 시편, 예레미야애가, 아가서를 말한다. 시가서는 지혜서와 마찬가지로 삶의 적용에 관한 내용이다. 실제적인 적용에 초점을 두고 기록된 것이다. 역사나 교리적인 내용으로 접근하기보다는 실제적인 현장에서 이루어지는 신앙고백이며 시와 노래와 찬양이다. 이런 점에서 시편은 주로 예배 때 사용되었다.

▶ 시를 중심으로 기록된 책이다.

시가서는 시를 중심으로 구성되었다. 시는 압축된 이야기다. 교리나 지식을 전달하기보다는 이야기로 읽어야 한다. 시는 상징과 은유와 비유로 이야기를 압축한 것이라 보면 된다. 시는 주로 은유로 표현한다. 은유는(메타포) '건너편(메타)으로 운반(페레인)하다'로 서로 다른 두 사물을 말을 통해 운반하여 결합시켜 전혀 새로운 것을 창조하는 것이다.

비유는 은유를 확대한 것이다. 비유나 은유를 사용하면 귀로 듣는 것이 눈으로 마음으로 보며 진리를 알게 한다. 시로 구성된 시가서는 비유와 은유가 가득 차 있다. 시는 마음으로 상상하며 읽어야 한다. 마음이 청결하면 상상이 잘된다. 은유나 비유는 하늘과 땅과 사람을 연결해준다. 본래의 인간을 발견하게 한다. 시는 머리와 가슴을 연결하여 행동하는 역할을 한다. 이런 점에서 시와 노래는 실천을 위한 가장 좋은 지침서다. 시와 노래처럼 살아가면 된다.

▶ 왜 시로 표현해야 하는가?

설교나 연설과 변론은 너무 강하고 직설적이다. 당장 결단하고 받아들일 것 같지만 오히려 스스로 방어벽을 세운다. 긴박성이 커질수록 사람의 마음은 닫히게 된다. 하지만 비유나 은유는 긴박성이나 부담이 없지만 그것이 진실과 사실로 받아들여지고 인격적으로 다가와 공감이 쉽게 일어난다. 본질적인 면을 파고 들어가 생명을 불러일으키게 된다. 이런 점에서 예언자들(예수님)이 주로 시(은유나 비유)를 사용했다.

▶ 시가 우리에게 주는 유익은?

시는 우리 영혼의 깊은 부분까지 영향을 미친다. 시는 우리의 머리를 지나서 우리의 가슴으로 이어져 감동을 주는 역할을 한다. 시는 지적인 것보다는 정적인 요소가 강하다. 감정적인 부분을 발달시키기 위해서 우리는 시를 읽어야 한다.

▶ 성경에 있는 시

구약성경에는 시가 많다. 시편에는 시가 150편이 있다. 잠언, 욥기, 전도서, 아가 등 지혜의 책도 시적인 요소를 담고 있다. 특히 선지서에는 시가 많이 사용되어 있다. 선지자는 산문의 형태로는 제대로 전달할 수 없어 시를 사용하였다. 시는 강력하면서도 사람들에게 도전을 주는 특징을 지니고 있다. 신약에서도 마리아 찬가, 스가랴의 노래 등의 시가 있고, 서신서에서도 바울의 그리스도에 대한 묵상(빌 2:6-11)이 있다.

우리는 그동안 역사적인 사실에 대해 관심이 많았다. 하지만 시에 대해서는 미약했다. 이 부분을 복원시켜서 시가 삶이 되도록 하면 말씀의 적용에 훨씬 가깝게 다가설 것이다.

시편

【 시편의 배경 】

시편은 하나님께 드리는 기도이다. 사실 이런 기도문은 토라와 이스라엘 역사를 토대로 드려진 기도문이 전승되어 암송되고 찬송하면서 내려왔다. 그러므로 시편을 읽을 때는 하나님의 언약 말씀과 이스라엘 역사의 배경을 이해하고 읽는 것이 중요하다. 시편의 기도를 보면 하나님의 속성과 성품을 찬양하는 내용이 많이 나온다. 그것은 이스라엘 역사 가운데 하나님이 함께하신 사건들을 보면서 고백 되었기 때문이다. 단순히 지식만으로 하나님을 찬양한 것이 아니다. 시편은 다양한 삶의 현장에서 고백 된 삶의 이야기이자 인간의 반응을 그리고 있다.

예수님은 시편을 가장 많이 인용하셨다. 그것은 삶에 관련이 많아서다. 시편은 150편이나 된다. 물론 개개의 것을 모아 편집한 것이다. 그러나 무작위로 편집된 것이 아니다. 모세오경 구조에 따라 5권(1-41편,

42-72편, 73-89편, 90-106편, 107-150편)으로 재편된 것이다. 시편은 인생의 시작과 끝의 구조로 되어 있다. 처음에 하나님의 말씀을 즐거워하고 주야로 묵상하는 복 있는 사람의 삶에서, 끝에는 "호흡 있는 자는 하나님을 찬양할지어다"로 마무리된다. 이것은 그리스도인의 인생 여정을 묘사하고 있다. 그러므로 시편에 나오는 고백은 오늘날 우리의 고백이다. 그리스도인은 하나님께 드릴 수 있는 하늘의 삶을 좇을 것이다.

【 특징과 읽기 지침 】

시편은 말씀과 기도가 하나 되는 것을 경험하는 시간이다. 성경 통독 이상의 시간이다. 바라기는 시편을 읽을 때는 예배하는 시간처럼 따로 시간을 정해 시편을 읽으면서 예배로 드리는 것을 추천한다. 지금까지 성경을 읽었다면 이제 시가서인 시편을 통해서는 내가 하나님 앞에서 찬양과 감사의 기도를 직접 드리는 시간을 갖도록 하자. 이것은 기존의 성경 통독의 방법과 전혀 다른 방식이다. 말씀을 듣기만 하지 말고 직접 실천하는 시간으로 지금까지 성경을 읽은 것을 정리하면서 삶으로 실천할 예배와 찬양의 시간이다.

시편을 읽을 때는 앞에서 율법서와 역사서를 통독했던 방식으로 읽기보다는 시상을 생각하고 음미하면서 천천히 기도하는 마음으로 읽어야 한다. 하루의 시간을 여유 있게 정하여 아침, 점심, 저녁 시간으로 나누어서 시편을 읽는 것이 좋다. 시편은 설명이 필요 없는 그 자체가 기도이자 찬양이며 말씀이기에 성경 자체에 집중하는 일이 필요하다. 시편 통독은 앞에 제시된 시편을 읽는 방법을 염두에 두고 한 편씩 읽도록 한다. 이것이 가장 좋은 시편 통독 방법이다. 시편 105~107편은 그 자체가 성경이다. 시편은 마치 성경 개관을 하는 것처럼 구성되었다.

한 가지 염두에 둘 것은 시편은 성경 이야기를 근거하여 기도와 시가 기록되었다. 그러므로 성경의 내용을 마음에 상상하고 그것을 다시 회고하는 자세로 시편을 대하면 유익하다. 말씀을 반추하고 묵상하는 방법이 좋다. 가능하면 시편은 소리 내어서 몸을 움직이면서 전인적으로 읽는 것이 바람직하다. 시편은 읽는 것 자체가 기도이자 찬양이며 선포이기에 이것을 직접 실천하는 통독으로 가는 것이 좋다. 그런 의미에서 각각의 내용을 설명하는 것보다 직접 스스로 읽으면서 은혜를 받고 적용하며 말씀의 능력을 체험하는 시간이다. 단순히 성경을 읽는 시간을 넘어 말씀대로 사는 기도하는 시간으로 삼으면 좋을 것이다.

▶ 시편의 전체 핵심 잡기

- 시편은 150편의 시로 구성되어 있다.

믿음의 사람들이 살아갈 신앙의 지도와 같은 것으로 여정을 노래한 것이다. 1편과 150편은 우리 신앙의 삶이 어떻게 시작해서 어떻게 마무리해야 하는지를 말하고 있다. 모든 것의 시작은 하나님의 말씀을 순종하는 데서 비롯된다. 율법을 지키는 것을 넘어 율법을 즐기고 그 안에서 행복한 삶을 살아가는 데 있다. 하나님의 법이 무엇인가? 19편, 119편에 집중적으로 다룬다. 특히 시편 1편은 서문이다. 핵심은 말씀을 의미하는 시편 19편, 119편, 마지막의 150편이라고 볼 수 있다. 시편은 전체가 하나의 드라마와 같은 이야기로 구성이 되어 있다. 시편은 하나님의 지혜를 말하는데 그것은 하나님의 말씀에 순종하면서 이루어지는 것이다. 하나님의 말씀을 주야로 묵상하며 즐거워하는 것이 인생의 행복과 불행을 결정한다. 말씀을 제일의 가치로 여기면서 살다 보면 자연히 인간에게 복은 주어진다. 우리는 하나님의 말씀을 통해서 하나님과 관계가 바르게 정립이 된다.

- 하나님의 말씀은 완전하고 변함이 없다.

인간을 변화시키는 힘이다. 하나님의 말씀은 인격이며 곧 생명이다. 인간의 살고 죽는 것이 생명이신 말씀에서 결정된다. 시편 119편은 아크로스틱(acrostic)이라는 문학 형태, 즉 히브리 알파벳 22 자음의 순서에 따라 시작하는 구조로 되어 있다. 예를 들면 176절로 이루어진 시편 119편은 22개 자음 전부가 8절로 구성이 되어 있는 구조로 되어 있다. 8절로 구성된 한 연도 구절구절이 같은 한 자음으로 시작하고 있다. 또 '하나님의 말씀'을 의미하는 8개의 히브리 단어가 전체의 시편에 골고루 사용되고 있다. 왜 이런 방식을 취했을까? 그것은 하나님의 법은 완벽하며 그러면서도 다양하게 창조하는 힘이 있음을 보여주고자 함이다. 인생이 방황의 길을 갈 때 인생을 안내해주는 역할을 하는 것이 곧 하나님의 말씀이다.

"주님의 말씀은 내 앞길을 비춰 주시는 등불 내 갈 길을 밝혀준다"(시 119:105 참조).

- 살다 보면 늘 이런 안정된 상태만 존재하는 것이 아니다.

인간의 잘못과 실수로 어려움을 당하기도 하고 생각지 않은 환난과 고통으로 탄식과 실망을 겪기도 한다. 여기에는 인간의 죄악 된 세상에서 나타나는 모든 고난과 수고가 포함되어 있다. 어떤 것은 인간의 잘못으로 된 것도 있지만 그렇지 않은 애매한 고난도 포함된다. 이런 불안정한 상태를 만나면 인간은 불평과 원망을 하면서 어떻게 나에게 이런 일이 일어날 수 있는지 의문을 제기하기도 한다. '왜 나에게만 이런 일이 생기는가?' 하면서 실패와 좌절의 삶을 살게 된다. 인생을 무조건 부정적으로 보는 상황이 생긴다. 반면에 지금은 힘들지만 나중에는 희망이 있다고 생각하며 무조건 긍정적으로 생각하는 상황이 생기기도 한다. 지금은 이렇지만 언젠가는 잘 될 거라고 힘과 용기를 갖고자 노력한다. 그러나 여기에는 막연하게 그저 잘될 거야 하는 근거 없는 자신의 위로가 포함된다는 점을 기억해야 한다.

　　※ 잘못된 상황에서도 무조건 잘 된다고 생각하며 긍정적으로 생각하는 것이 신앙적으로 과연 바람직한가? 상황에 대해서 탄식과 불만을 토로하는 것은 무조건 불신앙적인 행동인가? 이런 인간의 어려운 질문에 대해서 시편 기자는 탄식도 곧 신앙의 한 부분임을 말하고 있다. 하나님과 대화에서는 정말 솔직하고 진실해야 한다는 전제로 보면 지금의 탄식과 고통을 그대로 토로하는 것이 합당한 일이다. 해결할 수 없는 사람에게 불만을 토로하고 탄식하는 것은 하나님에 대한 불신앙이지만 이것을 하나님에게 내놓는 것은 이상한 일이 아니다. 이것을 말하기 위해서 시편에는 일종의 '어둠의 시편'(psalms of darkness)이라고 말하는 내용이 무려 3분의 1이나 들어 있다.

【 시편의 내용 구조 】

- 제1권 (1-41편) : 창세기
- 제2권 (42-72편) : 출애굽기
- 제3권 (73-89편) : 레위기
- 제4권 (90-106편) : 민수기

• 제5권 (107-150편) : 신명기

시편은 의도적인 편집의 과정으로 구성이 되어 있다. 모세오경의 형태인 5권으로 구성이 되어 있다. 모든 각 권의 마지막은 한결같이 하나님을 찬양하는 권면으로 끝맺고 있는 점이 특이하다(41:13, 72:18-19, 89:52, 106:48, 150:6). 궁극적으로는 하나님의 말씀대로 살면서 하나님을 영화롭게 하고 찬양하며 사는 것이 인생의 목적임을 말하고 있다.

※ 시편의 전체 내용은 크게 세 가지 구조로 진행이 된다. '안정된 상태-불안정한 상태-새로운 안정의 상태'의 모습이 반복적으로 나타난다. 시편 기자는 하나님을 끝까지 신뢰하며 그 안에서 기쁨과 평안을 얻는 상태를 묘사하고 있다. 고난 속에서 구원해주시고 환난을 극복하게 하시며 기도에 응답하시는 하나님의 모습을 말하고 있다. 그래서 하나님을 믿고 신뢰하면 안정된 상태를 누린다는 것을 강조한다.

【 시편 핵심 단어 】

시편을 읽는 데 도움이 되는 시편 핵심 단어 설명을 각 편 끝부분에 제시했다. 가장 많이 나오는 단어를 이해하면 시편을 읽는 데 효과적이다. 시편은 말씀이면서 또한 기도이자 찬양이다. 이것은 서로 분리되는 것이 아닌 통합적으로 이해하고 읽어야 시의 의미를 알 수 있다. 시편에 반복하여 나오는 핵심 단어를 이해하면 시편이 쉽게 다가온다.

되새김 120일 쉬운 통독 타임라인			
하나님 나라	성경 구조	역사와 시대	성경 각 권 소개
소망	성문서 - 찬양과 고백	통일왕국시대	시편

>>> 시편 1-13편

서론, 도움 탄식, 창조, 구원 탄식

＊**통독 포인트**

시편의 서론과 탄식시에 대한 다섯 편의 내용을 다룬다. 인생은 죄악 가운데 살기에 탄식할 내용이 모두에게 있다. 그것을 어떻게 처리하고 해결하는지 그 내용이 시편 고백에 그대로 담겨 있다. 특히 가난한 의인의 탄식에 대해서 다루고 있다. 구원받았지만 여전히 우리는 고난과 핍박과 탄식 속에서 살아가는 존재이다. 신앙은 이것을 얼마나 이기고 승화시키느냐가 승리의 비결이다.

[장면 1] 시편의 서론 (시 1-2편)

시편 1편은 시편의 서론 역할을 한다. 세상에는 많은 길이 있다. 그러나 크게 두 가지 길로 나눌 수 있다. 그것은 의인의 길과 악인의 길이다. 의인의 길이 약속을 따라 사는 것이라면 악인의 길은 자기 생각대로 사는 것이다. 우리는 매일 두 가지 길 중에서 선택해야 한다. 시편 1편은 구약성경에서 이야기한 큰 주제의 핵심을 말한다. 순종하는 의인의 길과 불순종하는 악인의 길의 과정을 말한다. 하나님을 경외하는 것이 인간에게 주어지는 최고의 행복한 인생인 것을 드러내고 있다. 구약성경을 보면 큰 두 개의 물줄기로 이어가고 있다. 그것은 언약에 충실한 사람과 언약을 무시한 사람들이다. 2편은 다윗을 능가하는 '기름 부음받은 자'에 대한 내용이 나온다. 메시아 직을 말하고 있는데 기름 부음받은 자가 악한 세력을 물리치고 통치하게 될 것을 말한다.

말씀을 사랑하며 그것을 이루기 위해 사는 것이 그리스도인의 삶이다. 나는 지금 주야로 말씀을 묵상하는 의인의 형통한 길을 가고 있는지, 아니면 죄인의 길과 오만한 자의 길을 따라가는지 각자 점검해야 할 것이다. 거룩한 제사장 나라로서 사명을 감당하는 삶이 되어야 한다.

[장면 2] 탄식과 찬양 (시 3-8편)

● 탄식시 (시 3-7편)

인생의 어려운 삶에 대해 탄식하면서 아울러 하나님에 대한 신뢰를 그 해결방법으로 말한다. 죄와 적들과 가뭄과 병에서 구원해주시길 소망하며 탄식으로 기도하고 있다. 이런 고난을 통해 하나님의 속성과 신실하심을 믿고 따라 사는 법을 체득하게 된다. 여기에 나오는 시편은 다윗의 시라고 알려진 것으로 아들 압살롬을 피해 요단 동편으로 도망하던 상황을 배경으로 한다. 이리저리 쫓기는 절망적인 상황에서 하나님을 신뢰하기는 쉽지 않다. 이때 탄식하며 믿음을 달라는 기도는 힘과 위로를 준다. 다윗이 반역으로 나라를 빼앗기는 사건 속에서 오직 하나님만 의

뢰하는 신앙을 보여준다. 악한 적을 물리쳐달라고 탄식하는 다윗의 기도
는 하나님을 더욱더 의지하는 모습을 보여준다.

● 창조주 하나님 찬양 (시 8편)

창세기 1~2장에 관한 내용을 연상하게 한다. 하나님의 창조에 대한
신앙고백을 말하고 있다. 하나님의 위대하신 창조 질서를 찬양하고 경배
한다. 하나님은 눈에 보이지 않지만 이 땅의 만물을 창조하신 그것 자체
가 하나님을 드러낸다. 특히 하나님의 창조사역 속에서 기억해야 할 은
혜는 인간을 하나님의 대리자로 삼아주신 것이다. 저자는 이것을 찬양하
며 더욱더 그분을 높여야 함을 말한다.

[장면 3] 의인의 탄식 (시 9-13편)
- -

시편 9~10편은 선하게 살려고 하지만 고난을 겪는 의인의 구원에 대
한 탄식시다. 특히 시편 9~10편은 히브리어 알파벳 두운법 방식으로 구
성된 시이다.

12~13편은 고통과 탄식 속에서 하나님께 도움과 구원을 기도하고 있
다. 찬송시의 특징은 하나님의 이름과 성품을 찬양하는 것이다. 인간은
만물의 영장으로 지음 받았지만 하나님 앞에서는 작은 미물에 불과하다.

13편은 인생의 고난 속에서 탄식하는 모든 사람에게 적용되는 시편이
다. 다윗은 하나님이 자신의 고통을 잊으신 것 같아 자신의 슬픔을 토하
며 탄식하는 기도를 드린다. 하지만 하나님의 신실하심을 바라보며 어려
움을 이긴다. 우리는 잘 모르지만 하나님은 우리를 변함없이 사랑하신다
는 것을 믿는 믿음이 우리를 지켜준다.

되새김 120일 쉬운 통독 타임라인			
하나님 나라	성경 구조	역사와 시대	성경 각 권 소개
소망	성문서 - 찬양과 고백	통일왕국시대	시편

〉〉〉 시편 14-24편

어리석음, 성전에 올라감

＊ **통독 포인트**

이 부분에서는 인간 본성이 어리석음으로 가득 차 있다는 것을 토로
한다. 그러면서 인간의 희망은 하나님을 바라보면서 성전에 올라가는 예
배자로서의 삶에 있음을 제시하고 있다. 시편 23편은 그중에서 백미와
같은 내용이다. 죄악 된 인간은 오직 하나님을 주인으로 삼고 살 때 구원
이 임한다.

[장면 1] 어리석은 자와 예배하는 자 (시 14-19편)

● 인간의 어리석음 경고 (14편)

누가 어리석은 사람인가? 그는 자기를 의지하는 자이다. 이런 사람
을 성경은 죄인이라고 말한다. 죄인이라는 말은 윤리적인 죄보다 본질
에서 하나님을 떠나는 사람들을 말한다. 이런 사람을 성경은 악인이라

고 말한다. 어리석음은 하나님을 떠나면서 일어나는 현상이다. 어리석은 사람은 하나님을 떠나기에 두려움과 공포가 자리 잡는다. 하나님을 인정하며 고난을 겪는 가난한 의인과 하나님을 반역하는 악한 사람의 어리석음을 비교하여 말하고 있다. 걱정과 두려움은 자기 혼자서 모든 것을 하려고 하다 보니 생기는 현상이다. 하나님을 인정하는 것이야말로 최고의 선이다.

● 성전에 예배하러 올라감 (15-16편)
이 시는 이스라엘이 백성이 예배하러 성전에 올라갈 때 부른 시로 보인다. 이렇게 하나님을 따르는 이유는 모든 전쟁의 주권은 주님에게 있기 때문이다. 시의 전체적인 메시지는 "누가 여호와의 성전에 나아갈 수 있는가?"라는 질문으로 시작한다. 이것에 대한 답은 하나님을 얼마나 신뢰하는가에 따라 달라진다.

시편 15편은 성도들의 실천하는 신앙의 모습을 아주 자세하게 그리고 있다. 시편 16편에서는 항상 주님을 의지하고 기다리시는 하나님을 보게 된다. 그 내용은 10~11절로, 10절의 "내 육체도 안전히 살리니"라는 구절은 주 안에서 영원한 안식을 의미한다. 이것은 죽음 이후에 부활을 말하는 것으로 신약 저자들은 이 구절을 인용했다(행 2:24-32, 13:35-37 참조). 만약 우리에게 부활이 없다면 하루하루 사는 것은 의미가 없다. 이것이 이미 오래전에 다윗의 시에 언급되었다는 점에서 다윗의 믿음이 어떠했는지 알 수 있다.

● 말씀을 의지하는 삶 (17-19편)
19편은 율법에 관한 내용을 말한다. 하나님에 대한 신뢰는 말씀을 따라 사는 것과 연결된다. 우리의 기쁨은 여호와를 신뢰하면서 주어지는 하나님의 선물임을 말한다. 다윗이 고통 가운데서 억울한 일을 당하지만 그것을 보상해주는 분은 하나님이시다. 그런 믿음으로 탄식 기도를 드린다. 다윗은 하나님께 피하는 자는 하나님이 구원해주신다는 것을 확신한다. 시편 19편은 모든 시편 가운데 가장 아름답고 사랑받는 시로 알려져 있다. 하나님의 창조에 대한 찬양과 특별히 하나님의 말씀을 통하여 주시는 특별계시를 찬양한다. 주님은 말씀을 통하여 지혜와 화해와 기쁨을 주신다.

※ 죄지은 인간은 세상에서 삶의 고난과 아픔을 안고 살아간다. 이것은 죄지은 사람에게는 필연적인 일이다. 고난 없는 인간은 없다. 모든 인간은 역경과 시련을 벗어날 수 없다. 사람들은 이런 문제를 해결하기 위해서 다양한 인간적인 방법을 사용한다. 고난을 피해 보려고 물질을 얻고 사람을 의지하지만 그것으로 해결되는 것이 아니다. 특히 극심한 슬픔을 맞이할 때면 그것은 돈과 사람으로 안 된다. 마음속 상처는 다른 것들로 해결이 힘들다. 이때 해결할 수 있는 길은 오직 기도와 찬양이다.

[장면 2] 성전을 향하며 하나님의 신실하심을 찬양하는가 (시 20-24편)

시편 20~21편은 다윗이 전쟁에서 승리하기를 바라는 백성들의 기도 내용이다. 하나님의 도우심으로 승리하게 하심을 감사하며, 인간이 전쟁을 하지만 전쟁의 승패는 하나님에게 달려 있음을 노래한다. 인생도 마찬가지다. 그리스도인은 일상이 영적 전쟁터임을 깨닫고, 선으로 전쟁에서 이기는 능력이 필요하다.

되새김 120일 쉬운 통독 타임라인			
하나님 나라	성경 구조	역사와 시대	성경 각 권 소개
소망	성문서 - 찬양과 고백	통일왕국시대	시편

>>> 시편 25-33편

창조에 대한 기도와 찬양

＊ **통독 포인트**

전체 내용은 교차대구적 구조로 시편이 구성되었다. 언약적 자비와
하나님의 은혜를 찬송하고 있다. 거짓된 사람들을 하나님이 해결해달라
고 고백하면서 하나님께 용서를 받고 사는 것이야말로 최고의 축복임을
말한다. 오직 하나님만이 나의 구원자 되심을 찬양한다.

[장면 1] 개인적인 탄원시와 찬양 (시 25-28편)

찬양은 곡조 있는 기도다. 시편 25편은 알파벳 순서로 구성되어 있
다. 시인은 자신의 수난에 대해서 하나님의 자비를 구하며 주님께 기도
하고 있다. 자기 죄를 회개하면서 하나님의 도움을 구한다. 어떤 경우에
도 지키실 줄 믿고 구원의 능력이신 하나님을 경배한다.

시편 26편은 하나님의 말씀 앞에서 하나님을 경외하는 자의 기도이

다. 이 시도 어디에서 위로받기 어려운 기간에 탄원 기도를 드리고 있다. 이때 진정 위안받을 곳은 오직 하나님의 은혜 안에 있는 감사와 은혜임을 말한다. 27편은 거짓을 말하는 자들의 모습을 하나님께 호소하고 있다. 다윗 주변 사람들, 심지어 부모와 형제들이 다윗을 버릴지라도 하나님은 다윗을 받아주시는 분이다. 다윗은 자신처럼 다른 사람에게도 이런 은혜가 임하기를 기도한다.

28편은 압살롬의 반역을 피해 쫓기는 다윗을 그리면서 하나님의 공의와 선하심을 찬양한다. 다윗은 하나님께서 자신을 돌보지 않는다면 이 어려움을 이길 수 없다고 토로한다. 하나님이 자신의 이런 기도를 들으시고 인도해주실 것을 확신하며, 베푸실 구원의 즐거움을 찬양하고 기뻐하고 있다. 결국은 하나님이 함께하심을 믿고 가는 것이 중요하다.

[장면 2] 구원과 은혜를 구하는 찬양과 회개 (시 29-33편)

29편은 하나님의 위대하심을 찬양하는 찬송시다. 하나님은 천지를 만드신 분으로 7번에 걸쳐 하나님의 섭리와 능력을 드러내고 있다. 주님은 만물의 통치자이시다. 보좌에 앉으시어 우리에게 힘과 용기를 주며 우리를 통치하신다. 우주를 다스리고 섭리하시는 하나님의 권능을 찬송한다. 우리는 이런 은혜가 너무 크기에 그것을 고백하지 않을 수 없다.

30편은 지금까지 도우신 하나님의 은혜를 찬양하고 있다. 아울러 남은 생애를 하나님을 경외하며 살기로 다짐하며 주님을 찬양한다. 특히 다윗에게 있는 치명적인 영적 질병을 회복시켜주신(시 30:2-3) 은혜에 감사드리며 찬양한 시이다. 영적 질병이 들면 낙심하게 된다. 아마 그가 언약궤를 옮기다가 웃사가 죽어 멈춘 것이 원인일 수 있다(삼하 6:1-11). 우리도 하나님의 일을 하면서 종종 우리 원대로 안 되는 경우가 있다. 절망 속에서 죽음을 경험했지만 여전히 하나님은 우리를 위해 은혜를 주신다. 주님을 믿기만 하면 말이다.

31편은 자신이 고난을 겪는 게 자신의 죄 때문이라고 말하면서 아울러 하나님의 돌보심을 구하고 있다. 이 내용은 사울에게 쫓겨 다녔던 생활을 그리고 있는 듯하다. 다윗은 적들이 아무리 자기를 해하려고 해도 하나님은 자신에게 피하는 자에게 자비를 베풀어 주셨다고 고백한다. 예수님은 자신의 영혼을 십자가상에서 죽음 속에 의탁하실 때 이 구절을 (시 31:5) 인용하셨다.

우리도 인생을 살다 보면 이렇게 비탄에 처할 때가 있는데 이런 경우에 31편의 기도는 우리에게 큰 위로와 도움이 된다. 이 시편은 예수님이 모든 것을 하나님께 맡기고 십자가에서 죽는 장면을 그리고 있다.

32편은 51편과 더불어 밧세바와의 범죄를 회개하는 참회시다. 죄를 회개하는 다윗은 구원의 은혜를 경험하게 된다. 다윗은 영원한 언약을 받은 위대한 존재이지만 인간적으로 보면 큰 죄를 범했다. 하지만 큰 긍휼하심으로 은혜를 입고 새로운 방식으로 하나님을 섬긴다. 우리도 같은 상황을 맞이할 때 격려와 해결의 길을 얻을 수 있다. 시편은 이런 모델링의 성격이 강하다.

33편은 국가적 위기 속에서 하나님의 도우심으로 재난을 이기게 해 달라는 기도다. 여기서는 우리가 찬양하는 이유에 관해서 이야기하고 있다. 우리를 의인으로 삼아준 그 사실로 인하여 찬양한다. 또한 하나님의 능력과 위엄이 뛰어나기에 하나님을 찬양해야 한다. 하나님을 의지하는 결단을 내려서 그 힘으로 주어진 일을 감당하면 새로운 힘을 받게 된다. 왜 우리가 하나님을 찬양하는 삶을 살아야 하는가? 그것은 우리가 받은 은혜의 선물이 너무 커서 그것을 이웃과 나누고 섬기기 위함이다. 창조부터 지금까지 의인이 걸식하는 것을 보지 못했다. 하나님의 선물들을 보면서 감사하는 찬송을 정리해야 한다.

※ 시편 핵심 단어

● 가난한, 가련한 (67회, 히. 아니)

시편에서 많이 나오는 단어로 67회 나온다. 이것은 시편이 마음이 상하고 가난한 자에게 필요한 것임을 보여준다(시 14:6, 22:3-4, 34:7, 37:11, 40:18, 41:2, 72:12-14). 가난한 마음은 온유한 마음과 같은 의미다(시 37:11). 신약에 나오는 팔복에서 온유한 자가 땅을 차지한다는 것도 이와 같은 맥락에서 볼 수 있다.

● 감사하다 (67회, 히. 야다)

감사하다는 뜻은 '고백하다, 선포한다'와 같이 사용된다. 시편에는 감사시편이 많다(시 35:18, 109:30, 118:8-9,22). 감사는 개인과 공동체의 믿음을 표현하는 것으로 목적은 하나님의 이름을 선포하는 데 있다.

● 거룩함 (65회, 히. 코데스)

시편을 읽어보면 '거룩'이라는 단어가 많이 나온다. 거룩하신 분은 오직 하나님 한 분이시다. 거룩은 하나님의 이름을 드러낼 때 사용된다(시 33:21, 47:9, 103:1, 105:3). 그리고 하나님과 관계된 장소를 말할 때 사용된다. 예를 들면 성전과 지성소와 성소, 그리고 거룩한 장소와 땅 등이다(시 28:2, 68:6, 102:20).

되새김 120일 쉬운 통독 타임라인			
하나님 나라	성경 구조	역사와 시대	성경 각 권 소개
소망	성문서 - 찬양과 고백	통일왕국시대	시편

>>> 시편 34-41편

지혜의 교훈, 기도와 죄의 고백

∗ 통독 포인트

경건한 자의 지혜를 노래하고 하나님이 악인들을 처리해주시길 기도한다. 1권의 마지막에 해당하는 41편은 오직 하나님만이 구원자이심을 찬양하고 있다. 하나님만이 나를 지키실 수 있다는 고백은 오늘 우리의 모습을 보여준다.

[장면 1] 악인들에 대한 의인의 호소 (시 34-37편)

34편과 37편은 히브리 성경에는 알파벳순으로 구성된 두운법의 시다. 이렇게 구성한 이유는 말씀을 새기고 기억하며 특히 암송하기 좋기 때문이다. 34편은 감사시다. 다윗이 사울을 피해 유다 광야에서 쫓길 때 지은 시다. 다윗은 자신의 삶을 회상하면서 하나님이 지켜주심을 찬양하고 있다. 다윗이 사울을 피해 다니며 지은 시가 8편이 된다. 그것을 연대기적 관점으로 순서대로 나열하면 여섯 편 정도가 된다(7편, 59편, 34편, 57편, 142편, 54편). 여기서 다윗의 찬양은 하나님이 자신의 기도를 들어주시고 구원해주심을 경배하는 내용이다. 어떤 경우에도 하나님을 신뢰하는 사람에게 구원을 베푸심을 드러낸다. 악인은 심판을 받으나 하나님을 사랑하는 자는 정죄함이 없고 축복받게 됨을 강조하고 있다.

35편은 개인적인 탄원시로 다윗이 자신을 쫓는 사울의 끈질긴 추적에도 하나님이 도와주심을 믿고 간구한다. 주님을 따르는 저자는 시를 통하여 당장 이해 못 하는 일이 오더라도 하나님을 끝까지 신뢰하고 나가야 함을 말한다. 시편 기자가 저주를 선포하는 것은 자신을 변호하는 것이 아닌 하나님의 이름을 드러내기 위함이다. 악인을 대적하는 것이 주님의 구원을 이루는 길이다. 이런 점에서 다윗은 자신의 고통을 정당화하면서 적을 징벌해주시기를 기도한다. 우리는 이런 35편의 저주 시편을 개인적인 복수가 아닌 하나님의 영광을 위한 것으로 이해하고 읽어야 한다.

36편도 탄원시로 구분되지만 지혜가 함께 담긴 점이 특별하다. 하나님에 대한 신앙이 삶의 성패를 좌우함을 말하고 있다. 악인은 자신의 죄가 드러나지 않을 것으로 생각하지만 그렇지 않다. 보이지 않는 데서 밤낮 악을 도모하지만 결국은 하나님이 그런 죄를 그대로 두지 않고 파멸시킨다. 당장 어려움이 없다고 해서 무사한 것이 아님을 경고하고 있다.

37편은 악인의 형통함은 아침 이슬처럼 잠깐 있다가 사라지는 허무한 것이지만 의인의 삶은 하나님이 도와주실 것을 찬양하고 있다. 어리석은 자와 지혜로운 자를 대조하면서 하나님을 경외하고 그분을 의지하는 것인 지혜로운 삶인 것을 말하고 있다. 우리의 피난처는 오직 하나님 한 분이시다. 그런 이유에서 불의한 일을 하는 사람들을 시기하거나 부러워하지 말라. 지금 잘된다 해서 그것이 영원히 지속되는 것이 아니다. 하나님을 의뢰하고 선을 행하는 일이 의인의 삶이다. 온유한 자는 땅을 차지하고 풍성한 화평으로 즐거워하게 된다.

[장면 2] 탄식과 죄의 고백 (시 38-41편)

이 시편들은 죄에 대한 탄식의 내용을 그리고 있다. 여기에 나오는 탄식시는 공통분모가 있다. 깊은 고통 가운데 처하는 것은 죄로 인한 것이다. 이런 상황에서 죄인들은 조롱한다. 이런 상황에서 자신의 죄를 고백한다. 이는 전적으로 하나님에 대한 믿음에 근거한다. 이것은 오늘날 우리에게도 적용되는 방식이다. 여기에 소개되고 있는 내용은 다윗의 개인적인 체험이 주를 이루고 있다. 다윗이 밧세바를 범한 후에 자신의 죄를 회개하는 내용이 중심이 되고 있다.

시편 38편은 다윗의 간음과 살인 사건을 배경으로 하고 있다. 이런 상황에서 다윗을 위로해주실 분은 오직 하나님이심을 고백한다.

39편은 이 세상의 덧없는 삶을 말하면서 결국 인생의 소망과 행복은 오직 주님 안에 거할 때만 가능함을 말한다.

40편은 자신의 고난을 통해서 순종하는 것이 가장 아름다운 제사임을 노래한다. 예수의 완전한 순종을 통해 우리가 구속받았다. 히브리서 저자는 이 시를 인용하고 있다(히 10:5-10).

41편은 의인에게 주어지는 보상과 하나님 의를 따르다가 당하는 비난과 고통을 이야기하며 결과적으로 의인은 회복되는 것을 찬양한다. 시편 1편에 나오는 복이 1권을 마무리하면서 다시 나온다(2절). 다윗이 병으로 고생하는 모습을 언급하고 있다(시 41:3,8). 그리고 이 병에서 고침받기를 소망하는 기도를 드리고 1권을 마무리한다. 전체적인 내용은 주님을 신뢰하는 자를 찾으시고 복을 주시고 은총을 베풀어 주심을 찬양한다.

되새김 120일 쉬운 통독 타임라인			
하나님 나라	성경 구조	역사와 시대	성경 각 권 소개
소망	성문서 - 찬양과 고백	통일왕국시대	시편

>>> 시편 42-53편

기도와 하나님께
대한 태도

✳ 통독 포인트

42편부터 제2권이 시작된다. 사슴을 메타포로 사용하여 하나님을 찾는 모습을 그리고 있다. 시편은 시온성의 주인은 오직 하나님이심을 선포하고 있다. 그런 점에서 주님을 찬양하는 일은 귀한 일이다.

[장면 1] 기도와 제왕시 (시 42-45편)

시편 42편은 고라 자손 중의 한 사람이 예루살렘 성전에서 봉사하던 이전 일을 회상하면서 지은 시이다. 이 시는 2권의 첫 번째 내용으로 시온과 성전과 왕의 내용이 두드러지게 나타나고 있다. 여호와께서 시온성전에 계심을 축하하고 있다. 2권에서 발견되는 특징은 '엘로힘' 하나님이라는 단어가 '여호와' 하나님이라는 단어보다 많다는 것이다. 여호와라는 말은 30번이 사용되지만 엘로힘은 무려 164번 나온다. 저자도 다양하다. 남은 자로서 믿음으로 사는 고라의 후손들을 강조한다. 특히 하나님은 사람들이 성전에서 예배드리기를 원하지만, 또한 하나님은 지리적인 제한을 받지 않으시는 분인 것을 하나님의 임재의 차원에서 말하고 있다. "내 영혼아 낙심하지 말고 하나님께 소망을 두라"고 말한다. 그가 나타나 도우심으로 어디서나 찬송함을 말한다(시 42:5,11).

43편에도 같은 내용이 나온다. 나의 힘이 되신 하나님을 찬양하고 주께서 계시는 곳에 이르게 해달라고 말한다. 43편은 원수에 의해 쫓기는 시인이 자기가 원수의 손에서 구원받아 하나님의 민족을 위해 사용되길 구한다. 44편은 이스라엘 민족의 과거를 돌아보고 이스라엘 백성을 흩으셔서 고난을 겪게 하신 것을 토로하면서 하나님께 민족의 구원을 위해 기도한다. 45편은 왕의 결혼식을 축하하기 위해 지은 시이다. 왕의 영광과 신부의 아름다움을 칭송하는 내용으로 아가서와 같은 느낌이 들게 한다. 다윗은 이 시를 통하여 신랑의 모습을 영광스럽게 묘사하고 있다.

[장면 2] 시온에 대한 찬양 (시 46-48편)

시편 46편은 승리를 찬양하는 시온의 노래이다. 이어서 47~48편이 같은 주제로 서로 연결되어 있다. 이 시는 동맹국을 물리친 승리의 배경과 관련이 있다. 히스기야 때 앗수르 왕 산헤립이 공격하여 예루살렘성을 포위한 것을 배경으로 삼고 있다. 비록 예루살렘성이 포위당했지만 하나님께 기도하면 응답해주실 것을 그리고 있다. 이때 전쟁에는 찬양을 부르는 사람들이 동행했다. 이런 전쟁 속에서 오직 하나님만이 피난처 되심을 찬양하고 있다. 하나님이 친히 방어역할을 해주시기에 이웃 나라가 공격해도 이길 수 있다. 하나님의 보호하심과 약속을 드러내고 있다.

47편은 온 땅을 통치하시는 하나님께 감사하고 있다. 하나님의 백성 삼으신 것을 감사하며 하나님을 높이며 찬양한다. 아브라함과 야곱의 언약을 잇는 백성이 승리하게 될 것이다. 언젠가는 이 사실을 믿고 기다리는 자에게 올 것이다. 시편 48편은 거룩한 시온성을 보호하시는 하나님의 섭리와 사랑을 노래하고 있다. 여기서 시온성 예루살렘은 하나님의 통치를 받는 하나님 나라를 말한다. 시온성은 아름다운 성으로서 하나님의 주권적인 통치를 말하고 있다.

[장면 3] 하나님 앞에서
바른 신앙 자세 (시 49-53편)

여기에 나오는 시편은 하나님에 대한 바람직한 자세와 아울러 부적절한 태도가 무엇인지를 말하고 있다. 하나님께 대한 올바른 자세는 물질을 의지하지 않고 하나님의 언약을 신뢰하며 통회하고 자복하는 마음으로 하나님에게 나가는 모습을 말한다.

49편은 물질에 대해 말하면서 정당하지 못한 재물 축적은 악한 것으로 이런 자들을 하나님은 고발하신다. 부에 대한 성경적 이해를 볼 수 있다. 다른 것에 비해 물질적 부는 거기에 한참 미치지 못한다. 세상에서 부당한 부를 소유한 채 승리할 순 없다. 50편은 아삽이 지은 시로 진정한 예배란 무엇인지를 알려주고 있다. 하나님을 의지하는 자가 드리는 예배는 신령과 진정이 핵심이다. 이것이 사라진 예배는 하나님이 받지 않으신다.

51편은 다윗이 밧세바를 범한 자신의 죄악 된 모습을 통회하며 근본적인 면에서 자신에게 죄가 있음을 토로한다. 이 시는 다윗이 하나님에 대해서 '엘로힘'이라는 단어를 사용한 첫 번째 시로 알려져 있다. 언약의 하나님을 말하는 야훼 하나님의 이름보다 엘로힘 하나님의 이름을 사용한다는 것은 죄로 인하여 하나님한테서 멀어진 자기 모습을 표현한 것이라고 볼 수 있다. 이 시는 우리가 죄를 범했을 때 어떻게 죄를 다루어야 하는지 좋은 지침과 실례를 보여준다. 자신이 회개하고 무엇을 해야겠다는 회개의 목적까지 담겨 있는 부분에서 새길 필요가 있다. 여기서 죄는 어느 한 부분이 아닌 하나님과 사람 앞에서 죄가 된다는 점을 강조한다.

52편은 다윗이 자신을 도와준 제사장 아히멜렉과 제사장들이 자신으로 인하여 죽임당한 내용을 토로하며 하나님의 공의가 나타날 것을 신뢰하는 모습을 말하고 있다. 53편은 하나님을 경외하지 않는 그가 악인이며 하나님은 그를 심판하신다. 이런 내용으로 경고하는 시이다.

우리는 기도와 찬양을 통하여 하나님 앞에 나가는 법을 배운다. 그렇게 하나님과 만남을 경험한다. 이것이 우리에게 주는 기도의 유익이다.

＊ 시편 핵심 단어

● 구하다, 구원하다 (136회, 히. 야샤)

시편에 많이 나오는 단어다. 구원이라는 단어는 모든 영역에서 사용된다. 내적인 치유와 구원, 원수, 질병. 고난, 환경, 전쟁 등에서 다양하게 나온다(시 7:2, 17:7, 51:14, 76:10, 106:47). 예수는 구원이라는 뜻이다. 예수 안에 있으면 모든 것이 구원받는다.

● 기도 (32회, 히. 터필라)

이것은 '부르짖음, 탄원, 하소연, 노래, 말' 등을 뜻한다. 기도는 방대하고 다양한 의미로 사용된다(시 4:2, 5:3. 6:10. 42:9). 기도는 모든 순간에 필요한 실존의 실천이다.

되새김 120일 쉬운 통독 타임라인			
하나님 나라	성경 구조	역사와 시대	성경 각 권 소개
소망	성문서 - 찬양과 고백	통일왕국시대	시편

〉〉〉 시편 54-64편

도움을 바라는 탄식과 기도

* 통독 포인트

기도에 관한 내용이 수록되었다. 원수에 대한 탄식시와 그런 속에서 하나님의 임재를 사모하고 있다. 악한 원수들의 주된 공격 무기는 비방과 거짓말 등 사악한 말이다. 이것을 잘 이기는 것이 필요한데 오직 믿음으로만 가능하다.

[장면 1] 도움을 구하는 탄식시 (시 54-59편)

시편 54~59편은 원수들에 대해서 불평하는 내용을 모은 것이다.

시편 54편은 다윗이 사울에게 쫓기면서 십광야에서 지은 시다. 인간을 의지하지 않고 오직 하나님만 의지하는 신앙을 그리고 있다. 십 사람들에게 배신당한 다윗이 낙심한 기도를 드릴 때 구원을 확신하며 기도한다.

55편은 다윗이 배신당하고 목숨의 위협을 느끼면서 모든 문제를 하나님께 구하는 내용이다. 다윗은 그를 배반한 아히도벨의 배신을 그리고 있다. 그를 처리하는 것은 하나님이심을 믿고 원수 갚는 것을 하나님에게 부탁한다.

시편 56편은 다윗이 사울을 피해 적대국인 블레셋에 피신할 때 지은 내용이다. 생명을 부지하기 위해 이방인에게 도망하는 그의 마음을 그리고 있다. 그것은 사울이 다윗의 생명을 빼앗아가려는 과정을 배경으로 하고 있다. 이런 쫓기는 과정에서도 다윗이 오직 하나님을 신뢰하는 신앙의 모습이 시 속에 잘 드러나 있다. 어디로 피하더라도 거기에서도 하나님이 계심을 믿는 다윗의 신앙을 엿볼 수 있다.

시편 57편은 다윗이 블레셋에서 위험을 느끼고 탈출하여 아둘람 굴이나 엔게디에 숨어 있는 상황에서 하나님의 도움을 구하는 내용이다. 하나님이 보호해주실 것을 소망하며 간절히 기도하는 내용을 담고 있다.

시편 58편은 악한 사람의 불의에 대하여 토로하는 시다. 이 시편은 57편과 비슷하다. 인간은 어려서부터 죄인이다. 나면서부터 곁길로 나가게 된다(3절). 원죄를 지지하는 구절이다. 인간은 태어나면서부터 악하고 타락한 모습이다. 독이 뱀의 독과 같고 귀를 막는 귀머거리 독사 같다. 이런 점에서 보면 뿌리가 자라기 전에 악한 것을 제어하는 것이 필요하다.

시편 59편은 사울이 자객을 보내 다윗을 죽이려 한 사건을 배경으로 하고 있다. 하나님이 악을 심판하시고 자신을 구할 것을 말한다. 다윗은 탄원시로 적들의 무지한 행동을 하나님이 처리해주시길 기도하고 있다. 이것을 통해 우리는 만물의 주권자가 하나님이심을 믿고 주님을 전적으로 의지하면 불확실한 미래가 보인다는 사실을 알 수 있다. 그리고 우리의 신앙이 든든히 세워지려면 주일이나 특별한 날에만 하나님께 예배드리는 신앙에서 나아가 일상에서 매 순간 예배드리는 삶으로 지경을 넓혀야 한다. 그럴 때 만왕의 왕이신 하나님의 자녀가 될 수 있다.

[장면 2]　주제별 기도문 (시 60-63편)

시편 60~61편은 공동체 탄식시와 개인의 탄식시로 구성되어 있다. 원수로부터 구원하시는 하나님을 향한 믿음을 말하고 있다.

60편은 이스라엘이 에돔의 침공을 받고 충격을 받았다. 하지만 하나님이 지켜주신다는 것을 확신하며 하나님이 승리하는 내용을 말하고 있다. 하나님은 이스라엘의 하나님이면서 이방의 하나님이시기도 하다. 이것은 모든 나라에 대한 하나님의 주권을 인정하고 있다. 주님께서는 누구든지 하나님을 경외하는 사람을 축복해주신다.

61편은 하나님에 대한 절대적인 신앙을 말하면서 다윗이 자신을 이스라엘 왕으로 세워주신 하나님에 대한 믿음을 표현하고 있다. 압살롬의 반역을 피해서 돌아온 후에 지은 시로 알려져 있다.

62~63편은 압살롬의 반역을 배경으로 쓴 내용이다. 악한 사람이 자신의 왕위를 빼앗으려 하지만 하나님이 도와주신다는 신앙을 표현하고 있다.

62편은 다윗이 극심한 어려움 속에서도 오직 하나님만이 자기 피난처이시며 원수를 피하는 바위임을 말한다. 잠잠히 하나님만 바라보며 무릇 자기 소망이 주님에게서 나오는 것임을 말한다. 비록 재물이 적어도 영혼은 잠잠하게 하나님만 바라보는 것이 진정한 신앙이다. 재물이 늘어난다고 해도 거기에 마음을 두지 말고 영원히 마르지 않는 샘물을 찾는 목마른 사슴이 되어야 한다.

63편은 다윗이 하나님을 찾는 과정을 그리고 있다. 여기서 목마름은 육체적인 목마름도 뜻하지만 영적으로 하나님의 말씀을 사모하는 것을 의미한다. 주님의 인자하심이 자기 생명보다 낫다고 찬양하는 다윗의 자세는 우리가 가져야 할 영적 자세를 보여주고 있다. 또 새벽에 주의 말씀을 작은 소리로 읊조리는 내용은 하루의 시작이 주님에게서 오는 것을 말한다.

64편은 하나님을 믿는 의인에게도 고난이 닥침을 말하면서 결국은 악인이 멸망할 것을 말하고 있다. 하나님을 대적하는 자는 하나님이 처리하신다. 인간이 원수를 이기기 어렵다. 그런 점에서 원수 갚는 것은 하나님에게 맡기는 것이 바른 자세다. 다윗은 하나님을 신뢰하며 하나님이 모든 것을 공평하게 처리해주심을 믿고 찬양하고 있다. 의인은 하나님으로 말미암아 즐거워하고 그에게 피하는 것이 원수를 이기는 길임을 말한다.

✳ 시편 핵심 단어

● 기뻐하다 (68회, 히. 사마흐)

시편은 기쁨에 관한 내용이 많다. 이 기쁨은 오직 하나님을 통해서만 주시는 것이다(시 30:12, 31:8, 104:15, 126:5-6). 모든 어려움이 해결될 때 기뻐하고 환호한다. 하나님이 하나님 되는 순간이다.

되새김 120일 쉬운 통독 타임라인			
하나님 나라	성경 구조	역사와 시대	성경 각 권 소개
소망	성문서 - 찬양과 고백	통일왕국시대	시편

>>> 시편 65-72편

하나님의 행함과 현존과 기도

＊ 통독 포인트

찬송과 시편에 대한 모음이다. 찬양은 하나님이 행하신 일을 기억하는 것이다. 지금까지 하나님이 행하신 것을 기억하면서 앞으로 소망을 바라보는 것을 말한다. 가장 좋은 찬양의 모습은 생활 속에서 행하신 하나님의 일을 기억하며 세상에 선포하는 것이다. 그런 일을 통해 온 땅에서 하나님의 이름이 높여지는 것이야말로 우리가 해야 할 마땅한 일이다.

[장면 1] 온 땅이 하나님을 찬양 (시 65-68편)

시편 65~68편은 하나님의 놀라운 구원의 행위를 찬양한다.

시편 65편은 다윗의 신앙 고백이 잘 나타나 있다. 하나님이 자기 백성의 기도를 들으심을 찬양한다. 자연을 창조하신 하나님을 찬양하고 있다. 우리가 하나님을 찬양해야 하는 이유는 하나님이 세상을 창조하셨기 때문이다. 자연과 주변을 돌아보면 창조의 신비를 느낄 수 있고 하나님의 풍성하신 은혜에 감사할 수밖에 없다. 65편은 산과 바다와 땅과 물결과 곡식과 넉넉한 밭의 소출과 들의 초장과 양 떼 등으로 풍성하게 하시는 창조주 하나님을 찬양하고 있다. 우리가 찬양이 부족한 것은 이런 자연을 감사하지 못하고 깊게 묵상하지 않았기 때문이다.

66편은 하나님의 능력을 출애굽 사건을 통해서 우리에게 보여주고 있다. 어려운 고난을 해결해주신 하나님의 능력을 찬양하며 감사의 제사를 드릴 것을 약속한다. 바다가 변하여 육지가 되게 하신 출애굽 사건은 왜 하나님을 찬양해야 하는지를 보여주고 있다. 이런 일을 통하여 하나님을 두려워하게 되고 그런 사람들이 하나님을 찬양하게 된다.

67편은 하나님의 구원 은혜가 열방에까지 미침을 찬양한다. 인간을 만드신 이유는 하나님을 찬양하기 위함이다. 하나님을 찬양하는 일은 모든 인간에게 해당하는 일이다. 어떤 특별한 사람만의 일이 아니다. 온 백성과 땅 위의 나라들과 모든 민족으로 주를 찬양하게 함을 말한다. 특히 땅의 모든 끝이 하나님을 경외해야 함을 강조한다.

68편은 모세부터 다윗 시대까지 과거의 이스라엘 역사를 정리하면서 하나님의 영광을 노래한다. 시인은 시온의 보좌에 앉으신 주님을 찬양하며 인간이 왕인 것 같지만 결국은 만왕의 왕이신 하나님을 찬양하고 있다.

[장면 2] 하나님의 이름을 항상 찬양 (시 69-72편)

시편 69편은 다윗 자신은 암담한 상황이지만 그 속에서 하나님의 영광을 찬양한다. 이 시편은 저주시에 해당하는 탄원시다. 이 시는 신약성경에서 자주 인용되었다(시 69:4, 요 15:25 / 시 69:9, 요 2:17 등). 이 시는 다윗이 사울에게 쫓겨 다녔던 광야가 배경이 되고 있다. 극심한 고난에 처했던 다윗이 자신에게 닥친 어려움을 이긴 비결은 신실하신 하나님을 전적으로 신뢰했기 때문이다. 하나님을 신뢰하는 것에 대한 대가는 아주 힘들었다. 죽을 지경에 처하고 사람들에게 조롱거리가 되는 모습에서 탄식의 내용이 기도의 주를 이루고 있다. 다윗은 자신을 어렵게 하는 사람들에게 저주를 말하고 있다. 여기서 저주는 인간적인 보복이 아닌 자신을 대리하신 하나님에게 맡기는 믿음이다. 시편에 나오는 저주 시는 하나님께 맡기는 의미에서 저주를 한다. 이것은 인간이 다른 사람을 저주하는 것이 아닌 하나님께 맡기는 것이다. 내가 저주하면 문제가 되지만 하나님께 맡기면 하나님이 가장 공의롭게 처리해주실 것이다.

시편 70~72편의 내용은 만왕의 왕이신 하나님의 통치를 신뢰하고 오직 그만 높이는 삶을 찬양한다. 72편은 솔로몬의 시로 자연세계를 비유로 들어서 이야기하고 있다. 이것은 2권의 결론을 말하고 있다. 해와 달과 물과 바다와 땅의 모든 세계를 다스리시는 하나님을 찬양하고 있다. 하나님의 이름을 항상 기도하고 종일 찬양하는 것으로 마무리한다.

※ 우리의 모든 것은 하나님의 창조 속에서 일어나고 하나님의 섭리 속에서 진행된다. 이것을 신뢰한다면 매일의 삶을 감사와 찬양으로 살 수 있어야 한다. 오늘 하루를 주신 것만 해도 기적이다. 그런데 이런 기적을 찬양하기보다는 불평과 원망하고 불안해한다면 이것은 믿음이 부족해서다. 오늘도 이것을 깨닫고 주님을 찬양하는 하루가 되어야 할 것이다. 오늘을 통해 하나님의 기적을 보지 못한다면 어떤 기적이 와도 나에게 기적은 오래가지 못한다.

되새김 120일 쉬운 통독 타임라인			
하나님 나라	성경 구조	역사와 시대	성경 각 권 소개
소망	성문서 - 찬양과 고백	통일왕국시대	시편

>>> 시편 73-80편

시온에 대한
버리심과 소망

✻ 통독 포인트

성전은 파괴되고 더럽혀지면서 영원한 언약에 대한 신앙은 더욱 요구되고 있다. 이스라엘 역사를 통하여 행하신 하나님의 일을 기억하면 하나님께 감사하지 않을 수 없다. 시인은 이런 베푸신 은혜를 생각하며 찬양하는 시를 주님께 드리고 있다.

[장면 1] 의인들을 복 주시고
악인들을 패망하게 하심 (시 73-75편)

시편 73~83편은 아삽의 시를 모은 것이다. 하나님에 대한 명칭은 엘로힘으로 되어 있다.

73편은 1편의 내용과 비슷하다. 1편에서 악인과 죄인과 오만한 자의 자리에 함께하지 말라고 경고한 것처럼 73편에서도 악인들의 삶과 오만한 자의 삶을 그리고 있다. 사람의 눈으로 보기에는 그들의 삶이 축복받은 것처럼 보인다. 하지만 정신 차리고 성소에서 기도하다가 시인이 깨달은 사실이 있다. 악인의 번영은 공중누각에 불과한 것이며 한순간에 멸망하게 될 것을 알고 실족에서 벗어나게 되었다. 이것은 의인에게 주시는 축복이 영원하며 그것을 소망하며 살아야 함을 말한다.

시편 74편은 "하나님이여 주께서 어찌하여 우리를 영원히 버리시나이까"로 시작한다. 많은 학자가 바벨론의 성전 파괴를 배경으로 본다. 하나님이 이스라엘 성소를 버리신 일에 대해 슬퍼하고 있다. 출애굽을 통하여 이스라엘을 구원하셨듯이 지금 절망 속에 빠진 이스라엘을 다시 회복하시는 역사를 기대한다. 원수가 예루살렘 성소를 파괴하는 모습을 자세하게 기록하고 있다. 3~8절까지 내용이 성전 파괴에 관한 내용이다. 원수들을 보복해주시고 언약에 기초한 회복을 소망하고 있다.

시편 75편은 재판장이신 하나님이 오만한 자를 심판하시는 내용을 담고 있다. 악인들의 뿔을 다 찍고 의인의 뿔은 높이 들릴 것이라고 말한다.

[장면 2] 하나님의 강력한 은혜가 임할 때 (시 76-80편)

76편은 시온을 노래하는 시다. 이 시는 히스기야가 산헤립을 물리친 사건을 기념하는 노래로 보인다(왕하 19:35-36). 이 시는 하나님의 강력한 개입을 말하고 있다. 하나님을 경외하는 자에게는 복을 주시고 하나님의 능력을 거부하는 적대 세력에 대한 심판으로 마무리하고 있다.

77편은 이스라엘의 출애굽 사건을 기억하면서 바다가 갈라지며 온 땅이 흔들리고 하나님의 구원하심에 대한 역사적인 회고를 한다. 현재가 어렵고 두려워도 하나님이 도우심을 믿고 살아가야 함을 말한다.

78편 시인은 과거의 시내산 언약을 기억하라고 말하면서 성경의 역사를 길게 회고하고 있다. 하나님의 능력을 구체적으로 체험하였음에도 여전한 이스라엘의 불신앙적 태도에 대해서 하나님이 분노하시지만, 여전히 그들을 긍휼히 여기심으로 그들의 요구를 들어주셨다고 고백한다. 이스라엘의 반복되는 죄와 하나님의 자비를 그리고 있다.

시인은 하나님의 철저한 심판에 대해 이스라엘이 일시적으로 회개하지만 오래지 않아 다시금 죄를 범하고 말았노라고 회고한다. 하나님이 다시금 죄를 범한 이스라엘을 심판하셔야 했지만, 그분의 자비하심으로 그들을 완전히 멸망시키지 않으셨노라고 고백한다. 하나님의 심판에 대한 이스라엘의 반응을 기술한 이후 하나님이 이스라엘을 심판하실 수밖에 없는 근거로 애굽에서 하나님이 보여주신 놀라운 이적에 대한 이스라엘의 망각을 지적하고 있다.

출애굽과 광야의 여정 속에서 이스라엘이 범한 죄에 대해서 언급한 이후에 이제는 가나안 땅에 정착한 이스라엘이 가나안 땅에서 범한 죄에 대해서도 신랄하게 고발한다. 가나안 땅에 정착한 이스라엘이 비록 우상숭배로 인하여 다시금 하나님을 떠나갔음에도 다윗을 이스라엘의 지도자로 세워 이스라엘을 회복하시는 은혜를 회고하고 있다. 시편 78편은 72절의 긴 내용으로 구성되었다. 이미 행하신 구원의 역사로서의 시편인데 그 자체가 약속의 말씀이다.

시편 79편은 '여호와여 언제까지입니까?'라는 질문에 관한 내용이다. 본 시편은 74편과 마찬가지로 바벨론에 의해서 예루살렘과 성전이 멸망한 현실을 바라보면서 시인이 하나님의 백성을 위한 하나님의 구원을 호소하고 있다.

시편 80편은 79편에서 볼 수 있는 것처럼 민족적 비극을 바라보면서 하나님의 구원을 호소하는 시인의 절규에 대한 기록이다. 특별히 에브라임, 베냐민, 므낫세 지파가 언급된 것으로 보아 앗수르에 의해 멸망한 북이스라엘의 상황을 배경으로 한 것으로 보인다. 이스라엘의 상황을 하나님에 의해서 세워졌으나 그분의 손에 의해서 파괴된 포도나무에 비유하고 있다. 하나님과 이스라엘의 특별한 관계에 근거하여 이스라엘의 구원을 호소하고 있다.

※ 우리의 구원은 오직 하나님에게서 나온다. 하나님은 우리를 절대 버리지 않으신다. 우리의 모든 길은 우리 손에서 움직이는 것이 아닌 오직 주님의 손안에서 이루어진다. 우리는 그분을 신뢰하고 인생을 주님의 말씀대로 따라가는 것이 중요하다.

✳ 시편 핵심 단어

● 길 (66회, 히. 데렉)

세상에는 두 길이 있다. 의인의 길과 죄인의 길이다(시 1:6). 우리는 둘 중에 하나를 선택해야 한다. 중간은 없다. 시편은 하나님의 길을 안내하고 있다(시 77:14, 95:10, 103:7, 138:5, 145:17).

D·a·y
086
장면통독 가이드

>>> 시편 81-89편
# 시온에 대한 찬양과 멸망

＊ **통독 포인트**

세상의 어떤 것보다 하나님의 궁전에 대한 사모함을 그리고 있다. 시온에 대한 찬양을 그리고 있다. 하나님의 성품을 묵상하면서 그분에게서 오는 힘을 권면하고 있다. 얼마나 하나님을 신뢰하느냐에 따라 우리의 기쁨과 평화가 좌우된다.

[장면 1] 주의 성전에 모여 예배하는 축복
(시 81-85편)

시편 81편은 은혜를 경험한 이스라엘에게 그분이 정하신 절기에 하나님 앞에 나아와 하나님을 찬양하는 것이 마땅함을 고백하는 찬양과 예배의 시이다. 과거에 이스라엘이 하나님의 말씀을 떠나 완악하게 행하던 시절을 회고하면서 이스라엘 백성들이 하나님께 순종할 것을 요청하고 있다.

82편은 온 땅이 하나님께 속하였음을 고백하는 믿음 가운데서 하나님의 공의를 집행해야 할 재판관들이 하나님의 바람과 달리 자신의 이득을 따라 불의한 재판을 하는 모습을 책망하고 있다. 예수님은 시편 82편 6절의 구절을 인용하셨는데 예수님의 신성을 부인하려는 사람들의 비난을 책망했다. 구약의 인간에 불과한 지도자들이 신이라 불릴 수 있다면 하나님의 아들이 자신을 신으로 여기는 것이 잘못될 일이 없다고 말한다.

83편은 하나님의 백성을 괴롭게 하는 이방인들을 향하여 하나님께서 심판하실 것을 간구하는 일종의 비탄시다. 특별히 전반부는 이스라엘을 멸하려는 이방인의 음모를 하나님께 고발하는 형식을 취하고 있다. 이스라엘을 정복하려는 적들의 음모를 고발하면서 하나님께서 과거 이스라엘의 적들에게 행하셨던 것과 같은 심판을 그들에게 행하여주실 것을 간구하고 있다.

84편은 하나님께 예배하기 위해서 시온을 찾아가는 순례자가 하나님을 사모하는 간절한 마음을 고백하는 찬양의 시이다. 이 시는 성전 문지기를 맡은 고라 자손들과 관계있는 시다. 하나님의 집에 대한 강렬한 사모함의 표현이 드러나고 있다. 예배로 모이는 일에 신실할 것을 말한다. 성전에 나아가 예배하는 일을 막는 장애물을 극복할 수 있어야 함을 말한다. 성전에 모여 하나님을 예배하는 일은 가장 축복 된 일이다. 주의 궁정에서 한 날이 다른 곳에서 천날보다 낫다고 고백한 것은 이것을 두고 한 말이다. 진정한 신앙은 개인적인 묵상과 아울러 그리스도의 몸을 이루는 한 지체로서 예배당에 모여 공동체예배에 참석하는 것을 통해 표현된다.

시편 85편은 바벨론 포로로 끌려갔던 이스라엘이 하나님의 은혜로 회복되어 돌아온 것에 대한 감사의 찬양인 동시에, 황폐한 이스라엘을 회복시킬 하나님에 대한 간절한 염원을 담고 있다. 이스라엘을 구원하신 하나님의 은혜와 여전히 황폐한 이스라엘 땅을 회복시켜주실 것을 탄원한 데 이어 후반부에서는 하나님께서 이스라엘 땅을 회복시키실 것을 확신하며 찬양하고 있다. 이 시는 인애와 진리가 같이 만나고 의와 화평이 서로 입 맞추고 진리와 의가 땅과 하늘에서 입 맞추는 모습을 극적으로 표현하고 있다.

[장면 2] 그럼에도 불구하고 영원히 하나님만 찬양하라 (시 86-89편)

시편 86편 전반부에서 자신을 보호해주실 것을 호소한 시인은 중반부와 후반부에서 하나님의 도우심에 대한 확신 가운데 찬양하고 있으며, 하나님께서 그에게 구원의 은혜를 베풀어 주시길 기도하고 있다. 어려움을 이기는 길은 하나님의 성품을 얼마나 신뢰하느냐에 따라 달라진다.

시편 87편은 고라 자손이 하나님의 성읍인 시온이 장차 가지게 될 영광을 노래하고 있다. 특별히 시인은 하나님께서 시온을 통하여 열방을 구원하실 것이라고 고백하고 있다.

시편 88편은 솔로몬과 비교할 정도로 당시 현인이었던 헤만의 시다 (왕상 4:31 참조). 표제어에 '질병 중에' 또는 '고통 중에'라는 의미의 '마할랏르안놋'이라는 말이 사용되었고, 깊은 병으로 인하여 고통 중에 있는 시인이 하나님에게 자신의 구원을 호소하는 형식으로 기록되어 있다. 욥처럼 거의 죽은 것과 같은 혼자 격리된 극심한 시험에 처해 있는 상태를 표현하고 있는 점이 이 시의 특징이다.

시편 89편의 초반부에 해당하는 본문은 하나님께서 다윗과 맺으신 언약이 하나님의 성실하심과 인자하심에 근거하여 반드시 성취될 것을 확신하는 찬양을 담고 있다. 천지만물을 공의롭게 다스리시는 하나님을 찬양한 이후에 그분의 통치를 받는 백성이 누리는 복을 찬양하고 있다. 다윗과 맺으신 언약과 현재 당하는 고난이 어떻게 조화하는가를 다룬다. 이런 난제에 시인은 하나님에게만 신뢰함으로 문제를 맡긴다. "주여 주의 성실하심으로 다윗에게 맹세하신 그 전의 인자하심이 어디 있나이까?"(시 89:49). 하지만 마지막에 "여호와를 영원히 찬송할지어다. 아멘. 아멘"(시 89:52)으로 마무리한다.

　※ 우리의 구원은 우리 노력이 아닌 하나님의 신실하심을 믿는 믿음으로 일어난다. 하나님은 이미 모든 것을 이루시고 성취하셨다. 그런데 그 성취가 필요한 것은 우리를 통하여 이루시기 때문이다. 이런 점에서 우리의 믿음이 필요하고 그 믿음을 세워 가시고 훈련하시는 분도 하나님이시다. 내가 얼마나 하나님을 절대적으로 신뢰하고 주님의 말씀대로 하는가가 중요한 과제다.

되새김 120일 쉬운 통독 타임라인			
하나님 나라	성경 구조	역사와 시대	성경 각 권 소개
소망	성문서 - 찬양과 고백	통일왕국시대	시편

>>> 시편 90-106편

하나님의 통치와
찬양과 회복

✻ 통독 포인트

시편 90편~106편은 제4권에 해당한다. 모세가 지은 시로 시작하여 모세가 주인공인 시로 마무리하는 것이 특징이다. 4권은 하나님을 찬양하는 내용으로 구성되었다.

[장면 1] 우리의 처소가 되시는 하나님 (시 90-93편)

시편 90편은 시편에 기록된 유일한 모세의 시편으로 시의 전반부는 들의 풀과 같은 인생이 영원하신 하나님을 떠나 사는 것이 얼마나 어리석은가 교훈하고 있다. 유한한 인간이 하나님을 떠나 사는 어리석음을 교훈한 전반부와 달리 시인은 하나님께서 이스라엘 가운데 돌아오셔서 그들을 긍휼히 여겨주실 것을 기도하고 있다. 모세는 하나님의 가르침과 용서를 경험하면서 하나님과의 간격을 메꾸고 있다. 이렇게 되면 하나님 자녀들의 만족함과 하나님의 영광이 드러나게 될 것이다.

시편 91편은 지혜시다. 말하는 사람이 등장하는 구조로 된 시다. 말하는 사람(1,2,3-8,9,10-13,14-16)이 6번 나온다. 그리고 제삼자인 하나님의 해결책이 제시되는 구조로 내용이 전개된다. 전체 내용은 성도를 보호하시는 하나님 보호의 확실성과 그분 안에 피하는 성도가 누리게 될 평안을 교훈하고 있다. 하나님은 의인에게 피난처가 되시고 환란 날에 도움자이시다. 이처럼 하나님이 지키시는 내용을 주목하여 읽으면 은혜가 된다.

92편은 이스라엘 백성이 안식일 회중 예배 때 부르는 찬송시다. 예배는 나의 삶에서 하나님이 행하신 일을 찾아 온 세상에 드러내는 선한 일이다. 어려움 속에서도 성도들이 모여 오직 하나님만이 구원자이심을 선포하는 찬양을 하나님이 받으신다. "주께서 행하신 일로 나를 기쁘게 하셨으니 주의 손이 행하신 일로 말미암아 내가 높이 외치리라"(시 92:4).

93편은 하나님이 온 세상의 주인이심을 선포하고 있다. 하나님의 위대하심을 찬양하는 시로 시편 47편, 96~99편이 비슷한 내용이다. 영원부터 영원까지 계셔서 세상을 통치하시는 하나님의 능력을 찬양한다.

[장면 2] 만왕의 왕 되신
하나님을 찬양하라 (시 94-99편)

94~99편의 공통된 내용은 이스라엘과 온 세상을 통치하시는 하나님을 찬양하는 것이다. 하나님의 말씀을 거부하는 자에 대한 하나님의 공의, 심판을 말한다.

시편 94편은 의인이 고난을 겪지만 결국은 구원해주시는 하나님을 찬양한다. 반면에 악한 자에게는 책임을 묻고 보복하고 심판하신다. 하나님을 대항하는 악인들의 삶을 말하면서 의인들을 사랑하시는 하나님의 성품을 말하고 있다. 하나님은 의인에게는 요새요 피난처가 되어주신다.

시편 95~99편까지는 하나님의 우주적인 통치를 찬양하는 내용을 담고 있다. 인간의 죄악과 불순종을 경고하면서 오직 주님에게만 진정한 예배를 드릴 것을 촉구하고 권고하고 있다.

95편은 "오라. 우리가 여호와께 노래하며 구원의 반석을 행하여 즐거이 부르자"로 시작한다. 하나님의 나라는 하나님의 왕권을 인정하는 사람에게 주어지는 안식의 축복이다.

96편 9절의 "아름답고 거룩한 것으로 여호와께 예배할지어다"라는 말씀이 전체의 내용을 잘 표현하고 있다. "하늘은 기뻐하고 땅은 즐거워하며"(시 96:11)라고 예배에 대한 성도들의 고백을 그리고 있다. 하나님의 왕권을 노래한다.

97편은 이스라엘 백성에게 시내산에 나타나셔서 자신의 모습인 초월성과 거룩하심을 드러내신 하나님을 기억하며 찬양하고 있다.

98편은 다음의 내용으로 구성되었다. 하나님의 언약을 믿는 백성들은 구원을 찬송한다. 은혜를 깨달은 백성은 노래와 연주로 하나님을 찬양한다. 자연과 의인은 창조하신 하나님의 영광을 찬양한다.

99편은 세 부분으로 나누어 구성되었다. 연대기 관점에서 하나님의 주권을 찬양한다. 또한 이스라엘을 통해 행하신 일처럼 오는 세대에서도 하나님이 일을 행하신다. 말씀을 지키고 하나님을 경배하는 자들에게 응답하신다. 그리고 용서하시는 하나님이시라는 내용을 그리고 있다.

소망이신 하나님과
창조의 하나님을 찬양하라 (시 100-106편)

여기에 소개된 내용은 작은 시편집들이다. 시온을 향하신 하나님의 모습과 다시 회복하시는 하나님의 사랑을 말한다. 모든 압박에서 구원하시는 하나님을 찬양하고 있다.

시편 100편은 이스라엘과 교회 속에서 예배 부름으로 많이 사랑받는 시로서 성전에서 감사제를 드리는 배경으로 쓰였다.

101편은 자서전적인 성격이 강하게 드러나 있다. 다윗은 하나님 앞에서 올바른 삶을 살겠다고 다짐한다.

102편은 개인적인 탄원시다. 자신의 고난을 토로하면서 결국은 하나님이 지켜주실 것을 찬양한다. 거짓을 행하고 교만하며 사악한 자의 길로 다니지 않을 것이며 넘어지게 하는 자를 떠날 것이다. 대신 말씀을 마음에 두고 인자와 정의를 노래하는 자들과 같이하며 완전한 길을 행하는 자들과 같이할 것을 말한다.

시편 103편에서 다윗은 하나님이 자신에게 베풀어주신 은혜를 찬양하고 감사 찬양을 한다. 이스라엘이 지금은 비록 완악하지만, 죄를 용서하시고 약속을 지켜주신 것을 찬양하고 감사하는 내용을 그리고 있다. 처음에 고백하는 "내 영혼아 여호와를 송축하라 내 속에 있는 것들아 다 그의 이름을 송축하라"와 마지막에 "내 영혼아 여호와를 송축하라"의 구절은 시의 핵심을 서로 연결하고 있다.

104편은 하나님의 창조 질서를 노래하며 하나님의 질서를 파괴하는 악인들을 심판해주시는 내용을 담고 있다. 여기에 나오는 내용은 창세기 1장 1절에서 2장 3절에 나오는 신학적 정리와 같은 내용을 담고 있다. 하늘과 땅과 자연과 생물과 바다를 만드시고 밤과 낮의 규칙을 만드시고 계절과 시기를 정하시어 하나님의 뜻을 자연을 통해 계시하고, 그것을 지금도 운행하고 계신다. 이런 자연 세계가 질서대로 움직인다는 것은 하나님이 살아 있다는 증거이다. 지금이라도 모든 규칙을 멈추면 세상 모든 것은 사라진다(시 104:29). 이런 자연을 통해 모든 피조물은 하나님을 찬양하게 된다.

105편은 아브라함부터 가나안 정착 때까지 내용을 압축하여 정리한 서사시이다. 언약에 신실하신 하나님을 찬양하고 있다. 시편 78편에 나오는 언약의 이야기처럼 105편도 거룩한 역사를 요약하고 있다. 이스라엘의 역사 이야기를 신학적인 관점에서 구성한 네 편의 시 중 하나이다(시 107편, 118편, 136편). 이스라엘 언약의 역사 속에서 가나안 땅을 주신 축복의 역사가 자세하게 기록되었다. 특히 광야에서 살아온 이야기가 생동감 있게 기록되었다. 이것은 아브라함과 그의 후손들과 맺으신 언약의 성취 이야기로 이어진다. 하나님의 구원은 역사적 사실과 연관이 있다. 개념으로서가 아닌 실제 일어난 역사를 감사하고 그 속에서 행하신 하나님의 행하신 일을 시로써 찬양하는 것은 그 자체로 힘이요 은혜가 된다. 모든 일은 거룩한 말씀과 아브라함을 기억하셨던 역사에 근원이 되고 그것은 율례를 지키게 하려 함이라는 내용으로 마무리한다.

시편 106편은 바벨론 포로 귀환 이후에 이스라엘을 구원하신 하나님의 은혜를 찬양하고 있다. 이 시는 "할렐루야"로 시작하는 시 중의 하나다(시 111-113편, 135편, 146-150편). 자격 없는 이스라엘을 선택하여 출애굽으로 구원을 이루셨지만, 이스라엘은 반역한다. 모세의 중보로 급한 불은 겨우 막았지만, 다시 반역함으로 하나님을 떠나는 잘못을 범한다. 하나님은 그런 백성을 가나안 땅에서 800여 년간 지내게 했지만 변화는 일어나지 않았다. 그런데도 이스라엘 백성은 우상을 숭배하고 하나님을 떠나는 반역을 계속한다. 하지만 그것과 상관없이 약속을 맺으신 하나님이 그 신실하심을 지키심으로 겨우 구원을 이어간다. 시인은 하나님의 긍휼을 구하면서 할렐루야 송영으로 마무리하고 있다.

※ 우리는 하나님을 배반하지만 하나님은 우리를 끝까지 포기하지 않으신다. 이것이 언약을 지키는 신실하신 하나님의 모습이다. 하나님과 맺은 언약은 당대뿐 아니라 현재까지 수천 년을 이어 믿음으로 대물림된다. 내가 말씀을 따라 나의 모든 것을 던지면 하나님도 우리 인생을 책임져주신다. 하나님의 말씀을 하나님 자체라고 믿고 그 말씀에 순종하는 것이 우리가 복 받는 비결이다. 나의 것을 포기하고 받는 것이 복이다. 그렇지 않은 복은 오히려 저주가 될 수 있다.

✼ 시편 핵심 단어

● 듣다 (77회, 히. 샤마)
신앙은 말씀을 듣는 데서 시작된다(신 5:2, 6:4). 믿음은 들음에서 온다. 기도도 듣기가 먼저다. 듣는 것은 마음으로 순종하는 것을 말한다. 이것은 내 기도를 들어주시는 분이 있다는 확신에서 나온다(시 5:4, 34:7, 81:9-10, 143:8).

되새김 120일 쉬운 통독 타임라인			
하나님 나라	성경 구조	역사와 시대	성경 각 권 소개
소망	성문서 - 찬양과 고백	통일왕국시대	시편

〉〉〉 시편 107-118편

구원과 오실 왕 축제시

＊ 통독 포인트

시편 107편 1~3절은 시편 5권의 서두에 해당한다. 시작하는 107편과 마무리하는 118편의 구조를 보면 모두 "여호와께 감사하라"로 시작하고 있다. 이렇게 보면 107~118편은 하나의 구조로 이해할 수 있다. 110~118편은 다윗 왕조의 부활을 기대하는 시편으로 구성된 것이 특징이다. 107~150편으로 구성된 시편 5권은 현재 상황과 포로 후기 미래의 소망에 관한 내용으로 전체가 구성되었고 그 속에 107~118편이 시작 부분 역할을 하고 있다.

[장면 1] 구원을 찬양하는 시편과 다윗의 탄식시 (시 107-108편)

시편 107편은 회복시키시는 하나님에 관한 내용으로 흩어진 사람을 하나님이 다시 모으신다는 내용이 핵심을 이루고 있다. 바벨론 포로로 흩어진 이스라엘을 구원하시는 하나님의 은혜를 찬양하고 있다. 하나님의 은혜로 이스라엘이 출애굽 후에 광야에서 구원받은 이야기를 모티브로 찬양한다. 비록 죄를 범하지만 하나님의 은혜로 구원이 이루어짐을 찬양한다.

시편 108편은 57편과 60편을 합쳐놓은 시다. 57편은 다윗이 사울에게 쫓겨 다닐 때, 60편은 주변 나라들이 침입했을 때 하나님의 구원을 간구하며 찬송한 것이다. 이것은 다윗의 시로 자신을 대적의 손에서 구원해주신 은혜를 찬양하고 있다. 하나님만이 유일한 구원자이심을 찬양하고 있다. 다윗은 하늘의 군대를 이끄시는 하나님을 바라보면 소망을 얻고 있다.

[장면 2] 하나님의 위로를 바라봄 (시 109-110편)

선을 악으로 갚는 현실 속에서 위로해주실 분은 오직 하나님 한 분뿐이다. 시편 109~110편은 고난과 위로의 내용이다. 다윗의 시로 다윗은 평생 일어났던 일을 회상하며 하나님을 찬양한다. 109편과 110편은 서로 유기적 관계가 있다. 109편이 고난과 핍박을 당하고 있는 자의 간절한 부르짖음을 말한다면 110편은 곤고한 사람에게 주시는 하나님의 위로와 약속을 노래하고 있다. 여기서 오른편은 구원하시는 하나님이 임재하는 곳으로 악한 자와 대조하여 묘사하고 있다.

110편에도 같은 구절이 나온다. 1절에 "너는 내 오른쪽에 앉아 있으라"와 5절의 "주의 오른쪽에 계시는 주께서"의 연결은 109~110편을 이해하는 데 중요한 고리가 된다. 결국 다윗은 두 개의 시편을 통해 주님이 오른편에 계셔서 자기를 도와주시고 승리하게 하실 것을 찬양하고 있다. 특히 110편은 아론의 반차를 좇지 않는 영원한 제사장인 멜기세덱의 내용이 언급되고 있다. 다윗이 천상의 그리스도를 보았다는 것을 보여주는 대목이다.

[장면 3] 장차 오실 메시아 왕을 고대하는 축제 시편 (시 111-113편)

여기에 나오는 시는 할렐루야로 찬양하고 마친다. 시편 111~113편은 할렐루야 시편으로 동일하게 '할렐루야'로 시작한다. 그리고 특이한 점은 우리말 성경에서는 발견하기 어렵지만, 히브리어 원문 성경으로 보면 세 편 모두 히브리어 22개의 알파벳을 사용한 알파벳 시라는 점이다. 한 절씩 배치하지 않고 2~3개씩 배치하여 시를 구성하고 있다.

111편은 하나님이 행하신 위대한 일을 찬양하고 있다. "여호와께서 행하시는 일"이라는 구절이 반복하여 나온다. 2, 3, 6, 8절이다. 그렇다면 하나님을 경외하는 자들이 예배하러 모이는 이유는 하나님이 행하신 일을 기억하고 찬양하며 감사하기 위해서다. 하나님을 경외하는 정직한 자들은 그 계명을 지키는 지혜로운 자다(시 111:10).

112편은 내용상으로 볼 때 111편을 보충하는 의미가 있다. 위대한 일을 행하신 하나님이 주신 계명을 크게 즐거워하는 자에게 복이 있음을 말한다.

113~118편은 초막절과 하누카와 유월절 첫 날, 오순절에 회당에서 모두 낭송되었다고 전해지는 절기 시편이다. 113편은 그중의 첫 번째에 해당하는 시편이다. 물론 113편도 112편과 연결되는 시편이다. 하나님을

경외하는 자들에게 하나님이 복을 주시며 보호하시며 구원해주심을 찬양하고 있다.

[장면 4] 하나님의 능력을 찬양하는 시편 (시 114-118편)

시편 113편까지가 하나님이 누구시며 어떤 일을 행하셨는지 찬양했다면, 시편 114~118편은 구체적으로 그 하나님이 어떻게 이스라엘에게 나타나셨는지를 역사적 사건을 통해 이야기하고 있다. 반석에서 물이 나오고 바다가 물러가며 산과 땅들이 떠는 시내산 사건과 요단강을 건넌 기적은 모두 하나님을 찬양하기 위해서 존재한다. 이것은 하나님에게는 모두 기적의 도구로 사용되었음을 말한다.

115~117편은 시의 마지막 부분을 '할렐루야'로 마무리한다. 115편이 하나님을 찬양하는 자의 모습이 어떠해야 함을 말한다면 116~117편은 하나님을 찬양하는 이유에 대해서 노래한다. 116편에서는 그런 위대한 분을 믿고 기도하면 반드시 응답하시고 구원하심을 찬양한다.

107편과 118편은 처음과 마지막 구조를 보여주고 있다. 107편의 "여호와께 감사하라. 그는 선하시며 그 인자하심이 영원함이로다"라는 내용이 107편 1절과 118편 1절에 같이 나오고 있다는 점이 그것을 보여준다. 이것은 우리가 하나님을 영원토록 찬양하고 송축해야 하는 이유이다. 특히 "건축자가 버린 돌이 집 모퉁이의 머릿돌이 되었나니"(시 118:22)라는 구절은 이스라엘의 회복을 말하는 것으로 메시아와 연결되는 말씀이다. 이 시는 성전을 향해 나아가는 길에 극복해야 할 장애물을 묘사하고 있다.

※ 우리는 어떤 상황에서도 하나님을 찬양해야 한다. 모든 시작과 마침은 하나님이시다. 그렇다면 우리의 인생은 하나님의 손안에서 움직이는 역사다. 하나님을 떠나서는 아무것도 할 수 없다. 우리의 행복은 그리스도 안에 있는 것을 얼마나 느끼느냐, 또 그것을 실천하느냐에 따라 결정된다. 하나님께서 이 모든 것을 거저주신 것은 그것을 통하여 오늘도 역사하시는 하나님을 찬양하는 것이 우리를 세워주신 목적이기 때문이다.

✱ 시편 핵심 단어

● 말씀 (127회, 히. 다바르)

신앙의 핵심은 말씀이다. 기도는 말씀과 하나 되는 과정이다. 다바르의 말씀은 말 그 이상이다. 말씀은 창조적인 힘이 있다(시 33:6). 또한 말씀은 친밀함이 담겨 있다(시 56:11). 말씀은 구원이자 모든 것을 살리는 힘이다. 그 속에는 정의와 진실과 공의가 포함되었다(시 37:30).

● 마음 (137회, 히. 렙)

마음은 육체의 심장을 말한다. 인간의 중심이며 생각과 계획, 결심과 느낌 등이 모두 포함된다. 또한 감정이 자리 잡는 곳이다. 마음과 눈은 긴밀하게 연결되었다(시 13:3, 36:11, 97:11, 122:1).

되새김 120일 쉬운 통독 타임라인			
하나님 나라	성경 구조	역사와 시대	성경 각 권 소개
소망	성문서 - 찬양과 고백	통일왕국시대	시편

>>> 시편 119-125편

율법에 대한 찬양과 성전 찬양

✳ 통독 포인트

이 세상의 삶은 누구를 의지하느냐의 선택에서 성패가 결정된다. 눈에 보이는 물질과 사람과 권력인가, 아니면 눈에 보이지 않는 하나님과 말씀인가의 싸움이다. 사람들은 눈에 보이는 힘에 의존한다. 하지만 하나님의 자녀는 천지를 지으신 하나님과 진리의 말씀에 시선을 두어야 한다. 보이지 않는 하나님을 끝까지 바라보고 따르는 데 필요한 믿음은 말씀을 의지하는 데서 더 깊어진다.

[장면 1] 말씀에 대한 찬양 (시 119편)

하나님의 말씀에 대한 시로서 대표적인 것이 시편 119편이다. 히브리어 22글자를 두문으로 하여 알파벳 한 글자당 8행씩 총 175행으로 구성된 긴 시다. 22글자로 전체 문단을 다음처럼 구분하여 읽으면 도움이 된다.

119편은 토라의 신명기 말씀을 순종하는 내용이 중심을 이루고 있다. 전체 주제는 인간의 삶이 복잡하게 얽혀 있는 이유가 하나님의 말씀을 떠났기 때문이라는 메시지다. 이 시편은 인간은 하나님의 말씀을 순종하고 따르는 것만이 가장 행복하고 성공적인 삶이라는 것을 강조한다.

119편의 긴 내용 속에서 6개의 단어(율법, 증거, 법도, 규례, 계명, 판단)를 교차하면서 하나님 말씀의 풍성함을 표현한다. 말씀과 기도는 서로 하나다. 아침에 일어나 말씀을 읊조리며 기도하는 것이 의인이 삶이다. 악인이 구원에 이르지 못하는 것은 말씀을 구하지 않아서다. 주의 법을 품고 있으면 마음이 불안하지 않다.

결국 119편에서 말하는 의인은 오직 주의 말씀을 즐거워하며 찬송하는 사람이다. 시편 119편은 말씀에 관한 내용을 집중적으로 정리한 것이다. 이런 점에서 성경에서 가장 긴 시편 119편을 자세하게 설명해 보도록 한다.

● 복 있는 자 (시 119:1-24)

누가 행복한 사람인가? 하나님의 말씀을 지키고 행하는 자이다. 이것을 이루기 위해 인간이 해야 할 일은 하나님을 구하고 감사하고 그 말씀대로 하는 일이다. 여기서 강조되는 내용은 율법을 듣기만 하는 것이 아닌 지켜 행하는 일이다. 물론 이것은 내 힘이 아닌 주님의 힘으로 행하는 것이다(4-5절). 말씀을 내 마음에 두고 지켜 행하면 복을 받는다. 특히 재물을 즐거워하는 것처럼 말씀을 즐거워하며(6-16절) 규례를 항상 구하며 주의 명령을 떠나지 않는 삶을 살기 위해서 주님의 도우심이 필요하다. 세상 사람들과 고관들이 나를 비방하고 멸시해도 주의 말씀을 떠나지 않고 말씀대로 사는 것은 오직 주의 도우심이 임할 때 가능하다(17-24절).

● 주의 길 (시 119:25-48)

25~32절에 '길'이라는 단어가 반복된다(26,27,29,30,32절 새번역). 여기서 길은 하나님의 말씀과 진리를 뜻한다. 거짓된 길을 벗어나 주의 말씀의 길을 선택하는 것이 영원히 사는 길이다(25-32절). 내가 주의 율례를 끝까지 지키기 위해서는 내 힘으로는 안 되고 주님이 가르쳐주어야 한다. 한 가지 기억할 것은 언제나 하나님이 영으로 열어주실 때 비로소 우리는 말씀을 행할 수 있다는 것이다(34절). 우리는 구원을 받기 위해서 말씀을 실천하는 것이 아니다. 이미 구원받은 힘으로 세상을 거룩하게 하는 책임이 있다. 주의 계명이 내 마음속에 들어오면 그 말씀이 힘을 주고 나를 즐겁게 하고 행하게 한다(41-48절).

● 말씀을 기억하고 지키라 (시 119:49-88)

신앙은 기억하고 재생하는 것이다. 새로운 것을 찾는 것이 아닌 이전에 주신 말씀을 오늘 새롭게 할 때 신앙이 성숙한다. 그래서 말씀을 마음에 새기고 기억하는 일이 중요하다. 49절, 52절, 55절에 기억한다는 구절이 반복된 것은 이것을 강조한 것이다. 말씀을 기억하면 소망이 생기고 그 말씀이 위로를 주고 나를 살린다. 말씀은 우리의 분깃이기에 그것을 지키는 데 지체하지 않는다(49-56절). 고난은 말씀을 굳게 지키게 한다. 의인이 극심한 고난에 처하면 영혼이 피곤하게 된다. 그러나 그때마다 힘을 주시는 것은 말씀이다. 왜냐하면 말씀은 신실하기 때문이다 (67,71,86절).

● 세상의 어떤 것도 말씀보다 낫지 못하다 (시 119:89-144)

고난을 이기는 것은 주의 말씀을 통해서다. 주의 말씀은 원수보다 지혜롭고 노인보다 낫고 꿀보다 더 달고 금보다 더 귀하다. 주의 말씀은 등

불이며 죽음의 위기에서 건져주며 어리석은 자에게 빛을 비추어 깨닫게 한다. 주의 율례를 떠난 자는 멸망하지만 주의 법을 끝까지 지키는 자는 위기를 극복한다. 인간의 길을 바르게 알려주는 것은 오직 주의 말씀밖에 없다.

● 말씀과 기도 (시 119:145-176)

말씀과 기도는 서로 하나다. 아침에 일어나 말씀을 읊조리며 기도하는 것은 의인이 삶이다. 악인들이 구원에 이르지 못하는 것은 말씀을 구하지 않아서다. 주의 법을 품고 있으면 마음이 불안하지 않다. 물론 말씀을 깨닫는 것은 하나님이 도와주셔야 가능하다. 주님의 말씀을 주께서 영으로 가르쳐주실 때 우리는 깨달음의 지혜 속으로 들어간다. 말씀을 사랑하는 자는 말씀을 지킨다. 주의 법을 사랑하는 자에게는 큰 평안이 뒤따른다. 이런 자들에게 세상의 장애물은 없다. 결국 119편에서 말하는 의인은 오직 주의 말씀을 즐거워하며 찬송하는 사람이다.

[장면 2] 성전에 올라가는 노래 (시 120-125편)

120~125편은 표제가 있는 시다. 이스라엘은 1년에 세 번(유월절, 오순절, 장막절) 예루살렘 성전으로 올라가는 데 이때 사용된 시다. 이 시는 포로기 이후에 쓰인 것으로 보인다. 그렇다면 앞으로 회복될 이스라엘에 대한 소망을 염두에 두는 상황이다. 이스라엘에게 다가올 소망을 품고 부르는 노래다.

● 화평케 하소서 (시편 120편)

이방인 속에서 살고 있던 시인은 환난을 겪는다. 하지만 하나님께 부르짖고 기도하면서 하나님의 도움을 구한다. 그러면서 그는 화평을 구하는 삶을 추구한다. 선으로 악을 이기는 삶을 주께 간구한다.

● 진정한 도움자 (시편 121편)

세상 사람은 물질, 자연, 사람을 의지한다. 하지만 인생에서 진정한 도움자는 세상을 만드신 하나님이시다. 본문에서는 '하나님이 지키신다' 라는 표현이 6번 반복하여 나온다. 하나님의 성품을 전적으로 신뢰하며 그분에 대한 믿음을 통하여 주변 환경을 넉넉히 이기는 삶을 말하고 있다.

● 평화로운 공동체 (시편 122편)

하나님의 자녀들은 어떻게 살아야 하는가? 여호와의 집에 올라가(1절) 그 속에 임재하신 하나님을 바라보며 기뻐하는 삶을 사는 것이 힘이 된다. 예루살렘 성안은 다윗의 보좌가 있는 곳이다.

● 하나님께 시선을 두라 (시편 123편)

하나님의 백성은 어려운 순간을 맞이하면 낙심하지 말고 우리를 선택하고 구원하신 하나님을 바라보아야 한다. 어떤 고통과 어려움이 닥친다 해도 낙심해서는 안 된다. 우리의 시선을 하나님께 두고 부르짖고 간구할 때 하나님은 응답하신다.

● 하나님의 이름을 믿으라 (시편 124편)

공동체 감사기도다. 우리와 함께 계신 하나님을 찬양하고 있다. "여호와께서 우리 편에 계시지 아니하였더라면"의 구절이 반복하여 나온다. 아무리 적이 우리를 해하려고 해도 천지를 지으신 하나님의 이름을 믿는 사람은 안전하다.

● 하나님의 임재와 보호를 소망하라 (시편 125편)

이 시는 하나님께 대한 공동체의 시로서 위기의 순간에 하나님의 간섭하심이 없다면 우리는 살아갈 수 없다. 누가 의인인가? 하나님을 신뢰하고 그분의 능력을 고대하는 사람이다.

※ 우리를 지켜주시는 분은 하나님이다. 하나님은 그리스도를 통하여 우리와 하나님과의 관계를 안전띠로 영원히 묶으셨다. 우리의 힘으로 뗄 수 없다. 이렇게 한 번 연결된 관계는 행위의 영향을 받는 것이 아니다. 다만 우리가 주님을 위하여 값을 치러야 주님이 나를 지켜주신다. 이것을 믿는 믿음이 중요하고 그것을 실천하는 행동을 하나님은 귀하게 보신다. 물론 여기서 행동은 마음에서 나오는 자연스러움이다.

D·a·y 090

장면통독 가이드

>>> 시편 126-137편

성전에 올라가는 노래

✻ 통독 포인트

여기에 있는 시편 모음은 시온으로 순례 여행하면서 쓰인 시로 보인
다. 성전에 올라가는 순례 여행을 그리고 있다. 이스라엘 이야기가 주된
주제로 등장한다. 전체가 미래 지향적인 믿음을 보여주고 있다. 포로 상
황에서도 희망을 품고 주님의 성전을 소망하고 있다. 순례자들이 여호와
의 성전에 올라가는 모습을 그리고 있다. 마지막 137편은 이제는 성전 순
례가 불가능한 상황에서 비참함을 말하고 있다.

[장면 1] 성전에 올라가는 노래 모음 (시 126-129편)
- -

어려운 순간에는 하나님의 임재를 느끼는 성전이 큰 힘을 준다. 성전
은 하나님을 바라보게 한다. 하나님을 믿고 바른길을 가는 자는 실족하
지 않는다. 시온산이 흔들리지 않는 것 같이 믿음을 가진 사람은 아무리

장애가 크다 해도 영원히 흔들리지 않는다. 하나님이 선택한 이스라엘은 하나님이 끝까지 지키신다. '시온'이라는 단어가 125편과 126편에 계속 이어진다. 이것은 하나님을 의지하는 자의 모습을 말한다. 비록 힘든 포로의 삶일지라도 하나님은 기쁨으로 회복하게 하신다. 하나님은 어떤 상황에서도 주께 소망을 두고 믿는 자에게 이런 축복을 주신다.

시편 126편은 포로시기 이후에 지어진 시로 이스라엘의 고향이 다시는 재건되기 어려운 상황을 묘사하고 있다. 절망 속에서 시작한 성전 건축이 이스라엘 백성에게 기쁨을 가져다주기를 간절히 기도한다.

127편은 솔로몬이 지은 시로서 인간의 노력만으로는 실패할 수밖에 없다. 인생의 생사화복을 주장하시는 하나님을 신뢰하고 나갈 때 형통하게 됨을 말한다. 이것을 하나님께서 집을 세우지 않으면 세우는 자의 수고가 헛되다고 표현한다.

128편은 하나님을 경외하는 자들이 받을 축복과 행복에 대해서 말하고 있다. 한 가정의 번영과 물질은 하나님을 경외한 결과로 주어진 것이다. 결국 하나님을 사랑하고 경외하는 예배를 통해서 하나님의 축복을 경험할 수 있다. 여호와를 경외하는 자가 받을 복으로 축복받은 가족의 모습을 그리고 있다. "네 집 안방에 있는 네 아내는 결실한 포도나무 같으며 네 식탁에 둘러앉은 자식들은 어린 감람나무와 같이" 풍성함을 말한다.

129편은 하나님의 구원을 감사하며 대적들의 심판을 말하고 있다. 하나님을 기다리는 자에게 은혜를 주시고 간절히 찾는 자에게 풍성한 은혜를 주신다. 시인은 지금 이스라엘이 당한 고통은 힘들지만 치명적인 문제는 아니라고 말한다.

[장면 2] 하나님의 성품과 행하신 일 (시 130-137편)

　　시편 130편은 고난 중에 자신의 죄악에 대한 하나님의 용서와 구원을 호소하고 있다. 특히 주의 말씀을 바라고 주님의 인자하심과 풍성함이 임할 줄 믿는 마음을 표현하고 있다. 주님을 기다림이 파수꾼이 아침을 바라고 기다림보다 더하다고 말하면서 자기의 진솔한 마음을 표현한다. 믿음은 자신의 한계를 하나님 앞에서 인정하는 것이다. 그리고 그분이 알려주시길 기대하고 준비하는 것이 필요하다. 묵묵히 하나님을 신뢰하며 오늘 최선을 다하는 것이 필요하다.

　　인간은 늘 부족하기에 하나님에게 격려받고 힘을 얻어야 한다. 시편 131편의 시인은 하나님을 의지하는 믿음을 구하고 아울러 구원과 감사를 노래하고 있다. 인간은 현재와 미래를 하나님에게 초점을 두고 소망 가운데 살아야 한다. 이것이 인간이 해야 할 모습이다.

　　시편 132~133편은 다윗이 언약궤를 옮긴 사건을 통하여 다윗과 언약을 맺으신 하나님의 역사를 찬양한다. 시편 132편은 다윗이 새로 지은 성막에 언약궤를 옮길 때 지은 시로 본다(대상 15:1-28). 8절에 보면 감동적인 구절이 나온다. "여호와여 일어나사 주의 권능의 궤와 함께 평안한 곳으로 들어가소서." 다윗이 얼마나 성전을 짓고 싶어 하는지 열망을 느낄 수 있다. 하나님이 친히 그곳에 임재하시어 제사장들과 왕들을 축복해주시기를 기도한다. 133편은 형제와 연합과 덕을 찬양하고 있다. 서로 하나 되는 것이 마지막 우리의 목표다. 서로 하나 되는 길은 말씀 안에서만 가능한 일이다.

　　시편 134~137편은 오직 자기 백성을 구원하시고 이스라엘을 시기하고 대적하는 자들을 처리하시는 하나님을 찬양한다. 시편 134편은 성전에 올라가는 찬송시로 성전을 섬기는 제사장들과 레위인을 위해 쓴 시다. 135~136편은 하나님의 성품과 하나님이 행하신 일을 찬양한다. 할렐루야 시편 중 하나다. 하나님은 그 무엇과도 비교할 수 없다. 이런 이유에서 하나님을 찬양하는 것은 너무나 당연한 일이다. 하나님이 행하신 일이 얼마나 놀라운지 그 일을 찬양하는 것처럼 아름다운 일은 없다.

※ 우리가 세상에서 할 수 있는 가장 위대한 일은 무엇인가? 그것은 이미 오신 예수 그리스도를 통하여 모든 약속을 다 끝까지 실족하지 않고 절대적으로 신뢰하는 일이다. 이제 그것을 무상으로 받은 우리는 하나님을 찬양하면서 살아야 한다. 이 얼마나 놀라운 은혜인가? 돈으로도 살 수 없는 엄청난 선물을 거저 주신 주님의 사랑을 생각하며 사는 것이 우리가 가져야 할 믿음이다.

✳ 시편 핵심 단어

● 사랑 (127회, 히. 헤셋)

시편에 나오는 사랑은 언약관계를 맺는 것과 관련이 있다. 하나님과도 언약관계를 맺은 사람과 연관이 있다, 이 속에는 무한한 자비와 진실함이 들어 있다(시 25:6, 51:3, 59:18, 145:8). 성실하고 신실하신 하나님을 표현한다.

D·a·y 091
장면통독 가이드

>>> 시편 138-150편

다윗 시편과
할렐루야 시편

＊ <u>통독 포인트</u>

　찬양으로 시작하여 찬양으로 마무리하고 있다. 여기에 모은 시편들은 우리가 인생의 마지막에 해야 할 일을 말해주고 있다. 마지막에 누가 남는가에 초점을 두고 할렐루야를 찬양하면서 끝까지 믿음을 지켜나가야 한다. 하나님을 찬양하는 것이 인생의 마지막 열매이자 인생의 마지막 모습이다.

[장면 1]　다윗의 시편 모음 (시 138-145편)

　마지막으로 다윗의 시편을 모아 마무리한다. 전체 모음집의 내용을 정리하면 하나의 구성을 갖춘 이야기와 같다. 찬양으로 시작하는데(138편), 전능하시고 능치 못할 일이 없으신 하나님을 찬양하고 두려움이 아닌 경이로움과 신비함으로 마무리하고 있다. 마지막으로 구원을 바라는 기도 모음집으로 구성되었다. 하나님의 놀라운 구원과 행위를 찬양하고 있다. 찬송시와 기도시를 모아 놓은 것이다. 찬양 속에서 하나님의 속성을 잘 드러내고 있다.

시편 138편은 다윗이 성전을 짓고자 하는 소망을 담고 있다. 자신을 축복해주시고 영원한 약속을 붙잡고 살게 해주신 하나님을 찬양하며 주의 영광을 높일 것을 고백한다.

139편은 하나님이 어떤 분이신지를 고백하는 내용이다. 하나님은 어디에나 계시는 분으로 그가 태어나기도 전에 하나님이 자신을 아시고 형태가 갖추어지기도 전에 자신의 모든 것을 알고 계시는 신비의 내용을 찬양한다. 마음속 깊은 곳에도 계시는 하나님을 바라보고 은혜 속에 거하는 다윗의 믿음을 엿볼 수 있다. 하나님의 생각은 얼마나 보배로우신지 그 수를 헤아릴 수 없다. 다윗은 자기가 세려고 해도 그 수가 모래보다 많고 깰 때도 주님이 자신과 함께하심을 찬양한다.

140편은 자신을 치려고 공격하는 원수에 대해서 말하고 있다. 자신이 악을 갚지 못할지라도 하나님이 친히 개입하셔서 그들을 처리해주기를 구하고 있다. 하나님은 어떤 경우에도 의인을 보호해주시고 궁핍한 자를 변호해주시는 분임을 찬양한다.

141편은 자신에게 닥친 고난을 긍정적으로 보고 기도한다. 죄인은 결코 승리할 수 없다는 것을 믿고 원수들의 멸망을 기도한다. 악인은 자기 그물에 걸리게 하시고 자신은 온전히 면하게 해달라고 간구한다.

142편은 다윗이 생명의 위협에서 나온 절실한 기도다. 사울이 자신을 죽이려고 위협하는 경험에서 나온 시라고 볼 수 있다. 하나님의 선하심을 바라보면서 하나님의 구원을 소망하고 있다. 자신의 연약함을 인정하면서 전적으로 하나님이 도와주시기를 기도하고 있다.

143편은 다윗이 어려움을 이기는 방법을 제시한다. 스스로 벗어나기 어려운 상황에 부닥칠 때는 자신을 바라보기보다는 과거에 자신을 구원해주신 역사를 바라보고 소망을 갖는 것이다. 이것을 위해서 아침에 주의 인자한 말씀을 듣게 해달라고 말한다. 주님께 의뢰할 때 주님이 길을 알려주실 것을 확신하고 있다.

시편 144편은 마지막 승리를 거두시는 분이 하나님이심을 찬양하고 있다. 145편은 하나님이 행하신 일을 묵상하면서 그것을 찬양하고 있다. 하나님은 자신이 사랑하는 사람을 구원하시고 간구하는 자에게 가까이하신다. 반면에 하나님을 거부하는 자에게는 진노하신다.

[장면 2] 할렐루야 시편 (시 146-150편)

이 부분은 할렐루야 시편으로 시편의 주요 주제들을 다루고 있다. 하나님은 창조주로서 모든 피조물에게 찬양받으신다. 하늘과 땅을 만드신 우주적인 하나님을 찬양하며 모든 음악과 몸과 악기를 사용하여 오직 주님만 높이는 찬양이 필요하다.

여기에 나온 시편은 할렐루야로 시작하여 할렐루야로 마무리된다. 인간이 의지할 분은 오직 하나님 한 분임을 말하고 있다. 하나님은 우주 전체를 통치하신다. 말씀으로 세상과 인간과 자연을 창조한다. 마지막으로 찬양의 이유와 찬양의 자세 등을 언급하면서 할렐루야로 마무리한다.

146편은 하나님은 찬양받으시기에 합당하시므로 그분을 찬양할 것을 권면한다. 오직 주님만이 굶주리고 갇힌 자에게, 고아와 과부에게, 의인과 나그네에게 필요를 채워주시는 분이다. 악인을 심판하며 오직 홀로 영광을 받으신다. 영원 대대로 통치하시는 하나님을 찬양하고 있다.

147편은 예루살렘의 회복에 대한 시로서 포로기 이후에 지은 시로 여겨진다. 하나님은 하늘을 다스리시고 비를 내리시고 땅을 기름지게 하시며 백성의 필요를 채워주시는 분이다. 약속을 신실하게 지키심으로 그의 백성을 돌아오게 하셨고, 지금도 구원을 베풀고 계신다. 그러므로 우리가 하나님을 찬양해야 하는 이유가 된다고 말한다.

148편은 하나님이 창조하신 자연 만물이 하나님을 찬양하도록 초청한다. 모든 천사로 시작하여 해와 달과 별과 하늘은 하나님을 찬양하기 위해 지음을 받았다고 말한다. 바다와 땅과 그 속에서 일어나는 불과 우박과 눈, 안개와 산과 나무와 가축들 모두가 하나님을 찬양하는 것이 존재 이유다. 물론 여기서 남녀노소 모든 백성을 포함한다.

149편은 하나님께 찬양해야 하는 대상의 범위가 이스라엘에 초점을 두고 있다. 자기 백성을 선택하고 구원하시는 이스라엘의 하나님께, 하나님이 주신 모든 것을 동원하여 춤추며 수금으로 찬양할 것을 말한다. 찬양을 통하여 대적들을 벌한다는 내용에 유의하자.

150편은 할렐루야로 시작하여 할렐루야로 마무리하면서 시편의 결론을 맺는다. 호흡이 있는 모든 자는 세상의 모든 도구를 사용하여 하나님을 높이고 찬양하는 데 드려지는 것이 창조의 목적이다. 이것은 처음에 창조한 창세기 1~2장의 장면을 다시 재현하고 회복하는 의미에서 시편 마무리로 적합하다.

※ 시편은 인간의 신앙 전체를 솔직하게 고백하여 찬양하는 내용으로 구성되었다. 시편을 읽다 보면 모든 초점이 하나님의 성품에 집중하고 있다. 찬양과 기도는 하나님과의 인격적인 대화체로 구성되었다. 일방적인 간구가 아닌 하나님에게 초점을 둔 찬양과 고백들로 가득 차 있다. 시편은 읽는 것 자체만으로도 축복이다. 반복하여 묵상하며 시편을 통독하다 보면 우리도 모르게 하나님의 성품을 닮게 된다. 시편은 우리의 신앙

이 생활에서 어떻게 적용되어야 하는지를 모델로 보여준다. 다윗처럼, 아삽처럼 시편에 나오는 많은 저자처럼 하나님에게 소망을 두고 살아가는 것이 무엇인지 실제적인 기도와 찬양으로 우리를 주님의 깊은 은혜로 초대하고 있다. 시편 저자들이 쉬지 않고 간구하는 하나님과의 화목은 인간의 행위보다 하나님에 대한 믿음을 강조하고 있다. 용서받은 자만이 하나님께 나아갈 수 있다. 우리도 시편을 통하여 죄 용서함을 체험하고 구원의 즐거움으로 세상을 넉넉하게 이기도록 해야 할 것이다. 주님이 우리의 즐거움임을 고백한다면 어떤 상황에서도 주님을 찬양하는 삶을 살 수 있을 것이다.

✳ 시편 핵심 단어

● 찬양하다 (119회, 히. 할렐)

찬양은 하나님에 대한 것을 말한다(시 34:2, 106:1-2, 145:3). 찬양에는 하나님에 대한 사랑과 더불어 아름다움과 창조의 신성이 뿌리를 두고 있다. 찬양은 일상에서 하나님을 인정하고 높이는, 인간이 할 수 있는 최고의 일이다. 특히 찬양은 공동체에서 꽃을 피운다.

■ 성경 각 권 소개

아가서

【 아가서의 배경 】

아가서는 노래이다. 아울러 하나님의 이름이 단 한 번도 나오지 않는 독특한 책이다. 인간의 성(性)과 결혼의 비유를 통해 하나님의 사랑을 노래하고 있다. 그러나 아가서의 주제를 어느 한쪽으로 국한할 수는 없다. 좀 더 폭넓은 적용이 필요하다. 이스라엘 백성에 대한 하나님의 사랑, 그리스도와 교회의 사랑, 하나님과 인간의 사랑, 남녀(부부) 간의 아름다운 사랑 등으로 다양하게 적용해야 한다.

아가서는 호세아서와 마찬가지로 하나님의 사랑을 인간의 경험을 통해서 가르치고 있다. 또한 하나님이 제정하신 결혼제도를 어떻게 적용해서 아름답고 거룩하게 가꾸어야 하는지를 말해준다. 이스라엘 역사를 보면 바알 숭배와 더불어 성적 타락이 이스라엘 멸망의 중요한 원인이었다. 이런 점에서 바람직한 인간의 사랑이 무엇인지를 말해주는 아가서는 의미가 있다고 할 수 있다. 특히 아가서는 성적 타락이 심각해지는 오늘날에 그리스도인의 사랑이 세상 사람들의 사랑과 어떻게 다른지를 보여주는 사랑의 모델이다.

아가서는 히브리 성경의 성문서에 속하는 책이다. '잠언-룻기-아가-전도서-애가-에스더'로 이어지는 순서에 속해 있다. 아가서가 룻기 다음에 나오는 것은 보아스와 룻의 이상적인 남녀 간의 사랑의 실체를 보여주는 책이라 할 수 있다. 또한 기독교 정경의 순서에서는 '잠언-전도서-아가'로 이어지고 있다. 이것은 솔로몬의 지혜서에 해당하는 것으로 지혜의 틀 속에서 해석될 수 있다. 아가서는 남녀의 사랑에 관한 이야기다. 하지만 그 속에는 하나님과 인간의 친밀한 사랑을 비유적으로 그리고 있다고 볼 수 있다. 하나님과 인간을 사랑하는 실제적인 방법을 제시하고 있다. 하나님과 인간을 자랑하고 칭찬하는 모습들을 배울 수 있다.

【 특징과 읽기 지침 】

▶ 아가서는 어떤 책인가?

– 아가서는 내용상으로 하나님에 대한 언급이 없기에 자칫 인간적인 사랑의 이야기로 오해를 하면서 부정적인 느낌이 들 수 있다. 하지만 인간의 사랑을 통하여 하나님의 사랑을 비유적으로 이해하면 큰 문제가 없다. 왜냐하면 남자와 여자의 창조는 하나님의 작품이기 때문이다. 남녀의 사랑과 결혼 이야기는 이미 창세기 2장에 나타났다. 창세기 결혼 이야기를 예수님이 교회와 그리스도의 관계로 설명하는 것을 보더라도 아가서 이야기 역시 하나님의 사랑을 드러내는 측면을 염두에 두면 쉽게 이해할 수 있을 것이다.

– 아가서는 독특한 성경책이다. 하나님에 대한 언급이 전혀 없으면서 하나님을 이야기하고 있다. 아가서는 인간의 성과 사랑을 하나님을 경외하는 지혜의 안목에서 바라보고 읽으면 좋다. 하나님이 창조하신 삶 속에서 남자와 여자의 사랑을 하나님의 선물로 알고 성에 대해 올바로 이해하면서 하나님 앞에서 더욱 지혜로워지는 것을 의미한다. 인간의 사랑이 이기적인 사랑으로 변질될 때 자칫하면 어리석은 방향으로 갈 수 있다. 타락한 성과 사랑을 그리스도 안에서 새롭게 구속함을 입은 창조적 구속 사역으로 나아가야 한다. 성(性)을 누려야 할 축복과 하나님의 선물로 이해하면서 그리스도인의 건강한 사랑의 안내 지침서로 이해할 수 있다.

"우리를 위하여 여우 곧 포도원을 허는 작은 여우를 잡으라 우리의 포도원에 꽃이 피었음이라. 내 사랑하는 자는 내게 속하였고 나는 그에게 속하였도다. 그가 백합화 가운데에서 양 떼를 먹이는구나"(아 2:15-16).

"내 사랑 너는 어여쁘고도 어여쁘다. 너울 속에 있는 네 눈이 비둘기 같고 네 머리털은 길르앗 산기슭에 누운 염소 떼 같구나. 네 이는 목욕장에서 나오는 털 깎인 암양 곧 새끼 없는 것은 하나도 없이 각각 쌍태를 낳은 양 같구나"(아 4:1-2).

▶ 아가서를 어떻게 읽어야 할까?
– 사랑의 이야기는 모든 사람에게 친근하게 다가서는 주제다. 이것을 하나님과 사랑과 관련하여 비유적으로 이해하면서 읽으면 오히려 쉽게 다가올 것이다. 탕자 이야기를 통하여 보여준 아버지와 아들의 마음은 하나님 아버지의 마음을 이해하는 데 도움을 준다. 하나님이 만드신 사

람과의 관계를 통해 보이지 않는 하나님과의 관계를 이해할 수 있다.

– 인류 역사는 성의 타락에서 문제가 발생한다. 또한 성의 타락은 부부와 가정을 파괴하고 결과적으로는 공동체와 나라를 무너지게 한다. 이런 점에서 아가서는 성을 만드신 창조주 하나님의 질서를 배우게 한다. 보시기에 아름다운 남자와 여자의 창조는 오늘날에도 아름답게 가꾸어 모든 관계의 기본을 세우는 데 좋은 지침이 된다. 잘못된 성적 이해가 교회 안에 들어오는 것을 경계하고 아가서를 통해 거룩한 사랑을 이루는 계기가 되면 좋을 것이다.

– 아가서는 대화체로 구성되었다. 사랑의 대화를 나누는 모습을 상상하며 그리스도와 교회, 그리스도인과 관계를 생각하며 아가서를 읽어야 한다. 남자와 여자가 주고받는 대화식 방법을 적용하여 서로 대화하는 모습을 상상하며 성경을 읽으면 생동감 있는 성경 읽기가 된다. 일종의 희곡 형태로 구성되어 있다. 물론 시적인 구성이 포함된 내용이기도 하기에 때론 시적인 음률을 생각하며 읽으면 좋을 것이다.

【 아가서의 내용 구조 】

– 1막　　　연인의 사랑 고백 (1:1- 2:7)

– 2막　　　사랑을 찾는 연인들 (2:8-3:5)

– 3막　　　결혼 예식과 사랑 (3:6-5:1)

– 4막　　　위기와 해결 (5:2-8:4)

– 5막　　　진정한 사랑 (8:5-14)

되새김 120일 쉬운 통독 타임라인			
하나님 나라	성경 구조	역사와 시대	성경 각 권 소개
소망	성문서 - 찬양과 고백	통일왕국시대	아가서

>>> 아가서 1-8장

사랑의 시

✳ **통독 포인트**

아가서는 하나님의 사랑을 인간의 경험을 통해서 표현한다. 아가서의 부부간의 사랑은 신약에서 교회와 그리스도의 사랑을 보여준다. 하나님이 최초로 만든 부부의 사랑은 가장 원초적인 사랑이며, 그것은 하나님과의 사랑을 표현하는 데 적절하다. 결국 인간의 삶은 사랑으로 완성된다는 점에서 아가서를 통하여 구약성경을 마무리하는 것은 의미가 있다. 이런 관점으로 아가서를 통독하면 좋을 것이다.

[장면 1] 서로를 향한 사랑 (아 1:1-2:7)
- -

솔로몬의 아가는 솔로몬의 가장 아름다운 노래라는 의미가 있다. 이것은 모든 노래 중에 가장 훌륭한 노래라는 뜻이다. 솔로몬은 1,005편의 노래를 지었다(왕상 4:32). 아가서는 그 노래 중에서 가장 잘된 것을 소개한 것이다. 서로를 향한 사랑의 모습이 본문에 잘 그려져 있다. 사랑하려면 먼저 상대방에 대한 사랑의 마음이 타올라야 한다. 본문은 서로를 향한 사랑이 어떻게 자라 가고 있는지를 그리고 있다.

[장면 2] 서로를 찾아다니는 연인들 (아 2:8-3:5)

남자와 여자가 자기가 좋아하는 사람을 향한 마음을 다양하게 표현하고 있다. 서로 주고받는 대화 형식으로 본문이 구성되어 있다. 마치 달콤한 대화를 나누는 것처럼 사랑을 나누는 모습이 인상적이다. 서로를 그리워하고 사랑하는 마음을 통하여 점점 더 사랑이 깊어지고 사랑의 신뢰가 온전해진다. 사랑은 하나 됨이다. 온전한 연합을 이루기 위해서는 서로를 사랑하는 마음이 먼저 이루어져야 한다. 사랑은 독백이 아니라 상호적이다. 짝사랑이 아닌 서로 사랑이 아름답다. 본문은 서로를 찾아다니는 간절한 사랑의 내용을 잘 그리고 있다.

[장면 3] 결혼식과 아름다운 신부 (아 3:6-4:5)

본문은 남자와 여자가 결혼하고 서로 사랑을 나누는 이야기를 섬세하고 아름답게 들려준다. 남녀의 사랑과 성을 솔직하고 정결하게 묘사하는 모습이 감탄스럽다. 하나님이 만드신 사랑과 성을 타락한 모습으로 추하게 만들고 있는 현대의 문화를 본다. 아가서의 사랑의 묘사는 원래 하나님이 만드신 아름다운 사랑의 모습을 보여준다. 첫 장면으로 결혼식 날 신부를 만나기 위해 가마를 타고 화려하게 등장하는 신랑이 소개되고 있다. 두 번째 장면은 여자의 사랑스러운 몸을 바라보면서 남자가 할 수 있는 표현을 동원하여 아름다움을 칭찬하는 모습이 인상적이다. 하나님이 만드신 사랑과 성을 왜곡시키지 말고 있는 그대로 바라보는 훈련이 필요하다.

[장면 4] 친밀한 사랑의 교제 (아 4:6-5:1)

성적인 친밀감을 솔직하면서도 아름답게 표현하고 있다. 사랑하는 사람들이 서로 나누는 사랑 이야기는 애정과 감탄으로 가득 차 있다. 은유와 비유를 통하여 자칫 추할 수 있는 성에 대하여 아름답고 깨끗하게 느끼는 생각들을 서로 이야기하고 있다. 깊은 사랑에 빠진 연인의 모습을 그려 볼 수 있다. 신랑은 그들의 결혼을 기념하기 위하여 친구들을 초대한다.

[장면 5] 첫 번째 위기
            : 사랑이 간절해짐 (아 5:2-6:9)

두 남녀는 무슨 일인지 모르나 간절히 사랑하고 있는데도 불화한다. 그리고 잠시 헤어진다. 자세한 이유는 알 수 없지만 사랑하다가 서로 갈등하면서 위기를 맞이한다. 남자가 여자 곁을 떠났다가 다시 돌아와 여자를 부르지만 여자는 즉각적으로 맞아들이지 않고 머뭇거리다가 문을 열자 남자는 떠나간다. 토라져서 가버린 남자를 찾기 위해 여자는 길거리에서 헤맨다. 위험스러운 상황임에도 사랑하는 남자를 찾기 위해 용기를 가지고 찾아 나서는 여자의 담대함이 인상 깊다. 감동한 친구들이 남자 찾는 것을 도와준다고 하자 여자는 사랑하는 남자의 모습을 이야기하면서 함께 남자를 찾아 나선다. 그리고 남자가 여자에게 돌아오면서 위기가 극적으로 해결된다. 돌아온 남자는 여자의 많은 덕목을 칭찬하면서 사랑에 화답한다.

[장면 6] 두 번째 위기
: 사랑이 깊어짐 (아 6:10-8:4)

위기 속에서 사랑은 점차 깊어진다. 헤어짐과 만남을 통해 사랑은 보다 온전해진다. 사랑은 위기를 잘 극복하는 데서 성숙해진다. 위기 없는 사랑은 건강하지 못한다. 본문에서는 남녀가 각자 두 번 사랑의 위기를 맞으면서 서로를 더 이해하고 사랑의 깊이가 더해진다. 하나님이 주신 아름다운 몸에 대해서 칭송하고 그것을 통하여 서로의 사랑을 느끼면서 하나 되는 모습은 하나님의 창조 신비를 보게 한다. 에덴동산에서 아담과 하와가 벌거벗었으나 부끄러워하지 않은 아름다운 모습을 연상하게 한다. 아가서의 사랑 표현은 추하거나 야하지 않고 오히려 성스러움과 아름다움을 더하고 있고 하나님이 주신 사랑하는 사람을 더욱 소중하게 사랑해야 함을 강조하고 있다.

[장면 7] 우리가 부를 사랑의 노래 (아 8:5-14)

이 세상에서 가장 위대한 노래는 사랑의 노래이다. 세상에서 가장 중요한 것 하나를 뽑으라면 그것은 사랑이다. 하나님은 한마디로 사랑이다. 사랑은 하나님이 주신 선물이다. 남녀가 사랑하는 것은 하나님이 주신 은혜이다. 사랑의 위대한 힘이 우리에게 있다. 우리는 그 사랑의 힘을 살려야 한다. 그리고 그 사랑으로 세상을 이겨야 한다. 사랑은 죽음보다 강하다. 사랑은 모든 것을 불태운다. 모든 것은 사랑으로 귀결된다. 세상은 사랑으로 만들어졌다. 사랑 때문에 질투도 있고 미움도 있으며 심판도 있다. 우리에게 향한 하나님의 사랑도 이와 같다. 구약의 이스라엘이 하나님을 떠난 것은 하나님의 사랑을 제대로 알지 못해서이다. 하나님은 끝까지 이스라엘을 버리지 않았다.

※ 구약성경은 하나님을 진정으로 사랑하는 마음이 사라지면서 생긴 인간의 죄의 문제를 집중적으로 다루고 있다. 하나님이 금한 선악과를 인간이 먹은 것은 하나님을 사랑하기보다 자기를 사랑했기 때문이다. 하나님과 같아지려는 교만함은 인간에게 죽음과 고통을 가져왔다. 하지만 이것을 깨닫지 못하는 죄악의 모습은 점점 심해져 인간의 불행을 자초했다. 이것을 위해 이스라엘을 선택하여 큰 사랑을 베풀었지만 이스라엘은 그 사랑을 저버리고 바알 우상을 사랑했다. 사랑 없는 형식적인 신앙만 남은 이스라엘은 바벨론 포로가 되면서 멸망하고 다시 귀환하여 하나님의 사랑을 회복하려고 했다. 하지만 인간의 악함은 여전히 존재하여 하나님을 떠나는 길을 택했다. 구약성경은 하나님에 대한 사랑이 사라지면서 생긴 역사 이야기다.

이것을 해결하는 길은 하나님을 사랑하는 처음의 관계로 회복하는 것이다. 이런 점에서 아가서 사랑의 시는 우리가 어떻게 하나님에 대한 사랑을 회복해야 하는지 잘 표현해주고 있다. 사랑하면 방법도 생각이 난다. 모든 것은 사랑이 식으면서 발생하는 문제이다. 사랑만이 세상을 이기는 힘이다. 율법을 어기는 것은 사랑의 부재로 일어난 것이다.

구약성경을 하나의 통으로 연결하여 이야기를 정리했다. 8개의 이야기 전체를 읽고 각자 자기의 이야기로 말씀을 소화하고 지금까지 구약성경을 읽은 것을 다시 큰 장면으로 정리하면 좋을 것이다

● 장면 1 : 처음 이야기를 알 수 있다면 마지막도 알 수 있다. 이런 점에서 창세기 처음 이야기를 듣는 것 자체만으로도 축복이다. 태초 이야기는 오직 성경에만 있고 세상에서는 듣지 못한 유일한 이야기다. 이 세상과 인간은 어떻게 시작되었을까? 그 질문의 답을 창세기 1~2장에 소개한다. 맨 처음에 말씀이 있었다. 그 말씀은 곧 하나님이시며 나중에 오실 그리스도이시다. 하나님은 말씀으로 이 세상을 창조하셨다. 그리고 6일에 하나님의 형상을 닮은 인간을 창조하셨고 창조된 세상을 다스리게 하셨다. 그중에서 선악과를 금하시고 인간이 하나님을 넘보지 않고 창조한 동산을 지키면서 청지기로서 살게 하셨다. 그것은 인간이 자기 자리를 지키며 세상을 관리하고 정복하게 하신 하나님의 사랑이었다. 이런 창조된 모습은 하나님이 보시기에 가장 좋은 모습이었다. 인간이 자기 위치를 지켰다면 영원히 에덴동산에서 주님과 같이 살았을 것이다.

● <u>장면 2</u> : 그런데 하나님의 형상을 닮은 인간은 하나님 형상의 특권인 자유의지를 사용하여 오히려 반역의 길을 갔다. 자기의 위치를 벗어나 하나님과 같아지려는 욕망을 갖고 뱀의 유혹을 받아 하나님이 금한 선악과를 먹었다. 그 결과 인류 조상인 아담은 타락하여 하나님을 떠나므로 결국 모든 인간은 사망에 이르게 되었다. 이것은 인간이 스스로 선택한 길이었다. 하나님이 그렇게 만든 것은 아니었다. 결국 이런 아담의 죄는 아담의 피를 받은 모든 인간에게 주어진 것으로 그것은 하나님의 공의로운 심판을 자초했다. 시간이 지나면서 이 죄는 인류 전체에 미쳐 모두 멸망에 이르게 되었다. 그 이후에 가인-노아-바벨탑으로 이어지면서 나아지기는커녕 점점 악해져갔다. 한 번의 대홍수를 통해 인류가 완전한 심판을 당한 경험이 있음에도 인간은 여전히 죄를 벗어나지 못하고 바벨탑을 통하여 또다시 하나님께 대항하는 죄를 범했다. 물론 그런 죄악 속에서도 보이지 않는 곳에서는 하나님의 사랑을 입은 하나님을 경외하는 아벨-셋-에노스-노아-셈을 통하여 남은 자로서 구원의 끈이 계속 이어져갔다.

● <u>장면 3</u> : 만약 하나님이 인간의 죄악을 따라 처리했다면 인간은 모두 멸망했고 인간은 그것으로 끝났을 것이다. 하지만 하나님은 사랑이시기에 타락한 인간을 그대로 멸망하게 둘 수는 없었다. 하나님은 인간의 악함을 알고 자신이 먼저 다가와 언약을 이루신다. 그것은 한 사람 아브라함을 선택하신 일이었다. 하나님은 아브라함을 통하여 인류의 구원을 시작하셨다. 그의 아들 이삭과 야곱과 요셉 등을 이어가면서 이루시는 구원의 역사는 아주 느리게 모든 과정을 거치면서 이루어가셨다. 이스라엘의 이름을 받은 야곱에게 열두 아들을 주시어 이스라엘의 뿌리가 되게 하셨다. 열두 아들은 애굽으로 이주하여 하나의 국가로 번성했다. 그것에 이바지한 사람이 애굽의 총리가 된 요셉이었다. 400여 년이 지난 후

에 200여만 명의 거대한 민족으로서 하나님이 선택한 이스라엘이 애굽 속에서 태어났다.

● 장면 4 : 애굽은 이스라엘이 정착할 땅이 아니었다. 잠시 머물었던 나그네의 집과 같은 임시 정거장과 같은 곳이었다. 이스라엘 민족은 번성하여 더는 애굽에 있을 수 없었다. 드디어 하나님의 때가 이르자 아브라함 때부터 약속하신 가나안 땅에 들어가기 위해 출애굽한다. 유월절과 홍해사건을 통해 이스라엘은 하나님의 구원받은 백성임을 확인해주셨다. 그러나 그대로 가나안 땅에 들어가면 가나안 족속과 동화되어 거룩한 백성으로 살 수 없었다. 그래서 시내산에서 율법과 성막을 주시어 구별된 백성으로 살 수 있도록 하시고 40년의 광야생활을 통해 거룩한 백성으로서 연단하고 훈련하여 성장하게 하셨다. 이스라엘 백성은 이 과정을 통하여 철저히 하나님만을 신뢰하며 믿음으로 사는 법을 터득했다. 율법을 통해 이스라엘 백성은 자신을 죽이는 삶을 살게 하셨다. 자신을 의지하지 않고 오직 하나님만을 신뢰하는 것이 하나님의 뜻이다. 율법을 주신 이유는 인간이 그것을 지킬 수 없는 모습을 보면서 더는 자신을 의지하지 않고 하나님을 바라보게 하기 위함이었다. 율법을 통해서 자신을 바르게 바라보고 그 앞에서 자신을 부인하고 하나님을 신뢰하는 칭의의 믿음을 얻기 위함이었다.

● 장면 5 : 죄인 된 인간을 버리지 않으시고 인간을 다시 선택하여 하나님이 만들어 복을 주시는 이야기가 아브라함 속에 담겨 있다. 아브라함-이삭-야곱을 훈련하여 400년 후에 200만 명이 되는 이스라엘 국가를 만드셨다. 그리고 그들을 광야로 이끌어 훈련하여 하나님의 구별된 백성으로 만드셔서 가나안 땅에 이르게 하셨다. 열방을 향한 구원의 사명을

이루기 위해 이스라엘 백성이 약속의 땅 가나안을 정복하게 하셨다. 이삭-야곱을 통하여 믿음이 전수되면서 이스라엘이라는 하나님의 사랑을 입은 민족을 이루셨다. 이스라엘은 광야에서 훈련받은 그 믿음으로 약속의 땅 가나안을 정복한다. 이스라엘의 가나안 정복은 칼과 창이 아닌 하나님을 믿음으로 이루어진 일이었다. 요단강과 여리고성 등 인간의 힘으로 넘을 수 없는 장애물을 믿음으로 극복하여 가나안 땅을 정복했다.

그리고 예전에 야곱이 열두 아들에게 축복한 대로 열두 지파에게 땅을 분배한다. 하지만 얼마 가지 못해 이스라엘 백성은 언약과 하나님을 저버리고 가나안의 바알 신을 섬기는 죄를 짓게 된다. 하나님은 사사들을 보내어 구원을 반복적으로 행하시지만, 오히려 이스라엘 백성은 더 타락해갔다. 결국은 하나님을 왕으로 섬길 수 없고 인간 왕을 세우겠다고 하나님을 압박한다. 이런 이스라엘의 고집에 하나님은 허락하신다. 인간이 변한 것이 아닌 하나님이 마음을 바꾸신 것이다. 이것이 하나님의 사랑의 신비다.

● 장면 6 : 이방인과 같은 인간의 선택을 한 이스라엘에게 어떤 결과를 가져왔는가? 이렇게 인간의 고집으로 시작한 이스라엘 왕정시대는 사울-다윗-솔로몬을 걸쳐서 통일왕국을 형성해갔다. 그중에서 다윗은 언약에 충실한 하나님의 마음에 합한 왕으로 인정받았다. 그런 이유로 하나님은 다윗과 영원한 언약을 맺으면서 다윗의 집을 영원한 나라로 세우셨다. 다윗은 이것으로 앞으로 오실 예수님으로 이어가는 구약의 중심인물이 된다.

하지만 솔로몬의 죄악으로 결국 나라는 남북으로 분열된다. 남북의 39명의 왕이 통치하지만 하나님을 따르는 왕은 히스기야와 요시야 왕뿐이고, 다른 왕은 모두 바알을 숭배하고 하나님의 약속을 거부했다. 왕들의 평가 기준은 다윗의 길이었다. 선지자들은 죄를 회개하고 하나님께로 돌아오라고 수없이 촉구했지만 이스라엘은 끝내 거부했다. 그 결과 하나님의 심판을 받아 이스라엘은 결국 망하게 된다. 북이스라엘은 앗수르에게 완전히 패망하고, 남유다 왕국은 70년 동안 바벨론에서 포로생활을 한다. 이런 시간을 통해 하나님은 아직도 자기를 죽이지 못한 이스라엘을 철저히 죽이면서 오직 하나님을 신뢰하는 민족으로서 새로운 부흥을 위해 다시 준비하는 시간을 갖는다.

● 장면 7 : 70년 후에 이스라엘은 포로에서 예루살렘으로 귀환한다. 전적인 하나님의 은혜로 고국에 돌아와 무너진 성전과 성벽을 재건한다. 학개, 에스라, 느헤미야와 같은 지도자들을 통해 이스라엘의 부흥을 꿈꿨다. 하나님은 선지자들을 통하여 다음 세대에 말씀을 가르치며 자녀들에게 하나님의 약속이 이어져 내려오기를 원하지만, 이스라엘은 잠시일 뿐 더 나아지지 않았다. 이스라엘은 말씀을 어기고 형식적인 제사와 패역을 또다시 행했다. 특히 결혼이 이방과 혼합됨으로 자녀들이 이방언어를 사용하는 상황까지 발생한다. 말라기 선지자는 경고의 메시지를 갖고 단호하게 회개를 촉구하지만 그들은 끝까지 하나님을 거부하면서, 결국 400년 침묵기의 불행을 자초한다. 유대인이 나라 없는 고난과 암흑의 시간을 보내면서 메시아를 기다리는 긴 시간이 은밀하게 진행되었다.

● 장면 8 : 구약성경이 말하고자 하는 핵심 메시지는 무엇인가? 그것은 이스라엘의 긴 역사를 통해서 결국 인간은 죄인이라는 사실이 판명났다는 것이다. 인간의 노력으로는 불가능한 사실을 구약성경을 통해서 확인하게 된다. 율법을 지키려고 애썼지만, 여전히 말씀을 어기는 일이 반복되었다. 인간은 율법을 지킴으로써 구원받는 것이 아니라는 사실이

반복적인 이스라엘의 패역을 통해 분명해졌다. 이제 다른 길이 필요하다. 예레미야 33장에 전한 메시지를 받아들이지 못했다. 이것을 이루기 위해서는 구약의 말씀을 온전히 지키는 한 인간이 필요한데 그분이 예수 그리스도다. 이제 주님이 이 땅에 오셔야 한다. 구약의 모든 책은 예수 그리스도를 예언하고 있다. 그분이 오셔야 인간의 죄 문제가 해결된다. 구약성경은 예수 그리스도를 드러내기 위한 그림자이다. 구약은 예수님을 만나기 위한 준비과정이다. 구약의 불완전한 것은 예수님을 통해 이루어지고 완성된다. 그런 점에서 예수님은 구약을 이해하는 핵심이며, 구약은 예수님을 이해하는 기초가 된다. 그리고 인간은 누구인가를 알게 하는 교과서 역할을 하고 있다.

※ 우리는 구약성경 통독을 마치면서 이런 질문을 자신에게 해보자. 인간은 누구인가? 나는 누구인가? 하나님은 누구신가? 왜 이렇게 세상이 악한가? 죄는 어떤 것인가? 왜 인간은 죽는가? 이것을 해결하는 길은 없는가? 평화와 기쁨을 누리는 방법은 무엇인가? 이 내용이 구약성경에 들어 있다. 각자 이 질문에 답을 해야 한다. 거울을 통하여 자기 얼굴을 보듯이 성경을 통하여 우리 영혼을 정직하게 들여다보는 시간을 갖는 것이 필요하다. 여기에 소개하는 구약 이야기 8개의 장면을 하나로 연결하여 마음속에 새겨 어디에 가든지 구약의 이야기를 전할 수 있다면 거기에 하나님의 나라가 임하고 그에게 복음이 주어질 것이다. 말씀을 마음에 새겨 어디에서든지 말씀이 육신이 되어 우리 가운데 나타나고 세상에 증거되는 자연스러운 복된 역사를 소망한다.

01

되새김 120일
쉬운 통독 읽기표

〈되새김 120일 쉬운 통독표〉는 120일 동안 성경 66권을 일독할 수 있도록 구성된 읽기표다. 하루에 10장 내외를 읽으면 성경 전체를 120일에 일독할 수 있으며, 1년 동안 반복해서 세 번을 읽을 수 있다. 또한 이 책 〈부록 2〉로 특별수록 된 〈나의 통독 히스토리 노트〉에 그때마다 성령께서 감동으로 주신 말씀을 필사하여 묵상하며 다시 한 번 되새김하는 시간을 갖는다면 더 큰 유익이 될 것이다.

중요한 점은 일정한 시간과 일정한 공간을 정해서 그 시간을 지키는 것이다. 그렇지 않으면 실천이 어렵다. 거룩한 습관인 성경 통독은 구별된 시간을 바침으로 가능하다. 그럴 때 성령께서 인도해주신다. 성경 통독을 우리 몸을 거룩한 산제사로 드리는 시간으로 인식하고, 그 무엇보다 우선순위에 두는 것이 중요하다. 그럴 때 그 시간이 기다려지고 꿀보다 더 달콤한 은혜의 시간이 된다.

▶ 되새김 120일 쉬운 통독표 사용 방법

1. 매일 일정한 시간에 일정한 장소에서 정해진 범위의 성경을 읽는다.
2. 말씀을 읽다가 성령께서 감동을 주신 구절을 〈나의 통독 히스토리 노트〉(부록 2)에 적는다. 단, 여기서 중요한 점은 성경 전체의 맥을 놓칠 수 있으니 일단 성경 구절만 적는다는 것이다.

3. 성경 읽기가 끝난 후 〈되새김 120일 쉬운 통독 읽기표〉 '말씀 이해도 체크' 란에 표시를 한다. 그날 읽은 범위의 말씀을 완전히 이해했으면 '완전 이해' 에, 어느 정도 이해했으면 '보통 이해' 에, 그리고 잘 이해가 되지 않거나 다시 읽어야 할 필요가 있는 경우에는 '다시 읽기' 란에 표시한다.

4. 통독이 끝난 후 말씀을 읽다가 〈나의 통독 히스토리 노트〉에 기록한 구절을 찾아 필사를 한다. 필사하며 그 날 읽을 말씀을 다시 한 번 되새기며 묵상하고, 말씀 분류란에 나만의 바이블 히스토리 관련 분류를 적는다(〈나의 통독 히스토리 노트〉 사용에 관한 자세한 내용은 〈부록 2〉를 참조하라).

5. '말씀 이해도 체크' 란에 '다시 읽기' 로 표시된 말씀은 성경 각 책을 다 읽은 후 다시 읽는다. 그러면 성경 각 책의 전체 내용을 알 수 있기에 이해하는 데 어려움이 없을 것이다.

일자	시대	성경책	읽기 범위	말씀 이해도 체크		
				완전 이해	보통 이해	다시 읽기
36일	분열 왕국 시대	이사야	사 1-12장			
37일			사 13-23장			
38일			사 24-39장			
39일			사 40-48장			
40일			사 49-57장			
41일			사 58-66장			
42일		미가	미 1-7장			
43일		호세아	호 1-14장			
44일		아모스	암 1-9장			
45일		요나, 오바댜, 나훔	요나, 오바댜, 나훔			
46일		요엘, 스바냐, 하박국	요엘, 스바냐, 하박국			
47일	포로시대	예레미야	렘 1-10장			
48일			렘 11-20장			

[되새김 120일 쉬운 통독 읽기표]

일자	시대	성경책	읽기 범위	말씀 이해도 체크		
				완전 이해	보통 이해	다시 읽기
49일	포로시대	예레미야	렘 21-33장			
50일			렘 34-45장			
51일		예레미야 예레미야애가	렘 46-52장 애 1-5장			
52일		에스겔	겔 1-9장			
53일			겔 10-19장			
54일			겔 20-32장			
55일			겔 33-48장			
56일		다니엘	단 1-12장			
57일	포로귀환 시대	역대상	대상 1-9장			
58일			대상 10-21장			
59일			대상 22-29장			
60일		역대하	대하 1-9장			
61일			대하 10-20장			

[되새김 120일 쉬운 통독 읽기표]

일자	시대	성경책	읽기 범위	말씀 이해도 체크		
				완전 이해	보통 이해	다시 읽기
62일		역대하	대하 21-28장			
63일			대하 29-36장			
64일		에스라	스 1-10장			
65일	포로귀환 시대	스가랴	슥 1-6장			
66일			슥 7-14장			
67일		에스더	에 1-4장			
68일		느헤미야	느 1-13장			
69일		말라기	말 1-4장			
70일			잠 1-9장			
71일	통일 왕국 시대	잠언	잠 10:1-22:16			
72일			잠 22:17-31장			
73일			욥 1-14장			
74일	족장시대	욥기	욥 15-21장			
75일			욥 22-31장			

[되새김 120일 쉬운 통독 읽기표]

일자	시대	성경책	읽기 범위	말씀 이해도 체크		
				완전 이해	보통 이해	다시 읽기
76일	족장시대	욥기	욥 32-42장			
77일		전도서	전 1-12장			
78일		시편	시 1-13편			
79일			시 14-24편			
80일			시 25-33편			
81일			시 34-41편			
82일			시 42-53편			
83일	통일 왕국 시대		시 54-64편			
84일			시 65 -72편			
85일			시 73-80편			
86일			시 81-89편			
87일			시 90-106편			
88일			시 107-118편			
89일			시 119-125편			

[되새김 120일 쉬운 통독 읽기표]

일자	시대	성경책	읽기 범위	말씀 이해도 체크		
				완전 이해	보통 이해	다시 읽기
90일	통일 왕국 시대	시편	시 126-137편			
91일			시 138-150편			
92일		아가	아 1-8장			

02

나의 통독
히스토리 노트

〈나의 히스토리 통독 노트〉는 계속 반복해서 말씀을 읽도록 구성되어 있다. 예를 들면 120일 동안 성경 66권을 읽는다면, 성경 전체가 1189장이니까 하루에 약 10장 남짓 읽으면 된다. 이렇게 읽으면 4개월이면 성경을 일독할 수 있으며, 1년에 3번을 통독할 수 있다. 물론 이것이 말처럼 쉽지는 않다. 말씀을 읽는 것은 영적 싸움이다. 그런 이유로 성경 통독은 인간의 힘으로 되는 게 아니라 성령께서 도와주셔야 한다. 그래서 통독 전후에 꼭 기도가 필요한 이유이기도 하다. 성령님이 도와주시도록 간구하는 시간이 뒤따를 때 성경 통독이 원활하게 이루어질 수 있다.

그렇다면 〈나의 히스토리 통독 노트〉를 어떻게 구체적으로 성경 통독에 유용하게 사용할 수 있을까? 히스토리 노트의 가장 큰 목적은 나에게 주신 말씀을 기록하는 데 있다. 성경을 통독하다 보면 생각보다 마음에 감동을 주는 구절이 많다. 그리고 읽을 때의 영적 상태에 따라 영감을 주는 말씀도 그때그때 다르게 나타난다. 더 중요한 것은 성경을 읽는 가운데 성령의 감동을 느끼는 경우가 잦다는 것이다. 성령의 역사는 말씀을 읽는 중에 나타난다. 그런 이유로 성경을 읽는 자에게 복이 임한다고 성경은 말씀한다.

▶ 〈나의 히스토리 통독 노트〉 활용법

1. 매일 이 책에서 제시한 〈되새김 120일 쉬운 통독 읽기표〉에 정해진 범위만큼 통독한다.
2. 통독 중에 성령께서 감동을 주시는 성경 구절을 〈나의 히스토리 통독 노트〉에 적는다.
3. 구절을 적을 때 중요한 점은 성경 통독의 목적이 성경 전체의 맥을 잡

아가면서 읽는 것이기에 통독에 방해되지 않도록 감동받은 구절 말씀을 노트에 바로 필사하는 게 아니라 일단 구절만 적어놓는다는 것이다. (예, 창 1:1, 창 1:22, 창 2:7 등)

4. 오늘 분량을 통독한 후 〈나의 히스토리 통독 노트〉에 적어놓은 구절을 다시 말씀을 찾아 필사한다. 필사하면서 오늘 통독 말씀을 되새기며 하나님의 은혜를 묵상한다.

5. 필사를 마친 후 '분류' 란에 나만의 바이블 히스토리 관련 분류를 적는다. 오직 내 마음대로 나만의 말씀 분류를 하는 것이다. 이렇게 분류된 구절들은 필요할 때 즉각적으로 말씀을 찾을 수 있다는 장점과 더불어 다시 한 번 하나님의 말씀을 되새기며 은혜를 묵상하는 유익을 누릴 수 있다. (예, 하나님, 성령님, 예수님, 믿음, 기도, 사랑, 은혜, 복음, 전도, 구원 등)

6. 통독 시 성경 각 권을 마무리할 때마다 〈나의 히스토리 통독 노트〉에 필사된 말씀을 다시 한 번 되새기는 시간을 갖는다. 되새김은 하나님의 은혜를 배가 시켜줄 것이다.

7. 성경 통독을 일독하고 나서 다시 통독에 들어갈 때는 〈나의 히스토리 통독 노트〉를 새 것으로 바꾸어 새롭게 나만의 '바이블 히스토리'를 만들어간다. 나의 영적 상태와 주변 상황에 따라 성령께서 감동을 주시는 구절이 매번 다를 수 있다. 이 점이 더욱 큰 은혜가 된다.

8. 〈나의 히스토리 통독 노트〉는 다른 사람과 나누거나 복음을 전할 때 함께 읽으면서 대화를 하는 등 실생활에서 쉽게 적용할 수 있다.

※ 〈나의 통독 히스토리 노트〉 사용 예.

1. 통독 중 : 성경 구절만 기록하기

날짜	성경 구절	오늘 나에게 주신 말씀	말씀 분류
2022년 1월 1일	창 1:1		

2. 통독 후 : 구절을 찾아 말씀을 필사하기

날짜	성경 구절	오늘 나에게 주신 말씀	말씀 분류
2022년 1월 1일	창 1:1	태초에 하나님이 천지를 창조하시니라	

3. 말씀 분류 : 필사 후 나만의 말씀 분류하기

날짜	성경 구절	오늘 나에게 주신 말씀	말씀 분류
2022년 1월 1일	창 1:1	태초에 하나님이 천지를 창조하시니라	창조주 하나님

날짜	성경 구절	오늘 나에게 주신 말씀	말씀 분류

[되새김 120일 쉬운 통독 읽기표]

날짜	성경 구절	오늘 나에게 주신 말씀	말씀 분류

날짜	성경 구절	오늘 나에게 주신 말씀	말씀 분류

[되새김 120일 쉬운 통독 읽기표]			
날짜	성경 구절	오늘 나에게 주신 말씀	말씀 분류

[되새김 120일 쉬운 통독 읽기표]

날짜	성경 구절	오늘 나에게 주신 말씀	말씀 분류

날짜	성경 구절	오늘 나에게 주신 말씀	말씀 분류

날짜	성경 구절	오늘 나에게 주신 말씀	말씀 분류

[되새김 120일 쉬운 통독 읽기표]

날짜	성경 구절	오늘 나에게 주신 말씀	말씀 분류

[되새김 120일 쉬운 통독 읽기표]

날짜	성경 구절	오늘 나에게 주신 말씀	말씀 분류

날짜	성경 구절	오늘 나에게 주신 말씀	말씀 분류